Benner/Brüggen
Geschichte der Pädagogik

Dietrich Benner
Friedhelm Brüggen

Geschichte der Pädagogik

Vom Beginn der Neuzeit
bis zur Gegenwart

Philipp Reclam jun. Stuttgart

Alle Rechte vorbehalten
© 2011 Philipp Reclam jun. GmbH & Co. KG, Stuttgart
Satz und Druck: Reclam, Ditzingen
Buchbinderische Verarbeitung: Conzella Verlagsbuchbinderei,
Aschheim-Dornach bei München
Printed in Germany 2011
RECLAM ist eine eingetragene Marke
der Philipp Reclam jun. GmbH & Co. KG, Stuttgart
ISBN 978-3-15-010811-6

www.reclam.de

Inhalt

Vorwort

Nach Schleiermacher ist die Praxis überall älter als die Theorie. Wie Arbeit, Sitte, Politik, Kunst und Religion ist auch die Erziehung nicht eine zum Menschen im Laufe der Geschichte hinzutretende Form des Handelns, sondern sie ist so alt wie der Mensch selbst. Die Evolution hat beim Menschen die Notwendigkeit des Lernens auf Dauer gestellt und das Lernenkönnen vererbbar gemacht. Vererbt wird aber nicht von der Generation der Erwachsenen Erlerntes, sondern nur das Lernen selbst. Die Geschichte der Pädagogik lässt sich daher nicht als eine Geschichte der Erfindung, wohl aber als eine Geschichte der Entdeckung und Interpretation der Erziehung und ihrer Reflexionsformen verstehen. Erfunden wurden die Techniken pädagogischen Handelns, die Formen seiner Reflexion, die Organisation und Institutionalisierung der Erziehung, also die Pädagogik bzw. die Erziehungswissenschaft.

Zusammenhänge zwischen der Entdeckung und der Erfindung der Pädagogik werden hier für den Zeitraum vom Beginn der Neuzeit bis in unsere Gegenwart thematisiert. Die Analysen konzentrieren sich im wesentlichen auf die Geschichte der Pädagogik in Deutschland. Die Kapitel 1–4 behandeln europäische Zusammenhänge des Erziehungsdenkens, die für deutsche Diskurse bedeutsam wurden; die Kapitel 5–13 erörtern die Geschichte der Pädagogik in Deutschland. Eine gesamteuropäische Geschichte oder gar eine historische »Weltpädagogik« zu schreiben, ist nicht das Anliegen dieses Bandes. Geschichten der Pädagogik kann es nur in jenen kulturellen und historischen Kontexten geben, in denen sich die Entdeckung und Erfindung der Pädagogik vollzog. Eine Weltpädagogik muss auf sie Bezug nehmen und ist jenseits von ihnen weder denkbar noch möglich. Sie muss vergleichend vorgehen und kann doch nur vergleichen, was historisch und systematisch bereits ausgearbeitet vorliegt. Und sie müsste, sollte es sie einmal geben, wieder auf die kulturellen und historisch sich verändernden Kontexte heruntergebrochen werden, denen sie ihren Gegenstand verdankt. Globalisierungsprozesse lassen sich reflexiv nur analysieren und beschreiben, wenn historische und länderspezifische Entwicklungen und Brechungen in den Blick gerückt werden.

Auch das vergleichsweise bescheidene Vorhaben, eine Geschichte der deutschen Pädagogik zu schreiben, verlangte nach einer Konzentration und Auswahl der Fragestellungen und Objektivationen. Was uns besonders interessiert hat, waren nicht so sehr die historischen Fakten im engeren Sinne, sondern die Konstitutions- und Reflexionsprobleme des Erziehungs- und Bildungsdenkens, die sich in den in diesem Band untersuchten Quellen aufspüren lassen. Zu den zentralen Themen gehören die Absetzung bzw. Besonderheit und Ausdifferenzierung der Eigenlogik pädagogischen Denkens und Handelns und ihre erziehungs- und bildungstheoretischen sowie institutionellen Ausprägungen. Der Band ist für Leser geschrieben, die an dieser Seite des pädagogischen Denkens und Handelns interessiert und bereit sind, sich auf jene Diskurse einzulassen, die im heutigen Erziehungsdenken und pädagogischen Handeln noch wirksam sind.

Wir danken Hanno Assig aus Münster für die kluge und gründliche Durchsicht des gesamten Manuskriptes sowie Verena Benner und Klara Brüggen für die Unterstützung bei den letzten Korrekturen.

Berlin und Münster, im Dezember 2010
Dietrich Benner und Friedhelm Brüggen

1. Vorneuzeitliche Kontexte
neuzeitlicher Pädagogik

Für das, was unter neuzeitlicher Pädagogik verstanden werden kann, lässt sich kein einheitlicher Entstehungs- und Bedeutungskontext nachweisen. Ihre Wurzeln reichen bis in die Antike zurück und weisen Bezüge zu Ansprüchen auf, die von den sittlichen Lebensformen, von der Religion, vom Staat, aber auch von den Wissenschaften aus an die Erziehung gerichtet wurden. Für diese Bezüge gilt, dass nicht nur sie selbst, sondern auch ihre begrifflichen Fassungen geschichtlich sind.

Die Antike wirkt in der neuzeitlichen Pädagogik auf mannigfaltige Weise fort: nämlich zum einen als Epoche, in der Fragen der Eigenlogik und Ordnung der Erziehung schon früh thematisiert und reflektiert wurden,[1] zum anderen aber auch über Transformationen, welche die Antike in den zurückliegenden zwei Jahrtausenden erfahren hat, und schließlich nicht zuletzt über die Erfindung neuer Techniken und Reflexionsformen sowie Organisationen und Institutionalisierungen der Erziehung, in denen die Pädagogik allmählich jene Gestalt erhielt, wie sie uns heute bekannt ist. Eine erste Transformation der Antike lässt sich im Anschluss an den Hellenismus im antiken Rom nachweisen, eine zweite fand im Mittelalter statt, eine dritte, die griechische und die römische Antike umfassende Transformation erfolgte in der Epoche des Humanismus der Renaissance, eine vierte zur Zeit des Neuhumanismus. Eine fünfte Transformation kann für unsere Gegenwart diagnostiziert werden: Sie vollzieht sich nicht primär in Formen eines neuen geschichtlichen Aufbruchs, sondern stärker als eine Neuaneignung der Vielfalt antiker Denkformen und Deutungsmuster. Sie greift über die bisherigen abendländischen Auslegungen hinaus und zieht auch außereuropäische, insbesondere ägyptische und jüdische

Quellen in ihre Rekonstruktionen und Interpretationen mit ein.

Die zeitgenössische Neubestimmung der Antike reflektiert deren kulturelle Mannigfaltigkeit und die ihr nachweisbaren Differenzen. Sie erkennt in der Antike den Ausgang eines Geschichtsprozesses, aus dem das neuzeitliche Europa hervorgegangen ist und dessen geschichtliche Ambivalenzen im Prozess der weiteren Globalisierung erneut zu vergegenwärtigen sind. Die Wirkungsgeschichte der Antike wird heute nicht mehr eurozentristisch enggeführt, sondern so weit gefasst, dass die Anfänge der Globalisierung – und ihre Kritik – regional differenziert bis in die ägyptische, jüdische, griechische und römische Antike in den Blick kommen. Moderne Ausdifferenzierungen wie diejenige zwischen Religion, Politik und Kunst sowie Erziehung, Ethik und Ökonomie treten nämlich nicht erst in der Moderne auf, sondern lassen sich bis in antike Praktiken und Diskurse zurückverfolgen. In ihnen wurden die Unterscheidung und die Abgrenzung der Eigenlogiken ökonomischer, pädagogischer, ethischer, politischer, ästhetischer und religiöser Denkformen und Weltdeutungen bereits früh thematisiert.

Was die Pädagogik betrifft, könnte die bleibende Bedeutung der Antike darin liegen, in einem über die griechische Unterscheidung zwischen freien Bürgern und Barbaren hinausweisenden Sinne die Erziehung und Bildung des Menschen erstmals in Distanz zum unmittelbaren Leben als eine gemeinsame Aufgabe konzipiert und gedacht zu haben. Die griechische Pädagogik (*paideia*) hatte sowohl den Einzelnen als auch die politische Gemeinschaft im Blick und war auf Formen eines Denkens, Fühlens, Urteilens und Handelns ausgerichtet, in denen praktische Lebensführung und theoretische Reflexion keine unmittelbare Einheit mehr aufweisen, sondern voneinander abgegrenzt werden und neue Beziehungen eingehen.[2] Ansprüche der Religion, die gesamte Lebensführung der

Menschen zu reglementieren, werden schon früh modifiziert. Zum »kulturellen Gedächtnis« der Menschheit, das es zu überliefern und weiterzuentwickeln gilt, gehören daher von alters her nicht nur die Religion, sondern auch die Ausdifferenzierung von Arbeit, Sitte, Kunst, Politik und Recht und nicht zuletzt die sich von diesen noch einmal abhebende, eine eigene Logik des Denkens und Handelns ausbildende Erziehung selbst.[3]

Schon in der griechischen Mythologie wird vom Menschen gesagt, er sei weder in den natürlichen Kosmos noch in Gesellschaft und Sitte perfekt eingepasst und müsse seine Bestimmung daher lernend selbst suchen und hervorbringen. Die sophistische Aufklärung interpretiert den Mythos von Epimetheus und Prometheus so, dass der Mensch als ein »unbegabtes« (*a-kosmetos*) und bildsames Wesen zur Welt kommt, dem von Zeus zwar Rechtsempfinden (*dike*) und Scham (*aidos*), nicht aber eine bestimmte Moral verliehen wurde.[4] Die Fähigkeit zu lernen und die Notwendigkeit der Erziehung treten in der menschlichen Gattung keineswegs zu einer präformierten, vorgeformten Natur hinzu, sondern machen die Natur des Menschen als solche aus. Der Mensch ist ein sich dadurch auszeichnendes Lebewesen, dass er sein Lernen selbst entwerfen, reflektieren, organisieren und neu konzipieren muss.

Nicht nur in der griechischen Mythologie, auch in der jüdischen Religion finden sich Hinweise, dass die pädagogische Praxis so alt ist wie der Mensch. Letztere legt das Bilderverbot, welches den monotheistischen Gott aus der polytheistischen Götterwelt heraushebt, im Laufe ihrer Entwicklung zunehmend auch auf den Menschen aus und untersagt damit der Tendenz nach nicht nur Sitte und Politik, sondern in gewisser Weise auch der Religion selbst, die Entwicklung und Bildung des Menschen von außen zu bestimmen und zu normieren. Spannungen, wie sie im griechischen Kontext zwischen der Abgrenzung freier Bürger, der Sklaven und der Barbaren und im jüdischen Kontext zwischen Auserwählten und Nichtauserwählten auftreten, finden sich auch im Christentum, das sich unter Konstantin als Staatsreligion etabliert und die polytheistischen Religionen danach ebenso verfolgt, wie diese zuvor das Christentum bekämpft haben. Religiöser Fundamentalismus und religiöse Toleranz stehen im Christentum jedoch von Anfang an in einem Widerstreit: Auf der einen Seite begrenzt die christliche Religion ihre monotheistische Dogmatik – anders als das Judentum – nicht kulturell und regional, sondern fühlt sich zur Weltreligion berufen. Auf der anderen Seite kennt sie in ihren Gründungsurkunden die aus dem Judentum stammende Differenz zwischen »Gottesliebe« und »Menschenliebe« und unterscheidet ebenso deutlich zwischen Ansprüchen der Religion und des Staates. Im Judentum wie im Christentum hat der in die Geschichte eingetretene Mensch das Paradies immer schon verlassen: Hier wie dort existiert und koexistiert er in der Notwendigkeit, seine Lebensgrundlagen durch Arbeit sichern, zwischen gut und böse unterscheiden, Traditionen durch Erziehung überliefern sowie ein Leben führen zu müssen, in dem die Ansprüche von Arbeit, Bildung, Moral, Politik, Kunst und Religion miteinander konkurrieren und auszubalancieren sind.

Von daher kannten schon die reflektierten antiken Ordnungen keine unlimitierten und absoluten Ansprüche des Staates an die Erziehung. Zwar sind nach Aristoteles alle für den Staat zu erziehen, weshalb niemand meinen darf, dass er »sich selber gehöre«.[5] Die Legitimität staatlicher Erziehung aber wird bei ihm daran zurückgebunden, dass zwischen den Sphären privater Familienerziehung und gemeinsamer Bürgererziehung – anders als bei Platon – streng unterschieden wird.[6] Mit der Forderung nach einer die Familienerziehung ergänzenden und auf die Mitwirkung an den gemeinsamen Angelegenheiten vorbereitenden Erziehung wies Aristoteles auf die Notwendigkeit einer staatlich organisierten Erziehung hin. Die Aufgabe der öffentlichen Erziehung und Bildung erkennt er darin, die nachwachsende Generation zunächst durch Erfahrung und Umgang an die Ordnung der Polis (also des Gemeinwesens) zu gewöhnen und sie so auf den Weg der Tugend zu bringen und den freien Bürgern im Anschluss Grundkenntnisse in den für die Ausübung nützlicher Tätigkeiten und die Wahrnehmung gemeinsamer Angelegenheiten erforderlichen Bereichen (Lesen und Schreiben, Mathematik und Zeichnen sowie Gymnastik und Musik) zu vermitteln. Die von Aristoteles im vierten Jahrhundert vor unserer Zeitrechnung aufgestellte Forderung nach einer staatlich beaufsichtigten gemeinsamen Erziehung wurde in der Antike nicht realisiert. Die Erziehung blieb auch in ihren schulförmigen Lernfeldern und Vermittlungsmethoden privat organisiert und wurde außerhalb der Familien von Lehrern geleitet, die ihren Beruf in eigener, staatlich nicht oder kaum kontrollierten Zuständigkeit gegen Bezahlung ausübten.[7] Die Herausbildung eines staatlich organisierten Erziehungs- und Bildungswesens begann erst relativ spät. Seine Anfänge gehen in Europa auf Reformen im Reich Karls des Großen und in Deutschland auf die Reformation sowie später auf Schulversuche der Aufklärungspädagogen und die Preußischen Schulreformen zu Beginn des 19. Jahrhunderts zurück.

Mit ihren Ursprüngen in der Antike ist die neuzeitliche Pädagogik nicht zuletzt über Formen des Wissens, des Lernens und Lehrens verbunden, die in der griechischen Antike *episteme*, in der römischen Antike und im Mittelalter *scientia* und in der Neuzeit Wissenschaft (frz./engl. *science*) genannt werden. Zur äußeren Form der Wissenschaft gehört, dass in ihr Wissen im Medium der Schrift entwickelt, konserviert und vermittelt wird. Die Entwicklung der Schrift ging in den frühen Hochkulturen von den Gelehrten aus, die Prozesse der Überlieferung in den Bereichen von Kult und Mythos, Verwaltung und Herrschaft sowie Wissenschaft und Reflexion auch jenseits der Einheit von Erfahrung und Lernen auf Dauer stellten. Zu den über die Schrift vermittelten Beziehungen zwischen Erziehung und Wissenschaft bemerkte schon Aristoteles, sie seien auf Formen des Lehrens und Formen angewiesen, in denen der Horizont unmittelbarer Welterfahrung und zwischenmenschlichen Umgangs überschritten und allgemeine Denk-, Urteils- und Handlungsformen über künstliche Lehr-Lern-Prozesse (*mathesis*) angeeignet werden. Zur Abgrenzung des einfachen Erfahrungslernens vom Lernen durch Belehrung und Wissenschaft führte er aus, dass nur die wissenschaftlich gebildeten »Künstler lehren können, die Erfahrenen aber nicht«.[8] Den Grund hierfür erblickte er darin, dass die Erfahrenen nicht um die inneren Zweckursachen dessen wissen, was ist oder was sein soll, und nur das Faktum kennen, nicht aber seinen Zweck. Die in einem wissenschaftlichen Sinne Wissenden fragen dagegen auch nach den Zweckursachen und können – über Nützlichkeitserwägungen hinausgehend – zweckgerichtet argumentieren.[9]

Entsprechend den Stufen der Erfahrung und des Wissens wurde auch die Ordnung der Erziehung als eine gedacht, die mit der Bildung der Sinne beginnt, über die Ausbildung von Sprache und Gedächtnis fortschreitet und die Heranwachsenden durch nachahmendes Lernen an die Ordnungen der Natur (*kosmos*) und der staatlichen Gemeinschaft (*polis*) gewöhnt. Hieran schließen sich von Lehrern geleitete Lehr-Lern-Prozesse an, in denen die Heranwachsenden in die Techniken des Lesens, Schreibens, Rechnens und Zeichnens und im Anschluss in die Ordnung der Grammatik und Logik eingeführt werden. Auf der höchsten Stufe eignen sich diejenigen Bürger, die für leitende Tätigkeiten und Ämter geeignet sind, später in wissenschaftlichen Studien auch noch die rhetorischen Fähigkeiten eines zweckmäßigen und freien Argumentierens an.[10]

Ebenso wichtig wie die bisher angesprochenen Gemeinsamkeiten sind jedoch auch die Differenzen zwischen der antiken Pädagogik und der neuzeitlichen Erziehung. Sie sind über Transformationen vermittelt, die sich im Zeitalter des Humanismus der Renaissance sowie in der europäischen Frühaufklärung und im Neuhumanismus vollzogen.

2. Die Pädagogik im Humanismus

Unter Humanismus wird eine Epoche verstanden, die, im 14. Jahrhundert von Italien ausgehend, im 15. und im 16. Jahrhundert weite Teile Europas erfasste und hier verschiedene Ausprägungen hervorbrachte. Das gemeinsame Merkmal des Renaissance-Humanismus (vgl. hier S. 18 ff.) besteht in der Entdeckung der Vorbildlichkeit der antiken Schriftsteller und ihrer Werke, deren bildende Bedeutung darin gesehen wird, zu einer Lebensführung im Zeichen römisch-griechischer Humanität anzuregen. In der von Deutschland ausgehenden Reformation verbinden sich zentrale Impulse des Humanismus mit den Bemühungen um eine grundlegende Neugestaltung des Bildungswesens (vgl. hier S. 35 ff.). Beide, der Humanismus selbst ebenso wie seine Institutionalisierung in einem weitgehend protestantisch geprägten Schulwesen, werden im späten 16. und im frühen 17. Jahrhundert zum Gegenstand einer Kritik, die anstelle der antiken Sprachen den Realien eine stärkere Bedeutung zuerkennt (vgl. hier S. 44 ff.).

Humanismus vor der Reformation

Renaissancen hat es in der Geschichte mehrere gegeben. Die für die Pädagogik bedeutendste ist diejenige, die in den norditalienischen Städten des späten 13. Jahrhunderts begann und sich von dort aus zwischen 1300 und 1600 in vielen europäischen Ländern ausbreitete. Sie findet ihre bekanntesten Ausdrucksformen in der bildenden Kunst (z. B. Giotto, Leonardo, Raphael, Michelangelo), in der Literatur (Petrarca, Salutati, Erasmus, Alberti) und in der Philosophie (Pico della Mirandola, Ficino). Unter dem Humanismus speziell der Renaissance, der sich auch in zahlreichen pädagogischen Schriften niederschlägt (Vergerio,

Guarino, Vegio, Vittorino, Erasmus, Castiglione) wird eine Bildungsbewegung verstanden, die sich vor allem in der Wiederentdeckung *und* Vergegenwärtigung der antiken (griechischen und römischen) Literatur und Philosophie niederschlägt. Viele originale Schriften der griechischen und römischen Antike sind in dieser Zeit wieder aufgefunden und übersetzt worden. So hat beispielsweise Petrarca bis dahin verschollene Briefe Ciceros, Poggio die rhetorischen Schriften Quintilians entdeckt, Leonardo Bruni die *Nikomachische Ethik* und die *Politik* des Aristoteles ins Lateinische übersetzt, Guarino einige Schriften des Griechen Plutarch, u. a. auch diejenige über die Kindererziehung (*Peri paidon agoges*).

Wie alle Renaissancen war auch diejenige der Humanisten kein rein aufnehmender, rezeptiver Vorgang. Man verbaut sich das Verständnis der humanistischen Bewegung dieser Zeit, wenn man glaubt, dass es ihr lediglich um die reproduktive Wiederholung der in den antiken Quellen gefundenen Einsichten und Ausdrucksformen gegangen sei. Das Neue am Humanismus der Renaissance besteht darin, dass seine herausragenden Vertreter um die Distanz gewusst haben, in der jeder Rezipient einer Überlieferung gegenübersteht, die der eigenen kulturellen Gegenwart zunächst fremd ist. Wie noch zu zeigen sein wird, ist es ihnen trotz allen inhaltlichen Reichtums, den sie in der Überlieferung finden bzw. zu finden glaubten, eher um die Form gegangen, die sie in den antiken Quellen identifiziert haben.

Die bedeutendsten Quellen für den pädagogischen Renaissance-Humanismus sind Schriften von Platon, Aristoteles, Plutarch und Quintilian. Eine der zentralen Fragen, vielleicht die zentrale Frage der Pädagogik überhaupt, die die Renaissance-Humanisten vor allem von der griechischen Antike übernommen haben, ist die nach der Lehrbarkeit der Tugend. Im Kontext dieser Frage, die in der Antike zu einer bis in unsere Gegenwart fortwirkenden

Kontroverse führte, sind Unterscheidungen anzutreffen, die so etwas wie eine erste und grundlegende begriffliche Sondierung des pädagogischen Handlungsfeldes versuchen. Die vielleicht berühmteste Unterscheidung hatte Aristoteles in seiner *Politik* getroffen, der zufolge der Mensch durch drei Dinge tugendhaft wird: nämlich durch Natur (*physis*), Gewöhnung (*ethos*) und Vernunft (*logos*). Dabei wird das tugendhafte Handeln, das nicht ohne, aber auch nicht durch Erziehung allein bewirkt werden kann, von Aristoteles als diejenige Leistung angesehen, durch die der Mensch als Vernunftwesen allererst seine eigentliche Bestimmung, seine wahre Natur erreicht. Die Gewöhnung an die in der Familie wie im öffentlichen Leben geltenden Sitten und Lebensformen stellt für Aristoteles ein zentrales Element in der Entwicklung und Bildung der Tugend bei Kindern und Heranwachsenden dar: Gut und tugendhaft wird der heranwachsende Mensch nicht allein durch Belehrung und Vernunft, sondern wesentlich durch ein im Einklang mit der vernünftigen Sitte erfolgendes gutes Handeln selbst. Aristoteles stimmt an dieser Stelle ganz mit seinem Lehrer Platon überein, der schon vor ihm die Auffassung vertrat, dass nur durch fortgesetztes gutes Handeln eine entsprechende sittliche Einstellung und Haltung (*hexis*) begründet wird. Die physische oder organische Natur des Menschen ist also der durch vernünftige Gewöhnung und Unterweisung zu formende ›Gegenstand‹ (*hypokeimenon, materia*), durch den der Mensch seine wahre Menschlichkeit gewinnt. Schon zur Zeit des Aristoteles ist dieser »pädagogische Ternar« (O. Willmann) von Natur, Gewöhnung und Vernunft ein pädagogischer Gemeinplatz, den auch andere, z. B. Isokrates, verwenden.[1] Er lässt sich in ähnlicher Form schon bei den Sophisten nachweisen, so bei Protagoras, der von der Natur, dem Fleiß, dem Unterricht, aber zusätzlich noch von der Strafe spricht. Auch in der nachklassischen Zeit (Hellenismus) wird dieser Ternar an zahlreichen Stellen wiederholt, z. B.

bei Diogenes Laertius oder bei Plutarch, der ihn zu Recht als eine Grundauffassung des Aristoteles kennzeichnet.[2] Die Bedeutung der einzelnen Elemente des Ternars ist schon in der Antike nicht ganz eindeutig. So reicht das Spektrum dessen, was unter Natur verstanden wird, von der Tatsache, dass jemand gesund und in ganz allgemeiner Hinsicht lernfähig sein muss, bis hin zur individuellen Anlage im Sinne von intellektueller Begabung. Während die Gewöhnung bei Aristoteles stark an die Sitte des elterlichen Hauses (*oikos*) und die zu bewahrende Sittlichkeit des athenischen Stadtstaates (*polis*) zurückgebunden ist, verbinden andere, z. B. Isokrates, aber auch schon Protagoras und erst recht die Autoren aus der Zeit des Hellenismus mit diesem Begriff zunehmend die auf den konkreten Unterricht bezogene praktische Übung. Die Vermittlung der Tugend und der Vernunft schließlich wird von vielen Autoren, anders als bei Platon und bei Aristoteles, mit Unterricht und Unterweisung (*mathesis*), also mit Erziehung und Bildung im engeren Sinne, in Verbindung gebracht.

Die Berufung auf den Ternar ist in vielen pädagogischen Texten der Renaissance-Humanisten nachweisbar, und zwar in einer Weise, welche klassische mit hellenistischen sowie christlichen Auffassungen miteinander verbindet. So spricht Erasmus von Rotterdam davon, dass »Naturanlage, Lehre und Übung« das wahre Glück und die wahre Bestimmung des Menschen herbeiführen können. Erasmus bestätigt die aristotelische Grundüberzeugung, dass der Mensch ohne »Tugend und Bildung« aufhört, ein Mensch zu sein. »Wahre Frömmigkeit und edle Bildung« sollen ihm zufolge so früh wie möglich vermittelt und gelehrt werden. Weil der Mensch zum »ehrenhaften Handeln« geboren ist und in diesem erst seinen wahren Zweck und seine wahre Bestimmung erreicht, ist größte Sorgfalt des Erziehers von Anfang an unabdingbar.[3] Erasmus äußert hier nur eine Auffassung, die alle Humanisten teilen. Schon Pietro Paolo Vergerio hatte 1402/03 in seiner Abhandlung

De ingenuis moribus et liberalibus studiis adolescentiae
(›Über edle Sitten und die humanistische Bildung der Jugend‹), welche die erste pädagogische Schrift der humanistischen Bewegung ist, im Einklang mit der antiken Überlieferung betont, dass dasjenige, was den Menschen zum
Menschen macht, erzieherisch anzustreben sei. An diesem
Dokument wird eine Transformation deutlich, die zwei
klassische Medien der Bildung, nämlich Gewöhnung und
Unterricht (Vernunft), im Humanismus der Renaissance
erfahren: Die »edlen Sitten«, von denen der Titel dieser
frühhumanistischen Erziehungsschrift spricht, sind nicht
primär die existierenden Sitten der Städte und Gemeinden
Norditaliens. Vergerio geht es vielmehr um die Bildung
und Entwicklung dieser Sitten selbst im Sinne einer nicht
mehr ständisch orientierten menschlichen Gemeinschaft.
Das »ansehnliche Vaterland« (*splendorum patriae*), das die
Eltern ihren Kindern möglichst hinterlassen sollen, ist ein
solches, welches edle Gesinnung und Gesittung auf dem
Wege der Aneignung der humanistischen Studien, der
»studia humanitatis« ausbildet. Vergerio beruft sich auf Cicero und Quintilian, um Bedeutung und Wirkungskraft
dieser Studien, vor allem der Geschichte, der Philosophie
und der Rhetorik, herauszustellen. Sie sind geboten vor allem für diejenigen, »die sich um den Staat und die menschliche Gemeinschaft kümmern müssen […]. Durch die Philosophie können wir […] richtig erkennen [was das Wichtigste von allem ist], durch die Beredsamkeit können wir
kraftvoll und schmuckreich reden: nur durch sie werden
die Seelen der Menge gewonnen; die Geschichte unterstützt uns in beidem.«[4]

Was sind die Gründe dafür, dass sich die erzieherische
Kraft der sittlichen Lebenspraxis im Humanismus wie
schon in der hellenistischen Epoche verliert und stattdessen die Gewichtung der bildenden Bedeutung der *litterae*,
der *studia humanitatis* im Selbstverständnis der Zeitgenossen wichtiger wird? Zunächst kann man sagen, dass die

aristotelische Ineinssetzung von Vernunft und Sitte sowohl unter den sozialen und politischen Umständen des Hellenismus als auch des frühneuzeitlichen Europa nicht mehr überzeugen konnte. Dass demgegenüber der bildende Einfluss der humanistischen Studien zunimmt, hängt damit zusammen, dass die Humanisten eine tiefe Verwandtschaft zwischen den Inhalten der antiken Texte und ihrer sprachlichen Form glaubten feststellen zu können. Vor allem im Hinblick auf die Texte Ciceros haben die Humanisten diesen Gesichtspunkt immer wieder geltend gemacht. Aufschlussreich ist dafür eine Briefstelle bei Petrarca, denn der hebt hervor, die ethischen Schriften des Aristoteles hätten ihn zwar klüger und gelehrter gemacht, nicht aber zur Tugendliebe motiviert und geführt: Aristoteles »lehrt uns, ich leugne es nicht, was die Tugend ist; doch enthält seine Schrift keine oder nur sehr wenige Worte, die uns anspornen und anfeuern. Worte, die unseren Geist zur Liebe gegenüber der Tugend und zum Hass gegen das Laster treiben und entzünden. Wer das sucht, wird es bei unseren Schriftstellern, vor allem bei Cicero […] finden.«[5]

Der Begriff *studia humanitatis* stammt von Cicero selbst, der mit ihm die zur menschlichen Gesittung, zur Menschlichkeit (*humanitas*) führenden Schriften, Wissenschaften und Künste bezeichnet. Die Humanisten der Renaissance erweitern diese Kennzeichnung, indem sie diese auf die römischen Quellen, insbesondere auf die Schriften von Cicero selbst, ausweiten. Hinsichtlich der sprachlichen Form ist es das klassische Latein, in dem sie jene Ausdrucksform und Gestalt finden, die, im Sinne des Petrarca-Zitates, nicht nur instruiert, sondern zugleich motiviert.

In der ersten Hälfte des 15. Jahrhunderts sind dann die *litterae*, die *bonae artes*, die *studia* zu fünf Disziplinen, nämlich Grammatik, Rhetorik, Poetik, Geschichte und Moralphilosophie kanonisiert worden, welche die mittelalterlichen *septem artes liberales* (Grammatik, Rhetorik, Dialektik, Astronomie, Geometrie, Mathematik und Musik) ablösen, die im Bewusstsein der Humanisten zur armseligen Spielwiese kleingeistiger Erörterungen und Streitigkeiten herabgesunken waren und daher jeglichen Bildungsanspruch verloren hatten.[6] Die Orientierung an den Quellen und Autoren der römischen, dann aber auch verstärkt der griechischen Antike erklärt die Liebe der Humanisten für das Buch. Vergerio rühmt in seinem pädagogischen Traktat unter Berufung auf Cicero die »fröhliche Familie der Bücher« (*O iucundam familiam, ut recte Cicero appellat*), um kenntlich zu machen, dass die Lektüre dieser Bücher und Schriften viele hässliche Gedanken des Menschen vertreibt und edle Gedanken im Leser erzeugen hilft. Alle Humanisten teilen diesen Glauben an die menschenbildende Kraft antiker Texte. *Lectio transit in mores*, heißt es bei Erasmus.[7]

Es ist von daher nicht verwunderlich, dass Nachahmung (*imitatio*) zu einem pädagogisch-ethischen Grundbegriff wurde. Den Ausdruck, den Stil eines guten Autors sich einzuprägen und ihn beständig zu üben, ist eines der entscheidenden Kennzeichen der pädagogischen Methoden des Humanismus (noch Nietzsche argumentiert später so). Die klugen Köpfe der humanistischen Bewegung haben freilich die Gefahren sehr genau erkannt, die in der unreflektierten Nachahmung stecken, und die, wie Montaigne heftig kritisiert hat, zur Pedanterie auswachsen können. Erasmus hat die »Nachäffer« Ciceros einer beißenden Kritik unterzogen und beklagt, dass Cicero »zur Gliederpuppe für den Unterricht« verkommen ist. Von sich selbst sagt er, er wolle »nicht einmal Apolls Schatten genannt werden«. Dass der Nachahmung eher eine produktive, das selbständige Denken und Handeln anleitende, aber nicht normativ-bestimmende Funktion zukommt, hat der Dichter Angelo Poliziano ausgesprochen: »Man sagt mir, dass ich mich nicht wie Cicero ausdrücke, obwohl ich ihn lange studiert habe. Aber ich bin nicht Cicero, und gerade von Cicero habe ich gelernt, ich selbst zu sein.«[8]

Polizianos und Erasmus' kritische Bemerkungen zum oberflächlichen Nachahmungsverständnis ihrer Zeitgenossen bezeugen nicht nur ihr Selbstbewusstsein, sondern dokumentieren zugleich ein neues Rezeptionsverhalten gegenüber der Überlieferung sowie der Tradition insgesamt. Die Humanisten betrachten die antiken Autoren nicht, wie noch die mittelalterliche Renaissance, als unmittelbare Autorität, deren zeitlos-ungeschichtliche Idealität die Wahrheit abbildet und zum Ausdruck bringt, sondern als fremde Gesprächspartner, mit deren Hilfe eigene Bildungsprozesse eingeleitet werden können: »Das Neue, das Humanistische« besteht darin, dass der Leser »von der Form einer antiken Persönlichkeit ergriffen wird und in dieser Form die Befreiung aus dem Zwiespalt zwischen den erstarrten Formen des Mittelalters, und dem noch negativen Grundgefühl der Renaissance erlebt«.[9] Was für den heutigen Leser wie ein privates Lektüreerlebnis aussieht, hat für den Humanisten zwar stets auch individuelle, aber darüber hinaus immer zugleich auch allgemein-menschliche Bedeutung. Die Sprache nämlich ist für ihn stets Ausdruck und Zeichen menschlicher Gemeinschaft, aber einer solchen Gemeinschaft, die in der Vergangenheit eine andere war als in der Gegenwart. Das Gespräch, das die Humanisten in der Lektüre der antiken Texte suchen, ist nicht auf eine starre Norm und ein bestimmtes Ziel aus, das übernommen werden soll, sondern interessiert sich für »ein fremdes Du«, in dessen Gesellschaft man sich bilden kann.[10] Das Bildungserlebnis, das die Humanisten im Gespräch mit dem antiken Autor haben, vermittelt keine »zweite Natur«, die durch Gewöhnung, Sitte und Sozialisation die erste Natur überlagert, diszipliniert und kultiviert, sondern schafft eine »zweite Geburt« (Boccaccio), durch die der Mensch quasi ›im Nu‹ seinen ›Standpunkt‹ wechseln kann.

Mit dieser bildenden Erfahrung ist zugleich eine neue Zeiterfahrung verbunden: Einerseits wird nämlich durch die Form des Gesprächs, das der Leser mit dem Autor führt, der zeitliche Abstand, der zwischen ihnen besteht, überbrückt, indem sich der Leser durch den fremden Autor ansprechen lässt; andrerseits wird aber zugleich die Distanz erfahren, insofern die Differenz zwischen der Gegenwart des Lesers und derjenigen des Autors bewusst reflektiert wird. Die alten Bücher und Texte gelten den Humanisten als »geformte Stimme der Seele ihrer Autoren; sie pochen, wie Guarino sagt, an der Tür der eigenen Seele und sprechen mit ihr. Indem man fremde Autoren liest, wieder liest, auswendig lernt, mit ihnen zusammen lebt, begegnet die eigene Seele der fremden Seele«[11] und damit die eigene Seele in neuer Weise sich selbst.

Dass aus diesem Bildungsverständnis heraus die dialogischen Formen des Gesprächs, das *colloquium*, der *discursus*, die Briefliteratur zu beliebten Ausdrucksformen humanistischer Selbstdarstellung werden,[12] hat auch Auswirkungen auf die pädagogischen Schriften und Aktivitäten dieser frühneuzeitlichen Epoche gehabt, insofern damit die Anfänge eines dialogisch orientierten Erziehungs- und Unterrichtsverständnisses entstehen. Die bekanntesten Schullehrer und Schulgründer dieser Zeit sind Vittorino de Feltre und Guarino da Verona. Vittorino hatte 1423 in Mantua die *Casa Giocosa* gegründet, in der er eine durchaus asketische Strenge und einen straff geregelten Tagesablauf mit Milde und Freundlichkeit im Umgang des Lehrers mit den Schülern zu verbinden wusste, so dass der Name der Schule (›Fröhliche Schule‹), wie immer auch der historische Ursprung dieser Bezeichnung zu erklären sein mag, nicht unberechtigt ist. Einer seiner Schüler hat ihn den »Sokrates unserer Zeit« genannt, wohl auch deshalb, weil ihm die Verbindung von Dialog und Lernen im Unterricht gelang. Die Schule stand allen Ständen offen, und ihr Gründer, der selbst aus ärmlichen Verhältnissen stammte, bemühte sich stets auch um (talentierte) mittellose Schüler, deren Unterricht er aus dem höheren Schulgeld der Söhne wohlhabender Eltern mitfinanzierte. Die *Casa Giocosa* hatte also, obwohl sie eine Privatschule war, öffentlichen Charakter in dem Sinne, dass Lernen und Unterricht in der Gemeinschaft von Lehrern und Schülern erfolgte. Ganz in diesem Sinne hat 100 Jahre später noch Erasmus die Schule verstanden wissen wollen: »Die Schule muss öffentlich sein, sonst ist sie keine Schule. Das führt rascher zum Ziele, was in der Gemeinschaft geschieht.«[13]

Hinsichtlich des Lehrplans orientiert sich Vittorino an den *septem artes liberales*, die er allerdings im neuen humanistischen Geist erweitert und modifiziert. In methodischer Hinsicht achtet er darauf, dass die Schüler die Lust am Lernen sich aneignen bzw. behalten, wozu auch ein Wechsel von Unterricht und Erholung, von geistiger und körperlich-gymnastischer Tätigkeit beitragen soll.

Guarino Guarini, der mit Vittorino intensiv im Kontakt stand, hatte sich 1420 in Verona vertraglich verpflichtet, neben Privatstunden auch öffentlichen Unterricht abzuhalten. In der Internatsschule, deren Leitung er übernahm, leben und lernen Lehrer und Schüler gemeinsam. Guarino ist schon zu seiner Zeit wegen der guten Struktur seines Unterrichts und seiner Lehrplangestaltung, bei der er sich an Quintilian orientiert hatte, geschätzt worden. Sein Unterricht beginnt mit dem Elementarunterricht (Lesen, Schreiben, Aussprache), auf den ein Grammatikunterricht folgt, in dem neben grammatischen Inhalten im engeren Sinne auch literarische und historische Texte bearbeitet, übersetzt und interpretiert werden. Bei den Übersetzungen achtet er darauf, dass jenseits einer rein wörtlichen Übersetzung der Sinn eines Satzes bzw. eines Textes insgesamt erfasst und erläutert werden kann. Beendet wird der Lehrgang mit der Rhetorik, die anhand der Schriften Ciceros und Quintilians vermittelt wird. Wie Vittorino favorisiert auch Guarino einen Wechsel von geistiger und körperlich-gymnastischer Beschäftigung.[14]

Insbesondere in den pädagogischen Schriften des Frühhumanismus wird Wert darauf gelegt, dass die Heranwachsenden auf das politische Leben, auf die *vita activa*, vorbereitet und in sie eingeführt werden. Auch Vittorino hatte, stärker als Guarino, darauf geachtet, dass die Schüler das bürgerliche Leben und die »Gesellschaft der Menschen« nicht aus dem Blick verlieren. Matteo Palmieri hatte in seinem Traktat *Della vita civile* (›Über das bürgerliche Leben‹), stärker als alle anderen Humanisten, die politisch-öffentliche Ausrichtung der Erziehung und Bildung herausgestellt.[15] Diese im Einklang mit den klassischen griechischen und römischen Texten Platons, Aristoteles' und Ciceros stehende Zielbestimmung der pädagogischen Praxis verliert sich aber, seitdem offenkundig geworden war, dass sich das politische Selbstverständnis der griechischen und römischen Klassiker auf die veränderten politischen Bedingungen der von mächtigen Familien (z. B. den Medici in Florenz) beherrschten Städte vor allem Norditaliens nicht mehr übertragen lässt. So warnt schon in der zweiten Hälfte des 15. Jahrhunderts Leon Battista Alberti davor, die »privaten« Geschäfte zugunsten der »Staatsgeschäfte« zu vernachlässigen: »Ehren außer Hause nähren die Familie im Hause nicht.«[16] Mit dem späteren Aufkommen des absolutistischen Staates wird der Humanismus langsam entpolitisiert, so dass im pädagogischen Schrifttum des Humanismus andere Leitbilder entstehen. Das bekannteste dieser Leitbilder dürfte der im 16. Jahrhundert entstandene »Hofmann« (*cortegiano*) sein, für dessen Erziehung und Bildung Baldassare Castiglione 1528 ein in Dialogform abgefasstes pädagogisches Traktat verfasst hat. Trotz dieses Wechsels im Leitbild zeigt diese Schrift deutlich die Konturen des humanistischen Geistes. Die Klugheit, die Castiglione dem zukünftigen Hofmann vermitteln will, trägt schon deutlich Züge strategisch kalkulierender Verschlagenheit, aber freilich so, dass derjenige sich dabei selbst, seine Identität, nicht aufgeben darf. Er solle, so Castiglione, seine humanistische Lebensart wahren und aufpassen, »dass er nicht mit sich selbst uneinig ist«.[17]

Die Sorge, vor dem Hintergrund der Begegnung mit dem Fremden mit sich selbst nicht uneinig zu werden und »ungeschmälert einer zu bleiben« (Petrarca), gehört in den Umkreis humanistischer Selbstbetrachtung und Selbstreflexion des Menschen, in der bedeutende bildungstheoretische Motive zum Ausdruck kommen. Diese Reflexionen, in denen sich antike mit christlichen Motiven zu einer spezifisch neuzeitlichen Anthropologie oder Lehre vom Menschen verbinden, kommen vor allem in solchen Texten zum Ausdruck, die nach der Stellung des Menschen im Universum, seiner »Würde« (*dignitas*) und Einzigartigkeit in der Schöpfung fragen. Zu den bekanntesten Texten dieser Art gehören Giannozzo Manettis *De dignitate et excellentia hominis* (›Über die Würde und Erhabenheit des Menschen‹) sowie Pico della Mirandolas *Oratio de hominis dignitate* (›Rede über die Würde des Menschen‹). Wichtig für die Pädagogik sind in diesem Zusammenhang auch Bemerkungen von Erasmus von Rotterdam aus dessen Abhandlung *De pueris statim ac liberaliter instituendis libellus aureus et elegans* (›Über die Notwendigkeit einer frühzeitigen allgemeinen Charakter- und Geistesbildung der Kinder‹).

Manetti betrachtet in dieser Abhandlung die Erfindungen und Objektivationen des Menschen als Ausdruck seiner kulturellen Selbstschöpfung: »Alles, was auf der Welt nach jener ersten und rohen Schöpfung entstanden ist, (scheint) durch jenen einzigartigen und hervorragenden Scharfsinn des menschlichen Geistes von uns erfunden, hergestellt und vollendet worden zu sein. Uns gehören [...] alle Häuser, Wohnplätze, Städte, kurz alle Bauten auf der Erde, die so zahlreich und so beschaffen sind, dass sie wegen ihrer großen Vortrefflichkeit mit gutem Recht eher als Werk von Engeln denn von Menschen angesehen werden könnten. Uns gehören die Gemälde, uns die Skulpturen, die Künste, die Wissenschaften, uns die Weisheit«.[18] Nach Manetti manifestiert sich die Würde des Menschen

erst in seinen Taten und Leistungen. Die Würde besteht
darin, zur Wirklichkeit (*energeia*, *actus*) zu bringen, was
der Möglichkeit nach (*dynamis*, *potentia*) in ihm angelegt
ist.

Die Fähigkeit des Menschen zur eigenen Selbstschöpfung, zur kulturellen und gesellschaftlichen Gestaltung seines Lebensraumes, hat Pico della Mirandola als eine Mani-
festation göttlicher Weisheit interpretiert. In seiner berühmten Rede *De dignitate hominis* (›Über die Würde des
Menschen‹) lässt er den Schöpfergott (*optimus artifex*) zu
Adam sagen: »Keinen bestimmten Platz habe ich dir zugewiesen, auch keine bestimmte äußere Erscheinung und
auch nicht irgendeine besondere Gabe habe ich dir verliehen, Adam, damit du den Platz, das Aussehen und alle die
Gaben, die du dir selber wünschst, nach deinem eigenen
Willen und Entschluss erhalten und besitzen kannst. […]
Du wirst von allen Einschränkungen frei nach deinem eigenen Willen, den ich dir überlassen habe, dir selbst deine
Natur bestimmen. In die Mitte der Welt habe ich dich gestellt, damit du von da aus bequemer alles ringsum betrachten kannst, was es alles auf der Welt gibt […]. Du
kannst nach unten ins Tierische entarten, du kannst aus ei-
genem Willen wiedergeboren werden nach oben ins Göttliche.«[19]

Die Wahl, vor der in Picos Rede Gott den Menschen
stellt, ist keine beliebige. Die höhere Welt des »Göttlichen«
steht ja nicht auf der gleichen Ebene wie das »Tierische«,
zu dem der Mensch entarten kann. Vernunft und Tugend
bleiben im Einklang mit der antiken und der christlichen
Überlieferung die orientierenden Bestimmungen, denen
der Mensch folgen soll, sofern er – und darin liegt schon
eine humanistische Korrektur – nicht mit sich selbst uneinig werden will. Die orientierende Bestimmung ist nicht
mehr, wie in der klassischen Antike, regional auf den jeweiligen Stadtstaat (*polis*) begrenzt, sondern hat universelle
oder menschheitliche Züge angenommen. Erasmus von

Rotterdam hat diese offene, aber nicht beliebig-indifferente Anthropologie des Humanismus pädagogisch auf die erzieherisch anzuleitende und zu befördernde Lernfähigkeit des Menschen ausgelegt. Er folgt zunächst den traditionellen Vorgaben, wenn er sagt: »Die Vernunft macht den Menschen.« Aber dieses ›Machen‹, von dem hier die Rede ist, zielt viel stärker als die (antike und christliche) Tradition auf die pädagogische Notwendigkeit ab, in der nachwachsenden Generation für die Entwicklung und Bildung von Vernunft und Tugend zu sorgen. »Menschen [...] werden nicht geboren, sondern gebildet« (*homines non nascuntur sed finguntur*). Die Quelle aller Tüchtigkeit ist nämlich »eine sorgfältige und gewissenhafte Erziehung, ebenso wie die erste, zweite und dritte Veranlassung zu Torheit und Schlechtigkeit eine vernachlässigte und gewissenlose Ausbildung ist. Diese liegt der Hauptsache nach in unserer Hand. Das ist auch der Grund, warum die Natur den übrigen Geschöpfen Schnelligkeit, Flug, Schärfe des Auges, Größe und Stärke des Körpers, Schuppen, Zotten, Hauthaare, Hörner, Krallen oder Gift verliehen hat, damit sie dadurch für ihre Selbsterhaltung sorgen.« Nur den Menschen »bringt sie zart, nackt und wehrlos zur Welt, aber als Ersatz für alles dies hat sie ihn mit einem für Unterweisung empfänglichen Verstand begabt, weil in dieser einen Gabe alle enthalten sind, wenn man nur auf entsprechende Ausbildung Bedacht nimmt«.[20]

Erasmus' Wirkung nicht nur auf die europäische Geistesgeschichte, sondern auch auf die reale Geschichte kulturellen, gesellschaftlichen und zivilisatorischen Verhaltens kann schwerlich überschätzt werden. Norbert Elias hat in seinen Arbeiten *Über den Prozess der Zivilisation* von 1939 Erasmus' berühmten Traktat *De civilitate morum puerilium* (›Über die Umgangserziehung der Knaben‹) als eine Hauptachse der Geschichte des Übergangs von vormodernen zu modernen Verhaltensstandards herausgestellt.[21] Den Prozess der Zivilisation sieht er eingebettet in den

Kontext der Entstehung des modernen Staates, in welchem
äußerer Zwang zunehmend durch »Selbstzwang« ersetzt
wird, mit dem das Subjekt sein eigenes zivilisiertes Verhalten steuert. Was aus soziologischer Perspektive präzise beschrieben sein mag, ist aus der Innenansicht handelnder
Subjekte – und um diese handelt es sich bei Erasmus – anders zu bewerten: In seiner ständesatirischen Schrift *Lob
der Torheit* aus dem Jahr 1509 tritt die Torheit in der Rolle
des Sprechers auf: Es könne »schlechthin keine Gemeinschaft, keine Lebensverbindung ohne mich erfreulich oder
stetig sein. Das Volk erträgt den Fürsten nicht mehr lange,
der Herr seinen Knecht nicht, das Gesinde keinen Herrn,
der Lehrer keinen Schüler, der Freund keinen Freund, der
Gatte seine Gattin nicht, der Eigentümer keinen Pächter,
der Hausgenosse keinen Hausgenossen und der Tischge-
nosse keinen Tischgenossen, wenn sie nicht gemeinsam
bald irren, bald schmeicheln, bald einander durch die Fin-
ger sehen, bald sich gegenseitig den Honig der Torheit ums
Maul schmieren.« Wird jemand »einen andern lieben, der
sich selbst hasst? Gibt es Übereinstimmung mit dem andern, wo man sich selbst im Wege ist?«[22]

Was Elias Selbstzwang nennt, ist für Erasmus ein sittliches und ziviles Erfordernis, an welchem sich die eigentliche Natur des Menschen zeigt. Ganz ohne Zweifel hat
Erasmus hier die aus der Antike bekannte zweite Natur
des Menschen vor Augen, welche die erste Natur des Menschen durch eine kulturelle und gesellschaftliche Natur
überformt: Wie bei Aristoteles muss auch bei Erasmus die
Erziehung dazu beitragen, dass über die »rohe Materie«
unserer ersten Natur mit Hilfe von Gewöhnung und Unterweisung die »Form« gezogen wird.

Allerdings wird dieser Prozess bei Erasmus – anders als
bei Aristoteles – über eine kulturelle Selbstgewöhnung
vermittelt, die ihren Maßstab nicht in der Sitte, sondern
in der *humanitas* hat, für die in der existierenden Lebenspraxis keine oder nur sehr wenige Vorbilder bereitstehen.

Vergleichbares gilt auch für die religiöse Praxis: Wie alle Humanisten bindet Erasmus die Frömmigkeit an Bildung und Selbstformung zurück. Ganz in diesem Sinne sieht er Christus als eine herausragende Verkörperung von Humanität an, als Verkörperung »der Liebe, der Aufrichtigkeit, der Geduld, der Reinheit« und alles »dessen, was er gelehrt hat«.[23] Der Anspruch der Theologie, alleinige Ordnungs- und Orientierungsinstanz für die alltägliche Lebenspraxis zu sein, wird außerkraft gesetzt, denn »die humanistischen Studien bringen den Menschen als Menschen hervor, die Philosophie erzeugt den Weisen, die Theologie den Heiligen« (*Bonae litterae reddunt hominem, Philosophia plusquam homines, Theologia reddit divos*).[24]

Frömmigkeit, Humanität und zivilisiertes Verhalten bedingen einander. Für Erasmus ist daher die Aufgabe der Kinder- und Jugendbildung (*formandi pueritiam*) »in sich vielfältig«. Vor allem müsse man darauf achten, dass »das zarte Kindergemüt die Vorschule der Frömmigkeit (*pietas*) durchmacht. Die nächste Aufgabe ist die, dass der Zögling die freien Künste (*liberales disciplinas*) mit Lust und Liebe sich aneignet; die dritte, dass er lernt, das Leben zu meistern; die vierte, dass er schon in den kindlichen Anfängen sich daran gewöhnt, umgänglich zu sein (*civilitate morum*).«[25]

Diese Stelle aus der bereits erwähnten Schrift *De civilitate morum puerilium* (›Über die Umgangserziehung der Knaben‹) ist für die Entstehung des Erziehungs- und Bildungsverständnisses der frühen Neuzeit schon allein wegen ihrer enormen publizistischen Verbreitung von weitreichender Bedeutung.[26] Für Elias stellt sie eine Art Grundurkunde der abendländischen Theorie des guten Benehmens dar.[27] Sowohl die Kennzeichnung »Benehmen« als auch die deutsche Übersetzung von *civilitate morum* mit »Umgangserziehung« führen wegen der Assoziationen, die sie beim heutigen Leser auslösen, leicht in die Irre, sind aber keinesfalls falsch: Erasmus' Abhandlung vertritt

nicht nur die These, dass die Erziehung allein oder vornehmlich im Medium eines sozialisierenden Umgangs erfolgen solle. Sie propagiert darüber hinaus eine historisch
neue Form eines auf Bildung basierenden affektkontrol-
lierten Verhaltens im Umgang mit sich selbst sowie im
Umgang mit anderen. Auch das Wort »Benehmen« trifft
die Sache, um die es Erasmus geht, nicht ganz: Der Begriff
stellt viel zu stark das äußerlich bleibende Verhalten heraus, auch wenn der Text durchaus vom äußeren Verhalten
handelt.[28]

Das Wort *civilitas*, das Erasmus im Titel seiner Schrift
verwendet, hat weder eine vornehmlich politische Bedeutung (etwa im antiken Sinn), noch einen primär religiösen
Klang, auch wenn die Bedeutung, die Erasmus ihm gibt,
durchaus zum semantischen Wortfeld von *pietas* gehört.[29]
Die Schrift, die durchaus Züge einer Manierenschrift trägt,
hat zwei Teile, von denen sich der erste Teil mit dem Körper und der Kleidung befasst, während der zweite Teil das
Verhalten und Betragen im öffentlichen und halböffentli-
chen Raum behandelt. Zu den Themen, die Erasmus dort
abhandelt, gehören beispielsweise das Spucken, das
Schneuzen oder das Niesen, das Verhalten im Gasthaus,
im Schlafzimmer und selbst im Bordell. Das äußere Verhalten,
auch die Art, sich angemessen zu kleiden, muss, so Erasmus, gelernt und eingeübt werden, aber so, dass sich im
Verhalten die sittliche und vernünftige innere Einstellung
und Haltung des Handelnden widerspiegelt (*habitus ac
forma*). Erasmus hat seine diesbezüglichen Ratschläge,
Vorschriften und Anweisungen nicht systematisiert und
auch nicht in einem bereits kodifizierten Tugendkatalog
eingeordnet, sondern mit einer empirischen Einstellung
beschrieben. Dabei geht er nicht, jedenfalls nicht primär,
mit Blick auf tradierte Gewohnheiten und Altbewährtes
(*ex more*) vor, sondern sucht Verhaltensweisen aufzuzei-
gen, die der Würde sowohl des Handelnden als auch des
Mithandelnden angemessen sind, indem sie innere Einstel-

lung und äußeres Verhalten miteinander verbinden. Inneres und Äußeres treten somit bei Erasmus noch nicht, wie im 17. und erst recht im 18. Jahrhundert, auseinander. Äußere Anmut, zivilisiertes Verhalten und soziale Akzeptanz sind für ihn noch keine Größen, die für die eigene strategische Lebensführung eingerechnet werden müssen.

Reformation und Humanismus

Dass Humanismus und Reformation nach Luthers Anschlag seiner kirchenkritischen Thesen an die Kirchentür von Wittenberg am 31. Oktober 1517 eine enge Verbindung eingegangen sind, welche die weitere pädagogische, gesellschaftliche und kulturelle Entwicklung in nachhaltiger Weise beeinflusst hat, gehört zu den überraschenden und alles andere als naheliegenden Ereignissen der frühneuzeitlichen europäischen Geschichte. Die heftige Kontroverse über die tatsächliche oder vermeintliche Willensfreiheit des Menschen zwischen Erasmus und Luther und das nachfolgende Zerwürfnis beider zeigt klar, wo die Frontlinien des Gegensatzes verlaufen. Dem Humanismus in Italien und in den nördlichen Ländern Europas ging es in erster Linie um die Beförderung von Bildungsprozessen, um die Etablierung eines an der Idee der *civilitas* ausgerichteten Denk- und Verhaltenstypus und um die Einrichtung eines im Geiste des Humanismus reformierten Bildungswesens von den Schulen bis zu den Universitäten. Die neue Auffassung vom Menschen als eines quasi selbstschöpferischen Wesens und der daraus erwachsene und mit viel Emphase vorgetragene pädagogische Optimismus waren mit den antiken Quellen kaum zu rechtfertigen, auf die sich die Humanisten so gerne beriefen, erst recht waren sie nicht mit dem reformatorischen Verständnis vom Menschen kompatibel.

Die Reformatoren zeigen nämlich, wie Luthers Interpretation des *Römerbriefs* eindrucksvoll belegt, den Menschen als Sünder, als ein in Schuld verstricktes Wesen, das von sich aus, also aus eigener Kraft, nicht den Weg zum Guten finden könne und deshalb der Allwirksamkeit der göttlichen Gnade bedürfe. Der Glaube allein (*sola fide*) kann, so Luther, den Menschen aus seiner natürlichen Befangenheit lösen, und auch die Kraft zum Glauben verdankt er keineswegs sich selbst, sondern göttlicher Allmacht. An die Stelle der natürlichen Hingeneigtheit des Menschen zum Guten tritt mit der Reformation die Überzeugung, dass der Mensch eines göttlichen Gnadenaktes bedarf, um, ohne sein Zutun, in den Stand des Glaubens und damit des echten Handelns zu gelangen. Der göttliche Gnadenerweis ist nicht, wie noch im Mittelalter, als sakramentaler, dem Menschen von Gott geschenkter Akt zu verstehen, sondern stellt ein Ereignis in der Seele des einzelnen Menschen dar, das weder durch eigenes Handeln noch durch fremde, erzieherische Beeinflussung herbeigeführt werden: Der Seele »kann und soll niemand gebieten, er wisse denn ihr den Weg zu weisen gen Himmel. Das kann aber kein Mensch tun, sondern Gott allein. Darum, in den Sachen, die der Seele Seligkeit betreffen, soll nichts denn Gottes Wort gelehrt und angenommen werden.«[30]

Nun lebt aber der Mensch nicht, wie diese Stelle deutlich sagt, »in den Sachen« der Seligkeit allein, sondern auch in einer irdisch-wirklichen Welt und deren Ansprüchen. Hier berühren sich, zumindest aus reformatorischer Perspektive, die protestantische und die humanistische Perspektive. Gottes Wort muss, um »angenommen« werden zu können, durch Erziehung und Unterweisung zunächst einmal »gelehrt« werden. Die reformatorischen Umwälzungen führten zunächst zu einem rapiden Verfall der Bildungseinrichtungen, sodass Luther vor der Gefahr warnte, der Mensch werde sich von Gottes Wort entfernen, und damit dies verhindert werde, müsse nach neuen Möglichkeiten gesucht werden, ihn für Gottes Wort zu öffnen. In seinem Sendschreiben »An die Bürgermeister und Ratsherren aller Städte in deutschen Landen« aus dem Jahr 1524 verlangt er deshalb von diesen, »dass sie christliche Schulen aufrichten und halten sollen«.[31] Luther sieht in weltlicher Hinsicht den Nutzen dieser Schulen darin, dass dann »die Männer wohl regieren können Land und Leute, die Frauen wohl ziehen können Haus, Kinder und Gesinde«. In religiöser Hinsicht stellt er vor allem die Bedeutung der dort zu lehrenden Sprachen (Griechisch, Latein, Hebräisch) heraus, denn der christliche Glaube stehe und falle mit gründlichen Kenntnissen in den Sprachen der Bibel – ohne sie könne man weder die Schrift auslegen noch sie gegen Irrlehren verteidigen.

Luthers Appell zur Erneuerung des Schul- und auch des Universitätswesens ist vor allem von seinem Wegbegleiter und Freund Philipp Melanchthon in die Tat umgesetzt worden. Melanchthon, der später *praeceptor Germaniae* (›Lehrer Deutschlands‹) genannt werden wird, hat die Einheit von *eruditio* und *pietas* (›Bildung‹ und ›Frömmigkeit‹) ebenso wie Einheit von *prudentia* und *eloquentia* (›Sachwissen‹ und ›Wortwissen‹) zu bewahren gesucht und den organisatorischen Aufbau des frühneuzeitlichen Bildungswesens im protestantisch-humanistischen Geist herbeigeführt. Luther lernte Melanchthon bei dessen Antrittsrede an der Universität Wittenberg kennen, an die dieser im Alter von 21 Jahren als Professor für Griechisch berufen worden war, und wusste ihn für seine Pläne einzusetzen. Melanchthons humanistisch geprägte Antrittsrede *De corrigendis adulescentiae studiis* (›Über die Verbesserung der höheren Studien‹) empfiehlt u. a. die Lektüre der Ethik des Aristoteles, der *Gesetze* Platons sowie der Schriften Quintilians und stellt heraus, wie unentbehrlich das Griechische für das Verständnis der lateinischen Literatur und der Bibel sei.[32] Am Ende ermahnt er die Studierenden, die alten Lateiner (*veteres Latinos*) zu studieren, und schließt die Griechen mit ein, »ohne welche die Lateiner nicht richtig

bearbeitet werden«.[33] Des weiteren betont er den »enzyklopädischen« Zusammenhang der ethischen und philolo-
gischen mit den historischen und naturwissenschaftlichen
Disziplinen.

Melanchthons Schriften, mehr aber noch sein Wirken als
Gestalter und Reformator des Schul- und Universitätswesens, zeigen an, dass der Gegensatz zwischen Reformation
und Humanismus zumindest ein Stück weit kleingehalten
werden konnte. Beide stimmen darin überein, dass man zu
den Quellen des Glaubens und der antiken Überlieferung
zurückkehren müsse. So wird dann auch Melanchthons
Auffassung plausibel, dass Barbarei und Unglaube zusam-
mengehören. Seine erklärte Absicht, das »herrlichste Geschenk Gottes, die Wissenschaften«, zu verteidigen, kann
daher von ihm als ein gleichermaßen religiöses wie huma-
nistisches Anliegen verstanden werden.

Melanchthons direkter und indirekter Einfluss auf die
Neueinrichtung des Schul- und Universitätswesens ist
breit gefächert. Er hat nicht nur zahlreiche Schulbücher,
Grammatiken, Bibelkommentare und Interpretationen antiker Autoren für unterrichtliche Zwecke verfasst, sondern
über den Entwurf von Schulordnungen und eine intensive
Beratertätigkeit entscheidend zur Organisation des protestantischen Bildungswesens beigetragen. Zu den ersten
Schulgründungen nach der Reformation gehört die Mag-
deburger Lateinschule, die im Beisein Melanchthons im
Jahr 1524 eröffnet wurde. Auch an der Gründung der
Stadt- und Lateinschule in Nürnberg (1526) war er beteiligt. Die 1525 in Eisleben gegründete dreiklassige Lateinschule zeigt ebenfalls die Handschrift Melanchthons: Der
anspruchsvolle Lehrplan sieht vor, dass in der ersten Klasse
Gebete, Spruchsammlungen (vor allem aus der Antike) sowie Fabeln auswendig gelernt werden. In der zweiten
Klasse wird dann die lateinische Grammatik zum primären
Unterrichtsgegenstand, während in der dritten Klasse Rhetorik und Dialektik vermittelt werden; zu den Lektüretex-

ten gehören hier u. a. Sallust, Vergil, Horaz, Ovid und Cicero. Diejenigen, die gute Fortschritte im Lateinischen gemacht haben, können mit dem Griechischen (und dem Hebräischen) beginnen. Dem dreiklassigen Schema der Eislebener Lateinschule folgt auch die von Melanchthon verfasste kursächsische Visitatorenordnung (»Unterricht der Visitatoren an die Pfarrherren im Kurfürstentum zu Sachsen« aus dem Jahr 1528, deren Lehrplan freilich im Vergleich mit dem der Schule in Eisleben deutliche Kürzungen aufweist. Zwar wird nach wie vor Latein als Schulsprache empfohlen – vom Unterricht in der deutschen Sprache wird ausdrücklich abgeraten –, aber auf den Griechisch- und Hebräischunterricht wird verzichtet. Die in der Visitatorenordnung enthaltene Schulordnung ist in vielen protestantischen Städten und Ländern mit geringfügigen Modifikationen nachgeahmt worden. Auch die Wittenberger Schulordnung aus dem Jahr 1533 geht auf Melanchthons Visitatorenordnung zurück. Ein indirekter Einfluss Melanchthons auf die Neu- und Umgestaltung des Schul- und Bildungswesens in den protestantischen Ländern ist über viele seiner Schüler nachweisbar, darunter Bugenhagen in Braunschweig, Hamburg, Lübeck und Kopenhagen, Trotzendorf in Goldberg (Schlesien) und Neander in Ilfeld. Bildungsgeschichtlich vermutlich von noch größerer Bedeutung sind Melanchthons Aktivitäten auf dem Gebiet der Universitätsreform: Die Universität von Wittenberg, an der er selbst lehrte, aber auch die Universitäten in Frankfurt a. d. O., Leipzig, Marburg, Heidelberg, Tübingen, Königsberg, Rostock und Jena verdanken ihm eine Reorganisation des Studien- und Lehrbetriebs.

Mit seiner Arbeit als Schul- und Universitätsreformer eng verbunden ist die Neugründung von Landes- oder Fürstenschulen durch die lutherischen Landesfürsten, durch die der frühmoderne staatliche Zugriff auf das Bildungswesen angezeigt wird. Im Unterschied zu den erwähnten Lateinschulen, die in den Städten entstanden sind,

haben wir es hier seit den 1540er Jahren mit staatlichen
Gelehrtenschulen zu tun, für die landesherrliche Schulordnungen erlassen wurden. Zu den berühmtesten Schulen
dieser Art zählen die in Pforta, Meißen und Grimma, die in
ehemaligen Klöstern in der Form von Internaten eingerichtet wurden. Sie setzen den Besuch von städtischen Lateinschulen voraus und bereiten auf die Universitätsstudi-
en vor.

Die Verbindung von Reformation und Humanismus
vollzieht sich vor allem auf schulorganisatorischem Gebiet,
ohne dass allerdings die zwischen beiden bestehende Span-
nung verschwindet. So kann die berühmte Formel Johannes Sturms, dass Weisheit und Beredsamkeit im Dienst der
Frömmigkeit stehen (*sapientia atque eloquentia pietas*),
die Gegensätze nicht wirklich überspielen. Es war kein Zufall,
dass Sturm, auf den die im humanistischen Geist durchgeführte Reform der Straßburger Lateinschule zurückgeht,
in der Folge eines Streits zwischen den von ihm eingestell-
ten humanistisch geprägten Lehrern und der protestantischen Geistlichkeit Straßburgs von seinem Amt als Schul-
leiter suspendiert wurde. Der hier mit den Händen zu grei-
fende Gegensatz zwischen Humanismus und Reformation
tritt besonders in Melanchthons Ethik (*Abriss der Moralphilosophie*) deutlich zu Tage, die sich um eine systematische Verbindung zwischen der aristotelischen Ethik und
der (protestantischen) Theologie bemüht, ohne dass dabei
allerdings deutlich wird, wie Ethik und Theologie sich
wechselseitig ergänzen können, oder ob nicht doch die
Ethik der Theologie untergeordnet werden muss. Das Problem, das Melanchthon lösen möchte, ergibt sich aus der
reformatorischen Überzeugung, dass der Mensch selbst
nichts zu seiner Erlösung beitragen kann, weil ja der Glaube als Gnadengeschenk Gottes angesehen werden muss.
Das hatte gelegentlich zu der Auffassung geführt, dass
der Mensch hinsichtlich seiner Lebensführung frei von
moralischen Ansprüchen und Normen sei. Um dieses

Missverständnis zu vermeiden, will Melanchthon nun unter Berufung auf Aristoteles und Cicero zeigen, dass es ein natürliches Gesetz moralischen Handelns gibt, welches unabhängig von religiösen Überzeugungen das Handeln anleiten kann. Weil aber die natürliche Erkenntniskraft zu schwach ist, um dieses Gesetz erkennen zu können, sei das eingreifende Handeln Gottes erforderlich, der in den Zehn Geboten das Gesetz der natürlichen Moral zusätzlich geoffenbart habe.

In der jüngeren Forschung ist hervorgehoben worden, dass es sich hier um eine »nur notdürftig religiös eingefärbte [...] innerweltliche Ethik« handele,[34] in der Melanchthon behutsam die Willensfreiheit, auf der Erasmus im Streit mit Luther bestanden habe, retten und mit der reformatorischen Auffassung verbinden wollte. Man kann in der Notdürftigkeit aber auch ein unfreiwilliges Geständnis Melanchthons sehen, dass sich Humanismus und Religion, Glaube und Bildung (Wissen) nicht wirklich miteinander verbinden lassen, weil sie unterschiedlichen Welt- und Selbstdeutungen des Menschen angehören. Hier kündigt sich eine Differenz von Glaube und Wissen an, die sich im 17. Jahrhundert bei den Antipoden Comenius und Bacon wiederfinden lässt.[35]

Nachdem die schul- und universitätsreformerischen Initiativen etwa bis zu Mitte des 16. Jahrhunderts in erster Linie vom Protestantismus auf den Weg gebracht worden waren, setzt mit der Gründung des Jesuitenordens, der im Jahr 1540 durch päpstliches Dekret bestätigt worden war, und dem Konzil von Trient (1545–63) die sogenannte Gegenreformation ein, die u. a. zur Erneuerung des katholischen Schulwesens führte. Die Paradoxie dieses Vorgangs liegt nicht zuletzt darin, dass die sich nunmehr auch im Bildungswesen fortsetzende konfessionelle Spaltung das gleiche Fundament wie die protestantische Erneuerung des Bildungswesens hat, nämlich den Humanismus. Gleichwohl ist zumindest in der Gründungsphase die Stellung der humanistischen Studien innerhalb der jesuitischen Pädagogik eine andere und eindeutigere als im Protestantismus.

Die Gründung des Jesuitenordens, der Societas Jesu, geht auf den spanischen Adligen Ignatius von Loyola (1491–1556) zurück, dessen historische Leistung darin besteht, den Jesuitenorden als einen Lehrorden mit dem Ziel konzipiert zu haben, den christlich-katholischen Glauben zu verbreiten und die christlich-katholische Kirche inmitten einer feindlich gewordenen Welt zu festigen. Die Beschlüsse des Trienter Konzils sollten auf diese Weise in die Tat umgesetzt werden. Ignatius war freilich von seinen ursprünglichen Motiven her weder Pädagoge, noch hatte er bildungsreformerische Ambitionen. Sein primäres Interesse war seelsorgerischer, also religiös-ethischer Natur. Seine *Ejercicios espirituales* (›Geistliche Übungen‹)[36] sollen den Novizen veranlassen, sich in Selbstverleugnung zu üben und in der christlichen Tugend Fortschritte zu machen.[37] Erst im Anschluss daran, also mit dem Erreichen einer religiös-sittlichen Grundeinstellung, soll er sich mit den Wissenschaften (*litterae*, *logica*, *philosophia*, *metaphysica*, *theologia*) befassen. In der 1555 noch von Ignatius veranlassten Ordenssatzung (*constitutiones*) wird der instrumentelle Charakter wissenschaftlicher Studien für den religiös-kirchlichen Zweck unmissverständlich herausgestellt: Die Bestimmung der Gesellschaft Jesu ist es, »den eigenen Seelen und denen der Nächsten zu helfen, das letzte Ziel, für das sie geschaffen sind zu erreichen«, nämlich »Gott unseren Schöpfer und Herrn mehr zu erkennen und ihm mehr zu dienen«. Neben einer vorbildlichen Lebensführung sei hierzu »Lehre« und Lehrkunst erforderlich, so dass die Novizen, sobald sie »das geschuldete Fundament der Selbstverleugnung und den Fortschritt in den Tugenden« zeigen, sich »um das Gebäude der Wissenschaft [...] und ihre Anwendung« bemühen können.[38]

Dieser Teil der Ordenssatzung ist in die vom fünften

Ordensgeneral P. Claudius Aquaviva 1599 herausgegebene *Ratio atque institutio studiorum* (›Die Grundsätze und Ordnung der Studien der Gesellschaft Jesu‹) eingegangen. Sie enthält im Detail Angaben über den stufenförmigen Aufbau, die Lernstoffe, die Lehrmaterialien, den Stundenplan, die Prüfungen, das Unterrichtsverfahren und die Ausstattung der Jesuitenschulen. Das gesamte Erziehungs- und Bildungsprogramm ist eingeteilt in die niederen Fächer bzw. die *studia inferiora,* also das gymnasiale Unterrichtsprogramm, das fünf Stufen (*Grammatica infima, media, suprema, Humanitas, Rhetorica*) umfasst, und die höheren Fächer bzw. die *studia superiora* (Philosophie und Theologie). Wie in den protestantischen Schulen stehen im gymnasialen Bildungsgang die Sprachen, also vor allem das Lateinische, sowie die Rhetorik und die Eloquenz (also die Redegewandtheit) im Mittelpunkt. Und wie in den protestantischen Gelehrtenschulen verstehen sich die jesuitischen Gymnasien nicht als Lateinschulen, sondern als Vorbereitung für das Universitätsstudium. Die Stufung des im übrigen unentgeltlichen Unterrichts soll unbedingt eingehalten werden. Der Unterricht wird begleitet durch eine religiöse Erziehung, die u. a. Predigt, Besuch der Messe, Katechismusunterweisung und Gebet umfasst.

Die Erfolge des Jesuitenordens waren enorm. Mit großer Betriebsamkeit haben die Jesuiten im 16. und im 17. Jahrhundert in allen katholischen Ländern Studienanstalten gegründet, sodass der Orden im Jahre 1616 bereits über 372 Kollegien verfügte. Im Zeitalter der Aufklärung ging sein Einfluss allmählich zurück. 1773 ist der Orden aufgelöst, 1814 dann aber wieder gegründet worden.

Humanismuskritik und pädagogischer Realismus

Es gehört zu den Grundmerkmalen des neuzeitlichen Humanismus, dass er zugleich humanismuskritische Motive hervorgebracht hat, beispielsweise solche, die sich gegen die überzeichnende Verselbständigung von Bildungsmitteln zu selbstzweckhaften Bildungszielen ausdrücken. Erasmus' Kritik am sogenannten ›Ciceronianismus‹, der klassizistischen Nachahmung von Ciceros Latein, enthält ja nie nur eine Stilfrage und war auch nicht nur gegen die Vernachlässigung der christlichen Inhalte zugunsten der heidnischen Form gerichtet. Sie betrifft vielmehr den Bildungsprozess als ganzen, der in dieser Verselbständigung die, platonisch gesprochen, Umwendung des Ich zu Menschlichkeit und Zivilität verfehlt. Im Zuge der in vielen Ländern Europas als Folge von Reformation und Humanismus eingeleiteten Veränderungen im Bildungswesen (gelehrte Schulen, Universitäten), die einen spezifischen Schulhumanismus hervorbringen, verstärken sich die im Humanismus von Anfang an enthaltenen humanismuskritischen Motive. So wundert sich in Frankreich Michel de Montaigne in seinen *Essais* (1580–88) darüber, »wie es möglich ist, dass eine Seele, die so vielerlei Dinge in sich aufnimmt, dadurch nicht lebensvoller und aufgeweckter wird; und dass ein roher und gewöhnlicher Geist sich nicht verfeinert, wenn er es andauernd zu tun hat mit den Überlegungen und Urteilen der ausgezeichnetsten Geister, die auf der Welt gelebt haben«.[39] Dass die Lektüre der alten Schriftsteller – entgegen den humanistischen Grundüberzeugungen – nicht mehr zur Bildung und Verbesserung des Menschen beiträgt, ist die Folge einer Ersetzung und Verdrängung der Kultur der Seele bzw. *culture de l'âme* durch den *pédantisme*, die Pedanterie. Der »gelehrte Esel« ist für Montaigne das Ergebnis eines inhaltlich wie methodisch fehlgeleiteten Bildungsprozesses, in dem die Wörter die Inhalte dominieren: Wir wollten für gewöhnlich wissen,

»wenn wir über den Erfolg einer Ausbildung urteilen, ob er Griechisch oder Lateinisch kann, ob er Prosa oder in Versen geschickt zu schreiben versteht usw., aber ob er im ganzen besser und lebenstüchtiger geworden ist, bleibt unerörtert«.[40] Dabei geht es Montaigne nicht darum, den humanistischen Lehrplan durch einen ganz anderen zu ersetzen, auch dann nicht, wenn er für die stärkere Berücksichtigung muttersprachlicher Bildung plädiert. Es geht ihm um die Vertiefung und Stärkung der menschlichen Subjektivität durch eine Weltaneignung, die das Subjekt verändert: »Man darf das Wissen, wenn es richtig wirken soll, nicht nur in sich anhäufen, es muss ganz unser Eigen werden.«[41]

Die den humanistischen Intentionen zuwiderlaufende Verselbständigung von Mitteln zu Zielen und Zwecken ist auch das Thema John Miltons (1608–1674), der, von Bacon und Comenius bereits beeinflusst, in seinem 1644 erschienenen *Tractate of Education* (›Traktat von der Erziehung‹) vor allem in methodischer Hinsicht das scholastisch-humanistisch erstarrte Schul- und Universitätswesen in England kritisiert. Es sei verkehrt, wenn man in der Schule sieben oder acht Jahre daransetze, »mit dem mühsamen Zusammenkratzen von soviel schlechtem Latein oder Griechisch zu verbringen, wie anders leicht und freudig in einem Jahr gelernt werden könnte«.[42] Und an der Universität wird, so Bacon, statt mit den leichtesten Wissenschaften zu beginnen, der Novize bereits zu Beginn des Studiums mit begrifflichen Abstraktionen der Logik und der Metaphysik konfrontiert. Dabei geht es Milton, bei aller Ähnlichkeit mit Montaigne, weniger um das Subjekt als um die diesem zu vermittelnde Sache. Die Sprache, die der Humanismus fälschlich zum Zweck der Bildung erhebt, ist für ihn »nur ein Instrument […], mit dem uns wissenswerte Dinge übermittelt werden«. Und sollte sich ein Sprachkundiger rühmen, »alle Sprachen, in welche Babel die Welt teilte, zu beherrschen, und er hätte die wirklichen Dinge in ihnen nicht ebenso studieret wie die Worte und Lexika, so könnte man ihn weniger als irgend einen Gutsbesitzer oder Kaufmann, der nur in seiner Muttersprache ausreichend gebildet ist, für einen gelehrten Mann halten«.[43] Wie in Antike und Humanismus geht es Milton aber darum, dass der Mensch durch eine vollständige Erziehung und Bildung befähigt werde, »alle öffentlichen und privaten Geschäfte im Frieden und im Krieg [...] gerecht, gewandt und großmütig zu führen«.[44] Hierzu hofft er durch in von ihm entworfenes Curriculum beitragen zu können, das realistische (moderne naturwissenschaftliche und mathematische), enzyklopädische (von der Anatomie bis zur Wirtschaftslehre) und humanistische (alte und moderne Sprachen, Ethik, Religion) Kenntnisse umfasst.

Auch in Deutschland mehren sich im ersten Drittel des 17. Jahrhunderts die Stimmen derer, die den steril gewordenen humanistischen Bildungsbetrieb mit seiner Vorherrschaft des Lateins kritisieren und durch eine stärker am gesellschaftlichen Nutzen, d.h. realistisch und muttersprachlich orientierte Bildung ersetzen wollen.[45] So wendet sich der Marburger Professor und spätere Hamburger Pastor Johann Balthasar Schupp, gegen die »Tyrannei« des Lateinischen an den (gelehrten) Schulen und fordert eine am »Nutzen« orientierte Unterrichtung der Jugend, die auch den unteren (bürgerlichen) Schichten, also dem »gemeinen Mann«, zugutekommen soll.

Vom »Nutzen« der Erziehung und des Unterrichts sprachen seinerzeit viele, um kritisch gegen den vorhandenen Bildungsbetrieb Position zu beziehen. Was damit genauer und im Unterschied zum heutigen Sprachgebrauch gemeint war, zeigt eine (lateinische) Antrittsrede, die im Jahr 1617, also am Vorabend des Beginns des Dreißigjährigen Krieges, von Caspar Dornau, als Lehrer der Sitten bzw. *Professor morum* ans Gymnasium nach Beuthen berufen, gehalten wurde. Dornau spricht »Über die Schönheit, Notwendigkeit und Nützlichkeit des sittlichen Verhaltens für das gesellschaftliche Zusammenleben« (*De morum pulchritudine, necessitate, utilitate ad civilem conversationem*). Im Blick auf die drohenden konfessionellen Auseinandersetzungen, in die dann ganz Europa tatsächlich versank, fungiert bei Dornau die »Schönheit« als ein integratives Prinzip, in dem politische, ethische und pädagogische sowie religiöse, rechtliche und soziale Prozesse zusammen gedacht werden. Dornaus Rede, einem »bedeutenden Zeugnis der deutschen Bildungsgeschichte«, so Kühlmann, plädiert in Fortsetzung und Weiterführung der *civilitas* des Erasmus für eine Schicklichkeit und Angemessenheit im kommunikativen Umgang (*decorum*), also für eine Harmonie des Menschen im inneren und äußeren Erscheinen (Benehmen, Gestik, Sprache usw.), der auch die Erziehung der Jugend Rechnung tragen müsse. Schönheit kennzeichnet dasjenige, in dem Zweck und Mittel nicht getrennt sind, sondern alles Mittel und Zweck zugleich ist. In der Unterweisung der Jugend darf dann nichts nur Mittel, aber auch nichts nur Selbstzweck sein. Aus diesem Grund dürfen »Sprachstudien und die Instrumente der Wissenschaften« nicht die Kindheit und die Jugend, die »glücklichste Periode des menschlichen Lebens«, dominieren:

> »Erweisen wir doch unseren Kindern die Wohltat und lassen sie zugleich mit den Sprachkenntnissen die Kenntniß der Menschen, Staaten, Gesetze der Natur und der Geschichte vereinigen. – Auf die Art würde die Sprache nicht nur zu einem richtigen, bestimmten und schoenen Ausdrucke gebildet, sondern die Denkkraft wuerde mit einem wichtigen Vorrath nuetzlicher und nothwendiger Sachkenntnisse bereichert. So muss es auch sein: Denkkraft und Sprache müssen zugleich gebildet werden, wenn wir unsere Knaben nicht zu einaeugigen Cyclopen machen wollen.«[46]

Die bei Dornau noch unter der moralisch-ästhetischen Idee der Schönheit gesamtpraktisch eingebundene Bedeutung der Erziehung wird in der zweiten Hälfte des 17. Jahrhunderts immer stärker aus der Perspektive des sozialen Nutzens, der allgemeinen Wohlfahrt und des staatlich-absolutistischen Interesses betrachtet. Damit wird die ethisch-moralische und immer auch christliche Fundierung der pädagogischen Aufgabe zwar intentional nicht aufgelöst, erfährt aber eine andere Akzentsetzung, die neue Probleme schafft und die Suche nach neuen Lösungen erforderlich macht. Unter der nunmehr stärker werdenden Perspektive des sozialen Nutzens wird es im 17. Jahrhundert möglich, die immer deutlicher werdende Kritik an der überkommenen Latein- und Gelehrtenschule aufzunehmen und in eine realistisch und muttersprachlich orientierte Erziehungseinrichtung zu überführen, die sich an den adligen, aber auch den bürgerlichen sowie den bäuerlichen Stand richtet. So hat beispielsweise Christian Weise, der berühmte Rektor des Zittauer Gymnasiums und zeitweilig Sekretär in der staatlichen Verwaltung, seine Schule den weltlichen Berufs- und Standesbedürfnissen des Adels und des höheren Beamtentums angepasst. Die aus dem humanistischen Bildungsprogramm stammende zentrale Bedeutung der Rhetorik wird auf die Beredsamkeit in der deutschen Sprache übertragen. Dem Bildungsziel Weises, einen für Staat und Menschheit brauchbaren und nützlichen, klugen und rechtschaffenen Menschen zu erziehen und zu unterweisen, entspricht es, wenn in den Lehrplan auch Mathematik und Physik sowie Staats- und Rechtswissenschaften aufgenommen werden und von ihm verfasste Theaterstücke als Einübung in das Leben von seinen Schülern in Schulaufführungen vor ihren Eltern gespielt werden.

Veit Ludwig von Seckendorff, u. a. im Dienst des Herzogs Ernst von Sachsen sowie Kanzler der neugegründeten Universität Halle, empfindet wie viele andere seiner Zeit-

genossen die herkömmlichen Lateinschulen als unzurei-
chend, vor allem im Blick auf die »Kinder von höherem
Stamm und Stand«.[47] In seiner staatswissenschaftlichen
Schrift über den *Teutschen Fürsten-Staat* empfiehlt er für
die adlige Jugend die Aneignung elementarer Grundkenntnisse (Lesen, Schreiben, Rechnen, Natur- und Landeskun-
de), von Geschichte, Rechts- und Kriegswissenschaft sowie von Beredsamkeit und Sprachen. Aber auch die Kinder des »gemeinen Manns«, auch des Bauern, bedürfen,
damit sie nicht »wie das Viehe aufwachsen«, einer Unterweisung und Erziehung, die über den unmittelbaren
»Haus-Nutzen« hinausgeht.[48] Seckendorff denkt hier freilich nicht an schulisch zu vermittelnde Fähigkeiten und
Fertigkeiten, sondern vor allem an das *studium pietatis et
morum*: »Es wird erfordert eine gründliche Beybringung
der nothwendigsten Stücke des Christentums, [...] des Ge-
bets, der Andacht, der Verachtung des Zeitlichen, der Brechung und Verläugnung des eigenen Willens, in Übung der
Gütigkeit, der Sanftmut, der Wahrheit und Aufrichtigkeit,
der Verschwiegenheit, der Mäßigkeit in allen Stücken, der
Demut, der Freudigkeit, des Gehorsams und derglei-
chen«.[49] In »Betrachtung des Zustands unsers Vaterlands
deutscher Nation« hält er es für erforderlich, dass die Jugend in der christlichen Religion und in solchen Dingen
unterrichtet und unterwiesen werde, »deren sie sich in allen Ständen, darein sie etwa Gott dermaleinst setzen möchte, wohl und nützlich gebrauchen können«.[50]

Noch deutlicher hat Johann Joachim Becher in seinem
Methodus didactica (1668) die Notwendigkeit der Erziehung der nachwachsenden Generation aus dem Interesse
des Staates und der durch ihn anwaltlich vertretenen allgemeinen Wohlfahrt abgeleitet: »[...] in der Tat aber könnten
Regenten und Herren aber nichts besseres proponiert
[empfohlen] werden als gute Aufferziehung der Jugend,
denn diese ist das Fundament und vornehmste Maxime des
Staates«.[51]

Vieles von dem, was im 17. Jahrhundert an Projekten er-
dacht und an Schulprogrammen entworfen wurde, ist über
gut gemeinte Absichtserklärungen nicht hinausgekom-
men.[52] Eine wichtige Ausnahme stellt das bereits erwähnte
Herzogtum Sachsen-Gotha unter Ernst dem Frommen
dar. Er hat sich zunächst durch Wolfgang Ratke hinsichtlich der Reform seiner Schule anregen lassen und dann in
Andreas Reyer einen Mann gefunden, der in der Lage war,
als Rektor des Gothaischen Gymnasiums die vom Realismus seiner Zeit geprägten didaktischen und unterrichtlichen Pläne umzusetzen. In diesem Zusammenhang erscheint 1642 der von Reyer verfasste *Schulmethodus* und
1657 das erste Realienbuch für die deutsche Volksschule.
Reyer hat für die Schüler seines Gymnasiums eine Reihe
von Unterrichtsbüchern verfasst, in denen er Elemente der
comenianischen Bildungslehre mit solchen des Baconschen
Wissenschaftsverständnisses zu verbinden suchte. Ein zentraler Gesichtspunkt dabei ist, dass die »Dinge« aus ihrer
schöpfungstheologischen und auf ein bestimmtes Ziel ausgerichteten, teleologischen Verklammerung gelöst und als
zu erforschende Grundlage der Wissenschaften, als *basis
scientiae*, erklärt werden. Der Mensch versteht sich so »als
das mit dem Recht der Verfügung über die Dinge ausge-
stattete Subjekt. Die freigegebenen Dinge werden vom
Menschen sogleich in einen neuen Bezug eingefügt, in den
Bezug auf sich selbst – Wissen hat damit aufgehört, den
Menschen immer schon auch zum rechten Handeln anzu-
weisen.«[53]

3. Rationalitäts- und Bildungskonzepte der frühen Neuzeit: Bacon und Comenius

In der Geschichtsschreibung wird die Neuzeit als eine Epoche bezeichnet, in der sich das bis dahin auf den kontinentalen europäisch-asiatischen Raum konzentrierte Bild der Welt durch Seereisen und die Entdeckung neuer Kontinente veränderte und sich durch die Reformation die mittelalterliche Einheit der römischen Kirche auflöste. Zu der bis ins Jahr 1054 zurückreichenden Trennung des Christentums in eine westliche und östliche Kirche trat mit der Reformation Anfang des 16. Jahrhunderts eine weitere Differenzierung hinzu, die von Deutschland als dem Land der Reformation ausging, in Europa zu lang andauernden Religionskriegen führte und schließlich weite Teile der alten und der neuen Welt erfasste.

Die genannten Veränderungen führten in der frühen Neuzeit zu neuen Konzeptualisierungen der Erziehung, von denen zwei im folgenden besonders herausgestellt werden sollen: Die eine geht auf den englischen Staatsmann und Philosophen Francis Bacon zurück, der auf die im Humanismus der Renaissance vollzogene Hinwendung zur Antike mit der Ausarbeitung einer Konzeption antwortete, die das gesamte Denken von seinen antiken und mittelalterlichen Wurzeln zu lösen und Wissen und Macht auf dem Boden neuzeitlicher Wissenschaft eng miteinander zu verknüpfen suchte. Die andere Konzeptualisierung wurde von dem aus Tschechien stammenden europäischen Theologen, Philosophen und Pädagogen Johann Amos Comenius entwickelt, der Bischof der böhmischen Brüdergemeinde war, während des Dreißigjährigen Krieges vor den katholischen Heeren bis in die Niederlande flüchtete und eine Bildungs- und Weisheitslehre entwarf, die an bestimmten Denkformen der Antike festhält, für eine Rückkehr zu den Wurzeln der christlichen

Religion eintritt und diese mit neuzeitlichem Denken verbinden will.

Bacon: Wissen und Macht

Bacons Programm zur Erneuerung von Wissenschaft und Bildung knüpft weniger an die gesellige, literarische und philosophische Ausrichtung von Bildung und Erziehung im Humanismus der Renaissance an, sondern geht stärker von der Entwicklung des neuzeitlichen Denkens in den Naturwissenschaften und den mit diesem in einem engen Zusammenhang stehenden Entdeckungen und Erfindungen aus. In seinem *Novum organon scientiarum* (›Neues Organ der Wissenschaften‹) von 1620 und in seiner 1627 postum veröffentlichten Programmschrift *Nova Atlantis* (›Neu-Atlantis‹) entwirft er einen Ordnungszusammenhang von Erfahrung und Wissen, der sich auf eine Kritik der metaphysischen Annahmen des scholastischen Denkens gründet und der induktiv (also vom Einzelfall ausgehend) zu gewinnenden Erfahrung sowie dem wissenschaftlichen Experiment eine grundlegende Bedeutung für einen wissenschaftlichen und gesellschaftlichen Fortschritt zuerkennt. In Bacons Programm werden neuzeitliche Wissenschaft und Technik eng mit utopischen Vorstellungen einer rationalen Ordnung der gesamten Welt verknüpft, die über negative Erfahrungen gewonnen wird, in denen uns die Natur darüber belehrt, dass ihre Ordnung eine andere als die von uns zunächst angenommene ist.

Den »Wert der Erfindungen«, in denen sich das neue Denken manifestiert, illustriert Bacon an der »Buchdruckerkunst«, dem »Schießpulver« und der »Magnetnadel«. Diese stellen rationale Technologien bereit, die »den Alten völlig unbekannt« waren und »den ganzen Zustand der Dinge in der Welt […] umgewandelt« haben.[1] Die Formel, die Bacons Fortschrittsgewissheit auf einen einfachen Begriff bringt, lautet: »Wissen ist Macht«. Sie findet sich nicht wörtlich bei Bacon selbst, geht aber der Sache nach auf ihn zurück. In seinen Aphorismen zu einer neuen Ordnung des Wissens führt er aus, es stehe nur noch »ein Weg« zur Berichtigung der von den Menschen in der Geschichte angesammelten und tradierten Irrtümer offen: Dieser verlange, »die ganze Arbeit des Geistes wieder von vorn anzufangen« und das Denken von den Trugbildern der metaphysischen Vorwegnahmen bzw. »Antizipationen der Natur« zu befreien und auf den Weg einer empirischen und experimentellen »Interpretation der Natur« zu bringen, die dem Rationalitätsmodell der neuzeitlichen Wissenschaft folgt und »wie durch Maschinen zu bewerkstelligen« ist.[2]

Unter den von falschen Antizipationen geleiteten Vorstellungen, die durch die neue Ordnung abgelöst werden sollen, versteht Bacon das auf Platon und Aristoteles zurückgehende teleologische Ordnungssystem der Antike, das in der Scholastik christlich modifiziert und ausgelegt worden war. In ihm wird die Ordnung der Natur und der Gesellschaft nicht von mechanischen Wirkursachen, sondern von Zweckursachen her begründet, die der Natur bzw. der göttlichen Weltordnung zugrunde liegen und vernünftiges menschliches Handeln leiten und orientieren sollen. Aristoteles zufolge zeigen sich diese Zweckursachen in der Natur an den Bewegungen der unbelebten wie belebten Materie: Alle Körper suchen in ihren Bewegungen Orte auf, die ihrer inneren Zweckmäßigkeit entsprechen. So bewegen sich die Steine im Fluss ganz unten, um die im Wasser lebenden Tiere nicht zu verletzten, der Blütenstaub in einer mittleren Höhe, um der Selbsterhaltung der Natur zu dienen, die Gestirne dagegen hoch oben am Firmament, um den Kosmos zu beleuchten oder durch die Bewegungen von Sonne und Mond den Tag von der Nacht zu trennen. Der Mensch kann in diese teleologische Naturordnung zwar eingreifen und einen Stein oder Speer auf ein

Ziel hin werfen oder einen Ochsen vor einen Karren spannen. Stein, Speer und Ochse kehren jedoch alsbald in ihre
zweckmäßigen Bewegungen zurück. Der Stein fällt wie der
Speer nach unten und der Ochse begibt sich, wieder freige-
lassen, nicht etwa in den Schlachthof, sondern in den Stall
oder auf die Wiese, also an jene Orte, die seiner inneren
Zweckmäßigkeit und Selbsterhaltung entsprechen.[3]

Den für menschliche Freiheit einzig angemessenen Ort
sieht Aristoteles in den griechischen Stadtstaaten, welche
die Tätigkeiten der Menschen nach niederen und höheren
Zwecken ordneten, indem sie erstere in den Formen von
Arbeit und Handwerk organisierten, die Mittel zu höheren
Zwecken herstellen, letztere in Freundschaft, Rechtspre-
chung, Politik und Wissenschaft ausdifferenzierten, die
keinen höheren Zwecken dienen, sondern in sich selbst
vernünftig und zweckmäßig sind. Aufgabe und Funktion
des an einer Hierarchie der Zwecke (*teloi*) ausgerichteten
Ordnungsdenkens der Antike war es, die teleologische
Ordnung durch eine philosophisch argumentierende wissenschaftliche Reflexion zu erkennen, sie durch Erziehung
zu tradieren und durch Politik vor möglichen Gefahren zu
schützen. Eine Gefährdung der in sich zweckmäßigen
Ordnung der Polis erkannte Aristoteles auch in den krie-
gerischen Bruderkämpfen zwischen den griechischen
Staatsstaaten und in deren Streben nach Reichtum, Macht
und Vorherrschaft. An diesem Streben kritisiert er, dass
mit ihm niedere, z. B. ökonomische Zwecke, zu höheren
Zwecken umgewertet und die griechischen Städte dazu
veranlasst werden, die eigene Freiheit durch Vernichtung
der Freiheit der andern zu steigern.[4]

Im teleologischen Ordnungsdenken der Antike und dessen christlicher Umdeutung sah Bacon nicht mehr eine Basis für Vernunft und Zweckmäßigkeit, sondern den Grund
dafür, dass es bis zur beginnenden Neuzeit keine nennens-
werten Fortschritte mehr im Bereich von Wissenschaft und
Technik und keine zivilisatorischen Verbesserungen in den

menschlichen Angelegenheiten gegeben habe. Anstatt die an die Natur herangetragenen Antizipationen durch Beobachtung und Experiment zu überprüfen und Erfahrungen auszusetzen, in denen sie sich bewähren oder auch scheitern können, sei das aus der Antike stammende naturphilosophische Denken scholastisch so kanonisiert worden, dass es nicht durch neue Erfahrungen belehrt und korrigiert werden konnte. Die Konzeption seines *novum organon* gründete Bacon darauf, dass er die metaphysischen Antizipationen des teleologischen Denkens einer grundlegenden Kritik unterzog, welche die von teleologischen Vorurteilen geleitete und aus diesen antizipierende Induktion in eine Induktion überführte, die aus ihren Irrtümern lernt und neue, bis dahin verborgene Ordnungen in der Natur erkennt. Von der Natur sagte er, sie kenne keine Zwecke. Das neue Wissen, das sich durch die Buchdruckerkunst allen, die es begreifen können, mitteilen lässt, basiert nach Bacon nicht auf metaphysisch antizipierten Zusammenhängen zwischen verborgenen Zweckzusammenhängen und äußeren Naturerscheinungen, sondern auf zwei Seiten ein und desselben Kausalzusammenhangs. Die eine Seite besagt nach einer Formulierung von Bacon: »Man beherrscht die Natur nur, indem man sich ihren Gesetzen unterwirft«.[5]

Richtiges Wissen ist für Bacon eine Wissensform, in der sich der menschliche Verstand einer von ihm bis dahin noch nicht erkannten Naturordnung unterwirft. Die Richtigkeit dieser Unterwerfung zeigt sich daran, dass sie eine Herrschaft begründet, in der unser Verstand nicht nur den Gesetzen der Natur unterordnet, sondern durch die von ihm erkannten Gesetze zugleich Macht über Natur und Geschichte erlangt. So kann Bacon sagen: »Was in der Betrachtung als Ursache erscheint, das dient in der Ausübung als Regel.«[6] Bacon reflektierte noch nicht den hypothetischen Charakter des Wissens der neuzeitlichen Wissenschaft, die mit Theorien arbeitet, die sie selbst konstruiert und an Erfahrungen, die sie mit ihren Konstruktionen macht, überprüft. Die Natur zu verstehen bedeutet für Bacon, ihre Gesetze zu erkennen, und ihre Gesetze zu kennen, schließt ein, die Natur beherrschen zu können. Wissen und Macht sind bei Bacon nicht über die Willkür des Macht ausübenden menschlichen Verstandes vermittelt, sondern sie sind in der Ordnung der Natur selbst begründet. Den skizzierten Zusammenhang von Wissen und Macht schränkte Bacon keineswegs auf Naturbetrachtung und -beherrschung ein. Er wies ihm vielmehr eine universelle Bedeutung für alle Wissensgebiete und für den gesamten Prozess der Zivilisation zu. Fragte jemand, »ob wir bloß die Naturlehre auf diese Weise unsre Weise bearbeitet sehen möchten, oder auch andere Wissenschaften, als Logik, Moral, Politik«, so kann die Antwort nur lauten: Da »unsre Deutungsmethode [...] nicht [...] bloße Verstandesansichten von den Dingen, sondern die Natur der Dinge selbst zum Ziele hat, so lenken wir den Geist so, daß er sich überall in das Wesen der Dinge hineinversetzen kann«.[7]

Bacons Konzeption einer neuen Ordnung von Wissen und Handeln verfolgt ein einheitswissenschaftliches Programm. Dieses Programm verspricht, alle Bereiche des Wissens und Handelns – Natur und Technik, Psyche und Leben, Moral und Politik – nach Gesetzen rational umzugestalten, die diesen immanent sind und daher auf induktivem Wege gefunden werden können. Durch die Erkenntnis dieser Gesetze soll ein Fortschritt eingeleitet werden, der schrittweise zu einer allgemeinen zivilisatorischen Wohlfahrt führt. Was hierunter zu verstehen ist, illustriert Bacon in seiner Erzählung *Nova Atlantis*, die ein Jahr nach seinem Tod erschien: Sie stellt eine in sich geschlossene Gesellschaft vor, die den Weg von der Antike in die Neuzeit ohne Umweg über das Mittelalter zurückgelegt und mit den Mitteln empirischer Induktion das menschliche Wissen um die Gesetze der Natur, der Psyche und der Geschichte stetig verfeinert und auf diese Weise Technologien und Praktiken entwickelt hat, die es allen Mitgliedern von

Neu-Atlantis erlauben, ein gutes Leben zu führen. Die Geschichte von Neu-Atlantis ist nicht durch Formen irrationaler Herrschaft, auch nicht durch Aufstände und Revolutionen, sondern durch einen evolutiven Fortschritt bestimmt, der gleichermaßen über die Erkenntnis und Anwendung der Grundsätze wissenschaftlichen Denkens und rationalen Handelns vermittelt ist. In Neu-Atlantis gilt für alle Menschen dieselbe Ordnung. Es werden nurmehr solche Hierarchien unter den Menschen zugelassen und kultiviert, die sich unmittelbar aus der Teilhabe der Einzelnen am wissenschaftlichen Wissen-Können ergeben. Die Normalbürger beherrschen die aus dem wissenschaftlichen Wissen abgeleiteten Techniken in einzelnen oder mehreren Bereichen, herausgehobene Bürger sind damit beschäftigt, das Wissen durch Beobachtung und Experiment zu vermehren und neue Techniken zu entwickeln. Andere ebenfalls herausgehobene Bürger pflegen Außenkontakte zu fremden, den Bewohnern von Neu-Atlantis unbekannten Gesellschaften und Kulturen. Sie erkunden in diesen beobachtbare Veränderungen und Fortschritte und importieren sie nach Neu-Atlantis. Von dort aber gelangt in der Regel keine Kunde nach außen. Neu-Atlantis steht auf diese Weise in Wechselwirkung mit seiner Außenwelt, diese aber nicht mit Neu-Atlantis.

Bacons Erzählung führt den Leser in didaktischer Absicht in die Geheimnisse des vor der Weltöffentlichkeit verborgenen Inselstaats ein. Sie will in diesem den Willen und die Bereitschaft wecken, die Ordnung von Neu-Atlantis als die einzig sinnvolle anzuerkennen und nachzuahmen. Die didaktische Konstruktion der Erzählung *Nova Atlantis* folgt denselben Grundsätzen, die Bacon im *Novum Organon* entwickelt hat. Sie stellt das neuzeitliche Pendant zur aristotelischen Ordnung des Denkens und der Praxis dar. Ähnlich wie bei Aristoteles Bildung und Lernen als Aufstieg von der Erfahrung zu den der Erfahrung immer schon zu Grunde liegenden Zweckursachen gedacht

wurden, gründet Bacon im *Novum organon* und in *Nova
Atlantis* Bildung und Lernen auf einen Aufstieg von der
Erfahrung zu den Gesetzen von Natur und Geschichte.
Durch diesen Aufstieg sollen die auf Ideologie und Trug-
schlüssen basierenden Formen von Willkür und Herrschaft in eine Weltordnung überführt werden, in der nicht
mehr Menschen über Menschen herrschen, sondern eine
allgemeine gesetzmäßige Ordnung alle natürlichen, psy-
chischen, sozialen und geschichtlichen Prozesse bestimmt.

Bacon kann den Prozess, der zur Entstehung dieser
Ordnung von Neu-Atlantis geführt hat und in Zukunft die
gesamte Welt verändern soll, weder beschreiben noch rekonstruieren. Er zeigt dem Leser stattdessen Resultate an
einem Ort, der ein Nicht-Ort (*ou-topos*) ist und den es nur
in seiner Erzählung gibt. Diese Erzählung setzt auf didaktische Wirkungen, die – in Ermangelung eines empirisch-
pragmatisch-geschichtlichen Nachweises – von der rationalen Denkform des *Novum organon* und den in *Nova
Atlantis* beschriebenen Zuständen ausgehen sollen. Dabei
werden alle bereits bestehenden zivilisatorischen Probleme
als gelöst dargestellt und Problemlösungsmuster präsentiert, die die Leser bei neu entstehenden Fragen zu eigenen
Versuchen inspirieren sollen.

An vier Beispielen lässt sich dies illustrieren: In Neu-
Atlantis sind (1) Monarchie und Republik seit Jahrhunderten versöhnt. Seine Gründung geht (2) auf einen König
zurück, der die neue Ordnung vor etwa 2000 Jahren einführte, um seinen Bürgern ein nicht mehr unter seiner
Herrschaft, sondern unter der Herrschaft der Vernunft ste-
hendes gutes Leben zu ermöglichen. Die Religionen ko-
existieren (3) in Neu-Atlantis friedlich und sind frei von
fundamentalistischen Tendenzen. Es herrscht (4) eine Fa-
milienordnung mit selbstverständlicher Keuschheit unter
Kindern und Jugendlichen, in der Homosexualität völlig
unbekannt und Heterosexualität an Treue gebunden ist.
Um in absoluter Keuschheit zu vollziehende Eheschlie-

ßungen vorzubereiten und negative Enttäuschungen zu vermeiden, sind »Teiche Adams und Evas« eingerichtet, in denen diejenigen, die eine Ehe schließen, getrennt voneinander baden und hierbei von Freunden bzw. Freundinnen des künftigen Ehepartners beobachtet werden, damit diese beurteilen können, ob die potentiellen Ehepartner zueinanderpassen.[8]

Neu-Atlantis weist mehrere Paradoxien auf, die untrennbar mit der Umsetzung des *Novum organon* verbunden sind. Es präsentiert Techniken für den Umgang mit diesen Paradoxien, die ihre induktiv-experimentelle Erprobung, ohne jemals eingesetzt worden zu sein, angeblich bereits bestanden haben. Bacons Empirismus nimmt einerseits Fortschritte im Bereich von Arbeit und Technik, der Konstruktion von Maschinen und der Erzeugung neuer Güter und Produkte vorweg, die heute für uns selbstverständlich sind, und bettet diese andererseits narrativ in eine heile Welt ein, die es weder vor noch zu oder nach Bacons Zeit gab und wohl auch niemals geben wird. Bacon selbst bleiben viele der Antizipationen seiner eigenen Position verborgen. Seine Ideologiekritik bezieht er auf das teleologische Denken der Alten, nicht aber auf sein eigenes mechanistisches Denken. Hierin liegt der Fundamentalismus der Baconschen Konstruktion. Dieser zeigt sich u. a. daran, dass in Neu-Atlantis die zu Bacons Zeit ungelösten Probleme eines friedlichen Zusammenlebens unterschiedlicher Religionen und Ethnien als gelöst angesehen werden. Wie genau aber sich dieser Fortschritt zugetragen hat, soll den Bürgern durch Museen nahegebracht werden, die sie darüber belehren, dass sie in der besten aller möglichen Welten leben. Darüber, was den Bürgern in diesen Einrichtungen gezeigt wird, schweigt sich Bacon in seiner Erzählung *Neu-Atlantis* allerdings aus.[9]

Bacon hat noch nicht um den hypothetischen Charakter der neuzeitlichen Wissenschaft gewusst und auch nicht nach deren Grenzen gefragt. Er interpretiert die klassische

Mechanik naturalistisch als Wissen um die wahre Ordnung der Welt, wie sie von einem Gott geschaffen wurde. An die Stelle des teleologischen Denkens der Antike setzt er das Einheitsparadigma des mechanistischen Denkens, dessen Erfindung er nicht dem Menschen, sondern dem Schöpfergott selbst zuschreibt. In *Nova Atlantis* stellt er das Bild einer in sich geschlossenen Gesellschaft vor, in der alle Menschen nach ihren Fähigkeiten und Leistungen glücklich zusammenleben. Dass es eine solche Gesellschaft als fertig vorzeigbare gar nicht gibt und geben kann, wussten zu Bacons Zeit zwei andere herausragende Theoretiker der frühen Neuzeit: Thomas Hobbes und Johann Amos Comenius. Sie entwickelten – jeder auf seine Weise – vor dem Hintergrund der europäischen Religionskriege unterschiedliche Konzepte für eine neue Ordnung des Wissens und Handelns.

Comenius: Allweisheit und Bildung

Wie Bacon setzt sich auch Comenius mit der Frage auseinander, welche Bedeutung der neuzeitlichen Wissenschaft für die Ordnung des Wissens und die Ausgestaltung der menschlichen Beziehungen zukommt. Anders als dieser gründet er die Rationalität neuzeitlicher Wissenschaft jedoch nicht primär auf einer Einheit von Wissen und Macht. Vielmehr sucht er die neuzeitliche Wissensform in die traditionellen Formen des teleologischen Denkens einzubinden. Die Möglichkeit geschichtlichen Fortschritts macht Comenius davon abhängig, ob es gelingt, den Gebrauch der technischen Mittel, die der konstruierende menschliche Verstand mit Hilfe neuzeitlicher Wissenschaft erfindet, an einem vertieften Verständnis der teleologischen Ordnung der Welt auszurichten.

Die Ausarbeitung einer die Zwecke der Welt mit den Zwecken menschlichen Denkens und Handelns zusam-

menführenden Weisheitslehre (*pansophia*) verbindet teleologische Ordnungsvorstellungen des antiken Denkens mit
christlichen Vorstellungen eines Heilsplans, durch welchen
der Schöpfer über seinen geoffenbarten Sohn und den Heiligen Geist mit der Welt verbunden ist. Die Anliegen der
comenianischen Weisheitslehre sind weit gespannt: Diese
will nicht nur die Entwicklung und den Gebrauch der neu-
en Wissensformen regulieren, sondern auch einen Ausweg
aus den Verirrungen der damaligen Religionskriege anzeigen sowie Perspektiven für eine »Allgemeine Beratung zur
Wiederherstellung der menschlichen Angelegenheiten« (*De
rerum humanarum emendatione consultatio catholica*) entwickeln.[10] In den Religionskriegen, die auf katholischer
wie auf protestantischer Seite im Namen des christlichen
Glaubens geführt wurden, sieht Comenius einen Abfall
vom wahren Glauben, der nur durch eine Rückwendung
auf die wahre Lehre des Christentums und deren angemessene Auslegung korrigiert werden kann. Durch diese Programmatik unterscheidet sich Comenius nicht nur von Bacon, der den Fortschritt an die Überwindung der Vorurteile der Tradition zurückbindet, sondern auch von Hobbes,
der im neuzeitlichen Staat die einzige Instanz erkennt, die
auf der Grundlage ihres Machtmonopols mit Hilfe allgemeiner Gesetze den sinnlosen Streit zwischen unterschiedlichen teleologischen Optionen zu beenden und alle Bürger einer gemeinsamen Ordnung zu unterwerfen vermag.

Die Sonderstellung, die Comenius gegenüber Bacon und
Hobbes einnimmt, resultiert aus einer Verknüpfung teleo-
logischer Ordnungsvorstellungen mit christlichen Überzeugungen sowie neuzeitlichen Wissensformen und Technologien. Comenius nimmt diese Verknüpfung vor, wenn
er eine rationale Aussicht auf eine durch Gnade und
menschliche Weisheit möglich werdende bessere Zukunft
entwirft. In ihrem Zentrum steht weder die Subjektivität
des die Welt ordnenden neuzeitlichen Ich noch Bacons
Einheit von Wissen und Macht und auch nicht Hobbes'

Konstruktion eines machtförmigen Leviathans, dem alle in gleicher Weise unterworfen werden, sondern ein umfassendes Bildungsprogramm. Dieses will den von Hobbes zum Naturzustand erhobenen Krieg aller gegen alle (*bellum omnium contra omnes*) dadurch beenden, dass es »alle alles ganz zu lehren« (*omnes omnia omnino*) und auf diese Weise einen jeden zur Teilhabe an der Beratung über die gemeinsamen Angelegenheiten zu befähigen verspricht.

Das *omnes omnia omnino* des Comenius hat antike, christliche und neuzeitliche Wurzeln, die mitbedacht werden müssen, wenn voreilige Gleichsetzungen mit späteren reformpädagogischen und -politischen Konzepten sowie Programmatiken vermieden werden sollen. Nach Comenius kann sich der Mensch, der »Alles und Nichts« ist, auf Grund seiner unbestimmten Bildsamkeit durch Erziehung und Bildung der vernünftigen und zweckmäßigen Ordnung der Welt annähern.[11] In seiner *Didactica magna* (›Große Didaktik‹) erkennt er die Fähigkeit, durch Erziehung gebildet zu werden, ausdrücklich allen Menschen zu, nämlich: »Adeligen« wie »Nichtadeligen«, »Reichen« wie »Armen«, »Knaben« wie »Mädchen«, »Begabten« wie »Schwerfälligen«.[12] Für sie alle fordert er eine »gemeinschaftliche Erziehungsstätte«, die »in jeder Stadt, jedem Flecken und jedem Dorf« einzurichten ist. Darunter versteht Comenius Schulen, in denen der gesamten Jugend »gemeinsamer Unterricht« erteilt wird.[13] Zur Begründung dieses Programms führt er an, ein »Familienvater« könne sich nicht um alles kümmern, sondern stelle in verschiedenen Bereichen verschiedene Handwerker an. Auf diese Weise sei künftig auch in Fragen der Erziehung zu verfahren. Die »Eltern« sind, so Comenius, »nur selten dazu fähig […], ihre Kinder selbst zu unterrichten«. Daher müssen Schulen eingerichtet werden, die Heranwachsenden beibringen, was sie ansonsten allein oder zu Hause nicht lernen würden. Und da es »bei Gott« kein »Ansehen der Person« gibt, sind alle gemeinschaftlich zu erziehen. Für die gemeinsame Erziehung aber gilt, dass niemand weiß, »zu welchem Nutzen die göttliche Vorsehung diesen oder jeden bestimmt« hat und dass alle, ungeachtet ihrer Verschiedenheit, »in gleicher Weise Gottes Ebenbilder« sind.[14]

Auf die Frage: »Wohin soll das führen, wenn Handwerker, Bauern, Lastträger und schließlich gar Weibsbilder Gelehrte werden?«, gibt Comenius die Antwort, es werde »dahin führen, dass es nach der gesetzlichen Errichtung eines Unterrichts für die gesamte Jugend künftig niemandem von ihnen allen mehr am rechten Gegenstand für sein Denken, Wünschen, Streben und Handeln fehlen wird. Ein jeglicher wird wissen, wohin er alle Wünsche und Taten des Lebens richten, innerhalb welcher Grenzen er bleiben und wie er seinen Platz behaupten muß.«[15]

Die Vorstellung, die Aufgaben der Schule am Programm einer teleologisch und christlich orientierten Allweisheitslehre auszurichten, entwickelt Comenius in Anlehnung an die enzyklopädischen Traditionen des Humanismus, die pädagogischen Reformvorstellungen von Wolfgang Ratke und das utopische Reformprogramm des evangelischen Theologen und Mystikers Johann Valentin Andreae (1586–1654).[16] In seiner Weisheitslehre geht Comenius von einer vorgegebenen zweckmäßigen Ordnung der Welt und des menschlichen Denkens und Handelns aus. In diese Ordnung lassen sich alle aus künftigen Erfindungen der Menschen hervorgehenden Neuerungen eintragen. Sie enthält Urbilder für vernünftige Zusammenhänge, die sich schematisch darstellen und exemplarisch illustrieren lassen. Sie legitimiert eine Hierarchie der Güter und eine Hierarchie der Techniken für deren Produktion. Diese zeigen eine Ausdifferenzierung der Berufsstände an, in denen Menschen ihre konkrete gesellschaftliche Bestimmung finden, deren Mannigfaltigkeit dadurch zusammengehalten wird, dass alle eine gemeinsame Erziehung genießen und wegen ihrer Gottebenbildlichkeit Anspruch auf gleiche Anerkennung haben.

An der Vorstellung, durch Einrichtung einer schulischen Erziehung zur Verbesserung der menschlichen Angelegenheiten beitragen zu können, hat Comenius ungeachtet aller Rückschläge und Niederlagen, die ihm auf der Flucht vor den katholischen Heeren durch halb Europa widerfuhren, zeit seines Lebens festgehalten. In der *Großen Didaktik*, die 1657, drei Jahre vor seinem Tod, erscheint, führt er aus, alle alles zu lehren bedeute nicht, »allen die Kenntnisse aller Wissenschaften und Künste« zu vermitteln, sondern alle »über Grundlagen, Ursachen und Zwecke der wichtigsten Tatsachen und Ereignisse« zu belehren. Schulen sollten in diesem Sinne »erstens durch Wissenschaften und Künste die geistigen Anlagen« der Menschen pflegen, »zweitens die Sprachen« vervollkommnen, »drittens die Sitten zu vollkommener Ehrbarkeit« bilden und »viertens Gott aufrichtige Verehrung« erweisen.[17]

Einrichtungen, die in diesem Sinne »Gelehrsamkeit«, »Tugend« und Frömmigkeit« als gemeinsamen Zweck verfolgen, hat es nach Comenius »bisher nicht gegeben«.[18] Die Schulen so zu »reformieren«, dass sie diesen drei Aufgaben eine gleiche Achtung und Bedeutung entgegenbringen, sei ein Unternehmen, das mit den von Bacon im *Novum organon* hervorgehobenen Erfindungen vergleichbar sei: mit der Erfindung des Kompasses, der die Entdeckung Amerikas möglich gemacht habe, mit der Erfindung der Buchdruckkunst, welche die Verbreitung von Schriften aller Art möglich mache, und mit der Erfindung des Schießpulvers, das der Steigerung menschlicher Macht über die Natur diene.[19] Erfindungen im Gebiet der Menschenbildung würden die pädagogische Kunst auf eine Höhe treiben, so dass eines Tages auch für sie gelte, was für andere Künste längst nachgewiesen sei: »Was einst schwierig erschien, das wird zum Gespötte der Nachwelt.«[20]

Eine pädagogische Enzyklopädie und Technologien, die diesem Zweck dienen, arbeitet Comenius im *Orbis sensualium pictus* (›Kreis der sichtbaren Welt‹) aus, der in mehre-

ren Auflagen und verschiedenen europäischen National-
sprachen erschien. Dieses Werk zeigt eine Welt in Bildern,
die nach ganzheitlichen Themen geordnet und didaktisch
so aufbereitet sind, dass das Gezeigte parallel in lateini-
scher Sprache und einer oder mehreren lebenden Sprachen
kommentiert wird. So lautet beispielsweise der deutsch-
sprachige Kommentar zur Tafel 120, die den »Elternstand«
(*societas paternalis*) zeigt:

> »Die Eheleute bekommen (durch Gottes Segen) Kinder
> und werden Eltern. Der Vater zeuget, die Mutter gebie-
> ret Söhne und Töchter (zuweilen auch Zwillinge). Das
> kleine Kind wird gewickelt in Windeln, gelegt in die
> Wiege, von der Mutter geseugt mit den Brüsten und er-
> nehret mit Brey (Muß). Danach lernet es gehen im Gän-
> gelwagen, spielt mit Spielzeug und hebt an zu reden.
> Wann es älter wird, wird es zur Gottesfurcht und Arbeit
> angewöhnet und gestäupet [gezüchtigt], wann es nit fol-
> gen wil. Die Kinder sind schuldig den Eltern Ehre und
> Dienst. Der Vater ernehret die Kinder mit Arbeiten.«[21]

Die lateinisch-deutsche Ausgabe des *Orbis pictus* von 1658
beginnt, wie die anderen Ausgaben auch, mit einer symbolischen Darstellung Gottes. Es folgen Darstellungen der
Welt, des Himmels und der Urelemente Feuer, Luft und
Wasser. Dann werden die Wolken, eine Landschaft, Erdge-
wächse, Metalle, Steine, ein Baum und verschiedene Baum-
früchte sowie Blumen und Gartengewächse gezeigt. Hieran schließen sich Darstellungen verschiedener Vögel,
Land- und Meerestiere und schließlich auch solche mit
Abbildungen des Menschen an, der in seinen verschiedenen Lebensaltern und mit seinen Gliedern, Eingeweiden,
Knochen und Sinnen vorgestellt wird. Über die vom Menschen hervorgebrachten Techniken und Künste der Gärt-
nerei, des Ackerbaus, der Viehzucht sowie verschiedene
Formen der Herstellung und Zubereitung von Nahrung

(Honig, Mehl und Brot bis hin zu Weinlese und Bierbrau-
en) schreitet der Band zu diversen Handwerken und Berufen (Flachsbau, Weberei, Schneider, Schuster, Zimmer-
mann oder Maurer) fort. Von dort geht es weiter zum
Haus und seinen Gemächern, zu den Künsten (Uhrwerke,
Malerei, Gesichtsgläser u. a. m.) und über die Fortbewe-
gungsformen (Wandern, Reiten, Wagenfahrt, Fuhrwerk,
Fähre und Übersetzen, Schwimmen und Schifffahrt)
schließlich zu Schreibkunst, Buchherstellung, Schule, Museum, Musik, Philosophie sowie zur Geometrie der Erde
und des Himmels. Hieran schließen sich Darstellungen zur
Sittenlehre und zu den Tugenden (Klugheit, Emsigkeit,
Mäßigkeit, Mut, Geduld, *humanitas* oder Leutseligkeit,
Gerechtigkeit, Mildtätigkeit) sowie zu den Berufsständen
(Ehestand, Verwandtschaft, Elternstand, Herrschaft, Stadt,
Gericht, Kaufmannschaft, Begräbnis, Theater und verschiedene Spiele) an. Der Band schließt mit Darstellungen
der Königlichen Majestät, der Kriegsformen und des Got-
tesdienstes und endet mit Bildern zu den verschiedenen
Religionen (Heidentum, Judentum, Christentum, Islam),
zur Vorsehung und zum Jüngsten Gericht. Am Schluss
steht als Ermahnung an den Leser:

> »Also hast du gesehen in einem kurzen Begriff alle Din-
> ge, die sich vorstellen lassen, und gelernet die vornehms-
> ten Wörter der (lateinischen) Teutschen Sprache. Fahre
> nun fort und lise fleissig andre gute Bücher, dass du wer-
> dest Gelehrt, Weiß [weise] und Fromm. Gedenke hieran;
> fürchte Gott und rufe Ihn an, dass Er dir verleihe den
> Geist der Weißheit. Lebe wohl!«[22]

Der *Orbis pictus* verbindet Vorstellungen aus der jüdischen
und der christlichen Religion mit Entwicklungen aus der
Kultur- und Zivilisationsgeschichte der Menschheit. Er beginnt mit dem Siebentagewerk der Schöpfung und führt
über die vom Menschen hervorgebrachten Geschicklich-

keiten und Künste bis zum Letzten oder Jüngsten Gericht als dem Ende der Welt. Spätere Ausgaben integrierten Erfindungen bis hin zur Eisenbahn. Des weiteren verknüpft Comenius im *Orbis pictus* wie in seiner *Pansophie* archetypische Vorstellungen, die bis auf die Ideenlehre Platons zurückverfolgt werden können,[23] mit teleologischen Ordnungsfiguren zur Abstimmung von Mitteln und Zwecken, wie sie aus der aristotelischen Philosophie bekannt sind, sowie technischen Ordnungskonzepten neuzeitlichen Datums.[24] Die Beziehungen zwischen den unterschiedlichen Ordnungsvorstellungen wurden von Comenius noch nicht als problematisch angesehen, sondern weitgehend harmonisiert. Auf sie wird im folgenden eingegangen.

Spannungen zwischen der Ordnung der Zwecke und der Ordnung der Erfahrung in den frühneuzeitlichen Rationalitäts- und Bildungskonzepten

Weder Bacon noch Comenius haben den Spannungen, die zwischen den von ihnen unterschiedenen Ordnungen der Zwecke und der Erfahrung auftreten, besondere Aufmerksamkeit gewidmet. Bacon glaubte, der menschliche Verstand überwinde mit der Erkenntnis der Naturgesetze, die er induktiv im Durchgang durch seine Täuschungen und Irrtümer findet, nicht nur die Irrtümer früherer Denkformen und Denkmuster, sondern dringe auf diesem Wege zu Einsichten in eine göttliche Weltordnung vor. Der auf Platon und Aristoteles zurückgehenden Lehr-Lern-Methode der teleologischen »Antizipation des Verstandes« (*anticipatio naturae*) stellte Bacon die Methode einer »Auslegung der Natur« (*interpretatio naturae*) gegenüber, die sich aller Zweckreflexion enthält und ihren Beitrag zur »Wiederherstellung der Wissenschaften und der Gelehrsamkeit« dadurch erbringt, dass sie induktiv auf dem Wege der Erfahrung voranschreitet und sich in der Abarbeitung ihrer Irr-

tümer der Einsicht in die »Ideen des göttlichen Geistes«
annähert, mit denen der jüdisch-christliche Schöpfergott
der gesamten Natur eine mathematische Ordnung gegeben
hat.[25]

Dass Wissen Macht verleiht, ist bei Bacon somit wissenschaftlich und theologisch zugleich legitimiert. Von dieser
Einheit verspricht er sich Fortschritte nicht nur im Bereich
der Beherrschung der Natur, sondern auch im gesellschaft-
lich-politischen Raum. Die Ausbreitung der Methode der
induktiven Annäherung an die gesetzmäßige Ordnung der
Welt (der Natur, der Psyche, der Gesellschaft und Geschichte) und die Steigerung menschlicher Macht über Natur, Psyche und Geschichte sucht er gegenüber Zweiflern,
die an teleologischen Antizipationen festhalten, mit Verweis auf den Ausspruch eines »Weibes« zu legitimieren.
Das schleudert einem »hochmütigen Fürsten«, der sich
weigert, mit ihm über grundlegende Fragen zu diskutieren,
die Forderung entgegen: »So höre denn auf, König zu
sein!«[26] In Bacons Utopie einer auf neuzeitlichem Wissen basierenden Macht des Menschen über die Natur und
sich selbst gehen Vorstellungen an einer Überwindung
der überkommenen Standesunterschiede ein. Unterschiede
zwischen den Menschen sollen künftig nurmehr nach
Maßgabe ihrer Teilhabe an jenem wissenschaftlichen Wissen erlaubt sein, das durch seine »Auslegungen der Natur«
legitime Macht verleiht. Solche Teilhabe und Macht aber
kann nur durch neuzeitliche Wissenschaft und ein Lernen
und Lehren erworben werden, welches nicht länger falschen hypothetischen Antizipationen folgt, sondern sich
durch die Natur belehren lässt.

Bacons Vorstellungen von einem Lernen und Lehren,
das ohne hypothetische Antizipationen auskommt, setzt
auf induktiv zu gewinnende Erkenntnisfortschritte und
bindet deren Wahrheitsgehalt an die Macht zurück, die
durch diese Fortschritte dem Menschen zuwächst. Dass
diese Auffassung keineswegs ohne jedwede Antizipation,

wie Bacon noch meint, auskommt, sondern die teleologischen Antizipationen der Natur durch technologische Antizipationen ersetzt, bleibt Bacon verborgen, dessen Wissenschaftsverständnis zwar an Galileis Fallexperimenten anschließt, aber noch nicht bis zu Newtons hypothetischem System einer auf mathematischen Prinzipien beruhenden Ordnung der Natur vorgedrungen ist.[27]

Comenius hingegen setzt dem Verfahren der teleologisch geleiteten aristotelischen Induktion nicht die Methode einer ihre zweckfreien Beobachtungen überprüfenden Induktion gegenüber. Er hält am teleologischen Verständnis von Weisheit und Wissenschaft sowie Lehren und Lernen fest und sucht die neuen Methoden und Wissensformen bruchlos in dieses Verständnis einzuordnen. Seine Auffassungen von der Gleichheit der Menschen vor Gott und ihrem Anspruch auf ein gemeinsames Recht auf Erziehung und Bildung setzt, anders als Bacons Formel von der Identität von Wissen und Macht, nicht auf eine Überführung der feudalen Formen von Herrschaft in bürgerliche Herrschaftsformen, sondern sucht das allgemeine Recht auf Bildung im Rahmen der bestehenden Gesellschaftsordnung durchzusetzen.

Dass dies auf dem Wege einer teleologisch-theologischen Begründung nicht möglich sein werde, ist eine Einsicht, die sich nicht bei Comenius, wohl aber bei Hobbes findet, denn der legitimiert die Gleichheit der Bürger vor dem Recht nicht religiös, sondern politisch. Wie Comenius folgt auch Hobbes nicht dem Baconschen Fortschrittsoptimismus einer aus wahrem Wissen hervorgehenden und durch dieses legitimierten Macht. Beide, Comenius und Hobbes, machen eine Verbesserung der menschlichen Verhältnisse von religiösen bzw. staatlichen Interventionen und Korrekturen abhängig, von denen die religiösen hingegen die gute Natur des Menschen wiederherstellen und die staatlichen die natürliche Selbstsucht des Menschen, die zum Krieg aller gegen alle führt, brechen sollen.

Zu den unauflöslichen Widersprüchen bzw. Aporien der Epoche der frühen Neuzeit gehört, dass auf dem eingeschlagenen Weg die Eigenlogik einer Erziehung, die auch das Problem der Erziehung der Erzieher mit bedenkt, an außerpädagogische Instanzen zurückgebunden wird. Solche außerpädagogische Instanzen standen aber weder bereit, noch rechtfertigten sie die Hoffnungen, die Bacon und Hobbes in die Überwindung traditioneller Antizipationen und Comenius auf deren Versöhnung mit neuzeitlicher Wissenschaft setzten. Das Erziehungs- und Bildungsdenken musste daher andere Wege und Antworten als die bisher aufgezeigten suchen. Sie führen zu einer Ausdifferenzierung von Moral, Recht und Religion, die ohne eine überwölbende Gesamtteleologie auskommt.

Ein in den deutschsprachigen Historiographien eher selten registrierter Versuch, den empirisch-experimentellen Ansatz von Francis Bacon mit religiös-teleologischen Denkformen zu verbinden, ist in der Pädagogik des englischen Puritanismus von Samuel Hartlib und John Dury unternommen worden. Zum weiteren Kreis der puritanischen Reformer gehört auch der Dichter John Milton, der als Verfechter von Pressefreiheit und religiöser Toleranz in die Geschichte eingegangen ist und dessen Schrift *Of Education* (Über Erziehung) aus der Zusammenarbeit mit dem Hartlib-Kreis entstand.

Die wohl bedeutendste Schrift des englischen Puritanismus über Pädagogik ist John Durys Abhandlung *The Reformed School* (›Die reformierte Schule‹) aus dem Jahre 1651.[28] Dury hatte sich auch schon vorher in einer Reihe kleinerer Schriften mit pädagogischen Fragen befasst, Schriften, die jedoch zum größten Teil verschollen oder noch unpubliziert sind.[29] Das eigentliche und wahre Ziel der Erziehung besteht für Dury darin, zum Ruhme Gottes dem öffentlichen Wohl zu dienen. Mit dieser für den englischen Puritanismus typischen Verbindung von christlicher Lebensführung und einer am Gemeinwohl ausgerichteten

Berufsarbeit verbindet sich zugleich eine empirisch-experimentelle Betrachtung und Analyse des Erziehungsprozesses. Denn Dury wusste um die Bedeutung empirisch-psychologischer Studien und Kenntnisse und sah in diesen wie schon Bacon eine wichtige Voraussetzung für einen guten, dem genannten Ziel verpflichteten Unterricht. So will er beispielsweise in Erfahrung bringen, wie viel Zeit man für guten Unterricht ansetzen muss, wie das Gewissen geschult werden kann, ob man unter Kindern durch Erziehung eine Auslese treffen muss, auf welche Weise die alten Sprachen leicht und mit Freude gelernt werden können, wie ehrenwertes Konkurrenzdenken, ohne Missgunst zu erzeugen, gefördert werden könne und in welchem Rahmen man von Strafen und Belohnungen Gebrauch machen darf.

In der Schrift *The Reformed School*, in der Dury sein Schulkonzept für die Vornehmen und Adligen vorstellt, betrachtet er wie Comenius die Erziehung der Jungen wie der Mädchen als die entscheidende Voraussetzung für eine Reformierung des ganzen Volkes:

> »The main scope of the whole work of Education, both in the Boys and Girls, should be none other but this; to train them up to know God in Christ, that they may walke worthy of him in the Gospell; and become profitable instruments of the Commonwealth in their Generations. And in order to this two things are to bee taught to them. First, the way of Godliness, wherein every day they are to be exercised [...]. Secondly, the way of Serviceableness towards the Society wherein they live«.[30]

Durys Plan enthält das detaillierteste schulische Gesamtkonzept, das während der puritanischen Revolution entworfen wurde. Er folgt demselben umfassenden systematischen Ansatz, den auch Comenius seiner *Pampaedia* zugrunde legte.[31] Die Betonung des tätigen und bürgerlichen

Lebens ist mit einer deutlichen Abwendung von literari-
scher Bildung im Sinne althumanistischer Gelehrsamkeit
verbunden. Denn nur das dürfe als wahre Bildung bezeichnet werden, was den Menschen direkten Nutzen bringt.
Durys reformierte Schule soll ihre männlichen Schüler zu
einträglichen Beschäftigungen führen und sie durch die
Vermittlung grundlegender Kenntnisse in allen wesentlichen Dingen von der Landwirtschaft über den Handel und
die Seefahrt bis hin zur Ausübung öffentlicher Ämter zu
guten Staatsbürgern erziehen.[32] Zu den Parallelen, die an
die comenianische Pädagogik erinnern, gehört auch die
Tatsache, dass Dury die Auffassung des Comenius teilt, die
gesamte Jugend beiderlei Geschlechts den Schulen anzu-
vertrauen (wenngleich Samuel Hartlib in seinem Vorwort
zu Durys Abhandlung bereits einschränkend hinzufügt,
dass dafür die Zeit eigentlich noch nicht reif sei). Durys
Schule soll allerdings nur für diejenigen Mädchen geöffnet
werden, die aufgrund ihrer Begabung für schulische Lehr-
Lern-Prozesse geeignet erscheinen. In der Schule selbst
soll dann zudem eine strikte Trennung der Geschlechter
praktiziert werden: Jungen und Mädchen sitzen selbst bei
der gemeinsamen Andacht in getrennten Räumen, die nur
der Prediger gleichzeitig einsehen kann. Ein ausgeklügeltes
Tutorensystem stellt sicher, dass beide Geschlechter vom
morgendlichen Aufstehen bis zur Nachtruhe von ihren
Lehrern und Erziehern ständig begleitet und beaufsichtigt
werden. Durys Hauptregel lautet, es dürfe keine Zeit ohne
irgendeine Form des Unterrichts verschwendet werden, alle Schüler müssten daher in einer Art Hausgemeinschaft in
der Schule wohnen.

Trotz der strengen Aufsicht soll nach Dury die Schule
zugleich eine Stätte des Spiels und der Freude sein. Dem
möglichen Verdruss und der Unlust von Schülerinnen und
Schülern soll dadurch vorgebeugt werden, dass der bisher
dominante Unterricht in humanistischer Rhetorik und
scholastischer Disputierkunst durch vier Lernziele refor-

miert wird: (1) durch die Beförderung der Frömmigkeit der Schüler, (2) durch die Pflege ihrer Gesundheit, (3) durch die Formung ihrer Sitten und ihres Betragens sowie (4) durch die Sicherung des Fortschritts im Lernen. Die Reihenfolge ist nicht willkürlich gewählt, sondern spiegelt die Gewichtung der vier Lernziele wider: Ihre Ausdifferenzierung in religiöse, diätetische, moralische und pädagogische Ziele zeigt an, dass die angestrebte Synthese von Bacon und Comenius nicht so unkompliziert und bruchlos funktionierte, wie sich die Puritaner dies möglicherweise selbst vorgestellt hatten.

Durys Reformplan weist u. a. auch detaillierte Überlegungen zu den Lehrplänen sowie zur Lehrerbildung auf. Er stellt gleichsam die Speerspitze der puritanischen Erziehungsvorstellungen dar und schlägt sich in zahlreichen Bildungs- und Erziehungsprojekten nieder, die von Landwirtschafts- und Handwerksakademien bis zu ehrgeizigen Plänen für Universitäten reichen. Das Gemeinsame der Projektpläne der Puritaner mit den Reformvorstellungen des Verfassers von *Nova Atlantis* liegt in ihren missionarischen Vorstellungen. Die Betonung des religiösen Ziels der Erziehung verbindet ihre ansonsten recht unterschiedlichen Konzeptionen. Die Pflicht zur Erziehung und Bildung der nachwachsenden Generation ist sowohl im weltlichen als auch im geistigen Leben dem gnädigen Schöpfergott geschuldet. Zusätzliches Gewicht gewinnt dieser Aspekt durch das Beharren der Puritaner auf dem biblischen Sündenfall, dessen Folgen durch Erziehung und Bildung überwunden werden sollen. Und exakt diese Auffassung war es, die sie mit Bacon teilen, denn auch Bacons *Instauratio Magna* (engl. *Great Instauration*) war auf die Wiederherstellung eines Zustands der Erkenntnis ausgerichtet, wie er für die Zeit vor dem Sündenfall angenommen wurde. Gleichzeitig wurden Kindheit und Jugend als ein Geschenk Gottes angesehen, welches die Menschheit von Generation zu Generation neu dazu auffordert, sich selbst aus dem Zustand der Verdammnis zu erheben. Jeder Mensch wurde bei seiner Geburt als eine *tabula rasa*, eine leere, erst noch zu beschreibende Tafel, angesehen, jedes Kind galt als formbar wie Wachs. Und gerade aus diesem Grunde ließ sich der erbliche Samen der Sünde – so unbeschrieben war also die Tafel dann doch wieder nicht – im frühen Entwicklungsstadium leichter zähmen als im späteren Leben. Erziehung galt daher den Puritanern als ein Schlachtfeld, auf dem sich die pädagogischen Maßnahmen gegen die unterminierenden Kräfte des Bösen bewähren müssen. In ihr erblickten sie sowohl eine Quelle der Hoffnung als auch eine Mahnerin angesichts der menschlichen Schwäche.

4. Naturrecht und Erziehung:
Locke und Rousseau

Die Spannungen, die zwischen einer vom menschlichen Willen unabhängigen (teleologischen) Ordnungsvorstellung, welche Natur, Mensch und gemeinschaftliches Zusammenleben übergreifend umfasst, und einer Theorieform, die zunehmend an methodisch-kontrollierter Erfahrung ausgerichtet ist, bleiben auch im ausgehenden 17. sowie im 18. Jahrhundert erhalten. Man kann von einem Schwächerwerden der überlieferten ordnungstheoretischen Denkform sprechen, ohne dass es im Gegenzug, trotz einer stärker werdenden Option für kontrollierte Erfahrung, zu einer Begründung allen menschlichen Handelns allein auf Erfahrung ankommt. Die Schwächung ordnungstheoretischer Vorstellungen hängt wohl zum einen mit der Erfahrung der europäischen Religionskriege als Folge letztbegründeter Deutungsansprüche und zum anderen mit dem neuzeitlichen Naturrecht zusammen, das die Freiheit und Gleichheit aller Menschen als unhintergehbare Grundlage (etwa in Form der Menschenrechte) der politischen Form gemeinschaftlichen Zusammenlebens begründet. Das Selbstverständnis wichtiger pädagogischer Konzeptionen, wie sie im späten 17. und erst recht im 18. Jahrhundert entwickelt wurden, hängt mit diesem Wandel zusammen, so dass es in dieser Epoche wiederum, wenngleich unter ganz anderen Vorzeichen als in der griechischen Antike, zu einer engen Verbindung von politischen und pädagogischen Reflexionsformen kommt.

Locke: Erziehung und bürgerliche Gesellschaft

Eine zentrale Bedeutung nimmt in der Grundlegung des modernen (neuzeitlichen) Naturrechts die Beantwortung der Frage nach dem Naturzustand des Menschen ein. Anders als Thomas Hobbes, der in seiner berühmten staatstheoretischen Schrift *Leviathan* (1651) den vorrechtlichen und vorstaatlichen Naturzustand des Menschen wert- und normfrei in der Weise zu beschreiben sucht, dass in ihm alle Menschen das gleiche »Recht« auf Selbsterhaltung haben und daher wegen der beständig drohenden Übergriffe durch andere in dauerhafter Gewaltbereitschaft leben müssen, geht John Locke von vornherein vom Naturzustand als einem normativen Zustand aus, in dem kraft göttlichen Willens ein »natürliches Gesetz« herrscht, das jeden verpflichtet, die Freiheit und Gleichheit aller Menschen anzuerkennen. Freiheit und Gleichheit aller Menschen werden dabei von Locke schöpfungstheologisch als Werk des allmächtigen und weisen (christlichen) Gottes verstanden. Locke knüpft an die traditionelle christliche (und stoische) Lehre an, der zufolge es ein natürliches, vom menschlichen Willen unabhängiges Gesetz gibt, das dem Menschen eine (teleologische) Bestimmung auferlegt, die von jedem vernunftbegabten Wesen eingesehen werden kann. Im Unterschied zur traditionellen (aristotelischen und mittelalterlichen) Teleologie (und Theologie) sind für Locke aufgrund der Freiheit und der Gleichheit aller Menschen die Sklaverei und die Unterwerfung des Menschen durch andere Menschen natur- und menschenrechtlich illegitim und deshalb von vornherein auszuschließen. Der theologisch begründeten Asymmetrie zwischen Gott als Schöpfer und dem Menschen als Geschöpf Gottes korrespondiert eine rechtlich-egalitäre Symmetrie der Menschen untereinander.[1]

Lockes letztlich theologische Rechtfertigung natur- und menschenrechtlicher Freiheit und Gleichheit dient primär dem politischen Zweck, die Legitimation des Absolutis-

mus und der absoluten Monarchie seiner Zeit zurückzuweisen.[2] Diese bemühte sich darum, den Monarchen als legitime Erben jener Vorfahren anzusehen, die angeblich
nach Auskunft des Alten Testaments die natürlichen Eltern
des ganzen Menschengeschlechts waren. Der Herrgott habe Adam die ganze Schöpfung übereignet und ihn mit absoluter Souveränität gegenüber Eva und seiner ganzen
Nachkommenschaft ausgestattet. Ähnlich wie nun die
Kinder gegenüber ihren Eltern, deren Autorität deshalb
königlich genannt zu werden verdiene, in Knechtschaft geboren seien und deshalb nicht frei sein können, so habe
umgekehrt der König, als »Erbe von Adams monarchi-
scher Gewalt« wie die Eltern gegenüber ihren Kindern kö-
nigliche und damit politische Autorität über seine unfreien
und ungleichen Untergebenen.

Lockes Absolutismuskritik läuft im Kern darauf hinaus,
dass allein durch die Zeugung niemals die absolute Gewalt
des Vaters über sein Kind begründet werden könne – weder politisch noch pädagogisch. Seine *Second Treatise of
Government* (›Zweite Abhandlung über die Regierung‹)
stellt heraus, dass die politische und die väterliche Gewalt
»grundverschieden«, völlig »unabhängig voneinander« sowie auf verschiedene Zwecke ausgerichtet seien.[3] Während
die politische Herrschaft, anders als im Absolutismus, vertraglich und damit prozedural vereinbart werden muss, so
Locke, und dem Zweck der Sicherung und des Schutzes
von Freiheit, Leben und Eigentum dient, steht eine solche
vertragstheoretische Konstruktion im Falle des Verhältnisses zwischen den Eltern und ihren Kindern nicht zur Verfügung. Im Unterschied zur vertraglich gesicherten und auf
Dauer angelegten politischen Herrschaft, für die Gesetze,
unparteiische Richter sowie eine Vollstreckungsgewalt erforderlich sind, um das »öffentliche Wohl« zu sichern, ist
die väterliche oder elterliche Herrschaft zum einen nur
»vorübergehend« und zum anderen hinsichtlich ihres Wesens verschieden: Eltern haben nämlich nur »eine Art

Herrschaft oder Gerichtsbarkeit«[4] über ihre Kinder, deren
Ernährung und Erziehung ihre natürliche Pflicht ist. Der
Rechtsgrund sowohl über die beschränkte Dauer wie über
die besondere Art oder Form der Herrschaft liegt in der
natürlichen Freiheit und Gleichheit der Kinder als Menschen. »Kinder werden« schreibt Locke, zwar »nicht in
diesem völligen Zustand der Gleichheit geboren, sie werden aber doch für ihn geboren«. Die »Fesseln« der elterlichen Herrschaft müssen durch Alter und fortschreitende
Vernunft der Kinder gelockert werden, »bis sie schließlich
ganz wegfallen, und der Mensch der eigenen freien Leitung
überlassen wird«.[5] Dasselbe natürliche Recht, das in der
politischen oder bürgerlichen Gesellschaft die Befolgung
der Gesetze mit Gewalt erzwingen kann, verleiht umgekehrt den Eltern gerade »keine Befehlsgewalt über ihre
Kinder oder gar eine Autorität, Gesetze zu geben und nach
Belieben über ihr Leben oder ihre Freiheit zu verfügen«.[6]
Auf der anderen Seite dürfen Eltern gerade auch von ihren
erwachsenen Kindern »Ehrerbietung« und Respekt erwarten, während es umgekehrt ein Zeichen von Unbesonnen-
heit oder »einer nur eingebildeten Autorität« der Eltern ist,
die erwachsen gewordenen Kinder wie »Knaben« zu behandeln[7].

Die Art oder Form einer solchen pädagogischen »Herrschaft« hat Locke in seinen *Some thoughts concerning education* (›Gedanken über Erziehung‹) dargelegt.[8] Locke hat
sie nicht als theoretisch-wissenschaftlichen Text, sondern
als Ratgeberschrift für seinen Freund Edward Clarke of
Chipley entworfen, dem er bei der Erziehung seines Soh-
nes helfen wollte. Die Schrift entstand in den 1680er Jahren
während Lockes Exil in Holland, in das er 1683 aus politischen Gründen geflohen war. Die Schrift selbst ist 1693
erschienen. Lockes *Gedanken* haben den europäischen
Diskurs über Erziehung in kaum zu überschätzender Weise beeinflusst und sind schon zu seinen Lebzeiten in mehrere europäische Sprachen übersetzt worden.

Die *Gedanken* beschäftigen sich nicht vorrangig, sondern ausschließlich mit der Erziehung des Knaben oder Jungen; die Erziehung des Mädchens wird von Locke an keiner Stelle erwähnt. Darüber hinaus thematisiert er auffallenderweise nur die Erziehung durch den Vater bzw. durch einen beauftragten Hauslehrer. Dass Locke die schulische Erziehung nicht berücksichtigt, hat gewiss auch biographische Gründe; seine eigenen Erfahrungen mit Schule und schulischem Unterricht waren deutlich negativ geprägt. Er hat daher an die die Erziehung beiderlei Geschlechts betreffenden Bemühungen der Puritaner um eine Reform der Schule nicht angeknüpft, wie sie in der Mitte des 17. Jahrhunderts etwa im sogenannten Hartlib-Kreis zu finden ist, dem auch Comenius angehört hat. Lockes Erziehungsschrift ist des weiteren, auch das ist auffallend, über den privaten Anlass hinaus an den Stand der sogenannten Gentry gerichtet, der sich aus niedrigem Landadel sowie den Mitgliedern des gebildeten und besitzenden Bürgertums zusammengesetzt. Über den Stand der Gentry führt er im Vorwort seiner *Gedanken* aus, dass, wenn dieser »durch Erziehung in Ordnung gebracht worden ist, [...] er alle übrigen sehr schnell auch in Ordnung bringen« werde.[9] Dass Locke für »die Kinder der armen Leute« vom dritten bis zum vierzehnten Lebensjahr eine Erziehung in Arbeitsschulen fordert, die diese in die Lage versetzen soll, ihren Lebensunterhalt selbst zu bestreiten, steht nicht in jeder Hinsicht im Widerspruch zu den egalitär-naturrechtlichen Grundlagen seiner politischen Philosophie.[10] Denn die Tatsache, so Lockes frühbürgerliches Selbstverständnis, dass die Kinder für den »Zustand der Gleichheit« geboren sind, schließt Differenzen sowohl der Tüchtigkeit und des Talents als auch der Geburt und der Verwandtschaft nicht aus. Überdies sei, das »Glück oder Elend des Menschen [...] größtenteils sein eigenes Werk«.[11]

Locke gilt philosophiegeschichtlich gesehen als einer der Begründer des Empirismus, einer erkenntnistheoretischen

Richtung, die die Erkenntnis in erster Linie aus der Sinnes-
erfahrung ableitet. Den anfänglichen Zustand der menschlichen Seele vergleicht Locke mit einem weißen Blatt Papier, einer *tabula rasa*, welche durch Erfahrung gleichsam
erst mit Schriftzügen ausgefüllt wird. Locke hat dieser
schon recht alten Metapher an zentraler Stelle, nämlich
ganz am Anfang seiner *Gedanken* wie auch am Ende der
Abhandlung, eine pädagogisch relevante Bedeutung gegeben, die die individuelle wie auch die gesellschaftliche Bedeutung von Erziehung in folgenreicher Weise herausstellt.
»Und ich darf wohl sagen«, schreibt er im ersten Abschnitt,
»dass von zehn Menschen, denen wir begegnen, neun das,
was sie sind, gut oder böse, nützlich oder unnütz, durch
ihre Erziehung sind«.[12] Und am Ende fasst er seine »Gedanken« dahingehend zusammen, dass er den Heranwachsenden als »weißes Papier oder Wachs« angesehen habe,
»das man bilden und formen kann, wie man will«.[13]
   Er verbindet, wie die zuletzt zitierten Stellen zeigen, einen gemäßigten Empirismus mit einem ebenfalls gemäßigten Optimismus. Gemäßigt ist sein pädagogischer Empirismus deshalb, weil er neben den zweifellos bedeutenden
Einflüssen von Erziehung und Erfahrung auch Determinanten des Entwicklungsprozesses nennt, die bei einem
von zehn Menschen auf innere Dispositionen, Anlagen
o. ä. verweisen. Auch sein pädagogischer Optimismus ist
nicht ›ohne Maß‹, insofern die Erziehungsabsicht nicht vo-
luntaristisch – »wie auch immer man will« – verstanden
werden darf, sondern, den naturrechtlichen Prämissen seiner politischen Philosophie entsprechend, als eine limitier-
te anzusehen ist. Die »Art Herrschaft«, die Locke zufolge
die Eltern und Erzieher über die Kinder haben, ist nämlich
dadurch begrenzt, dass sie es nicht mit einer Sache, die man
beliebig formen kann, zu tun hat, sondern mit einem zwar
noch nicht vernünftigen, wohl aber »vernunftbegabten
Wesen«,[14] das einst »der eigenen freien Leitung überlassen«
werden muss.[15] Die Bildsamkeit der Kinder, die »Fügsam-

keit« (*compliance*) ihres Willens, macht ein »genaues Studium« ihrer individuellen Entwicklungsverläufe erforderlich, damit erzieherische Maßnahmen wirklich ›treffen‹, also das Kind weder unter- oder überfordern noch es in seiner potentiellen Vernünftigkeit und Bildsamkeit verletzen können. Lockes frühaufklärerische Sprache trifft den von ihm gemeinten Sachverhalt nicht immer, so z. B. dann, wenn er die Eltern als »Herren und unumschränkte Gebieter« der Kinder ansieht, solange diese noch klein sind, und von den Eltern gleichzeitig erwartet, dass sie ihre Kinder »zärtlich behandeln«.[16] Die eigentümliche Ambivalenz dieses Erziehungsverständnisses kommt an der folgenden Stelle zum Ausdruck:

> »Denn mir scheint, wer nachsichtig und vertraut mit seinen Kindern umgeht, solange sie klein sind, dagegen streng zu ihnen ist, wenn sie erwachsen sind, der vergreift sich gewaltig in der den Kindern gebührenden Behandlung: denn Freiheit und Nachsicht sind Kindern nicht bekömmlich; ihr Mangel an Urteilskraft macht Zucht und Disziplin für sie erforderlich; während im Gegenteil Herrschsucht und Strenge ein schlechtes Verhalten gegenüber Menschen sind, die über Vernunft zur eigenen Lebensführung verfügen; es sei denn, du wolltest erreichen, dass deine Kinder, wenn sie erwachsen sind, deiner überdrüssig werden und sich insgeheim fragen: ›Wann wirst du endlich sterben, Vater?‹«[17]

Locke hat es als das »große Geheimnis der Erziehung« bezeichnet, wie eine vernünftige und sinnvolle pädagogische Handlungsorientierung gefunden werden kann, die die falschen Handlungsalternativen einer in Beliebigkeit und Nichterziehung (»Freiheit«, »Nachsicht«) oder alles reglementierenden Erziehung vermeidet, die immer in »Herrschsucht« ausartet. Wege und Möglichkeiten der erzieherischen Einwirkung, die den gesuchten Orientierungen entsprechen, gewinnt er über eine Analyse ›falscher‹ und ›richtiger‹ Anwendungen von »Lohn und Strafe«. Zu den falschen Wegen zählt er eine Belohnungspraxis, die Kinder mit allerlei Annehmlichkeiten und »kleinen Aufmunterungen« mit Hilfe von »Dingen, die sie gerne haben«, zu solchen Verhaltensweisen zu überreden versuchen, die sie sonst von sich aus nicht an den Tag gelegt hätten. Hierdurch werde das Gegenteil dessen erreicht, was doch eigentlich angestrebt werden soll, weil auf diese Weise nicht gelernt wird, den eigenen Begierden und sinnlichen Handlungsantrieben auch entgegentreten zu können. Auf der anderen Seite ist für Locke aus analogem Grund auch eine rigide Strafpraxis (z. B. das Schlagen) zum Scheitern verurteilt, weil eine Erziehung, so Locke, die auf »Furcht vor der Prügelstrafe« setzt, ebenfalls nur mit sinnlicher Lust bzw. Unlust operiert. »Aber« so folgert er,

> »wenn du einerseits die Rute wegnimmst und andrerseits die kleinen Aufmunterungen, wie (so wird man fragen) sollen Kinder denn regiert werden? Nimm Hoffnung und Furcht weg, und alle Zucht ist am Ende! Ich gebe zu, dass Behagen und Unbehagen, Lohn und Strafe die einzigen Beweggründe eines vernunftbegabten Wesens sind: sie sind Sporn und Zügel, durch die das ganze Menschengeschlecht in Bewegung gesetzt und geleitet wird, und darum müssen sie auch bei Kindern angewendet werden.«[18]

Lockes Leistung, aber auch seine Grenzen liegen hier dicht beisammen: Einerseits kann er, indem er »Achtung und Anerkennung« als Formen erzieherischer Unterstützung (»Lohn«) und »Schande« bzw. »Scham« als Formen erzieherischer Gegenwirkung (»Strafe«) herausstellt, Handlungsalternativen aufzeigen, die dem Kind als »vernunftbegabtem Wesen« angemessener sind, weil sie sich auf seine Motive und Beweggründe und nicht nur auf äußerliche

Verhaltensweisen beziehen. Anderseits kommt hier das ganze Dilemma dieser frühen Form eines (gemäßigten) Behaviorismus zum Ausdruck, der »Lohn und Strafe« als »die einzigen Beweggründe eines vernunftbegabten Wesens« ausgibt, denn die Vernunft und ihr Gebrauch kommen in diesen Beweggründen nur in der Form eines strategischen Kalküls vor, was Locke zuvor überzeugend kritisiert hatte. Lockes psychologische (und anthropologische) Prämisse eines Behagen suchenden und Unbehagen vermeidenden Wesens kollidiert auch auffallend mit einer etwa in der Mitte des Textes geäußerten pädagogischen Maxime, die seine urbane und zivile Grundeinstellung auch in pädagogischen Angelegenheiten viel besser dokumentiert als seine in den *Gedanken* ausgeführte materiale Untersuchungen zum »Geheimnis der Erziehung«. Es heißt dort: »Der einzige Schutz gegen die Welt ist gründliche Weltkenntnis; in sie sollte ein junger Gentleman stufenweise eingeführt werden, wie es ihm zuträglich ist, und je früher, desto besser, vorausgesetzt, dass er in sicheren und geschickten Händen ist, die ihn führen können.«[19]

Locke ist aber noch weit davon entfernt, die bildende Bedeutung der Welterfahrung des Menschen in grundsätzlicher Weise zu erfassen. Die »Weltkenntnis«, von der er spricht, steht noch ganz im Zeichen und im Primat einer religiös fundierten »Tugend«,[20] der in der Hierarchie ihrer Rangordnung die die Weltkenntnis einschließende »Weisheit« (*wisdom, prudence*), die durch die Fähigkeit zum gesellschaftlichen Umgang gekennzeichnete »gute Lebensart« (*good breeding*) sowie nützliche Fähigkeiten und Fertigkeiten enthaltende »Kenntnisse« (*learning*) nachfolgen. Diese Rangordnung der Erziehungsziele mit dem Primat der Tugend bei Locke ist einerseits noch ganz traditionell und folgt der antiken Überlieferung ebenso wie den humanistischen Lehren der Renaissance. Andrerseits steht sie, nicht zuletzt aufgrund der eigenen persönlichen leidvollen Erfahrungen, gegen einen heruntergekommenen Schul-

humanismus, der »um Latein und die Wissenschaften« ein
großes »Geschrei« macht.[21] Die durch Weltkenntnis er-
möglichte Weisheit und Klugheit sind dagegen für ihn nicht
das Produkt einer falsch verstandenen humanistischen Gelehrsamkeit, »sondern das Ergebnis der Erfahrung und Beobachtung eines Mannes, der mit offenen Augen in der
Welt lebt und mit Menschen aller Art verkehrt«.[22] Wer
Weltkenntnis und Welterfahrung aus dem »Kreis der Bildung« glaubt ausschließen zu können, der hat Locke zufolge nicht verstanden, dass Tugend, Weltkenntnis und gesellschaftliche Bildung in jeder Stellung und in allen Vor-
kommnissen des Lebens wertvoll und nützlich sind.

Rousseau: Kritik der bürgerlichen Gesellschaft und neue Erziehung

Mit den Spannungen zwischen dem alten und dem neuen
Naturrecht hat sich auch Jean-Jacques Rousseau mehrfach
auseinandergesetzt. Am alten Naturrecht schätzt er, dass in
ihm die Bestimmung der Einzelnen nicht auf Willkürfreiheit, Machtstreben und Eigennutz gegründet, sondern auf
ein übergeordnetes Ganzes hin ausgerichtet wurde. Zugleich weiß er sich dem neuzeitlichen Naturrecht verpflichtet, das von der Freiheit und Gleichheit aller Menschen ausgeht und die Legitimität von Recht und Verträ-
gen an freie Anerkennung der Menschen zurückbindet.

Gleichwohl leitet Rousseau seine Erziehungskonzeption
weder aus dem alten noch aus dem neuen Naturrecht ab:
Das alte Naturrecht ist für ihn unwiederbringlich verloren,
weil es ein übergeordnetes politisches Ganzes, das dem Leben der Einzelnen vor dem Hintergrund eines vorgegebenen einheitlichen Zusammenhangs von Staat, Religion, Sitte und Tugend Sinn und Ordnung verleiht, unter modernen Bedingungen nicht mehr gibt und auch nicht mehr
geben kann. Als Grund für die Unmöglichkeit einer Wie-

derherstellung des alten Naturrechts führt er an, die antike Einheit von Religion und Bildung könne nicht mehr wiederhergestellt werden, nachdem mit dem Christentum jedem Einzelnen ein unendlicher Wert zuerkannt worden sei, der nicht von Herkunft oder Zugehörigkeit zu einem Volk oder einem Staat abhängig ist.[23]

Rousseau knüpft zwar an das neuzeitliche Naturrecht an, wenn er in seiner Pädagogik wie in seiner Politik die Freiheit und Gleichheit aller Menschen betont. Diese Anknüpfung erfolgt aber nicht in der Weise, dass die Naturzustandskonzeption – wie bei Locke – eine normative Bedeutung für die Erziehung und die Konstruktion des Gesellschaftsvertrages gewinnt. Im Gegenteil: Rousseaus Erziehungstheorie weist ebenso wie seine politische Philosophie eine rationale bzw. rein vernunftrechtliche Begründungsstruktur auf, die unabhängig von einer empirischen Naturzustandskonzeption besteht. Die Freiheit und Gleichheit der Menschen sieht er weder in der Ständegesellschaft des *Ancien Régime* noch in der sich herausbildenden bürgerlichen Gesellschaft anerkannt. Erstere leitet die Bestimmung der Einzelnen aus ihrer sozialen Herkunft ab und teilt die Menschen in Stände und Klassen, letztere gründet sich vorrangig auf das Eigeninteresse konkurrierender Wirtschaftsbürger und weist dem Gewinnstreben einen Vorrang gegenüber allen anderen Formen und Beweggründen des Handelns zu.

Eine begriffliche Bestimmung der Stellung des Menschen in der aufkommenden bürgerlichen Gesellschaft nimmt Rousseau in zwei Diskursen vor. Im »Ersten Diskurs« von 1750 (*Discours sur les sciences et les arts* / ›Abhandlung über die Wissenschaften und Künste‹) bearbeitet er die von der Akademie zu Dijon gestellte Frage, ob die in Europa seit der Renaissance beobachtbare »Wiederherstellung der Wissenschaften und Künste zur Läuterung der Sitten beigetragen habe«. Schon für die klassische griechische Antike stellt er fest, dass in dieser die Künste und

Wissenschaften zu einer »Entartung der Sitten« und zur
Herausbildung von Herrschaftsordnungen beigetragen ha-
ben, in denen Freie über Unfreie, Griechen über Barbaren,
Sieger über Sklaven herrschten.[24]

Im »Zweiten Diskurs« (*Discours sur l'origine et les fon-
dements de l'inégalité parmi les hommes* / ›Abhandlung
über den Ursprung und die Grundlagen der Ungleichheit
unter den Menschen‹) fragt Rousseau nach dem Ursprung
der Ungleichheit unter den Menschen. Gleich zu Beginn
führt er aus, dass die von Aristoteles aufgestellte Forderung, die wahre Natur des Menschen nicht unter entarte-
ten, sondern unter Bedingungen einer naturgemäßen Lebensführung zu erforschen,[25] im 18. Jahrhundert aufgrund
der Entfremdung der Einzelnen vom Gemeinwesen wie
von den Mitmenschen nicht mehr einlösbar sei. Mit Blick
auf seine Zeit stellt er fest, es stehe nun nur noch der Weg
offen, das, was unter der Natur des Menschen zu verstehen
sei, unter den Bedingungen von Entfremdung zu klären.
Die Natur des Menschen ist, so Rousseau, aufgrund der
Entwicklung, die das menschliche Geschlecht seit seinen
Anfängen durchlaufen hat, verborgen und unerkennbar
geworden. Nach ihr kann erst wieder gefragt werden,
wenn im Durchgang durch die historisch-gesellschaftlichen Formierungen des Menschen ein Begriff seiner Natur
gewonnen wird, an dem sich eine kritische Beurteilung der
bisherigen Geschichte ausrichten und eine vernünftige
Ausgestaltung der künftigen Geschichte orientieren kann.
Von diesem Punkt ausgehend fragt Rousseau, durch »welche Untersuchungen« wir »zu der Erkenntnis des natürlichen Menschen gelangen« könnten und welche Mittel man
habe, diese Untersuchungen inmitten der Gesellschaft ab-
zustellen. Auf diese Frage entwickelt er eine Antwort, welche »in der jetzigen Natur des Menschen das Ursprüngliche von dem Künstlichen zu unterscheiden« und einen
»Zustand« zu ergründen sucht, »der nicht mehr zu finden,
der vielleicht niemals da gewesen ist und künftig, aller

Wahrscheinlichkeit nach, nie vorkommen wird«.[26] Als Regel für die Arbeit an einem kritischen Begriff der menschlichen Natur stellt er die Maxime auf, man müsse sich in ihr aller Rückschlüsse von historischen Formationen auf eine ursprüngliche Natur enthalten und dürfe nur solche Bestimmungen der ursprünglichen Natur zuschreiben, die offen für die geschichtliche Arbeit des Menschen an seiner Bestimmung sind. Für die Geschichte der Menschheit insgesamt wie für die Geschichte jedes einzelnen Menschen soll nach einer Formulierung in seinem berühmten Erziehungsroman *Émile* als einzige zulässige hypothetische Antizipation künftig die Prämisse gelten: »Wir wissen nicht, was uns unsere Natur zu sein erlaubt.«[27]

Im »Zweiten Diskurs« bringt Rousseau dieses Nichtwissen um den Ursprung und die Bestimmung des Menschengeschlechts auf einen ersten Begriff, wenn er von einer weltoffenen und ambivalenten Lernfähigkeit des Menschen spricht, die auf keinerlei ursprüngliche oder finale Perfektion hin ausgerichtet ist oder ausrichtbar wäre. Für diese Lernfähigkeit erfindet er den Begriff der Perfektibilität (*perfectibilité*), der bewusst offen und unbestimmt lässt, was die Einzelnen und die Menschheit insgesamt lernend hervorbringen werden. Die menschliche Perfektibilität fasst er genauer als die Fähigkeit, Fähigkeiten zu entwickeln (*faculté de se perfectionner*). Er beschreibt sie als ein »Vermögen, das mit Hilfe der Umstände alle übrigen Fähigkeiten nach und nach entwickelt und sowohl bei unsrer Art im ganzen wie bei jedem einzelnen anzutreffen ist«.[28] Die so definierte Lernfähigkeit ist unbestimmt und ambivalent. Sie erlaubt es dem einzelnen Menschen wie der Gattung, sich »vollkommener machen«, aber auch »tiefer [zu] sinken als das Vieh«[29]. Die Menschen stehen daher vor der Aufgabe, mit ihrer unbestimmten Lernfähigkeit in Erziehung, Ökonomie, Moral und Politik, aber auch in den Künsten und Wissenschaften und nicht zuletzt in der Religion auf eine neue Weise kritisch und reflexiv umzugehen

und dabei Naturalismen zu vermeiden, welche gesellschaftlich hervorgebrachte Merkmale, statt sie zu problematisieren, in die Natur des Menschen zurückprojizieren.

Für eine solche Neuorientierung des menschlichen Denkens und Tuns reichen nach Rousseau weder ein Rückblick
auf die antiken Lebensformen noch die Anerkennung der
modernen bürgerlichen Gesellschaft aus. In der antiken
Polis ist, so Rousseau, die Bestimmung der Einzelnen ihrer
Bestimmung als Bürger untergeordnet und die Freiheit politisch auf eine Erfüllung von Bürgerpflichten begrenzt
worden. Die modernen Lebensformen des Besitzbürgers
(*bourgeois*) zwingen die Menschen dagegen, eine komparati-
tive Existenzweise zu entwickeln und ihr Leben ohne
Übereinstimmung mit sich selbst und einer für alle geltenden Ordnung zu führen. Einrichtungen, die in der Antike
hilfreich gewesen sind, um das Leben der Bürger zu orientieren, haben ihre frühere Dignität längst eingebüßt und
reichen nicht mehr dafür aus, ein gutes Leben zu führen.
An die Stelle der polytheistischen Religion, welche es den
Staaten erlaubte, eigene Götter zu verehren und ihre
Rechtsordnung auf diese zurückzuführen, ist mit dem
Christentum eine Religion getreten, die das Individuum in
seiner Einmaligkeit und Würde anerkennt und Religion
und Politik nicht mehr aus einem übergreifenden Zusammenhang heraus definiert.[30] Auch die Erziehung verlangt
daher nach einer Neuorientierung, die sich weder am antiken Staatsbürger noch am modernen Besitzbürger orientieren kann.

Rousseaus Konzeption einer neuen Erziehung handelt
zum einen von der Erziehung des Menschen und zum anderen von der Erziehung der Frau. Erstere expliziert er in
seinem Erziehungsroman *Émile* an der Erziehung des
gleichnamigen Zöglings, die in gewissem Sinne sowohl für
die Erziehung des Menschen als auch für jene des Mannes
gelten soll, letztere stellt er am Beispiel der Erziehung der
Sophie, der späteren Gattin Émiles, vor. Bei der Erziehung

des Mannes und des Menschen fungiert Rousseau in der Figur des Erziehers und Lehrers Jean-Jacques selbst als pädagogischer Akteur. Sophie lässt er hingegen nach eigens hierfür aufgestellten Regeln durch ihre Eltern erziehen. Alle drei Erziehungsformen – die des Menschen, die des Mannes und die der Frau – werden durch Rousseau als dem Autor des Erziehungsromans zusammengehalten, der aus den fünf Büchern der Abhandlung *Émile ou De l'education* (›Émile oder Über die Erziehung‹) und den 1780 postum als Anhang hinzugefügten beiden Briefen *Émile et Sophie ou les Solitaires* (›Émile und Sophie oder Die Einsamen‹) besteht.

Für die Erziehung des Menschen reklamiert Rousseau im Rückgriff auf die Tradition drei generell geltende Prinzipien, nämlich (1) dasjenige der weltoffenen Perfektibilität als Prinzip der »Erziehung durch die Natur« (*l'éducation de la nature*), (2) dasjenige der für Bildungsprozesse konstitutiven Welterfahrung als Prinzip der »Erziehung durch die Dinge« (*l'éducation des choses*) und (3) das der negativen Erziehung als Prinzip für die Erziehung durch die Menschen (*l'éducation des hommes*). Das erste Prinzip spricht dem Menschen eine unbestimmte Bildsamkeit zu, die es niemandem erlaubt, im vorhinein zu wissen, was aus einem Menschen wird oder werden kann. Das zweite Prinzip weist das menschliche Lernen als ein Lernen in Wechselwirkung mit der Welt aus, das gleichermaßen sowohl durch spontane, die Welt entwerfende als auch durch rezeptive, sich an Weltdingen abarbeitende Formen des Denkens und Handelns ausgewiesen ist. Das dritte Prinzip bindet die Möglichkeit und Legitimität pädagogischer Einwirkungen auf Lernprozesse von Heranwachsenden an das Programm einer »negativen Erziehung« zurück, die alle drei Prinzipien ins Spiel bringt und von Rousseau als Alternative zu den bekannten Formen positiver Erziehung entworfen wird.

An den etablierten Formen positiver Erziehung kritisiert Rousseau, dass diese die Heranwachsenden für einen bestimmten Platz in der Gesellschaft zu erziehen und ihnen eine bestimmte Gestalt zu geben versuchen. Ihre Erziehungsmittel sind, so Rousseau, Gewöhnung an vorgegebene Ordnungen, Befehl und Gehorsam, Lob und Tadel, Anerkennung und Strafe. Beim Einsatz dieser Mittel geht die positive Erziehung von der Annahme einer Allmacht des Erziehers aus, dem sie ein Wissen um die Bestimmung seines Zöglings und die Zukunft der Gesellschaft zuschreibt, über das der Erzieher unter modernen Bedingungen aber letztlich nicht mehr verfügt und künftig noch weniger verfügen wird. Das Ende der positiven Erziehung sieht Rousseau u. a. auch deswegen nahen, weil die bestehende Gesellschaft unweigerlich Revolutionen entgegengeht, die dazu führen werden, dass ein nach der alten Ordnung erzogener Mensch nicht mehr fähig sein wird, in der veränderten Welt vernünftig zu leben.[31] An die Stelle der positiven Erziehung wird nach Rousseau eine negative Erziehung (*éducation negative*) treten, die dem Zögling nicht mehr vorschreibt, was dieser denken und tun und wie er sich verhalten soll, sondern ihn zum Selber-Denken und -Tun auffordert. In ihr werden die Wirkungen pädagogischer Maßnahmen (*Erziehung durch den Menschen*) über die Verarbeitung von Erfahrungen (*Erziehung durch die Dinge*) vermittelt, die der Lernende in Auseinandersetzung mit der ihn umgebenden Welt selber macht (*Erziehung durch die* perfektible *Natur*).

Der Vorrang, den Rousseau der negativen gegenüber jedweder positiven Erziehung einräumt, ist nicht nur pädagogisch, sondern zugleich politisch begründet: Erziehung wie Politik sucht Rousseau auf die Freiheit des einzelnen Menschen und die gegenseitige Anerkennung dieser Freiheit zu gründen. Gleichzeitig mit dem *Émile* veröffentlicht er 1762 seine staatstheoretische Abhandlung *Du Contrat social* (›Vom Gesellschaftsvertrag‹), welche Prinzipien des Staatsrechts aufstellt, die den Bürger nicht mehr länger als

Untertan eines absolutistischen Herrschaftssystems definieren. Rousseaus staatspolitische Theorie bindet die Legitimität gerechter Herrschaft an einen »Gesellschaftsvertrag« zurück, durch den sich die Bürger als »Untertanen« allgemeinen Gesetzen unterwerfen, an deren Formulierung sie als »Teilhaber der Staatssouveränität« mitwirken.[32] Die von Rousseau konzipierte neue Erziehung und der von ihm entworfene Gesellschaftsvertrag verweisen in systematischer Hinsicht in eigentümlicher Weise aufeinander: Die Ausbildung einer Identität von Oberhaupt und Untertan setzt nämlich gebildete und bereits erzogene Menschen voraus, die gelernt haben, selber zu denken, zu urteilen und zu handeln. Umgekehrt ist die im *Émile* konzipierte Erziehung darauf angewiesen, dass sie im Kontext eines Gemeinwesens stattfindet, in dem die im *Contrat social* beschriebenen Prinzipien gelten. Beide Voraussetzungen sah Rousseau für seine Zeit jedoch nicht als gegeben an: Im Herrschaftssystem des französischen Absolutismus war für eine Teilhabe der Bürger an der Staatssouveränität ebenso wenig Raum wie in den Erziehungspraktiken der Feudalgesellschaft für die Grundsätze negativer Erziehung.

Um die Möglichkeit einer nach den Grundsätzen negativer Erziehung verfahrenden pädagogischen Praxis an einem Exempel zu illustrieren, entwirft Rousseau in den fünf Büchern des *Émile* und in den beiden später hinzugefügten Briefen den fiktiven Bildungsgang eines Zöglings, der in einer pädagogischen Provinz jenseits der Zwänge des absolutistischen Herrschafts- und Ständesystems zum Menschen und nicht zum Untertanen erzogen wird: Das erste Buch des *Émile* legt die allgemeinen Grundsätze der *Erziehung durch die Natur, die Dinge* und *die Menschen* auf die Zeit von der Geburt bis zum Spracherwerb aus. Das zweite Buch entwickelt ein Konzept für eine Bildung der Sinne, in der der Heranwachsende vermittelt über Staunen, Irritation und eigene Entdeckungen lernt, seine

Welterfahrungen zu koordinieren sowie zurückliegende
Erfahrungen im Lichte neuer Erfahrungen zu interpretieren. Das dritte Buch skizziert, wie der Zögling die Anfangsgründe der Wissenschaften erlernt und erste Erfahrungen mit der bildenden Kraft nützlicher Arbeit sammelt,
in der sich die Arbeitenden gegenseitig anerkennen. Das
vierte Buch entwickelt die Konzeption einer Jugenderzie-
hung, die den Heranwachsenden nicht an die unterschiedlichen Moralvorstellungen der Stände gewöhnt, sondern
die Bildung des Gewissens an eine Verarbeitung negativer
moralischer Erfahrungen zurückbindet. Zu diesem Zweck
sollen in den Lernenden, vermittelt über Geschichte und
Literatur, Anteilnahme am Leben der Mitmenschen geweckt werden. Das vierte Buch skizziert zugleich Umrisse
für eine philosophische und religiöse Grundbildung, die
den Heranwachsenden mit unterschiedlichen Wissensformen vertraut macht. Das fünfte Buch führt in die Grundsätze der politischen Bildung nach den Prinzipien des
Gesellschaftsvertrags ein: Es umreißt in einem Exkurs
zugleich die Konzeption für eine weibliche Erziehung,
welche die Frau nicht zur Untertanin, sondern zur Gefähr-
tin des Mannes bestimmt. In dem aus zwei Briefen bestehenden Anhang, die der erwachsen gewordene Zögling an
seinen Lehrer schreibt, zeigt Rousseau schließlich am weiteren Bildungsgang des fiktiven Zöglings Émile, wie dieser
das Scheitern seiner Ehe ebenso übersteht wie ein vorüber-
gehendes Leben als Sklave eines Feudalherrn.

Zu den herausragenden Merkmalen von Rousseaus Erziehungskonzeption gehören (1) der Begriff der unbekannten Kindheit und einer auf diesen Bezug nehmenden
negativen Erziehung, (2) die Herausarbeitung der modernen Mensch-Bürger-Problematik sowie (3) eine Deutung
der Geschlechterbeziehung, welche Liebe auf persönliche
Zuneigung gründet und die Grenzen der komparativen
Existenz des modernen Menschen reflektiert.

In der pädagogischen Geschichtsschreibung wird Rous-

seau – zu Unrecht – gelegentlich auch als Entdecker der
Kindheit gefeiert. Über die moderne Kindheit bemerkt er
im Vorwort zum *Émile*, diese sei ihm wie seinen Zeitgenossen ein unbekanntes Etwas:

> »Man kennt die Kindheit nicht; mit den falschen Vor-
> stellungen, die man davon hat, verirrt man sich um so
> mehr, je weiter man geht. Die Weisesten halten sich an
> das, was die Menschen von allem wissen müssen, ohne
> zu bedenken, was die Kinder zu lernen imstande sind.
> Sie suchen stets den Erwachsenen im Kinde, und denken
> nicht an das, was es ist, bevor es erwachsen wird.«[33]

Unter der unbekannten Kindheit versteht Rousseau also
nicht nur eine von ihm und seinen Zeitgenossen nicht erkannte Kindheit, sondern eine Kindheit, die aus dem Begriff der unbestimmten Perfektibilität des Menschen folgt
und die sich allgemein angesichts der ungewissen Zukunft
der Einzelnen in der bürgerlichen Gesellschaft immer deutlicher zeigen wird. Der gleichermaßen unbekannten wie
unbestimmten Kindheit korrespondiert nach Rousseau ein
verändertes Generationenverhältnis, in dem die Erwachsenen – die Eltern ebenso wie die Lehrer – nicht wissen, was
aus den Einzelnen wird, und daher Erziehung und Unterricht so konzipieren müssen, dass die Heranwachsenden
nicht mehr für einen vorgegebenen Stand und eine vorher-
sagbare, antizipierbare Bestimmung qualifiziert, sondern
auf ein Leben in ungewissen, sich verändernden Kontexten
vorbereitet werden. Dies ist auch der Grund dafür, warum
Rousseau als eine der zahlreichen Maximen für eine moderne Erziehung die Regel aufstellt, die »einzige Gewohnheit,
welche man das Kind annehmen lassen muß, ist, daß es keine annehme«.[34] Auf diese Weise lernt das Kind, sich immer
wieder an Neuem auszurichten und umzugewöhnen.
    Zum modernen Leben gehört für Rousseau die Unter-
scheidung zwischen den Lebensformen des Menschen und

des Bürgers und mit dieser das Problem, beide Lebensformen aufeinander zu beziehen. Die moderne Mensch-Bürger-Problematik erkennt er in dem Problem, dass es eine Identität von Mensch und Bürger, wie sie die Antike kannte, nicht mehr gibt und voraussichtlich auch nicht mehr geben wird. Die moderne Mensch-Bürger-Problematik ordnet er in eine gesellschaftliche Entartung ein, die weit in die Geschichte zurückreicht. Hieran erinnert der Beginn des ersten Buches des *Émile*, in dem Rousseau der *bonté naturelle*[35] die Entartung der Schöpfung »unter den Händen des Menschen« gegenüberstellt und dann fortfährt, die Bearbeitung der Welt durch den Menschen habe zu einer irreversiblen Entfremdung des Menschen von der Natur geführt.[36] Die besondere Form der Entartung unter den Bedingungen der modernen bürgerlichen Gesellschaft erkennt er in der komparativen Existenz, welche mit der Durchsetzung von Bacons Programm eines Wissens, das Macht steigert, untrennbar verbunden ist. Gegen diese Wissens- und Lebensform sucht er seinen imaginären Zögling Émile zu wappnen, indem er ihn zu einer advokatorischen, d. h. für die Schwachen einstehenden Empathie und zu republikanischen Einstellungen erzieht, die ihn in die Lage versetzen sollen, seine Einzelinteressen einem vernünftigen Gemeinwillen unterzuordnen. In bezug auf die Umsetzbarkeit dieses Programms blieb Rousseau allerdings skeptisch. So lässt er seinen fiktiven Zögling Émile nach dem Scheitern seiner Lebensplanung im Zweiten Brief von *Émile und Sophie* an seinen Erzieher Jean-Jacques schreiben, er habe »die Bande« zerrissen, die ihn mit seinem »Vaterland« verknüpften, und »die ganze Erde« zu seinem Vaterland gemacht, und dies mit der Folge, dass er »in dem Maße mehr ein Mensch« wurde, in der er »aufhörte, Bürger zu sein«.[37]

Rousseau kann als ein Theoretiker gelesen werden, der die Ausdifferenzierung von Religion, Moral, Politik und Erziehung reflektiert und zur Ausdifferenzierung von

Wissensformen in Beziehung gesetzt hat, in die eine kritische Urteilsbildung künftig einführen muss. Zu den Wissensformen, mit denen Émile im Verlauf seiner Erziehung vertraut gemacht wird, gehören diejenigen einer induktiv zu gewinnenden Erfahrung, in der eine widerständige Welt belehrend auf unsere Antizipationen zurückwirkt, ebenso wie die Wissensform neuzeitlicher Wissenschaft, welche Erfahrungen hypothetisch antizipiert und der Natur Gesetze vorschreibt. Beide Wissensformen und ihre Aneignung durch negative Erziehung illustriert Rousseau am Ende des dritten Buchs des *Émile* am Beispiel eines im Wasser steckenden, »gebrochenen« Stockes: Émile eignet sich das Brechungsgesetz der Physik nicht direkt von seinem Lehrer Jean-Jacques an, sondern lernt erst, Brechungsphänomene in Abhängigkeit zum Beobachterstandpunkt, zur Höhe des Wassers u. a. m. zu analysieren. Er lernt auf diese Weise jene Fragen zu stellen, auf die das Brechungsgesetz dann bestimmte Antworten gibt.[38] Zur wissenschaftlich-experimentellen Wissensform tritt als eine dritte diejenige einer experimentellen Moral hinzu, welche die vorgegebenen Sitten und Konventionen unter der Maxime einer gegenseitigen Anerkennung der Menschen als Selbstzweck problematisiert. Eine besondere Variante dieser Wissensform stellt Rousseau im vierten Buch des *Émile* am Glaubensbekenntnis des Savoyschen Vikars vor.[39] Dieses handelt von einer religiösen Gestimmtheit, in der Menschen um ihre Angewiesenheit auf göttliche Offenbarung wissen. Die Einübung dieser Gestimmtheit will die historischen Offenbarungsreligionen an die Endlichkeit des Menschen und ihre eigene Endlichkeit erinnern und auf gegenseitige Tolerierung und einen nichtfundamentalistischen Umgang miteinander verpflichten.

Eine analoge Ordnung findet Rousseau für das moderne Verhältnis zwischen den Geschlechtern: Auch dieses sucht er auf eine gegenseitige Anerkennung zu gründen, in der sowohl die gemeinsame, identische als auch die nichtgemeinsame, differente Natur von Männern und Frauen wirksam ist. Die im fünften Buch des *Émile* skizzierte Erziehung der Sophie ist (wie die des *Émile* selbst) auf eine ungewisse Zukunft ausgerichtet. Für Rousseau hat die Frau in allem, was nicht mit ihrem Geschlecht, sondern mit der Gattung zusammenhängt, genauso Anteil an der Menschheit »wie der Mann«. In allem hingegen, was sich auf das Geschlecht bezieht, »haben die Frau und der Mann durchgängig Ähnlichkeiten und durchgängig Unterschiede«.[40] In diesem Zusammenhang führt er aus, »Mann und Frau« seien »füreinander gemacht«, »ihre gegenseitige Abhängigkeit« aber sei »nicht gleich«.[41] So zeitgebunden Rousseaus Ausführungen im Einzelnen zweifellos sind und so naturalistisch verkürzt einige Ausführungen für uns heute klingen mögen:[42] Ihr systematischer Kern liegt in einer Interpretation der Geschlechterbeziehung, welche Egalität und Differenz als miteinander abzustimmende, gleichgewichtige Merkmale ausweist. Infolge dieser Geschlechterkonzeption richtet er die Erziehung der Sophie einerseits auf den Mann aus und entwirft sie andererseits zugleich als ein Korrektiv zu einer verkürzten männlichen Bildung.[43] Die Partnerwahl muss nach Rousseau von beiden Seiten aus frei erfolgen. Bei ihr sollen natürliche Merkmale gleichermaßen wie Bildung eine Rolle spielen. Die Grundlage der Bindung aber soll ein Vertrag sein, der beide, Mann und Frau, zum Oberhaupt und Untertanen der Ehe bestimmt.[44]

Neben lösbaren kennt Rousseau auch unlösbare Probleme in den Beziehungen zwischen den Geschlechtern. Sie haben ihren Grund im Widerstreit zwischen individueller Zuneigung und komparativer Existenz. Zu diesem führt er im vierten Buches des *Émile* in einer ersten These aus: »Gibt man jemandem den Vorzug, will man auch selbst vorgezogen werden; die Liebe muss gegenseitig sein.« Als Technologie zur Sicherung solchen Vorgezogenwerdens empfiehlt er in einer zweiten These: »Wenn man geliebt sein will, muß man sich liebenswürdig machen.« Beide Thesen führt er sodann in der auf den ersten Blick unproblematischen dritten These zusammen: »Will man vorgezogen werden, muß man sich liebenswürdiger machen als ein anderer«, um dann jedoch sogleich die damit verbundene Aporie komparativer Existenz in den Blick zu bringen: »liebeswürdiger als jeder andere, wenigstens in den Augen des geliebten Gegenübers«.[45] Auf die Frage, wie die freie und gegenseitige Wahl auf Dauer gesichert werden kann, wenn sie unter den Bedingungen komparativer Existenz immer wieder erneuert werden muss, gibt er auch in den nach seinem Tod als Anhang veröffentlichten Briefen des Zöglings Émile an seinen Erzieher keine Auskunft. Diese zeigen Sophie und Émile als die »Einsamen« und stellen den erwachsenen Émile als einen Mann vor, der eine treulose Ehefrau ebenso wie eine zufällige Sklaverei, in die er zeitweise gerät, zu überleben versteht.

Rousseau wusste um den hypothetischen Charakter seiner Erziehungskonzeption wie auch darum, dass er mit dieser mehr Fragen aufwirft als beantwortet.[46] In seinen *Diskursen* entwickelte er einen Begriff der ambivalenten menschlichen Perfektibilität, zwar Vernunft entwickeln, aber auch unter das Tier herabsinken zu können. In seinem Erziehungsroman *Émile* thematisierte er jedoch nur die freie, zum Guten hin offene Seite der *perfectibilité*. Fragt man nach den Gründen, warum Rousseau die zum Bösen hin offene Seite der menschlichen Natur weitgehend ausgeklammert hat, so bieten sich drei Erklärungen an. Die eine verweist auf die exponierte Rolle des Erziehers Jean-Jacques, der die Ambivalenz der menschlichen Natur fast allmächtig zum Guten hin zu lenken versteht. Die andere hängt mit der Tatsache zusammen, dass Rousseau noch keinen Begriff des radikal Bösen hatte, wie ihn Kant in seiner Auslegung der sich in der Geschichte manifestierenden Ambivalenz der menschlichen Natur später entwickelt hat.[47] Eine dritte könnte lauten, dass Rousseau die Aufgabe des Kampfes gegen das Böse bei Ethik, Politik und Religion, nicht aber in der Erziehung verortet, die, ohne auf eine vollendete Kenntnis des Guten wie des Bösen zurückgreifen zu können, versuchen muss, Heranwachsende zur Vernunft zu bilden.

Europäische Pädagogik zwischen Absolutismus und Republik

Locke wie Rousseau treten in ihren pädagogischen Schriften für eine private Erziehung ein und grenzen diese von den etablierten Formen schulischer Erziehung ab. Die Gründe hierfür sind bei ihnen allerdings unterschiedlich: Während Locke sich gegen den englischen Schulhumanismus wendet, sieht Rousseau das künftige Problem öffentlicher Erziehung darin, dass es ein politisches Gemeinwesen, welches eine solche öffentliche Erziehung begründen könnte, nicht gibt.[48] Sowohl Locke als auch Rousseau treten als Kritiker des europäischen Absolutismus einschließlich dessen Rechtfertigungslehren auf. Dabei verteidigt Locke die »Glorious Revolution« von 1688/89 aus der Position eines liberalen Naturrechts, dessen Verwirklichung er in der entstehenden bürgerlichen Gesellschaft Englands erkennen zu können glaubt. Obwohl Rousseau und Locke als Kritiker der Herrschaftsform des Absolutismus auftreten, ist Rousseau zugleich auch ein Kritiker der sich im Schoße des französischen Absolutismus entwickelnden bürgerlichen Wettbewerbsgesellschaft, die auf einen Konkurrenzkampf der einzelnen Wirtschaftssubjekte setzt und von diesem Kampf jeglichen Fortschritt abhängig macht. Ohne selber revolutionäre Ambitionen zu verfolgen, ahnt Rousseau die nahende Revolution und blickt mit Skepsis in die Zukunft, weil die von ihm avisierte humane Entwicklung von Staat und Gesellschaft durch eine Revolution nicht zu sichern sei.

In ihrer Kritik am Absolutismus und bei der Suche nach einer neuen Erziehung bewegen sich beide der Tendenz nach zwischen Absolutismus und liberalem Bürgertum (Locke) bzw. Absolutismus und radikal-demokratischer Republik (Rousseau). Dabei entwickelt Locke ein deutliches Bewusstsein von der geschichtlichen Bedeutung des modernen Bürgertums, während Rousseau zugleich als dessen Kritiker auftritt. Rousseau betont stärker den öffentlichen Gebrach der Freiheit und die Notwendigkeit einer freien Teilnahme bzw. Partizipation auch im Bereich des Politischen, die er allerdings nur im Horizont von Kleinstaaten und kleinen Bürgerrepubliken für realisierbar hält.[49] Locke setzt dagegen nicht auf einen Ausbau politischer Partizipation und direkter Demokratie, sondern auf bürgerliche Zivilisation und die Kultivierung weltmännischer Lebensformen. Diese Lebensformen hält er unter den Bedingungen einer konstitutionellen Monarchie für realisierbar, welche die grundlegenden Freiheiten und Rechte der Menschen sichert. Von daher glaubt Locke auf öffentliche Erziehung verzichten zu können, während Rousseau nach neuen Formen für eine solche Erziehung sucht, die er jedoch allenfalls in kleinen, nicht aber in den großen europäischen Staaten für umsetzbar hält. Beide, Locke und Rousseau, verkennen die politische und die gesellschaftliche Bedeutung und Notwendigkeit öffentlicher Erziehungseinrichtungen, ohne die menschheitlicher Fortschritt und weltbürgerliche Politik nicht auskommen können. Frühe Formen der Konzeptualisierung öffentlicher Erziehung finden sich daher nicht bei Locke und Rousseau, wohl aber bei Louis-René de Caradeux de La Chalotais, bei den Philanthropen und nach 1789 in den 1806 beginnenden Preußischen Reformen.

5. Das pädagogische Jahrhundert in Deutschland

Seit dem 18. Jahrhundert ist jedes der nachfolgenden Jahrhunderte ein »pädagogisches« oder ein »Jahrhundert des Kindes« genannt worden. Man kann die Richtigkeit dieser Zuschreibungen mit guten Gründen in Frage stellen, nicht aber bezweifeln, dass das 18. Jahrhundert in Deutschland ein pädagogisches Jahrhundert gewesen ist: Damals entstanden pietistische und philanthropische Erziehungseinrichtungen, und der Staat entwickelte eine eigene Zuständigkeit in Schul- und Unterrichtsfragen, durch welche die kirchliche Schulaufsicht allmählich abgelöst wurde. Während der Pietismus noch aus eindeutig religiösen Wurzeln lebt, emanzipiert sich der Philanthropismus bereits deutlich von der Vorherrschaft religiöser Deutungsmuster. Er tritt für die Trennung von Staat und Kirche auch im Erziehungs- und Bildungswesen ein und erkennt nur noch aufgeklärte Formen religiöser Erziehung und Unterweisung als pädagogisch bedeutsam und deshalb legitim an. Die Ende des 18. Jahrhunderts begründete Staatserziehungswissenschaft geht dann bereits von einer Zuständigkeit des Staates in allen Fragen öffentlicher Erziehung aus und begründet damit in Grundzügen jene Ordnung, die – wenn auch nicht unumstritten – bis heute gilt und wirksam ist.

Erziehung und Bekehrung:
Die Pädagogik des Pietismus

Der Pietismus entwickelt sich in der zweiten Hälfte des 17. und erreicht seinen Höhepunkt im 18. Jahrhundert.[1] Als religiöse Erneuerungsbewegung im Protestantismus stellt er eine Reaktion auf die Erstarrung des Glaubens im Gewohnheits-Christentum der nachreformatorischen Orthodoxie und der durch sie hervorgerufenen Frömmigkeitskrise dar, die er durch eine starke Wendung zur Verinnerlichung und Individualisierung des religiösen Denkens und Handelns zu überwinden sucht.

Die vom Pietismus geforderten und in ihm entwickelten neuen Formen individueller Frömmigkeit haben deutliche Spuren im gesellschaftlichen Leben sowie im pädagogischen Selbstverständnis der von ihm erfassten Länder und Regionen hinterlassen. In der pädagogischen Historiographie ist der Pietismus in der Vergangenheit nicht selten der Aufklärung und ihren Leitideen schroff gegenübergestellt worden – eine Konfrontation, die sicher ebenso problematisch wie seine schlichte Ein- und Unterordnung in die Aufklärungsepoche selbst ist.

Für die Pädagogik ist der von August Hermann Francke geprägte Hallische Pietismus zusammen mit den von ihm begründeten Hallischen Anstalten von herausragender Bedeutung. Francke hatte in seiner Jugendzeit das Gothaische Gymnasium Andreas Reyers besucht und war von Veit Ludwig von Seckendorff mit dessen pädagogisch-realistischem Reformprogramm bekannt gemacht worden. Mit Spener, den Francke 1687 persönlich kennengelernt hatte, verbindet ihn die »Hoffnung auf bessere Zeiten«, zu denen er durch seine religiös-praktische wie durch seine pädagogisch-reformerische Arbeit beitragen will. Anders als die Lutherische Orthodoxie hält Francke eine *praxis pietatis* (Spener), ein Tatchristentum für geboten, in dem Frömmigkeit mit einer als Dienst am Mitmenschen verstandenen Gemeinnützigkeit verbunden ist. Dadurch werde zwar nicht die grundsätzliche Sündhaftigkeit des Menschen überwunden, gleichwohl müsse gemeinnütziges Handeln als Ausdruck wahrer »Herzensfrömmigkeit« verlangt werden. Dass, wie bei Luther, »der Glaube allein« (*sola fide*) den Menschen zu retten vermag, stellt den theologischen Hintergrund dar, vor dem Franckes Deutung der eigenen Bekehrungserfahrung, die sowohl für ihn selbst als auch wie für den Hallischen Pietismus insgesamt von entscheidender Bedeutung geworden ist, verstanden werden muss. Francke wurde im Jahr 1687 von religiösen Zweifeln geplagt und hatte Gott um Rettung gebeten. Das Gebet wurde erhört, so dass sich seine verlorengegangene religiöse Gewissheit wieder einstellte und vertiefte. Francke hat sein berühmtes Lüneburger Konversionserlebnis aus dem Jahr 1687 entsprechend kommentiert: »Denn wie man eine Hand umwendet, so war alle mein Zweiffel hinweg.«[2] Er fühlte sich neugeboren und bestätigte damit, was Luther in seiner Vorrede zum Römerbrief gesagt hatte: »Glaube ist ein göttlich Werk in uns, das uns wandelt und neugebiert aus Gott.«[3] Der Hallische Pietismus, möglicherweise schon Francke selbst, hat später den Bußkampf und das datierbare Bekehrungserlebnis zum Modellfall für jeden wahren Christen erhoben.[4]

Seine Metapher von der ›umgewendeten‹ Hand kann als Schlüssel sowohl zu seiner Theologie als auch zu seiner Pädagogik verstanden werden. Denn die Umwendung erfolgt weder durch die Hand selbst, noch ist sie eine Leistung des Subjekts, das die Hand und das durch sie bewirkte Tun und Handeln in Bewegung setzt. Francke hat entsprechend sein eigenes Wirken, in dessen Folge die Hallischen Anstalten entstehen, nicht unmittelbar sich selbst und seiner eigenen Leistung zugeschrieben, sondern so verstanden, dass er selbst in den »segensvollen Fußstapfen des noch lebenden und waltenden liebreichen und getreuen Gottes« stehe. Die wahre Umwendung ist nicht Resultat eines reflexiven Bildungsprozesses (im Sinne von Platons *periagoge*), sie ist überhaupt durch keine Tat des Menschen selbst veranlasst. Gleichwohl ist der Mensch zum Handeln aufgefordert. Die Reflexion seines Bekehrungserlebnisses hat ihm, so glaubt Francke, Gewissheit darüber verschafft, dass weder das Subjekt selbst noch eine vorgängige Ordnung, der sich der Mensch nur noch anzumessen und einzuordnen habe, der wahre Grund menschlichen Erkennens und Handelns ist. Weder ist, wie bei

Bacon, das vom Menschen hervorgebrachte Wissen von sich aus in sinnvoller Weise wirkungsmächtig, noch genügt es, dass der Mensch im Sinne des comenianischen *omnia sponte fluant, violentia absit in rebus* (»Alles fließt von sich aus, die Gewalt sei fern von den Dingen«) Menschen und Dingen gemäß ihrer göttlichen Bestimmung behandelt. Stattdessen ist der Mensch aufgefordert, im aktiven Handeln den Willen Gottes in der Welt erst wirksam werden zu lassen. Die pietistische Verbindung von Frömmigkeit und Gemeinnützigkeit hat hier ihr religions- und subjekttheoretisches Zentrum.

In Franckes Vorrede zu Fénelons Traktat *Traité de l'éducation des filles* (›Über die Erziehung der Töchter‹), publiziert 1687, steht der Satz: »Das Werk der Erziehung ist über alle Kraft des natürlichen Menschen.«[5] Damit ist kein pädagogischer Quietismus gemeint, im Gegenteil. Gemeint ist, dass der Erzieher »durch den Geist Gottes geführt werden« muss.[6] Alle guten Regeln nützten nichts, wenn nicht Eltern »selbst auf ihre wahre Bekehrung und Besserung bedacht sind, ehe sie sich vornehmen, in der Erziehung ihrer Kinder etwas zu verbessern, oder wenn nicht solche Leute der Erziehung vorgesetzt werden, die gründlich zu Gott bekehrt sind«.[7] Aber auch in diesem Fall könne die Erziehung noch scheitern, wenn »doch nicht der erwünschte Segen« dabei ist.[8]

Francke unterscheidet in seiner Erziehungsschrift, die die pädagogische Arbeit im Waisenhaus der Hallischen Anstalten anleiten soll, zwischen der Erziehung zur »wahren Gottseligkeit« und der Erziehung zur »christlichen Klugheit«.[9] *Cultura animi* oder Gemütspflege ist das Mittel, das auf den »Verstand und Willen zugleich, vornehmlich aber auf den Willen« gerichtet werden muss.[10] Zur Gottseligkeit und damit zum frommen Willen soll der Heranwachsende durch gute Beispiele und eifrige Bibellektüre, durch Ermahnung, Strafe sowie eine umfassende Kontrolle geführt werden. Vor allem die Bibellektüre und der katechetische Unterricht sollen den »Eigenwillen brechen«, unter dem – einer bis heute weit verbreiteten Fehlinterpretation zum Trotz – nicht die Brechung des Willens überhaupt, sondern ein mit »großer Liebe, Sanftmut und aller Geduld« getragenes Handeln gemeint ist, welches das Kind »unvermerkt zur Liebe Gottes« führt.[11] Die christliche Klugheit setzt auf Wissenschaft und Erfahrung, die nicht nur den Gelehrten, »sondern alle Menschen, sie seien in welchem Stande auch immer«, angehen, so dass sie »zu allen guten Werken geschickt und ausgerüstet« werden.[12] Zur richtigen »Anwendung« der Klugheit sei erforderlich, dass die Kinder zu prüfen lernen, »aus was für einer Ursache sie etwas vornehmen«.[13]

Die biographisch datierbare, aus dem Bußkampf des Einzelnen hervorgehende Bekehrungserfahrung bekommt im Pietismus eine zentrale Stellung eingeräumt. Sie ist derjenige Vorgang, durch den der »neue Mensch« (Spener) geboren wird. Durch sie wendet sich der Mensch zwar nicht von der Welt ab – besteht doch die lebenspraktische Aufgabe des wahren Christenmenschen im Dienst am Nächsten und am Mitmenschen –, wohl aber verliert diese die Funktion, leitender Orientierungsmaßstab zu sein. Das fromme Handeln in der Welt, das durch die Bekehrung auf Dauer gestellt werden soll, findet seinen orientierenden Grund in der Selbstpreisgabe an Gott. Die Neuwerdung des Menschen durch den Bekehrungsvorgang manifestiert sich im pädagogischen, im karitativen und im missionarischen Handeln.[14] Für die erzieherische Tätigkeit im Sinne des Pietismus entsteht ein folgenreicher Zwiespalt: Einerseits kann gerade die Bekehrung pädagogisch nie direkt und intentional herbeigeführt werden – sie soll und muss ja die Tat des Bekehrten sein –; andererseits findet aber in ihr das pädagogische Handeln sein Ziel und seinen höchsten Zweck, so dass die Bekehrung nicht der Beliebigkeit und dem Zufall überlassen werden darf, sondern methodisch veranlasst werden muss. Schon zu Lebzeiten Franckes sollen daher Bußkampf und Bekehrung nicht selten fingiert und geheuchelt worden sein.[15]

Die von Francke ins Leben gerufenen Hallischen Anstalten umfassen unterschiedliche Einrichtungen. Ihren Anfang nahmen sie im Jahr 1695 mit der Gründung einer Armenschule, die Francke schnell in ein Internat umbaute, und eines Waisenhauses, in dem die Kinder ebenfalls unterrichtet wurden. Wahrscheinlich hat Francke von Anfang an nicht nur an eine Einrichtung zur Armenerziehung und der Armenfürsorge, sondern ganz im Sinne seiner pädagogischen Programmatik an eine an Frömmigkeit und Tüchtigkeit gleichermaßen ausgerichtete umfassende Erziehungs- und Unterrichtspraxis gedacht.[16] Sinn und Aufgabe des Unterrichts bestand darin, zur »wahren Gottseligkeit und christlichen Klugheit« zu führen. Der Tagesablauf war streng geregelt: Der Unterricht dauerte sieben Stunden. Nicht nur die Pausen im Unterricht, sondern auch die gesamte Zeit nach dem Unterricht war mit nützlichen Arbeiten und Gebeten ausgefüllt. Franckes Schulanstalten gewannen in der Bevölkerung so schnell an Ansehen, dass er noch vor der Jahrhundertwende die bereits existierenden Schulen durch höhere Schulen erweiterte. 1699 und 1707 kamen eigene Lehrerbildungsanstalten hinzu. Zu den nicht mehr im engeren Sinne pädagogischen Einrichtungen gehören die Einrichtung einer Druckerei, eines Verlages, einer Apotheke sowie eines Krankenhauses und diverser Krankenstuben, die den jeweiligen Schulen angegliedert waren.[17]

Die aus der Armenschule hervorgegangenen Franckeschen Schulanstalten erfreuten sich so großer Beliebtheit, dass 1727, dem Todesjahr Franckes, rund 2200 Schülerinnen und Schüler von etwa 180 Lehrern (und Inspektoren) unterrichtet und beaufsichtigt wurden. Aufbau und Gliederung der Schulanstalten hatte Francke an der Drei-Stände-Ordnung ausgerichtet: An den deutschen Schulen wurden die Kinder des Bauern- und Handwerkerstandes unterrichtet. Neben Lesen, das anhand der Bibel und des Katechismus vermittelt wurde, sowie Schreiben und Rechnen wurden die Kinder u. a. in den Grundlagen der Physik, der Geographie und der Geschichte unterwiesen. Die lateinischen Schulen, die für künftige Pfarrer, Mediziner, Juristen und Kaufleute bestimmt waren, bereiteten auf das Universitätsstudium vor. Das *Pädagogium regium* schließlich war als Adelsschule, also als »Ritterakademie« konzipiert. Ähnlich wie in der lateinischen Schule wurden hier »nebst der Anweisung zum Christentum« u. a. Latein, Griechisch, Hebräisch und Französisch, Geographie, Geschichte, Arithmetik, Geometrie, Rhetorik, Botanik und Anatomie unterrichtet.[18] Den Schulanstalten waren eine Naturalienkammer, ein Observatorium, eine mechanische Werkstatt sowie ein botanischer Garten angegliedert. Zur berufspraktischen Vorbereitung der Schüler der deutschen Schule gehörte auch, dass sie regelmäßig die Handwerker der Stadt Halle besuchten, um sich eine Vorstellung von ihrer zukünftigen beruflichen Tätigkeit machen zu können. Die ständische Gliederung des Schulsystems darf nicht darüber hinwegtäuschen, dass bei allem Gewicht, das Herkunft und Geburt hatte, der Wechsel von der deutschen zur lateinischen Schule bei entsprechender Begabung und Veranlagung durchaus möglich war. Auch das *Pädagogium regium* konnte von Kindern begüterter bürgerlicher Eltern besucht werden. Hinsichtlich der schulischen Lehrpläne, die neben ihrer realistischen Ausrichtung vor allem in den höheren Schulen starke humanistische Anteile aufweisen, muss beachtet werden, dass an den Franckeschen Schulanstalten »aller Unterricht, auch in den Wissenschaften, [...] auf bestimmte Weise Unterweisung im Christentum ist«.[19]

Die Erziehung des Bürgers:
Die Pädagogik des Philanthropismus

Gegen Ende des 18. Jahrhunderts wird der Pietismus durch den Philanthropismus abgelöst, der das Zentrum der pädagogischen Aufklärung in Deutschland ausmacht. Die deutschen Aufklärungspädagogen binden die Bildungsgänge Heranwachsender nicht mehr an religiöse Erweckungserlebnisse zurück, sondern richten die Erziehung an Formen einer Lebensplanung und -führung aus, die neuständisch an den Berufen der bürgerlichen Gesellschaft orientiert sind. Innerhalb der Pädagogik der Aufklärung sucht der Philanthropismus Bildungsgänge zu fördern, die nicht primär herkunftsbestimmt, sondern über schulisch institutionalisierte Lehr-Lern-Prozesse vermittelt sind und Heranwachsende auf eine ansatzweise offene Zukunft vorbereiten. Ausgearbeitet werden nicht nur Konzepte für die Erziehung des männlichen Geschlechts, sondern auch solche für die Mädchenerziehung. Diese tragen zur Konstitution einer Erziehungskultur bei, in der die Erziehung des Menschen nicht mehr länger mit der des Mannes gleichgesetzt wird.

Die deutschen Aufklärungspädagogen knüpfen in ihren theoretischen Überlegungen und schulreformerischen Experimenten an John Locke und Jean-Jacques Rousseau an. Sie propagieren eine Erziehung des Bürgers, die jedoch weniger Rousseaus republikanische Idee einer Identität von Oberhaupt und Untertan verpflichtet ist, sondern eine auf die Stellung des Einzelnen in der bürgerlichen Gesellschaft ausgerichtete Identität anstrebt, in der der Bürger der Maßstab für den Menschen ist.

Diese Pädagogen gründen diese Ausrichtung darauf, dass die neue Erziehung in formaler Hinsicht in jedem Einzelnen alle menschlichen Kräfte und Fähigkeiten ausbildet und die Inhalte in materialer Hinsicht mit der gesellschaftlichen Bestimmung und dem bürgerlichen Beruf der

Heranwachsenden abstimmt. Die von Rousseau reflektierte Problematik der Vermittlung zwischen Mensch und Bürger, derzufolge der freie Mensch nicht Untertan in einem absolutistischen Staat und der Bürger des absolutistischen Staates nicht freier Mensch sein kann, wird von den Aufklärungspädagogen dahingehend entschärft, dass jeder in der Entwicklung aller seiner Fähigkeiten ganz Mensch und in seiner Bestimmung als Mitglied der Gesellschaft in einem konkreten Beruf ganz Bürger sein oder werden solle.

Anhand der Schulgründungen der pädagogischen Aufklärung lässt sich ein Entwicklungsprozess rekonstruieren, der von der Gründung von Armen- und Industrieschulen bis zur Errichtung von philanthropischen Schulen und Instituten führt, von denen einige später in neuhumanistische Bildungseinrichtungen umgewandelt wurden. Begleitet wird dieser Prozess von Anstrengungen um die Begründung einer theoretischen Pädagogik, deren Prinzipien und Handlungsstrategien in den Publikationsorganen der pädagogischen Aufklärung zum Teil kontrovers diskutiert werden. Die Ergebnisse der Diskurse fließen in das von Joachim Heinrich Campe und einem Verein praktischer Erzieher herausgegebene *Revisionswerk* ein, das in den Jahren zwischen 1785 und dem Beginn der Französischen Revolution erscheint und in seinen letzten Bänden nicht nur kommentierte Übersetzungen von Lockes *Gedanken über Erziehung* und Rousseaus *Émile* präsentiert, sondern zugleich Selbstkorrekturen innerhalb der pädagogischen Bewegung der Aufklärung anzeigt. Die Korrekturen beziehen sich auf erziehungs- und bildungstheoretische Problemstellungen, insbesondere aber auf die Frage, ob der absolutistische Staat weiterhin als ein Verbündeter der Pädagogik der Aufklärung oder bloß als eine Instanz anzusehen sei, die an der Brauchbarkeit seiner Untertanen, nicht aber an deren Mündigkeit und Befreiung interessiert ist.

Die Versöhnung von Mensch und Bürger, für die die pädagogischen Aufklärer einstehen, wird von Campe wie folgt beschrieben:

»Alle Menschen [...] haben zwar das unläugbare Recht und den natürlichen Beruf, alle ihre menschlichen Kräfte und Fähigkeiten, ohne Ausnahme, auszubilden und zu veredeln; aber da nicht Alle diese ihre Kräfte in einerlei Kreise, an einerlei Gegenständen und auf einerlei Weise können wirken lassen: so müssen sie an verschiedenen Gegenständen, auf verschiedene Weise und zu verschiedenen besonderen Zwecken geübt, verstärkt und ausgebildet werden. [...] Jedem Menschen, wer er auch sein mag, ist ein recht großes und volles Maß von Verstand, Vernunft, Gedächtnis und Einbildungskraft zu wünschen: aber einer andern Richtung auf andere Gegenstände bedürfen diese edlen Seelenkräfte bei dem Bauern, einer andren bei seinem Fürsten.«[20]

Einheitlichkeit und Differenzierung der Erziehung werden hier noch nicht durch ein zeitliches Nachfolgeverhältnis von grundlegender Menschenbildung und spezieller beruflicher Bildung geregelt, das der Bildungstheorie des Neuhumanismus und ihren Plänen zur Schulreform zugrunde liegt. In ihren Reformschulen experimentieren die pädagogischen Aufklärer mit Formen der Erziehung, die Lernen und Unterricht auf sehr verschiedene Weise mit Arbeit, Spiel und Übung verknüpfen. Die Organisationsformen reichen von Armen- und Industrieschulen über Dorf- und Stadtschulen bis hin zu städtischen oder auch auf dem Lande gelegenen Philanthropinen.

Zu den von den Aufklärungspädagogen geschaffenen oder reformierten Einrichtungen gehören u. a.

– eine von dem Preußischen Gutsbesitzer und Domherr Friedrich Eberhard von Rochow 1773 auf dessen Gut in Reckahn gegründete Dorfschule,[21]

- das erste, von dem evangelischen Theologen und Magister Johann Bernhard Basedow 1774 in Dessau errichtete und bis 1793 fortbestehende Philanthropin,[22]
- das von dem Staatsmann Ulysses von Salis in dessen Schloss bei Chur eröffnete Philanthropin in Marschlins, das von dem Theologen Karl Friedrich Bahrdt geleitet, 1775 eingeweiht und bereits ein Jahr später geschlossen wird,[23]
- das von dem evangelischen Pfarrer und Lehrer Christian Gotthilf Salzmann 1784 in Schnepfenthal gegründete Erziehungsinstitut,[24]
- zwei zur Industrieschulbewegung zu rechnende Armenschulen, die der Theologe Heinrich Philipp Sextro um 1790 in Hannover ins Leben ruft,[25]
- das 1794 vom polnischen Kammerherrn Carl Friedrich von Conradi gestiftete Conradinum in Jenkau, das 1801 seine Arbeit als eine philanthropisch ausgerichtete Einrichtung aufnahm und um 1810 unter der Leitung von Reinhold Bernhard Jachmann in ein neuhumanistisches Institut umgewandelt wird.[26]

Die genannten Schulen präsentieren nur einen Ausschnitt aus den Schulversuchen der Zeit, lassen aber erkennen, dass die Schulreformen der pädagogischen Aufklärer in keiner übergreifenden Gesamtkonzeption gegründet waren, wohl aber Gemeinsamkeiten aufwiesen. So entwirft Sextro ein Konzept für eine neue Erziehung, welche der fortschreitenden Verarmung der Menschen durch eine »Erziehung zur Industriosität« entgegenzuwirken sucht. Diese will die Menschen »aus der Trägheit« erwecken und einen »Strebgeist ohne Ende« hervorbringen, der die Heranwachsenden in die Lage versetzen soll, auch jenseits der Notwendigkeit, die Mittel für die eigene Subsistenz zu erzeugen, unablässig zu arbeiten.[27] Bei Sextro schließt dieses Programm allerdings noch nicht die Perspektive eines Aufstiegs der niederen Stände ein. Der Widerspruch zwischen dem Recht der Einzelnen auf die Bildung und Entwicklung aller Kräfte und der feudalen Ständeordnung wird aber bereits von Peter Villaume thematisiert. Er fragt, ob die Menschenrechte und Bildungsmöglichkeiten des untersten Standes weiterhin missachtet und die Lasten des Lebens einseitig auf die untersten Schichten verteilt werden dürfen.[28] Wie Villaume betont auch Campe, die untersten Schichten dürften nicht zum »Zugvieh herabgewürdigt« werden. Es sei nicht hinzunehmen, dass die Gesellschaft ihnen von den »Rechten der Menschheit nicht mehr, als die Freiheit zu athmen«, zugestehe.[29] Als gemeinsame Ausrichtung lässt sich für die Pädagogik der Aufklärung festhalten, dass sie vor dem Hintergrund der Hungersnöte des 18. Jahrhunderts und mit Blick auf die Steigerung der Produktivität menschlicher Arbeit im Wirtschaftssystem des Merkantilismus[30] die Heranwachsenden nicht nur dazu zu befähigen suchte, selber für ihre Existenz zu sorgen, sondern ihnen zugleich eine über den ökonomischen Bereich hinausgehende Bildung vermitteln wollte. Diese sollte sie dazu befähigen, in ihren jeweiligen Lebensverhältnissen und Berufen technisch, ökonomisch und ethisch urteils- und handlungsfähig zu werden.

Die veränderte Ausrichtung der Erziehung betrifft nicht nur die Erziehung des männlichen, sondern auch jene des weiblichen Geschlechts: Knaben und Mädchen sollen ihre künftige Bestimmung nicht mehr im Rahmen einer Kindererziehung finden, welche sie an ihre geburtsständischen Aufgaben und Pflichten gewöhnt, sondern eine Jugendbildung erfahren, die sie auf eine ungewisse Zukunft vorbereitet. Für die Mädchenerziehung sollen künftig dieselben Maßstäbe allgemeiner Menschenbildung und bürgerlichen Fleißes wie für die Erziehung des männlichen Geschlechts gelten, zugleich jedoch auch besondere Inhalte, Sittlichkeitsansprüche und Tugenden ausgewiesen werden. In seinem *Väterlichen Rath* an seine vierzehnjährige Tochter führt Campe aus, mit dem Eintritt ins Jugendalter verließen nicht nur Knaben, sondern auch heranwachsende

Frauen die sorgenfreie Zeit ihrer Kindheit, um sich auf neue Aufgaben und Pflichten vorzubereiten:

»Andere Bestimmung, andere Pflichten […], andere Geistes- und Herzensbedürfnisse. Die Sittenlehre der Kindheit kann dir jetzt nicht mehr genügen. Der Gesichtskreis deines Lebens hat sich auf einmahl stark erweitert; tausend neue Verhältnisse, tausend neue Gegenstände des Wissens und des Empfindens, eben so viele neue Arten von Pflichterweisungen – ach! und eben so viele neue Klippen für deine junge Tugend – […] schließt dieser erweiterte, dir noch fremde Gesichtskreis ein. Komm, komm, mein theures Kind, und ergreife diese väterliche Hand, dass sie dich auf eine Anhöhe führe, von wannen du dis neue Ganze mit allen seinen labyrintischen Krümmungen und Verwicklungen überschauen, jede dir drohende Gefahr erkennen, und die sichern Pfade, auf denen du ihnen ausweichen kannst, bemerken wirst!«[31]

Campe gliedert die Mädchenerziehung in einen allgemeinen und einen speziellen Teil. Im Abschnitt *Über die allgemeine und besondere Bestimmung des Weibes* führt er aus, worin die neue Erziehung des weiblichen Geschlechts bestehen soll, etwa dann, wenn er zu seiner Tochter sagt:

»Du bist ein Mensch – also bestimmt zu allem, was der allgemeine Beruf der Menschheit mit sich führt. Du bist ein Frauenzimmer – also bestimmt und berufen zu allem, was das Weib dem Manne, der menschlichen und der bürgerlichen Gesellschaft sein soll. Du hast also eine zweifache Bestimmung, eine allgemeine und eine besondere, eine als Mensch und eine als Weib. Laß uns nun fragen, worin jene, dann, worin diese bestehe.«[32]

Bei der Beantwortung dieser Frage legt Campe die Vorstellung, dass in jedem Menschen alle Kräfte im Einklang mit seinem künftigen Beruf ausgebildet werden müssen, geschlechtsspezifisch aus. Die Tochter soll sich körperlich abhärten und lernen, ein gesundes Leben zu führen, einen gesunden Menschenverstand entwickeln und sich Menschen- und Weltkenntnisse sowie wirtschaftliche Kenntnisse und Geschicklichkeiten aneignen.[33] Die Menschen- und Weltkenntnisse sollen sich auf Kindererziehung, aufgeklärte Religion, Erdbeschreibung und Geschichte, Natur, fremde Sprachen und Künste erstrecken.[34] Die weit gefasste allgemeine Menschenbildung soll ergänzt werden durch eine geschlechtsspezifische Gemütsbildung, welche die Mädchen zur »Reinheit des Herzens«, zu »aufgeklärter Frömmigkeit«, »Schamhaftigkeit und Keuschheit«, »Bescheidenheit«, »Freundlichkeit«, »Ordnungsliebe«, »Sparsamkeit« und »Reinlichkeit« erzieht und so darauf vorbereitet, selber ein glückliches Leben zu führen und andere – von der Familie über das Haus bis hin zu den im häuslichen Geschäftsbetrieb oder Gewerbe Tätigen – glücklich zu machen.[35]

Die allgemeine Ausrichtung der neuen Erziehung am Anspruch einer Ausbildung aller menschlichen Kräfte und ihre berufs- bzw. geschlechtsspezifische Ausrichtung an Kriterien wie Nützlichkeit, Effektivität und Glückseligkeit lassen unterschiedliche Organisationskonzepte und Institutionalisierungsformen zu, darunter sowohl gemeinsame als auch getrennte Schulen für Jungen und Mädchen. So unterscheidet Johann Bernhard Basedow zwischen Schulen für den »großen und achtbarsten Haufen«, die Heranwachsenden beiderlei Geschlechts wohnortnah und kostenlos zu bestimmten Zeiten Unterricht erteilen, und »kleinen Schulen« für männliche Heranwachsende aus dem Adel und vornehmen Bürgertum als Schulen, die Schulgeld erheben, aber auch Freiplätze für begabte Kinder aus dem Volke vorhalten. Letztere unterteilt er nochmals in Schulen für die nichtstudierende Jugend und Gymnasien, die den Zugang zu wissenschaftlichen Studien und gelehrten Berufen eröffnen. Die kleinen Schulen sucht Ba-

sedow dadurch mit den großen Schulen zu vernetzen, dass
er erstere als pädagogische Forschungsschulen konzipiert,
an denen mit neuen Medien wie dem von Basedow entwickelten Elementarbuch sowie Lehr-Lern-Verfahren experimentiert wird, die Lernen mit Arbeit und Spiel verknüpfen und später auch in den großen Schulen zum Einsatz
gelangen sollen. Zu diesem Zweck weist er den vom Schulgeld befreiten Schülern den Status von Famulanten zu. Sie
werden an den kleinen Schulen zu Erziehern und Lehrern
an großen Schulen ausgebildet und sollen nicht nur durch
Bildung aufsteigen, sondern in dem neu erlernten Beruf
zugleich anderen Wege zu einem Aufstieg durch Bildung
eröffnen.

Die pädagogische Arbeit in dem 1774 in Dessau mit Unterstützung durch Leopold Friedrich Franz, Fürst und
Herzog von Anhalt-Dessau, gegründeten ersten Philanthropin verbindet geburtsständische mit bürgerlichen und
egalitären Erziehungskonzepten. Zu den egalitären Momenten gehört, dass die von den Zöglingen in den Lernbereichen und Unterrichtsfächern sowie im Bereich der moralischen Erziehung und Charakterbildung erbrachten
Leistungen auf einer Meritentafel angezeigt werden, die in
regelmäßigen Abständen auf den neuesten Stand gebracht
wird und für jeden Schüler genau ausweist, welchen Rang-
platz er unter den Philanthropinisten einnimmt. Das mit
Hilfe von Meritentafeln sichtbar gemachte Leistungsprinzip gilt ohne Ansehung der Herkunft der Zöglinge. Neben
den erbrachten Leistungen spielt jedoch auch die Herkunft
der Schüler eine wichtige Rolle. Die Regeln, nach denen
die Schüler füreinander und für die Einrichtung als Ganze
etwa beim Servieren von Speisen oder bei der Reinigung
der Kleidung Dienste zu erbringen haben, wechseln von
Tag zu Tag. In der Schulordnung sind bestimmte Tage der
Woche als Standes-, andere als Reichtums- oder Meritenta-
ge und wieder andere als Kasualtage definiert: An den
Reichtumstagen werden Schüler, deren Eltern wohlhabend

sind und höhere Spenden für die Schule geleistet haben, bevorzugt behandelt, an den Standestagen gilt der Geburtsstand, an den Meritentagen die an der Tafel angezeigte Leistung eines jeden. An den Kasualtagen hingegen wird gelost, welche Schüler für andere Dienste zu erbringen haben. Eine Sonderstellung nehmen die mittellosen Schüler ein, die als Famulanten kein Schulgeld zahlen und für den Lehrerberuf bestimmt sind: Sie nehmen an den Standestagen den höchsten Status ein und werden bei den Diensten sogar adeligen Kindern gegenüber bevorzugt. Über den Sinn dieser Regeln bemerkt Basedow, sie dienten der Einübung kooperativer Arbeitsformen und Verhaltensweisen, wie sie die neue bürgerliche Gesellschaft erfordere, in der Über- und Unterordnungsverhältnisse zwischen den Menschen nicht immer dieselben sind, sondern je nach Aufgabe, Leistung und Tätigkeit wechseln.

Weiterreichende Pläne, auch ein Philanthropin für die Erziehung und Unterweisung von Mädchen zu errichten, scheitern an der fehlenden Finanzierung. Einen entsprechenden Plan für ein zweites Institut in Dessau legt Basedow zwei Jahre nach der Gründung des ersten Philanthropins der russischen Zarin Katharina vor. Er hat auch bereits einen Namen für die geplante Einrichtung bereit, die *Catharineum* genannt werden soll. In dem Plan führt er aus: »Das weibliche Geschlecht ist so wichtig als das männliche. Und ohne wohl regierten Umgang beider miteinander, auch in der Jugend, ist keine vollkommene Erziehung möglich.«[36] Mit ihren Plänen für die Gründung einer koordinierten Mädchenanstalt verbinden die Philanthropen die Perspektive, auf dieser nicht nur höhere Töchter zu bilden, sondern auch weibliches Personal für den Lehrer- und Erzieherberuf zu rekrutieren. Hierzu heißt es im Revisionswerk, man nehme zwar an, »dass Mädchen bei Männern etwas Gründliches lernen können«, doch daraus folge, »dass der weibliche Geist der Gründlichkeit [...] nicht unfähig sei. Können die Weiber nun aber gründlich lernen: so ist nicht abzusehen, warum sie nicht auch sollten gründlich lehren können«.[37]

Für ihre pädagogische Arbeit nutzen die Philanthropen traditionelle und neue Erziehungs- und Lehr-Lern-Methoden: Sie setzen auf Übung und Fleiß sowie auf das Auswendiglernen von Begriffen und Klassifizierungen, wie sie in der Beschreibung von Steinen, Pflanzen und Tieren sowie zur Erfassung kultureller Gegenstände, z. B. dorischer, ionischer und korinthischer Säulen, nützlich sind. Einige suchen, wie Christian Gotthilf Salzmann, Lernen mit Arbeit und diese mit landwirtschaftlicher Produktion und der Herstellung von Waren zu verbinden, und setzen dabei Mathematik ein, um die Produktivität und Rentabilität von Arbeitsprozessen zu berechnen. Das Institut in Schnepfenthal veranstaltete darüber hinaus Bildungsreisen der Zöglinge, über die in eigenen Publikationen berichtet wurde. Basedow dagegen experimentierte in Dessau mit verschiedenen Rate- und Kommandierspielen, die u. a. zum Erlernen der lateinischen Sprache eingesetzt wurden.[38] In allen Philanthropinen wurden Meritentafeln zur öffentlichen Belohnung und Bestrafung sowie zur Artikulation pädagogischer Anerkennung und Missbilligung eingesetzt und Wettstreit und Ehrgeiz als Erziehungsmittel genutzt. Über Letztere kam es allerdings zu einem Streit, der innerhalb und außerhalb der Philanthropine ausgetragen wurde: Während Basedow Belohnungen aller Art und Wettkampf als Erziehungsmittel mit dem Argument verteidigte, auf sie könne in künstlich arrangierten Lehr-Lern-Prozessen nicht verzichtet werden, wies Campe darauf hin, dass ihr Einsatz die Entstehung fragwürdiger Formen einer Ehrbegierde begünstige, in welcher Lohn und Ehre zu Selbstzwecken pervertierten. Es gebe Wettstreit und Ehrbegierde außerhalb der Schule schon mehr als genug, weshalb auf sie in Schulen ganz verzichtet werden solle.[39]

Die angesprochenen externen und internen Kritiken werden noch übertroffen durch eine Kritik, die auf Ernst

Christian Trapp zurückgeht, der 1779 zum ersten deutschen Professor für Pädagogik und Philosophie an der Universität Halle ernannt wurde, dieses Amt aber schon 1783 aufgab. Im letzten Band veröffentlichte er anonym einen Artikel, in dem er die Zuständigkeit des modernen Staates für die gesamte Gesetzgebung grundsätzlich bejahte, zugleich aber betonte, der Staat dürfe sich nicht »als eine Gesellschaft zur Beförderung des gemeinschaftlichen Besten seiner Glieder ansehen, wenn dadurch etwas mehr verstanden wird, als die Sicherheit des Eigentums und der Freiheit innen und außen«. Es sei ein Irrtum der pädagogischen Bewegung der Aufklärung gewesen, auf den Staat als natürlichen Verbündeten in der Einrichtung einer fortschrittlichen Erziehung zu setzen. Die öffentliche Erziehung sei beim Staat nicht besser aufgehoben als bei der Kirche. »Staat und Kirche« verhielten sich vielmehr zueinander wie »Mann und Frau« und hätten ihr gemeinschaftliches Interesse in der Unterdrückung der Freiheit der Menschen und in der Erhaltung und Ausweitung ihrer Macht.[40] Wie Wilhelm von Humboldt in seinen fast zeitgleichen Überlegungen zu einem Versuch, die Grenzen der Wirksamkeit des Staates zu bestimmen, forderte Trapp, anstelle der staatlichen und kirchlichen Formen der Aufsicht und Lenkung andere zu finden und die gemeinsame Erziehung der nachwachsenden Generationen nicht als eine staatliche oder kirchliche, sondern als eine öffentliche und nationale Angelegenheit anzusehen.

Erziehung – Staat – Staatserziehungswissenschaft

Wie berechtigt Trapps – und Humboldts – Vorbehalte hinsichtlich einer staatlichen Bevormundung der Einzelnen und der Gesellschaft in Fragen des »gemeinschaftlichen Besten« und wie notwendig gleichwohl staatliche Regelungen zur Ordnung des Erziehungswesens waren, lässt sich an Arbeiten zu einer eigenen Staatserziehungswissenschaft zeigen, die zwischen 1797 und 1815 erschienen. Zu ihren Autoren gehören der bayerische Konsistorial- und spätere Schulrat Heinrich Stephani, der 1797 einen *Grundriss der Staats-Erziehungswissenschaft* veröffentlichte und diesen 1815 zu einem *System der öffentlichen Erziehung* umarbeitete, der an der Universität Wittenberg im Bereich des Lehnrechtes lehrende Karl Salomo Zachariae, der eine Abhandlung *Über die Erziehung des Menschengeschlechts durch den Staat* (1802) vorlegte, und der Berliner Prediger, Theologe und Schulrat Johann Friedrich Zöllner, der *Ideen über National-Erziehung besonders in Rücksicht auf die Königl. Preußischen Staaten* (1804) publizierte.

Mit den Begriffen ›Staats-Erziehungswissenschaft‹, ›Erziehung durch den Staat‹ und ›National-Erziehung‹ verbinden sich verschiedene Problemkomplexe. Auf der einen Seite markieren sie das Interesse der Autoren, die Notwendigkeit eines öffentlichen Erziehungswesens und einer wissenschaftlichen Ausbildung der Lehrer ins öffentliche Bewusstsein zu heben und für deren Finanzierung und Beaufsichtigung den Staat zu gewinnen. Auf der anderen Seite bringen sie zum Ausdruck, dass sich die Autoren nicht damit begnügen, die Zuständigkeit des Staates für die Organisation, Finanzierung und Beaufsichtigung eines modernen Erziehungs- und Bildungswesens herauszustellen, sondern sich zugleich zu allgemeinen und speziellen Fragen der Erziehung und des Unterrichts, der Schulstruktur und der patriotischen Erziehung sowie der theoretischen und praktischen Pädagogik und einer an den Hochschulen zu institutionalisierenden Erziehungswissenschaft äußern. Beide Anliegen stehen in einem gewissen Spannungsverhältnis, das den Autoren selbst nicht immer bewusst gewesen sein mag. Ihre staatstheoretischen und ihre pädagogischen und erziehungswissenschaftlichen Überlegungen bilden nämlich keinen einheitlichen Sinnzusammenhang, sondern verweisen auf unterschiedliche Logiken des Argumentierens und Handelns und lassen sich keineswegs unter staatspädagogischen und erziehungsstaatlichen Prämissen zu einem Ganzen zusammenfügen.

In einer Rezension zu Johann Friedrich Zöllners *Ideen* hat Friedrich Schleiermacher ausgeführt, diese präsentierten eine Ansammlung von Vorstellungen, die in systematischer Hinsicht weit hinter den Stand der Diskussion zurückfielen, nicht angemessen zwischen Erziehung und Unterricht unterschieden, der Nationalerziehung mit Blick auf die Entstehung einer preußischen Nation Aufgaben zuwiesen, die diese nicht einlösen könne, und Patriotismus mit Sittlichkeit verwechselten.[41] Auch die anderen der genannten Arbeiten leiden darunter, dass sie ihr Anliegen, die Pflichten, Befugnisse und Grenzen des Staates im Bereich der Errichtung eines öffentlichen Erziehungs- und Schulwesens und der Ausbildung seiner Lehrer zu bestimmen, über Gebühr mit dem Anliegen belasten, selber eine Gesamtpädagogik und Staatserziehungswissenschaft vorzulegen.

Aber gerade in dieser Hinsicht zeigen sich deutliche Unterschiede zwischen den genannten Autoren. Während Zöllners Ausführungen über Erziehung, Unterricht, Pädagogik und Erziehungswissenschaft mit ihrem Ansinnen, die Nation substantiell durch staatliche Erziehung zu bilden, das Programm einer sich selbst aufklärenden Öffentlichkeit konterkarieren, versuchen Stephani und Zachariae zwischen den Logiken der Politik, der Verwaltung, der Pädagogik und der Wissenschaft zu unterscheiden und nicht nur die Rechte und Pflichten, sondern auch die Grenzen des Staates im Bereich öffentlicher Erziehung und Unterweisung herauszuarbeiten. So tritt Stephani nicht nur für eine Trennung von Staat und Kirche im politischen Raum, sondern auch für eine Trennung im Bereich der Erziehung ein und leitet hieraus, wie schon die Philanthropen, die Notwendigkeit ab, die öffentliche Erziehung und Unterweisung unter staatliche Aufsicht zu stellen.[42] Zum

Aufgabenbereich des Staates gehört Stephani zufolge, dafür zu sorgen, dass durch öffentliche Erziehung in den Einzelnen ein »Erkenntnis- und Handlungsvermögen« ausgebildet wird, durch welches diese in allen Bereichen des persönlichen und gemeinsamen Lebens urteilsfähig werden können.[43] Mit der staatlichen Aufsichtspflicht verbindet er die Pflicht des Staates, öffentliche Schulen zu errichten, die Lehrer angemessen zu bezahlen und wissenschaftlich auszubilden. Für die Staatsverwaltung schlägt er die Einrichtung eines selbständigen Erziehungsressorts mit einem eigenen Haushalt vor,[44] dessen Aufgabe nicht darin bestehe, die staatlichen Befugnisse immer weiter auszudehnen, sondern zwischen der den Eltern obliegenden privaten Erziehung und der vom Staat geleiteten öffentlichen Erziehung zu unterscheiden und für die Beaufsichtigung Letzterer professionell ausgebildete »Erziehungsgelehrte« zu berufen und »Erziehungskollegien« einzurichten.[45] Bei Zachariae finden sich in den im engeren Sinne pädagogischen Ausführungen zwar vermehrt Vorstellungen von einer angeborenen Ungleichheit der Menschen, welche sowohl die Einzelnen als auch auf Unterschiede zwischen den Geschlechtern bestimmt und die Spielräume der Erziehung begrenzt. Diese sogenannte nativistische Grundkonzeption erlaubt es ihm dann jedoch, wie Stephani zwischen staats- und weltbürgerlichen Aufgaben der öffentlichen Erziehung zu unterscheiden und die Möglichkeiten und Grenzen einer monarchischen und demokratischen Staatsverfassung gegeneinander abzuwägen.[46]

Zusammenfassend kann man sagen, dass die Staatserziehungswissenschaftler weniger für die Errichtung einer Staatspädagogik, als vielmehr durchaus zukunftsweisend für eine unter der Aufsicht des Staates stehende und von ihm finanzierte öffentliche Erziehung sowie für die Professionalisierung und Verwissenschaftlichung des Lehrberufs und der Lehrerausbildung eintraten. Ihre Hoffnungen auf den Staat wurden jedoch, ähnlich wie die der Philanthropen, enttäuscht. In seiner Lebensbeschreibung stellte Stephani mit Blick auf die auch in Bayern nach dem Wiener Kongress einsetzende Reaktion fest, alle seine Bemühungen um eine vom Staat geleitete und finanzierte öffentliche Erziehung seien vernichtet: »Alles war umsonst«.[47]

6. Die Bedeutung der Pädagogik Kants und des deutschen Idealismus

In der Philosophie werden Immanuel Kant, Johann Gottlieb Fichte und Georg Friedrich Hegel als drei Meisterdenker verstanden, die eine weltweite Wirksamkeit entfaltet haben. Einige beschreiben die Entwicklung von Kant zu Hegel als Weg von den Vernunft-Kritiken Kants, die die Aufklärung als einen unabschließbaren Prozess definieren, zur Ausarbeitung des Hegelschen Gesamtsystems, das die eigene Zeit auf einen vollständigen Begriff zu bringen versucht. Andere sprechen vom Aufstieg eines kritischen Denkens, das mit Kant seine eigenen Voraussetzungen reflektiert, mit Fichte einen Prozess des Vernünftigwerdens der Individuen wie der Gattung entwirft und mit Hegel eine Vernünftigkeit der Wirklichkeit behauptet, die denkend und begrifflich aufgewiesen werden kann.

Die folgenden Abschnitte führen beide Interpretationslinien unter pädagogischen Fragestellungen zusammen: Sie stellen Kants vernunftkritische und weltbürgerliche Pädagogik unter dessen Maxime vor, die Erziehung müsse vornehmlich dafür sorgen, »dass Kinder denken lernen«, sie erläutern Fichtes Konzeption einer werdenden Vernunft an dessen Erziehungsbegriff, der pädagogisches Handeln als »Aufforderung zur freien Selbsttätigkeit« bestimmt, und sie schließen mit Hegels Begriff der modernen Funktion einer gemeinsamen Erziehung der nachwachsenden Generation, die die Einzelnen dazu befähigt, »dem öffentlichen Leben anzugehören«.

Kant: »Es kommt vorzüglich darauf an,
dass Kinder denken lernen.«

Immanuel Kant hat als Professor für Philosophie an der
Universität in Königsberg, einer Verordnung der preußischen Regierung folgend, Vorlesungen über Pädagogik
gehalten, das erste Mal im Wintersemester 1776/77, dann
im Sommersemester 1780 sowie in den Wintersemestern
1783/84 und 1786/87. Dass die preußische Regierung Kant
(und andere Philosophieprofessoren) auf dem Verord-
nungsweg veranlasst, pädagogische Vorlesungen zu halten,
zeigt das wachsende Interesse von Teilen der höheren Verwaltung, das erzieherische Handeln vor allem der Lehrer
zu optimieren. Die pädagogischen Vorlesungen sollten
daher vor allem methodisch und praktisch ausgerichtet
sein und zur Verbesserung der »Erziehungskunst« beitragen.

Zu den Üblichkeiten der damaligen absolutistischen Re-
gierungs- und Verwaltungspraxis gehörte es, den Professoren Lehrbücher vorzuschreiben, nach denen sie ihre Lehr-
tätigkeit ausrichten mussten. Kant ist dieser Auflage freilich nur in sehr begrenztem Umfang gefolgt und hat
stattdessen seine eigenen Gedanken vorgetragen. Er hat
seine pädagogischen Vorlesungen, die vor etwa 70 Hörern
abgehalten wurden – eine für damalige Verhältnisse große
Anzahl – nicht selbst zum Druck gegeben. Sein Schüler
Friedrich Theodor Rink hat auf der Basis von Heften und
Notizen, die er von seinem Lehrer erhalten hatte, die Vorlesung in der heute zugänglichen Form zusammengestellt
und 1803, kurz vor Kants Tod, zur Veröffentlichung gebracht. Wir haben es hier daher mit einer Schrift zu tun,
welche die systematische und gedankliche Stringenz der
von Kant selbst veröffentlichten Schriften auch nicht annä-
hernd erreicht. Gleichwohl gibt es in dem Text eine Reihe
von Stellen, die Parallelen zu anderen Arbeiten Kants, vor
allem zur Anthropologie und ansatzweise auch zur Ethik,

aufweisen und deshalb so oder zumindest so ähnlich tatsächlich von Kant selbst stammen könnten.

Kants erste pädagogische Vorlesung im Jahr 1776/77 fällt in den Entstehungszeitraum seiner eigenen Philosophie, in deren Mittelpunkt schon vom Titel her der Begriff der »Kritik« steht. Kritik bedeutet, im Blick auf Kants Gesamtwerk, die prüfende Untersuchung (nach griech. *krinein* ›unterscheiden‹) dessen, was wir wissen können (theoretische Philosophie, Erkenntnistheorie), was wir handelnd zu tun verpflichtet sind (praktische Philosophie, Ethik oder Moralphilosophie) und was wir als endliche Wesen hoffen dürfen (Religionsphilosophie). Die *Kritik der reinen Vernunft,* 1781 in erster Auflage erschienen, fragt nach den Möglichkeiten und Grenzen des Wissens und der Erkenntnis, begrenzt diese auf die Gesetzmäßigkeit von Naturerfahrung und liefert zugleich die Grundlage für eine Theorie der Freiheit des Menschen. Die *Kritik der praktischen Vernunft,* 1788 erschienen, stellt eine Kritik aller bisherigen Sittenlehren dar und begründet ein moralisches Autonomieprinzip (Kategorischer Imperativ), mit dessen Hilfe jeder Einzelne selbst, unabhängig von der jeweils geltenden Sitte und Tradition, die Regeln oder Maximen seines Handelns im Hinblick auf deren moralische Tauglichkeit überprüfen kann. Die dritte Kritik, die *Kritik der Urteilskraft,* erschien 1790 und unternimmt den Versuch, zwischen den Gesetzen unserer theoretischen Naturerfahrung und der praktischen Freiheit des Menschen zu vermitteln und bestimmende sowie reflektierende Urteile prüfbar zu machen. Eine weitere, die sogenannte ›vierte‹ Kritik (Religionsphilosophie) untersucht den Wahrheitsgehalt einer Offenbarungsreligion »innerhalb der Grenzen der bloßen Vernunft«.

Kants erste pädagogische Vorlesung fällt somit in die Zeit, in der die gedankliche Grundarchitektonik seines imposanten Gesamtwerkes gerade entsteht. In seinem handschriftlichen Nachlass findet sich eine Bemerkung, in der er in den 1760er Jahren seine eigene gedankliche Entwicklung kurz und prägnant kennzeichnet: »Rousseau hat mich zurecht gebracht.«[1] Kant betrachtet Rousseau, dessen *Émile* er in einer Nacht gelesen haben will, nicht als Lieferanten erbaulicher Sentenzen. Er bringt mit seiner Würdigung Rousseaus zum Ausdruck, dass er ihm die Einsicht in die Freiheit und Würde des Menschen verdankt und dass es oberste Pflicht des Menschen ist, die Würde und Freiheit anzuerkennen. Dass Rousseau in der Freiheit des Menschen dessen »substantielle Natur« (Hegel), also dessen Wesen, erkennt, hat Kant tief beeindruckt und sein individuelles, vor allem aber sein philosophisches Selbstverständnis in kaum zu überschätzender Weise geprägt und bestimmt.

Vorausgesetzt, dass es nun eine unbedingte moralische Pflicht ist, die Freiheit und Würde eines jeden Menschen (in Kants Worten: »die Menschheit, sowohl in deiner Person als in der Person eines jeden anderen, jederzeit zugleich als Zweck, niemals bloß als Mittel«) anzuerkennen, wie ist dann Erziehung möglich? Wie kann auf der Grundlage dieser Prämisse Erziehung gedacht werden? Erziehung greift ja immer tief in den Entwicklungsprozess eines heranwachsenden Menschen ein, will ihn lenken und leiten. Verletzt ein solches Handeln nicht schon im Ansatz die Freiheit und die Würde des (heranwachsenden) Menschen, die ja gerade das Moralprinzip Kants selbstverständlich auch vom Erzieher anzuerkennen verlangt? Kant stellt deshalb in seiner pädagogischen Vorlesung zu Recht die Frage: »Wie kultiviere ich die Freiheit bei dem Zwange? Ich soll meinen Zögling gewöhnen, einen Zwang seiner Freiheit zu dulden, und soll ihn zugleich anführen, seine Freiheit gut zu gebrauchen.«[2] Die Freiheit des Heranwachsenden, »seine Freiheit«, ist anerkennungspflichtig, gleichwohl ist sie am Anfang der Erziehung nicht schon ›fertig‹, sondern muss erst entwickelt und gebildet, gefördert und gepflegt, also »kultiviert« werden.

Man kann nicht behaupten, dass Kant in seinen pädago-

gischen Vorlesungen eine begrifflich und systematisch
überzeugende Antwort auf die von ihm selbst gestellte
Frage gegeben hat. Vielleicht hat er eine solche Antwort
auch schon deshalb nicht geben wollen, weil die Thematik
der von Amts wegen gehaltenen Vorlesung, trotz seines
nicht zu leugnenden Interesses an pädagogischen Sachverhalten, nicht im Zentrum seiner philosophischen Arbeit
stand. Weiterführende Antworten wird man daher erst im
deutschen Idealismus (vor allem bei Fichte) sowie im Umkreis des Neuhumanismus (Herbart, Schleiermacher, auch
Wilhelm von Humboldt) finden. Gleichwohl lassen sich in
den eher disparaten Abschnitten der Pädagogik Kants Elemente finden, die eine Richtung andeuten, der dann andere, aber nicht mehr Kant selbst, gefolgt sind.

Zunächst lässt sich festhalten, dass die eigentümliche
Verbindung von Freiheit und Zwang, die Kant an der zitierten Stelle bemüht, ein Unding bzw. »hölzernes Eisen«
ist,[3] weil eine Erziehung zur Freiheit durch Zwang sich
selbst widerspricht. Der heranwachsende Mensch würde,
wenn Erziehung mit Zwang identisch wäre, »dressiert«
oder »abgerichtet«, aber nicht »würklich aufgeklärt werden«.[4] Erziehung muss also begrifflich aufgefächert werden, wenn dieser Widerspruch vermieden werden soll. Im
Einklang mit seiner 1798 veröffentlichten Anthropologie
spricht Kant in seinen pädagogischen Vorlesungen von der
Disziplinierung, der *Kultivierung*, der *Zivilisierung* und
der *Moralisierung* als Formen oder Dimensionen erzieherischen Handelns, die begrifflich jenen Widerspruch auflösen können. Der »Zwang« im landläufigen Sinne des Wor-
tes gehört mit einer bezeichnenden Einschränkung in den
Umkreis einer disziplinierenden Erziehung. Wie der
Mensch, so Kant in seiner *Anthropologie*, die »Rohigkeit«
seines Naturzustandes verlassen muss, wenn er sich in den
gesellschaftlichen Zustand begibt, so hat auch der heranwachsende Mensch »die Abschleifung seiner Rohigkeit
nötig«.[5] Die Disziplinierung der ursprünglichen »Rohig-

keit« ist aber nur dann legitim, wenn sie ihre Grenzen kennt, d. h. wenn sie »negativ« wirkt und »bloß Fehler abhält«.[6] »Disziplin ist also bloß Bezähmung der Wildheit«.[7]

Die anderen Dimensionen oder Formen der Erziehung zeigen eine andere innere Struktur als die nur negativ bestimmte Disziplinierung. Kant lässt sich bei seinem Entwurf der »Idee einer Erziehung« von dem Gedanken leiten, dass »alle Naturanlagen im Menschen entwickelt« werden müssen. Dabei werden die Naturanlagen nicht in erster Linie individuell, sondern vornehmlich gattungsgeschichtlich als »Keime in der Menschheit« verstanden, die »proportionierlich« entwickelt und entfaltet werden müssen. Auch dieser Gedanke findet sich in Kants Anthropologie, die im Blick auf den Gattungscharakter des Menschen von einer »technischen«, einer »pragmatischen« und einer »moralischen Anlage« spricht.[8]

Durch die »technische oder Geschicklichkeitsanlage« erweist sich der Mensch als kultivierungsfähig, als das »vernünftige Tier«.[9] In der Pädagogik bezeichnet die Kultivierung die »Verschaffung der Geschicklichkeit« durch »Belehrung« und »Unterweisung«. Kant folgt damit der seit dem Renaissance-Humanismus sich immer stärker durchsetzenden Anthropologie, dass der Mensch durch seine physische Natur nicht auf bestimmte Fähigkeiten und nicht auf eine bestimmte kulturelle Lebensform festgelegt ist. Deshalb müssen die »Geschicklichkeiten«, die die jeweilige Kultur entwickelt hat, gelernt und durch einen »Lehrer« gelehrt werden. Die Geschicklichkeiten, z. B. »Lesen und Schreiben«, sind für viele Zwecke, die sich der Mensch setzt, geeignet, besitzen also selbst wertindifferenten Status. Über die Vernünftigkeit der Zwecke selbst lässt sich auf der Ebene der »technischen Anlage« des Menschen nicht entscheiden.

Die »pragmatische Anlage«, die durch »Zivilisierung« entwickelt und befördert wird, geht einen Schritt über die technische Anlage hinaus. Sie bezieht sich nicht auf instru-

mentelle Fähigkeiten und Fertigkeiten, sondern auf Formen des Umgangs der Menschen untereinander, auf Kommunikation und Interaktion. Zur Zivilisierung sind »Ma-
nieren, Artigkeiten und eine gewisse Klugheit erforderlich,
der zufolge man alle Menschen zu seinen Endzwecken gebrauchen kann«.[10] Vor allem in arbeitsteiligen Gesellschaften bedarf der Mensch, wenn er seine eigenen Zwecke erreichen will, der Fähigkeiten und Fertigkeiten anderer
Menschen. Im Unterschied zur instrumentellen Deutung
der technischen Anlage des Menschen geht es Kant hier
um eine rationale Verwendung interaktiver und kommuni-
kativer Mittel für »gesittete (wenngleich noch nicht sittliche) Zwecke«.[11]

Anders als bei den Geschicklichkeiten spielt bei der erzieherischen Vermittlung von Zivilität nicht die formelle
Unterweisung durch einen Lehrer, sondern vor allem die
den zu Erziehenden gewöhnende und sozialisierende Tätigkeit der am Erziehungsprozess beteiligten Personen eine
zentrale Rolle. In diesem Zusammenhang kommt Kant
auch auf die sozialisierenden Wirkungen der Institution
Schule zu sprechen: Die Kinder werden ihm zufolge nicht
nur in der Absicht in die Schule geschickt, damit sie dort
etwas lernen, »sondern damit sie sich daran gewöhnen mögen, still zu sitzen und pünktlich das zu beobachten, was
ihnen vorgeschrieben wird«.[12] In diesem Kontext notiert
Kant, »dass die Schule [...] eine zwangsmäßige Kultur«
sei.[13] Dieser Hinweis darf allerdings nicht dahingehend
missverstanden werden, dass in der Schule mit dem Mittel
eines direkten oder unmittelbaren Zwanges erzogen und
unterrichtet werden soll. Das Wort »zwangsmäßig« meint
hier lediglich, dass schulischer Unterricht und die ihn begleitende schulische Sozialisation die ›Form‹ des Zwanges
haben, weil Kenntnisse, habituelle Eigenschaften und Verhaltensweisen, die der Heranwachsende zum Leben in der
Gesellschaft braucht, gleichsam von außen an ihn herange-
tragen werden.

Die pragmatischen Fähigkeiten teilen mit den technischen die grundsätzliche Zweckindifferenz, weil auch sie für viele Zwecke, d. h. gute wie weniger gute, auch schlechte oder verwerfliche, einsetzbar sind. Weil beide wertindifferent sind, hat Kant deshalb in seiner 1790 erschienenen *Kritik der Urteilskraft* die pragmatischen Fähigkeiten den technischen begrifflich gleichgestellt. Eine dieser kritischen Einschätzung sehr nahekommende Überlegung findet sich auch in Kants Pädagogik. In Analogie zur technischen und pragmatischen Anlage des Menschen spricht er dort von der »physischen Bildung des Geistes« und unterscheidet diese von der moralischen dadurch, dass letztere »nur auf die Freiheit abzielt. Ein Mensch kann physisch sehr kultiviert sein; er kann einen ausgebildeten Geist haben, aber dabei [...] doch [...] ein böses Geschöpf sein«.[14] Insofern ist es konsequent, wenn er die mit Hilfe von Erziehung und Unterricht zu entwickelnde pragmatische und technische Anlage des heranwachsenden Menschen als eine »scholastische« Aufgabe bezeichnet, die den »Zögling wie unter dem Zwange betrachtet«.[15]

Die moralische Anlage schließlich soll erzieherisch durch »Moralisierung« befördert werden. Kants Anthropologie lässt keinen Zweifel daran, dass »in Ansehung der Bestimmung des Menschen« der Heranwachsende »zum Guten erzogen« werden müsse. Denn, so heißt es in den pädagogischen Vorlesungen, der »Mensch soll nicht bloß zu allerlei Zwecken geschickt sein, sondern auch eine gute Gesinnung bekommen, dass er nur lauter gute Zwecke erwähle«.[16] Die Wahl dieser guten Zwecke kann nun aber erzieherisch zwar nahegelegt und dadurch vielleicht auch befördert, nicht aber im engeren Sinne bewirkt werden. Kant denkt sich die erzieherische und auch unterrichtliche Beförderung der Moralität in der Form einer moralischen Kasuistik, welche durch die Analyse und die Besprechung moralisch relevanter Situationen die moralische Urteilskraft des Schülers schärfen und entwickeln soll. Den letzten Schritt, und zwar nicht nur zum moralischen Urteil, sondern zu einem dem eigenen moralischen Urteil entsprechenden Handeln, muss der Heranwachsende wie auch der erwachsene Mensch, selbst tun. Die Selbstmotivation zum moralischen Handeln vergleicht Kant deshalb mit einer »Explosion«, die gleichsam im Nu beim Menschen hervorbricht und erzieherisch zwar unterstützt, aber nicht direkt und wirkungssicher vom Erzieher beim Heranwachsenden erzeugt werden kann. Um diesen Punkt geht es ihm auch, wenn er sagt, dass die moralische Bildung im Unterschied zur physischen Bildung des Geistes »auf die Freiheit abzielt«. Denn die moralische Selbstbestimmung im Handeln kann, entsprechend der Moralphilosophie Kants, nur als Akt der Freiheit gedacht werden. Aus diesem Grund darf man, so Kant, die recht verstandene »Moralisierung« in der Erziehung nicht »dem Prediger« überlassen; denn dieser erwartet nur, dass die Heranwachsenden, vor denen er ›predigt‹, genau das denken, wozu er sie angehalten hat. Es komme aber in der Erziehung gerade umgekehrt darauf an, »dass Kinder denken lernen«, so dass sie nicht deshalb etwas verabscheuen, »weil Gott es verboten hat, sondern weil es in sich selbst verabscheuungswürdig ist«.[17]

Kant hat das Verhältnis von Disziplinieren, Kultivieren, Zivilisieren und Moralisieren jedoch nicht als eine Stufentheorie in dem Sinne verstanden, dass die Erziehung mit der Disziplinierung beginnt und in der Moralisierung gipfelt. Es ist zwar richtig, dass Kant zufolge die »moralische Bildung […] die späteste« ist, dies aber so, dass auf sie »gleich von Anfang« an, also schon beim kleinen Kind, geachtet werden muss. Die für die moralische Bildung erforderliche Selbständigkeit im Denken und Handeln muss also schon früh, den Erfahrungs- und Handlungsmöglichkeiten der jeweiligen Altersstufe entsprechend, erzieherisch ermöglicht und eingeübt werden. Aus diesem Grund ist auch Kants Forderung, dass »Kinder denken lernen«, keine solche, die primär oder gar ausschließlich auf die moralische Bildung bezogen werden kann, sondern sie betrifft die erzieherische Aufgabe insgesamt. Nur dann hat Erziehung nämlich an jenem Aufklärungsprozess Anteil, den Kant in seiner 1784 erschienenen Schrift *Beantwortung der Frage: Was ist Aufklärung?* so bestimmt hat, dass es »der Beruf jedes Menschen« sei, »selbst zu denken«.

> »Aufklärung ist der Ausgang des Menschen aus seiner selbst verschuldeten Unmündigkeit. Unmündigkeit ist das Unvermögen, sich seines Verstandes ohne Leitung eines anderen zu bedienen. Selbstverschuldet ist diese Unmündigkeit, wenn die Ursache derselben nicht am Mangel des Verstandes, sondern der Entschließung und des Mutes liegt, sich seiner ohne Leitung eines andern zu bedienen. Sapere aude! Habe Mut, dich deines eigenen Verstandes zu bedienen! ist also der Wahlspruch der Aufklärung.«[18]

Genau das aber muss, individuell und gesellschaftlich, gelernt werden. Für einen solchen Lern- und Aufklärungsprozess ist nun pädagogisch ein Perspektivenwechsel erforderlich, der das voraufklärerische Verständnis von Erziehung und Bildung im Sinne einer Sicherung der existierenden Sitte und Lebensform verlässt und durch ein anderes Verständnis ersetzt. Ein zentrales »Prinzip der Erziehungskunst« sei es, dass »Kinder [...] nicht dem gegenwärtigen, sondern dem zukünftig möglich bessern Zustande des menschlichen Geschlechts, das ist: der Idee der Menschheit, und deren ganzer Bestimmung angemessen, erzogen werden« sollen. Dieses Prinzip »ist von großer Wichtigkeit. Eltern erziehen gemeiniglich ihre Kinder nur so, dass sie in die gegenwärtige Welt, sei sie auch verderbt, passen. Sie sollen sie aber besser erziehen, damit ein zukünftiger besserer Zustand dadurch hervorgebracht werde.«[19]

Diese Beachtung eines »bessern Zustandes« betrifft

Kant zufolge aber nicht nur die Eltern, sie betrifft auch den
Staat und damit das Verhältnis von Pädagogik und Politik.
Denn auch der Staat und »die Fürsten« sorgen dann, wenn
sie pädagogisch aktiv werden, in erster Linie für sich selbst.
Kant erkundigt sich deshalb nach einem neuen Adressaten,
der die aufklärerische Intention einer vernunftgeleiteten
Erziehung, wie dies in der Regel die Eltern und der Staat
tun, nicht unterläuft, sondern vielmehr befördert. Einen
solchen pädagogischen Fortschritt erwartet er in erster Linie vom »Privatmanne«. Kant hat dabei wohl vor allem die
schulreformerischen Versuche der Philanthropen, insbesondere Basedows, vor Augen, in die er große Hoffnungen
setzt. Anders als die Philanthropen, die in erster Linie auf
den Staat als Ausführenden bildungs- und schulreformeri-
scher Pläne und Konzeptionen setzen, optiert Kant nicht
für eine staatliche, sondern für eine gesellschaftliche Re-
formstrategie. Diese setzen – und dafür ist die Tätigkeit
der Philanthropen selbst das beste Beispiel – beim »Privatmanne« an, weil dieser am ehesten für die »Idee eines zukünftigen bessern Zustandes« aufgeschlossen sei. Kant erwartet also augenscheinlich von den am Aufklärungsprozess interessierten privaten Initiativen die eigentlichen
Impulse für einen möglichen Fortschritt der Gesellschaft.
Deshalb nennt er auch als letzten Zweck einer reformierten öffentlichen Erziehung die »Beförderung der guten
Privaterziehung«. Weil aber die öffentliche Schule eine
»zwangsmäßige Kultur« institutionalisiert, an der die nachwachsende Generation insgesamt teilhaben soll, erwägt er,
ob letztlich »nicht bloß vonseiten der Geschicklichkeit,
sondern auch in betreff des Charakters eines Bürgers, die
öffentliche Erziehung vorteilhafter als die häusliche« ist.[20]
   Kant deutet die schulreformerischen Pläne der Philanthropen als wichtiges Element eines viel umfassenderen
Experiments, in dem eine Gesellschaft nicht mit der nachwachsenden Generation, sondern mit ihrem eigenen, geschichtlich gewachsenen pädagogischen Selbstverständnis

experimentiert. Wir wissen nämlich von Natur aus gerade nicht, so der Rousseau-Leser Kant, »wie weit es der Mensch […] zu bringen vermöge«.[21] Erst dann, wenn wir unser pädagogisches Selbstverständnis und unsere bisherigen pädagogischen Erfahrungen unter die Korrektur einer neuen Erfahrung stellen, welche durch unser experimentelles Handeln selbst veranlasst worden ist, könne Wirklichkeit werden, was Kant nicht ohne Skepsis, aber auch nicht ohne Hoffnung anspricht:

> »Vielleicht, dass die Erziehung immer besser werden, und dass jede Generation einen Schritt näher tun wird zur Vervollkommnung der Menschheit; denn hinter der Edukation steckt das große Geheimnis der Vollkommenheit der menschlichen Natur. Von jetzt an kann dies geschehen. Denn nun erst fängt man an, richtig zu urteilen, und deutlich einzusehen, was eigentlich zu einer guten Erziehung gehöre.«[22]

Dass man, wie Kant sagt, nun anfängt, richtig zu urteilen, und dass dieses Urteilen durch pädagogische Experimente steigerungsfähig ist, setzt jene »freimütige Kritik« an politischen, gesellschaftlichen und pädagogischen Lebensverhältnissen und damit jenen öffentlichen Vernunftgebrauch voraus, von dem Kants Aufklärungsschrift spricht.[23] Der Prozess der Aufklärung ist kein Prozess, der in irgendeiner Weise abschließbar wäre. Deshalb leben wir, so Kant, nicht im »aufgeklärten Zeitalter«, wohl aber im »Zeitalter der Aufklärung«. Von der erziehenden Generation kann erwartet werden, will sie nicht in »selbstverschuldete Unmündigkeit« zurückfallen, dass sie an ihrer eigenen Mündigkeit zu arbeiten bereit ist; denn nur dann ist sie auch pädagogisch in der Lage, die nachwachsende Generation, deren Unmündigkeit nicht selbst verschuldet ist, auf dem Weg zur Mündigkeit zu unterstützen.

Fichte: »Aufforderung zur freien Selbsttätigkeit
ist das, was man Erziehung nennt.«

Johann Gottlieb Fichtes (1762–1814) Pädagogik und Bildungslehre setzt sich mit dem zentralen Ereignis der Epoche, der Französischen Revolution, auseinander. Sie knüpft
an Kants Pädagogik an, die zwischen den pädagogischen
Handlungsformen der Disziplinierung, Kultivierung, Zivilisierung und Moralisierung unterschieden, aber noch
nicht gezeigt hatte, wie deren Aufgaben pädagogisch im
Einklang mit der Anerkennung der Freiheit des Zöglings
befördert werden können. Auf diese Frage suchte Fichte
eine Antwort, indem er von der Unverfügbarkeit des Ich
und der Unmöglichkeit seiner theoretischen oder reflexiven Selbsteinholung ausging und die Vorausgesetztheit des
Ich als Prinzip einer vom Ich selbst ausgehenden Tathandlung fasste. Das Ich – auch das zu erziehende – kann sich
nicht anders, wenn es sich auf sich selbst zurückbesinnt, als
ein praktisches setzen.

Die Bezüge zwischen diesem Gedanken und der Französischen Revolution liegen für Fichte darin, dass er die
Revolution von 1789 als ein Ereignis interpretierte, welches nach einer neuen Verknüpfung von Denken und Wollen, Vernunft und Handeln sowie Erziehung und Politik
verlangt. Auf die für Fichtes Denken insgesamt charakteristische Verknüpfung von grundlagentheoretischer Reflexion mit programmatischen Fragen der Erziehung, der
Ökonomie, der Moral und der Politik ist zurückzuführen,
dass seine Bildungslehre sowohl als Programm für eine demokratische Erziehung und politische Verwirklichung der
Republik als auch als Vorläuferin einer in sich geschlossenen totalitären politischen Doktrin gelesen werden konnte
und teilweise auch so gewirkt hat. Zu beidem hat Anlass
gegeben, dass Fichte die neue Erziehung durch die Vorstellung zu begründen suchte, die nachwachsende Generation
werde die bestehende Gesellschaft mit ihren im Geiste der

Philosophie Fichtes ausgebildeten Erziehern und Lehrern verlassen, um mit diesen »ein abgesondertes und für sich selbst bestehendes Gemeinwesen« zu begründen.[24] In diesem Gemeinwesen soll dann eine Generation heranwachsen, die in der Lage ist, ein vernünftiges, freies und moralisches Leben zu führen. Bestimmung dieser Generation soll es nach Fichte dann sein, zusammen mit ihren Erziehern in die bestehende Gesellschaft zurückzukehren, um diese von Grund auf umzugestalten.

Johann Friedrich Herbart, der Mitte der 1790er Jahre bei Fichte in Jena studierte und dort Mitglied des von Fichte-Schülern gegründeten »Bundes freier Männer« wurde, distanzierte sich schon früh von seinem akademischen Lehrer. In seinen *Pädagogischen Briefen* von 1832 sagt er rückblickend von dessen Erziehungs- und Bildungslehre, ihr Programm sei vielleicht tauglich gewesen, um »bewaffnete Banden für den Gebirgskrieg, geschickt, in Schluchten und Wäldern zu kämpfen, [...] gefährlich zuerst dem Feinde [und] dann dem eigenen Lande« heranzubilden, nicht aber um die Nation zu retten; diese habe »ganz andre Retter« gebraucht und gefunden.[25] Unter Letzteren versteht Herbart die Preußischen Reformer, u. a. Wilhelm von Humboldt und sich selbst, die nicht Fichtes radikalen Weg einer Ineinssetzung von Erziehung und Politik einschlugen, sondern auf Reformen der Erziehung, der Wirtschaft, der Verwaltung, des Militärs und des Politiksystems als zwar aufeinander bezogener, gleichwohl aber voneinander unabhängiger Bereiche mit je eigenen Handlungslogiken setzten.

Fichtes Programm einer neuen Erziehung, die in einer von der Außenwelt abgeschlossenen ökonomisch-moralisch-politischen Provinz – einem *geschlossenen Handelsstaat*[26] – angesiedelt ist, weist Analogien zu Bacons *Nova Atlantis* auf.[27] Dessen Vorstellungen von einer auf der Identität von Wissen und Macht basierenden Rationalität überführt Fichte in die Programmatik einer Übereinstimmung von Wille und Vernunft. Diese sucht er auf das Prinzip des freien, praktisch tätigen Ich zu gründen und an die Entstehung einer Gemeinschaft zurückzubinden, in der die Menschen nur das Gute wollen und ausschließlich das Gute tun. Wie in Bacons Staat übernehmen auch bei Fichte ausgewählte Gelehrte die zweifache Funktion, nach innen die Illusion einer autarken Gesellschaft aufrechtzuhalten, die nur aus ihren eigenen Ressourcen lebt, nach außen jedoch mit der übrigen Welt Handel zu treiben und jene Ressourcen an Wissen und Können zu sichern, über die eine geschlossene Gesellschaft auf der Grundlage der Tätigkeit ihrer Mitglieder allein nicht verfügen würde. Mit seiner Konstruktion eines geschlossenen Handelsstaates antwortete Fichte auf gesellschaftliche und kulturelle Transformationsprobleme, mit denen die Französische Revolution die absolutistischen Staaten Europas konfrontierte, die aber weder durch eine Ausweitung der Revolution noch auf dem Boden des Absolutismus gelöst werden konnten.

Ähnlich wie viele deutsche Intellektuelle begrüßt Fichte in den 1790er Jahren die Französische Revolution als Beginn eines neuen Zeitalters der Freiheit. Nach der Niederlage Preußens in den von der Revolution ausgehenden Kriegen sucht er dann die geschichtlichen Errungenschaften der Revolution in den *Reden an die deutsche Nation* (1807/08) auf eine höhere Stufe zu heben: Schon früh nennt er seine Philosophie »das erste System der Freiheit«, das aus der geistigen Auseinandersetzung mit der Revolution der Franzosen hervorgegangen sei.[28] In den *Reden* führt er weiter aus, der neue Mensch und die neue Gesellschaft könnten nicht durch eine kriegerische Unterwerfung Europas unter die Herrschaft der Franzosen, sondern nur aus der »Liebe für das Gute schlechtweg« hervorgehen. Diese Orientierung aber sei an die Fähigkeit und das »Vermögen« zurückgebunden, »Bilder [...] selbsttätig zu entwerfen«, die »keineswegs bloße Nachbilder der Wirklichkeit«, sondern »Vorbilder derselben« seien. Hierzu sei eine Erziehung erforderlich, welche die Jugend nicht in die bestehende Gesellschaft einführe, sondern gemeinsam mit dieser das Bild eines guten Lebens entwerfe, welches »das tätige Wohlgefallen des Zöglings an sich ziehe«.[29]

In seinen 1794 an der Universität Jena gehaltenen *Vorlesungen über die Bestimmung des Gelehrten* fragt er, wie die Entstehung eines solchen Bildes zu denken sei.[30] Dem »empirischen Ich«, das durch seine eigenen Erfahrungen und durch die der es umgebenden Menschen bestimmt wird, stellt er ein »reines Ich«[31] gegenüber. Diesem erkennt er die Fähigkeit zu, in einem ganz ursprünglichen Sinne nach einer neuen Bestimmung fragen zu können, durch die es sich von den Lebensformen der empirischen Menschen deutlich abhebt. Aus dem Begriff des reinen Ich leitet Fichte der Reihe nach ab, dass dessen Bestimmung als eine »absolute Einigkeit« sowie »stete Identität« und »völlige Übereinstimmung mit sich selbst« zu denken ist, die auf eine Einheit von »Sittlichkeit« und »Glückseligkeit« zielt, die der Mensch als endliches Vernunftwesen zwar nie erreichen, der er sich aber unendlich nähern könne.[32] Diese Idee kann sich das einzelne Ich nur dann zu eigen machen, wenn es sie auch für alle anderen Vernunftwesen anerkennt und zu diesen in Beziehungen tritt, die nicht über den empirischen Staat und die herrschenden Sitten, sondern über die Arbeit an der eigenen Vollkommenheit und an der »Vervollkommnung der Gattung« vermittelt sind. Dies aber sei nur durch ein wechselseitiges »Geben« und »Nehmen«[33] und durch eine Aufhebung der empirischen Ungleichheit der Menschen im Zuge einer »vollständigen« und »gleichförmigen« Ausbildung »aller [...] Anlagen« möglich.[34] Auf diesen Wegen würden an die Stelle der überkommenen, standesspezifisch eingegrenzten Lebensformen von den Einzelnen frei gewählte Bestimmungen treten, durch die sich die Einzelnen und die Menschheit insgesamt immer höher bildeten: »Nach dem gesagten ist

Wechselwirkung durch Freiheit der positive Charakter der Gesellschaft.«[35]

Für Fichtes Denken ist charakteristisch, dass er diese Wechselwirkung noch nicht – wie Humboldt in seinen *Ideen zu einem Versuch, die Grenzen der Wirksamkeit des Staats zu bestimmen* (1792) – als eine freie Wechselwirkung aller Menschen denken kann, sondern an die Unterscheidung zwischen gelehrten und ungelehrten Menschen zurückbindet. Von der Bestimmung des Gelehrten sagt Fichte in diesem Zusammenhang, sie sei durch eine »Sorge für diese gleichförmige Entwicklung aller Anlagen des Menschen« bestimmt, die sich nicht nur auf das eigene Ich, sondern zugleich auf alle anderen richtet. Aus solcher Sorge sollten die Gelehrten die »oberste Aufsicht über den wirklichen Fortgang des Menschengeschlechts« antreten und im Dienste dieser Sorge eine höchste »Empfänglichkeit und Mitteilungsfertigkeit« ausbilden, die sie als »Lehrer des Menschengeschlechts« und »Erzieher der Menschheit« ausweist. Zu diesem Zweck müssen sie auf eine »Versittlichung des ganzen Menschen« dringen, sich selbst zum »sittlich besten Mensch« des »Zeitalters« emporschwingen und ein Leben als »Freundin der Wahrheit« führen.[36]

Fichtes Konzeption für eine individuelle und allgemeine Höherbildung der Menschheit argumentiert mit polaren Gegenüberstellungen wie jener von reinem und empirischem Ich, von reiner und empirischer Gesellschaft oder Ich und Nicht-Ich. Sie setzt auf innovative Spielräume zwischen diesen Polen, die Möglichkeiten für die Entwicklung freier Lebensformen eröffnen. Hierauf ist zurückzuführen, dass bei Fichte wichtige Unterschiede zwischen Pädagogik, Politik, Moral und Wissenschaft in den Hintergrund treten. So soll der Gelehrte Lehrer, Erzieher, Wahrheitsfreund und der beste Mensch des Zeitalters in einem sein, und auch der Staat soll der Funktion der Erziehung so weit untergeordnet werden, dass er schließlich selbst verschwindet. Was von jeder vernünftigen Erziehung zu verlangen ist, dass diese nämlich ihr eigenes Ende im selbständigen Denken und Handeln der Heranwachsenden erreicht, überträgt Fichte also auf den Staat, wenn er behauptet, es sei »der Zweck aller Regierung, die Regierung überflüssig zu machen«.[37] In seiner *Staatslehre oder über das Verhältnis des Urstaates zum Vernunftreiche* (1813) erwartet er von einer vernünftigen Gesellschaft, dass in dieser die »Obrigkeit jahraus jahrein kein Geschäft« mehr finden werde, dem sie sich widmen müsste, sondern dass in ihr alle für die Weiterentwicklung eines Gemeinwesens notwendigen Tätigkeiten der freien Betätigung der Bürger überantwortet sind.[38]

Ungeachtet der angesprochenen Einseitigkeiten in Fichtes Bildungs- und Erziehungslehre finden sich in dieser Lehre Ausführungen, die Fichtes Denken auch heute noch eine Relevanz für die pädagogische Theorieentwicklung und die Erörterung pädagogischer Fragen sichern. Dies gilt insbesondere für Fichtes Ableitung des Begriffs der Erziehung in seiner Abhandlung *Grundlage des Naturrechts* von 1796. Aus Kants Frage, wie sich die »Freiheit bei dem Zwange« kultivieren lasse, wird bei Fichte die Frage, wie Erziehung in Anerkennung und ohne Beschädigung der Freiheit des zu erziehenden Menschen gedacht werden könne. Die Antwort findet er in einem Begriff der Bildung des Vernunftwesens, der die zeitliche Struktur von Bildungsprozessen einholt und Erziehung als »Aufforderung zur Selbsttätigkeit« definiert.

Dass Menschen auf Vernunft und Freiheit nur dann Anspruch erheben können, wenn sie diese auch allen anderen Vernunftwesen zuerkennen, führt Fichte zu der weiteren Frage, wie die Erziehung von Beginn an als eine Interaktion freier Vernunftwesen gedacht werden kann. Seine Antwort lautet, Erziehung sei widerspruchsfrei nicht als Übergang eines nicht vernünftigen Wesens in ein vernünftiges, sondern nur als eine freie Transformation eines möglichen in ein wirkliches Vernunftwesen zu denken, in der bildsame Menschen in eine Wechselwirkung mit anderen und mit der als Nicht-Ich gesetzten Welt treten. Bildende Wechselwirkungen kommen nach Fichte dadurch zustande, dass die als bildsame Wesen zur Welt kommenden Menschen nicht länger eine fertige Bestimmung von außen auferlegt bekommen, sondern als solche freien Wesen anerkannt werden, die zur Selbstbestimmung bestimmt sind. Hierzu führt Fichte in der *Grundlage des Naturrechts* aus, ein Anfang der Tätigkeit eines endlichen Vernunftwesens könne widerspruchsfrei nur dann gedacht werden, wenn dieser weder als ein ewiger Anfang im Rahmen einer unendlichen Tätigkeit noch als ein mechanisch auszulösender Anfang konzipiert, sondern auf einen »äußeren Anstoß« zurückgeführt wird, durch den ein endliches Vernunftwesen dazu aufgefordert wird, sich durch eigene Tätigkeit selbst zu bestimmen.[39] Ein solcher Anstoß aber kann, so Fichte, nur von einem anderen Vernunftwesen ausgehen, das selber bereits über eine freie Wirksamkeit verfügt und daher andere Vernunftwesen zu solcher Tätigkeit auffordern kann: »Die Aufforderungen zur freien Selbsttätigkeit ist das, was man Erziehung nennt.«[40]

Auf den Begriff der Erziehung als Aufforderung zur freien Selbsttätigkeit gründet Fichte den Begriff eines pädagogischen Wirkens, durch das sich das zu erziehende »Subjekt [...] nicht genötigt«[41] fühlt, auf eine bestimmte Weise zu handeln, sondern sich als dazu aufgefordert erfährt, sein Handeln selbst zu bestimmen. Das aufgeforderte Ich »soll durch die Aufforderung keineswegs bestimmt, nezessiert [genötigt] werden, wie es im Begriffe der Kausalität das Bewirkte durch die Ursache wird, zu handeln; sondern es soll nur zufolge derselben sich selbst dazu bestimmen.«[42] Die Möglichkeit solcher Aufforderungen bindet Fichte an Kommunikationen und Interaktionen im Medium der vom Menschen leiblich hervorzubringenden und zu verarbeitenden Sprache zurück. Die bildenden Aufforderungen vollziehen sich nicht über mechanische körperliche Einwirkungen von außen, sondern über sinnliche Erfahrungen und Artikulationen. In diesen rezipiert der zur Selbsttätigkeit Aufgeforderte die Aufforderung eines anderen Vernunftwesens als leiblich vermittelten Sinn. Leiblichkeit wird von Fichte also als eine rezeptiv und aktiv organisierte, äußere Einwirkungen erleidende und bearbeitende, rezipierende und spontan gestaltende Leiblichkeit gedacht, durch die Wechselwirkungen zwischen Ich und Du sowie Ich und Nicht-Ich möglich sind. Aufgrund der so definierten Leiblichkeit vernimmt der Aufgeforderte die Aufforderung als »Sinn« und antwortet auf sie durch eine freie »Artikulation« seines Leibes. In der Aussage, dass »der artikulierte Leib des Menschen Sinn« ist,[43] schließt Fichte an Rousseaus Konzeption der Bildung der Sinne an. Die bei Rousseau als »Erziehung durch die Dinge« konzipierte Wechselwirkung von Sinnlichkeit und Spontaneität wird von Fichte auf die Interaktion zwischen Erzieher und Zögling ausgelegt. Die Wechselwirkung zwischen Sinn und Artikulation fasst er als eine Wechselwirkung von Rezeptivität und Welttätigkeit sowie Spontaneität und Denktätigkeit auf, in der das Ich als Subjekt seines Denkens mit sich selbst als Objekt seiner Welterfahrung in einen Austausch tritt.

Von hierher kann Fichte die Struktur erziehender Aufforderung zur Selbsttätigkeit genauer als diejenige bildender Aufforderungen bestimmen. Aufforderungen zur freien Selbsttätigkeit normieren das Denken ebenso wenig wie die Erfahrung. Sie fordern den Lernenden dazu auf, Übereinstimmung mit sich und anderen in der Wechselwirkung zwischen seiner Denk- und seiner Welttätigkeit anzustreben und herzustellen. Nicht das Denken oder das Handeln ist daher der Gegenstand pädagogischer Einwirkungen, sondern eine vom Lernenden selbst zu vollziehende Wechselwirkung von Denken und Handeln.

Wie solche Aufforderungen über leiblich vermittelte Sinnlichkeit und Artikulation im Medium von Sprache zu konzipieren sind, verdeutlicht Fichte in seinen *Reden an die deutsche Nation* am Beispiel der Vermittlung und Erfindung des Dreiecks: Die neue Erziehung charakterisiert er dadurch, dass sie Lernen thematisch nicht länger als eine Vermittlung materialer Merkmale eines bestimmten Stoffes und methodisch nicht mehr direkte Belehrung, sondern als eine von außen angestoßene Suchbewegung konzipiert. Am Beispiel der Geometrie verdeutlicht er das Gemeinte: Das Dreieck solle in der neuen Erziehung nicht mehr durch drei Ecken und die diese verbindenden Seiten definiert werden, vielmehr sollten die Lernenden dazu aufgefordert werden, »in freier Phantasie durch gerade Linien einen Raum zu begrenzen«. Durch die so »angeregte geistige Thätigkeit« werde jeder Lernende selbst herausfinden, »dass er mit weniger denn drei geraden Linien keinen Raum begrenzen könne«. Ein solcher Unterricht gehe nicht mehr von »stehenden Beschaffenheiten der Dinge« aus, die als solche »geglaubt und gemerkt werden müssten«. An die Stelle eines »bloß leidenden Auffassens« setzt er eine durch freie Aufforderungen zum Selberdenken und -handeln zustandekommende »Ahnung des Geistes als eines selbstständigen und uranfänglichen Principes der Dinge selber«.[44]

Fichtes Erziehungs- und Bildungslehre entfaltet, vermittelt über die im Jenenser Kreis freier Männer versammelten Studenten, eine weitreichende Wirksamkeit, die von Schulgründungen durch einzelne Schüler Fichtes bis hin zur Neukonzeptualisierung der wissenschaftlichen Pädagogik durch Fichtes berühmtesten pädagogischen Schüler Johann Friedrich Herbart reicht, der sich sehr bald vom subjekttheoretischen Ansatz seines akademischen Lehrers emanzipierte. Auf eine in gewissem Sinne schulbildende Wirksamkeit verweisen die erziehungswissenschaftlichen Grundlegungsversuche der frühen Fichteaner, Schulexperimente und Schulgründungen, darunter als die vielleicht bedeutendste die Umwandlung des philanthropischen Conradinum zu Jenkau in eine neuhumanistische Bildungseinrichtung im Geiste Fichtes durch die Altphilologen Reinhold Bernhard Jachmann und Franz Passow.

Es kann hier nicht im Einzelnen auf das Conradinum zu Jenkau eingegangen, sondern nur auf die Neubestimmung von Schule und Leben hingewiesen werden, mit der Jachmann die neuhumanistische Ausrichtung der ursprünglich philanthropischen Schule legitimierte. In seinen Reflexionen *Über das Verhältnis der Schule zur Welt*, die er 1811 zur Legitimation des »ersten Programms« des reformierten Conradinum voranstellte, unterscheidet er zwischen einem »subordinierten«, einem »koordinierten« und einem »präordinierten« Verhältnis von Schule und Leben. [45] »Subordiniert« nannte er jene Beziehungen, in denen die Funktion der Schule darin gesehen wird, bestimmten Weltzwecken zu dienen und z. B. der Gesellschaft für bestimmte gesellschaftliche Tätigkeiten und Berufe geeignete Menschen zuzuführen. Als »koordiniert« definierte er dagegen jene normierten Wechselwirkungen, durch die die Schule den Zweck, alle Kräfte der Heranwachsenden zu entwickeln, so auf Weltzwecke bezieht, dass die Kräfte mit Blick auf einen bestimmten Weltzweck ausgebildet werden. Eine Subordination der Schule unter das Leben war mit Fichtes Ausrichtung der Erziehung an der Selbsttätigkeit der Lernenden und deren Freisetzung vom Zwang unvereinbar, eine im Sinne der etablierten Ständeordnung vorgegebene Bestimmung als die ihrige anzunehmen. Eine Koordination verstieß gegen Fichtes Konzept der Höherentwicklung, welches nicht eine Koordination der Bildungsmöglichkeiten der Einzelnen nach Maßgabe empirischer Erfordernisse, sondern deren Veränderung im Sinne einer wechselseitigen Anerkennung der Freiheit und Höherentwicklungsmöglichkeiten vorsah. Daher blieb von den drei möglichen Beziehungen für Jachmann nurmehr die dritte einer »Präordination« übrig, unter der er ein Verhältnis von Schule und Leben verstand, in dem die Schule alle Kräfte der Einzelnen entwickelt und die Welt vor die Aufgabe gestellt wird, sich »allmählich diesem Schulzwecke anzubilden«.[46]

Jachmanns Konzeption für das Conradinum weist über Fichtes Schulreformpläne in den *Reden an die deutsche Nation* und im *Geschlossenen Handelsstaat* insofern hinaus, als Jachmann das Conradinum nicht als eine pädagogische Provinz konzipiert: Lehrer und Schüler sollen keine isolierte Gesellschaft nach dem Modell eines geschlossenen Handelsstaates bilden, der nach innen autark zu sein scheint und in dem einige Gelehrte zugleich Außenbeziehungen zur übrigen Welt unterhalten, indem sie Erkenntnisse importieren und Handel treiben. Jachmanns Schule ist im wesentlichen Schule und nicht Keimzelle einer von einer Avantgarde gegründeten neuen Gesellschaft, die ihre Selbsterhaltung und Ausbreitung durch Erziehung abzusichern sucht. So gesehen kann man sagen, dass Fichtes Koordination von Erziehung und Politik in Jachmanns Präordination von Schule und Leben vermieden wird. Dies verweist auf die Anschlussfähigkeit seines von Fichte inspirierten Denkens an neuhumanistische Theorien und Reformkonzepte.

Hegel: »Was durch die Schule zustande kommt,
die Bildung der Einzelnen, ist die Fähigkeit derselben,
dem öffentlichen Leben anzugehörenn.«

Von den fünf Gymnasialreden, die Georg Wilhelm Friedrich Hegel (1770–1831), der spätere Philosophieprofessor an der Friedrich-Wilhelms-Universität zu Berlin, in seiner Eigenschaft als Direktor eines Nürnberger Gymnasiums zwischen 1809 und 1815 gehalten hat, ist zu Recht gesagt worden, dass sie in kurzer und knapper Form seine Bildungsidee vollständig wiedergeben.[47] Hegels Bildungsverständnis nimmt in dichter Form verschiedene Motive des Bildungsdenkens von der Antike bis zu seiner Gegenwart auf: Mit der neueren Philosophie, vor allem derjenigen

Kants und Fichtes, teilt er die Auffassung, dass Bildung nur als Selbstbildung, als Arbeit des sich bildenden Subjekts an seiner eigenen Bestimmung, gedacht werden kann. Vom Humanismus der Renaissance übernimmt er, wie der Neuhumanismus, die Hochschätzung der kulturellen und bildenden Bedeutung der alten Sprachen. In Übereinstimmung mit der Antike stellt er die politische Bedeutung der Bildung heraus und interpretiert, indem er Motive des platonischen Höhlengleichnisses übernimmt, Bildung als Befreiung. Mit Rousseau und der Aufklärung teilt er die Auffassung, dass die »substantielle Natur« des Menschen die Freiheit sei, so dass die Befreiung durch Bildung den Menschen als Menschen und nicht als Bürger eines Standes, einer Klasse, einer Nation usw. betrifft.

Hegels erste Gymnasialrede stellt die bildende Bedeutung der alten Sprachen heraus und erklärt die »Entfremdung« zur Bedingung der »theoretischen Bildung«. Die zweite Rede handelt von der Disziplin, dem Fleiß und überhaupt vom Tätigsein des Einzelnen im Bildungsprozess. Die dritte Rede untersucht die Relevanz der höheren Schule und des wissenschaftlichen Unterrichts für die sittliche Bildung des Menschen, während die vierte Rede die durch die *studia humaniora* erfahrbar gemachte Ganzheit des Menschen angesichts seiner »Vereinzelung« in der modernen Arbeits- und Berufsgesellschaft herausstellt. Die fünfte Rede gibt schließlich zu bedenken, dass die für die moderne Gesellschaft erforderliche Weltoffenheit des Menschen am besten dann erreicht wird, wenn die nachwachsende Generation in ihrer Jugendzeit durch eine gute schulische Bildung den Vergnügungen und Gefährdungen der Zeit entzogen wird.

Hegel sieht die Aufgabe und den Zweck des Gymnasiums darin, auf das »gelehrte Studium« an der Universität vorzubereiten.[48] Damit ist nicht gemeint, dass die höhere Schule eine Art Zulieferfunktion für die Universität habe. Vielmehr sieht er, dass die beste Vorbereitung für das universitäre Studium in derjenigen Bildung der Schüler besteht, welche »auf dem Grund der Griechen und Römer« errichtet ist.[49] Die »Welt und Sprache der Alten«,[50] die »alle Kunst und Wissenschaft« hervorgebracht hätte, ist das »geistige Bad, die profane Taufe«,[51] durch welche der Bildungsprozess der Schüler angeregt, entwickelt und eingeübt werde. Das mag für heutige Ohren befremdlich und hoffnungslos veraltet klingen – oder auch nicht: Hegel behauptet nicht, dass die antike Welt primär und in erster Linie wegen ihrer vermeintlich ewigen Wahrheiten angeeignet werden soll, denn er weist ausdrücklich auf die »Irrtümer und Vorurteile« hin, von denen eben die Alten nicht frei seien. Gleichwohl seien auch diese im Bildungsprozess gleichsam »einzusaugen«, wenn dieser »Tiefe« und Substanz gewinnen soll. Entscheidend ist für Hegel, bei aller Hochschätzung auch der inhaltlichen Seite der klassischen Bildung, vor allem die Form der Bildung oder das »Formelle« ihrer Natur, die für ihn eine bestimmte Form des Lernens darstellt und verlangt. Die zum Zweck der Bildung geforderte Aneignung der antiken Welt hat keinen passiven oder reproduktiven Lernprozess im Auge, der nur Wissen anhäuft und daher den sich bildenden Subjekten äußerlich bleibt. Hegel teilt, jedenfalls bis zu einem gewissen Grad, die seit Rousseau in Deutschland lauter werdende Kritik an einem schulischen Unterricht, der zum »durchgängigen Mechanismus« geraten ist:

> »Schränkte aber das Lernen sich auf ein bloßes Empfangen ein, so wäre die Wirkung nicht viel besser, als wenn wir Sätze auf das Wasser schrieben; denn nicht das Empfangen, sondern die Selbsttätigkeit des Ergreifens und die Kraft, sie wieder zu gebrauchen, macht erst eine Erkenntnis zu unserem Eigentum.«[52]

Freilich gilt auch umgekehrt, und zwar mit dem gleichen Nachdruck, dass die alleinige »Richtung auf eigenes Reflektieren und Räsonieren der Jugend ebenso einseitig« sei.[53] Das eigene Reflektieren bedarf nämlich eines vernünftigen und gehaltvollen Inhalts, an dem das Denken gelernt werden kann. In einer provokanten Formulierung hat Hegel das seiner Idee der Bildung korrespondierende Verständnis von Lernen so zum Ausdruck gebracht, dass »der Gedanke« – gemeint ist das Lernen des richtigen und konsequenten Denkens – »beim Gehorsam« anfange.[54] Damit ist kein subalterner Gehorsam gegenüber einem allmächtigen Erzieher oder Lehrer gemeint, sondern ein »Gehorsam«, der die Anstrengung, die »eigene Bemühung«[55] nicht scheut, arbeitend sich den Inhalt zum »Eigentum« zu machen. Aus diesem Grund sind auch das »Mechanische«, etwa beim Erlernen einer fremden Sprache, die Arbeit und das Üben nicht aus vermeintlich pädagogischen Gründen zu vermeidende Übel. Er hält es für eine »völlige Verkehrtheit der spielenden Pädagogik, die das Ernste als Spiel an die Kinder gebracht wissen will«.[56] Wenn die Anstrengung im Bildungsprozess unaufgebbar ist, dann muss sie »einen früheren Stoff und Gegenstand haben, über den sie arbeitet, den sie verändert und neu formiert. Es sei nötig, dass wir die Welt des Altertums erwerben, so sehr, um sie zu besitzen, als noch mehr, um etwas zu haben, das wir verarbeiten.«[57] Dazu sei ein widerständiger Inhalt erforderlich, der »die Gestalt von etwas Fremdartigem« haben muss; denn die »Entfremdung« sei die »Bedingung der theoretischen Bildung«.[58]

Hegel variiert in seiner Bildungstheorie Motive des platonischen Höhlengleichnisses, um die Bewegung der Bildung im sich bildenden Subjekt zu beschreiben. Ähnlich, wie der Höhlenbewohner Platons sich von der Schattenwelt trennt, indem er sie als seinen eigenen Irrtum zu durchschauen lernt, hat die »wissenschaftliche Bildung«, in die die Schule einführt, »die Wirkung auf den Geist, ihn von sich selbst zu trennen«.[59] Damit ist zugleich die sittliche Bedeutung der Bildung angesprochen. Denn so wie der Mensch in der »moralischen Handlungsweise« von sich selbst absieht, um menschenwürdig zu handeln, so befreit ihn die Bildung von seinen »unmittelbaren Vorstellungen und Empfindungen«, die, wie im vormoralischen Bewusstsein, »der unfreien Sphäre des Gefühls und des Triebs« angehören[60].

Der schulische Unterricht in den »Künsten und Wissenschaften« hat für Hegel daher eine »mittelbare Wirkung« auf die »sittliche Bildung des Menschen überhaupt«. Der Mensch lernt mit Hilfe des wissenschaftlichen Unterrichts, sich von sich selbst zu distanzieren und vormalige Meinungen, Empfindungen und Vorstellungen »in den Gedanken zu stellen« und zu prüfen.[61] »Fast noch wichtiger« ist für Hegel im Hinblick auf die sittliche Bildung die Wirkungsweise der Schule als Institution, weil durch sie der Heranwachsende »durch Gewöhnung an wirkliche Verhältnisse praktisch gebildet wird«.[62] Die Schule stellt für ihn also eine »Mittelsphäre« dar, die das Kind von der Familie, in der es Anerkennung findet, »weil es das Kind ist«, allmählich in die wirkliche Welt überführt, in welcher der Mensch Anerkennung findet »durch das, was er leistet«.[63] Die Welt (gemeint ist die moderne Arbeits- und Berufsgesellschaft) macht ein »unabhängiges Gemeinwesen« aus, in dem die »Sache, nicht die Empfindung und die besondere Person« zählen.[64]

Die Schule als Institution ist für Hegel aber nicht die Vorwegnahme der bürgerlichen Leistungs- und Konkurrenzgesellschaft, in der am Ende nur die »materiellen Interessen« der Einzelnen zählen. Das, was »durch die Schule zustande kommt, die Bildung des Einzelnen, ist die Fähigkeit dem öffentlichen Leben anzugehören«.[65] Das öffentliche Leben schließt zwar die Arbeits- und Berufsgesellschaft ein, ist aber zugleich mehr als diese. Zum öffentlichen Leben gehört Hegel zufolge auch wesentlich das Leben im Staat. Die »Vereinzelung«, ja die »Zerrissenheit«, die das Leben in der modernen bürgerlichen Gesellschaft kennzeichnet, kann nicht das letzte Wort sein. Die »studia humaniora« sollen Hegel zufolge in der Lage sein, diese Vereinzelung im Bewusstsein aufzuheben, indem sie »die vertrauliche Vorstellung des menschlichen Ganzen« geben.[66] Sie vermitteln uns »die Art und Weise der Freiheit der alten Staaten, die innige Verbindung des öffentlichen und des Privatlebens, des allgemeinen Sinnes und der Privatgesinnung«,[67] eine Verbindung, die seiner Einsicht nach die moderne Gesellschaft dem Menschen von sich aus nicht mehr zu geben vermag.[68] Dies ist der Grund, warum für Hegel der moderne Staat sowohl die individuelle Freiheit der Einzelnen sichert als auch für die Verwirklichung der sittlichen Idee und die Führung eines vernünftigen öffentlichen Lebens unverzichtbar ist.

Unabhängig von diesen gewiss fragwürdigen, die Hegelsche Philosophie insgesamt betreffenden Schlussfolgerungen finden sich in Hegels Gymnasialreden eine Reihe von Stellen, die ihn ganz ohne Zweifel als Erben des neuzeitlichen und aufklärerischen Denkens auszeichnen. Er lobt den »richtigen Gesichtspunkt« der modernen Erziehung, »dass sie wesentlich mehr Unterstützung als Niederdrückung des erwachenden Selbstgefühls, eine Bildung zur Selbständigkeit müsse«; deshalb sei es zu begrüßen, dass »sich in den Familien ebensosehr als in den Erziehungsanstalten die Manier immer mehr verloren« hat, »in allem, was es sei, der Jugend das Gefühl der Unterwürfigkeit und der Unfreiheit zu geben«.[69] Diese »Liberalität« des pädagogischen Umganges zwingt, so Hegel, zur »Begrenzung des Umfangs der Disziplin, den die Schule ausüben« darf; zur »Geselligkeit des Studierens« passt »am wenigsten ein unfreier Ton«.[70] Und überhaupt steht der Schüler »nur mit einem Fuße in der Schule«, während er mit dem anderen teils der Familie, teils solchen Verhältnissen angehört, »die seiner eigenen Willkür und Bestimmung« überlassen bleiben muss.[71] Auch hinsichtlich der Leistungsfähigkeit der Schüler, die die Schule herausfordern und beurteilen muss, hat sie im Blick auf die weitere Entwicklungsfähigkeit des Heranwachsenden nicht das letzte Wort: »Das Urteil, das die Schule fällt, kann [...] so wenig etwas Fertiges sein, als der Mensch in ihr fertig ist.«[72] Deshalb darf dem Urteil der Schule auch kein »unmittelbarer Einfluss auf die künftige Lebensbestimmung und die dereinstige Stellung«[73] in Staat und Gesellschaft zukommen.

Hegels Bestimmung der Funktion schulischer Erziehung und Unterweisung, die Einzelnen so weit zu bilden, dass sie fähig werden, »dem öffentlichen Leben anzugehören«, hat im Umkreis seiner Philosophie insgesamt weitere Bedeutungen, die insbesondere auf Hegels *Phänomenologie des Geistes* und seine *Philosophie der Geschichte* verweisen. Bildungstheoretisch, gesellschaftstheoretisch und weltgeschichtlich deutet er Bildung als einen Prozess des »Herausarbeitens aus der Unmittelbarkeit des substantiellen Lebens«, der an die Anstrengung zurück gebunden ist, sich »zu dem Gedanken der [anzueignenden] Sache überhaupt heraufzuarbeiten«.[74] Die Notwendigkeit hierzu entspringt aus der für die Entwicklung des Bildungsproblems grundlegenden, bis auf Platons Höhlengleichnis zurückzuverfolgenden Erfahrung, dass das »Bekannte [...] darum, weil es bekannt ist«, niemals schon »erkannt« ist.[75] Als Heraustreten aus der Unmittelbarkeit eines vertrauten Lebens ist jede Bildungsbewegung über »Entfremdung« vermittelt.[76] In dieser geht die Vertrautheit mit Bekanntem verloren, und es tritt an ihre Stelle die Freiheit des Einzelnen, die eigene Bestimmung und die der Welt selbst hervorbringen zu wollen. Diese Freiheit wird, so Hegel, nicht nur als eine individuelle, sondern zugleich als eine allgemeine erfahren, die grundsätzlich jedem offen steht und jedem zugemutet werden muss.[77]

Entfremdet Bildung den Einzelnen aller substantiellen Bindungen an Vertrautes und Bekanntes, so führt die allgemeine Erfahrung solcher Entfremdung zu einem aufgeklärten Standpunkt, welcher nichts Unmittelbares oder Bekanntes mehr anerkennt und von allem verlangt, es möge sich als »vernünftig« ausweisen.[78] Diese Auffassung lässt sich sowohl Bacon als auch Fichte zuordnen, deren Bildungsprogramme die älteren teleologischen Ordnungsvorstellungen in solch einer auf Wissen gegründeten Macht bzw. eines auf moralisches Wollen gegründeten Könnens zu transformieren suchen. Die Aufklärung vermag nach Hegel an die Stelle der Bindungen, die sie problematisiert, keine neuen zu setzen. Sie hinterlässt vielmehr ein »Vacuum«, das sie aus eigener Kraft nicht zu füllen vermag.[79] An die Stelle des Vertrauens in die Stimmigkeit einer vorgegebenen und bekannten Welt können nicht dauerhaft der Glaube und das Vertrauen in die Leistungen der Aufklärung treten. Hegel weist darum auf die Gefahr eines Umschlags von Aufklärung in eine bloß den Nutzen berechnende, utilitäre Rationalität oder in den Terror eines Denkens und Handelns hin, dem nichts mehr heilig und unverfügbar ist.[80]

Soll Bildung nicht in der Leere der Aufklärung enden, muss die Entfremdung, die sie mit sich führt, in neue Formen einer substantiellen Sittlichkeit aufgehoben werden. Diese Formen können nicht mehr die alten Formen sein, die durch Bildung fragwürdig wurden, sondern müssen neue sein, die im Durchgang durch die Entfremdung entstehen. Im *Systemfragment des deutschen Idealismus* von 1796/97 hat Hegel gemeinsam mit Hölderlin und Schelling einen Ausweg zur Heilung der durch Bildung erzeugten Zerrissenheit des modernen Menschen darin gesehen, dass die Philosophie in die entstandene Lücke einspringt und eine universelle Ethik entwirft, die auf eine »Mythologie der Vernunft« gegründet ist. Sie setzt eine »gleiche Ausbildung aller Kräfte, des Einzelnen sowohl als aller Individuen« frei, so dass »keine Kraft mehr unterdrückt« wird und eine »allgemeine Freiheit und Gleichheit der Geister« herrscht.[81]

An die Stelle dieser im *Systemfragment* in Aussicht ge-
stellten Auflösung des Bildungsproblems setzt Hegel später die Weltgeschichte, die er einerseits als »Schlachtbank«
beschreibt, in der Irrtümer und Kriege den Fortschritt am
Laufen halten,[82] und die er andrerseits als einen Prozess
deutet, der zwar nicht zu der im Systemfragment verspro-
chenen absoluten Versöhnung führt, wohl aber zu einem
»Fortschritt im Bewusstsein der Freiheit«.[83] In der *Phänomenologie* wird dieser Fortschritt im Herr-Knecht-Kapitel
u. a. daran festgemacht, dass sich in modernen Gesellschaften die traditionellen Herrschaftsverhältnisse grundlegend
verändern. In der bürgerlichen Gesellschaft als einem System expandierender Bedürfnisse erfahren Arbeit und Ökonomie eine Aufwertung. Die Arbeit bringt nicht mehr nur
die Güter für die Sicherung der Subsistenz hervor, sondern
produziert den Reichtum der gesamten Gesellschaft. Das
Verhältnis von Herrschaft und Knechtschaft kehrt sich also in gewissem Sinne um, so dass nicht mehr allein die
Herren als frei, die Knechte als unfrei gedacht werden,
sondern eine gegenseitige Anerkennung möglich wird, die
den Gegensatz von Herrschaft und Knechtschaft in der allgemeinen Notwendigkeit einer über Wissenschaft und
Kunstfertigkeit vermittelten Arbeit zum Verschwinden
bringt. Solche Arbeit bleibt, wie Hegel in seinen Schulre-
den gezeigt hat, auf eine ihr vorausgehende, sie begleitende
und überschreitende Bildung angewiesen. Diese Bildung
führt, so Hegel, die Einzelnen aus der Einheit von Geburtsstand, Leben und Beruf heraus und befähigt zur Partizipation an einem gemeinsamen und öffentlichen Leben.
Dies setzt die Wahl eines bürgerlichen Berufs voraus und
umfasst die Teilnahme an Sittlichkeit, Recht, Wissenschaft
und Kultur. In seiner *Rechtsphilosophie* erhebt Hegel den
Staat zum Garanten eines solchen gemeinsamen öffentlichen Lebens. In dieser Auffassung sind ihm weder die Romantik noch die Bildungskonzeptionen von Humboldt,
Pestalozzi, Herbart und Schleiermacher gefolgt.

7. Die pädagogische Romantik

Von Herder stammt der Hinweis, dass die Vernunft immer eine »spätere Vernunft« sei.[1] Er will damit sagen, dass die herrschende Vernunft den Erscheinungen der Natur und der Menschenwelt zwar im nachhinein Kausalitäten zuordnen kann, dass sie die schöpferische Bewegung des Lebens und der Natur selbst aber nicht zu erfassen in der Lage ist. Kausale Vorgänge sind daher Herder zufolge voraussagbar, schöpferisch-kreative aber nicht. An Herders Einsicht hat der Sache nach der Neuhumanismus, vor allem aber die pädagogische Romantik angeknüpft.

Der Gegenbegriff zur »späteren Vernunft« ist für Herder und die von ihm beeinflusste Epoche die lebendige Vernunft, die nicht nach dem abstrakten Allgemeinen der Natur, nicht nach moralischen oder rechtlichen Gesetzen der Menschenwelt und auch nicht nach den Konventionen des geselligen Lebens fragt, sondern die konkrete und schöpferische, die kreative und spontane Kraft der Natur und des Menschen zum Thema macht. Der ›Ort‹, an dem die Suche nach der lebendigen Vernunft fündig wird, ist das Ich selbst, das individuelle Ich. In dieses zieht sich die Reflexion zurück, nicht um sich von der Natur abzuspalten, sondern um sich mit ihr zu verbinden bzw. um sich selbst in einer ursprünglichen Verbundenheit mit ihr wiederzufinden. Der Blick nach innen, die Erfahrung der Subjektivität, verschafft die Einsicht in die Verwandtschaft von Mensch und Natur. Vor allem die philosophischen und poetischen Texte der Frühromantik konfrontieren schroff die innere mit der bloß äußeren Erfahrung der Dinge. In Novalis' Romanfragment *Die Lehrlinge von Saïs* heißt es:

> »Was brauchen wir die trübe Welt der sichtbaren Dinge mühsam zu durchwandern? Die reinere Welt liegt ja in uns, in diesem Quell. Hier offenbart sich der wahre Sinn

des großen, bunten, verwirrten Schauspiels; und treten
wir von diesen Blicken voll in die Natur, so ist uns alles
wohlbekannt, und sicher kennen wir jede Gestalt [...].
So ist uns alles eine große Schrift, wozu wir den Schlüssel haben, und nichts kommt uns unerwartet, weil wir
voraus den Gang des großen Uhrwerks wissen.«[2]

Die Metapher des Uhrwerks darf aber nicht in die Irre führen: Das Innere, von dem aus sich die ›wohlbekannte‹ Natur in ihrem lebendigen Eigensinn erschließt, ist nichts
Mechanisches. Der Gesetzlichkeit des Inneren korrespondiert die Gesetzlichkeit des Äußeren, das deshalb als
»Schrift« verstanden werden kann, weil wir es zu lesen in
der Lage sind. Den Blick ins eigene Innere, den vor allem
die Poesie, die Dichtkunst, verschaffen kann, offenbart die
menschliche Seele als einen Spiegel, »in dem rein und klar
die ganze Schöpfung sich enthüllt«.[3]

Novalis' romantische Naturerfahrung dient nicht dazu,
die Natur zu erklären, um sie zu beherrschen, sondern sie
will sie verstehen, um sie zu bewahren und zu verschonen.
Das wird besonders deutlich an seinen Ausführungen zur
Natur des Kindes. Zunächst knüpft der Dichterphilosoph
an Rousseau an: »Kinder sind noch terrae incognitae [un-
bekannte Welten].«[4] Auch die zivilisations- und kulturkri-
tischen Bemerkungen verweisen auf Rousseau. Das zeitgenössische bürgerliche Welt- und Selbstverständnis hat Novalis zufolge die Natur des Kindes entseelt und entheiligt,
sie versteinert bzw. »petrifiziert« und ihr jene Ganzheit genommen, die in der noch unverbildeten Einheit kindlicher
Welt- und Selbsterfahrung noch lebendig ist: »Wo Kinder
sind, da ist goldnes Zeitalter.«[5] Ähnlich, wie die Natur aus
sich selbst erzeugt und hervorbringt – und darum nicht
mechanisch verstanden werden kann –, so erzeugt auch das
Kind spontan, kreativ und ganzheitlich Deutungen und
›Weltanschauungen‹, die ein Einssein des Kindes mit der
Welt ausdrücken. Dieses widerspricht der bürgerlichen

Fragmentierung und macht Kinder daher, von der sozialen Struktur her gesehen, zum »Nicht-Stand«.

Eine ausgearbeitete Erziehungskonzeption, die dieser wahren Natur des Kindes entspricht, haben die Frühromantiker jedoch nicht entworfen, sondern allenfalls angedeutet. Einen erziehungstheoretischen Entwurf, der ohne Zweifel in den Umkreis der pädagogischen Romantik gehört, auch wenn es Bezüge zum Neuhumanismus sowie zu den systematischen Entwürfen dieser Epoche aufweist, hat im Jahr 1807 Jean Paul unter dem Titel *Levana oder Erziehlehre* vorgelegt. »Levana« ist der Name einer römischen Göttin, die angerufen wird, um einen Vater zur Annahme seines neugeborenen Kindes zu bewegen. Den Schutz, welchen die römische Göttin für das neue Leben übernimmt, soll nach Jean Paul nun eine pädagogische Bewusstseinshaltung gewähren, die er den »Geist der Erziehung« nennt. Dieser Geist ist nichts anderes »als das Bestreben, den Idealmenschen, der in jedem Kinde umhüllt liegt, frei zu machen durch einen Freigewordenen«.[6]

Erziehung in ihrer reflektierten Intentionalität setzt einen solchen »Freigewordenen«, also einen erzogenen und gebildeten Erzieher voraus, der um die Möglichkeiten pädagogischen Handelns, seiner Ziele, Wege und Umwege, ebenso weiß wie um die Fehler und Abwege, die vor allem durch ein instrumentalistisches Verständnis von Erziehung zustande kommen, das sich der – vermeintlichen – Wirkung seiner Absichten sicher ist. »Weisheit« und »Sittlichkeit« – ohne Zweifel wichtige Ziele der Erziehung –

»sind kein Ameisenhaufen abgetrennter zusammentragender Tätigkeiten, sondern organische Eltern der geistigen Nachwelt, welche bloß der weckenden Nahrung bedürfen. Wir kehren die Unwissenheit der Wilden, welche Schießpulver säeten, anstatt es zu machen, bloß um, wenn wir etwas zusammensetzen wollen, was sich nur entfalten lässt.«[7]

Als Beispiel für solch unreflektierte Intentionalität werden die philanthropisch-meritokratischen »Erziehschultafeln« angeführt, die auf die gesellschaftliche »Brauchbarkeit« des Heranwachsenden abzielen, aber auch das »Bilderkabinett von Idealen«, das gut meinende Eltern »stückweise dem Kind auftragen und tätowierend einätzen«.[8]

Vor allem in den ersten Lebensjahren ist die »entfaltende« Erziehung für Jean Paul die »rechte Erziehung«, »durch welche die lange zweite, die heilende, oder Gegenerziehung zu ersparen wäre«.[9] Die Formen einer entfaltenden und heilenden Erziehung schließen sich bei Jean Paul nicht vollständig aus. Auf den ersten Blick sind sie jenen sehr ähnlich, die ein anderer Romantiker, nämlich Friedrich Fröbel, zwanzig Jahre später mit der Unterscheidung zwischen »nachgehender« und »vorschreibender« Erziehung beschrieben hat: »Erziehung, Unterricht und Lehre (sollen) ursprünglich und in ihren ersten Grundzügen notwendig leidend, nachgehend (nur behütend, schützend), nicht vorschreibend, bestimmend, eingreifend sein.«[10] Während aber Fröbel bei der nachgehenden Erziehung primär das Muster der »organischen Entwicklung« im Auge hat, die sich von innen her, nach eigener Notwendigkeit entfaltet,[11] gilt ein solches Muster für Jean Paul nicht. Ein Prototyp eines am organischen Entwicklungsgedanken orientierten Erziehungsverständnisses scheint für ihn Rousseaus Konzeption der negativen Erziehung zu sein, von der er sagt, sie »widerspreche sich«, weil hier doch »organisches Leben voll Wachstum ohne Reizmittel« gedacht werde.[12]

Erziehung besteht für Jean Paul »weder in bloßer Entwicklung [...] – denn jedes Fortleben entwickelt – [...], noch in der Entwicklung aller Kräfte [...], weil sich nicht auf einmal die ganze Summe potenzieren lässt«.[13] Es mag auf den ersten Blick überraschen, wenn Jean Paul die richtig verstandene, entfaltende Erziehung an den Zukunftsbezug der Erziehung und damit an das »Ziel der Erziehungskunst« bindet: »Nicht für die Gegenwart ist das Kind zu erziehen – denn diese tut es ohnehin unaufhörlich und gewaltsam –, sondern für die Zukunft, ja oft auch wider die nächste.«[14] Diese Zukunft ist aber gerade nicht die für den Heranwachsenden vom Erzieher stellvertretend antizipierte Zukunft – denn das wäre eine pädagogisch gesehen illegitime Position, die vor Jean Paul bereits Rousseau kritisiert hatte und die später auch von Friedrich Schleiermacher zurückgewiesen werden wird. Die »rechte Freilassung der Kinder-Seelen« im Hinblick auf deren Zukunft ist vielmehr, wie er unter Berufung auf Rousseau feststellt, an die Selbstentwicklung der Natur des Kindes und damit an dessen Mitwirkung gebunden. Jean Paul fügt aber – und das ist nicht rousseauisch gedacht – hinzu: »Das tut sie auch, überall, immerdar, aber nur in Naturen, d. h. in der Individualität der Zeiten, Länder und Seelen.«[15]

Die Individualität ist der alles entscheidende Gesichtspunkt der Erziehungstheorie Jean Pauls: Der Mensch, das Ich, ist immer schon Individuum – und doch muss sich dieses immer erst bilden. Mit dieser nicht organologischen, sondern an Kontingenz bzw. Zufall und Bedingtheit ebenso wie an Selbstentwicklung und Selbsttätigkeit gebundenen Konzeption der Individualität lässt sich auch eine Verbindung herstellen zum »Idealmenschen, der in jedem Kinde umhüllt liegt«. Denn die »Individualität des Idealmenschen«, die weder Produkt »bloßer Entwicklung« (Sozialisation) noch Produkt einer allmächtigen Erziehung sein kann, hat die Erziehung »auszuforschen und hochzuachten«.[16] Die Individualität des Idealmenschen kommt nicht fertig zur Welt, sondern in ungebildeter Form und daher »versteinert«. Dem Menschen »nun von so vielen Gliedern die Steinrinde wegzubrechen, dass sich die übrigen selbst befreien können, dies ist oder sei Erziehung«.[17] Die Individualität ist bei Jean Paul weder nur »Inzidenzpunkt«, wie bei Herbart, noch eine pädagogisch irrelevante Größe: Sie ist der »Sinn der Sinne« und daher unhintergehbar und bildsam zugleich. Die Erziehung müsse die Individualität so beachten und anerkennen, dass sie die Individualität selbst ihre eigentümliche Form finden lässt.

Hierzu muss der Erzieher Jean Paul zufolge sich vergegenwärtigen, dass er die »intellektuelle Eigentümlichkeit« nur fördern kann, indem er sie reizt und insofern »wachsen« lässt. Die »sittliche« Eigentümlichkeit muss er dagegen »beugen und lenken«. Sie, die Charakterbildung des Individuums, bedarf der »Grenzbestimmung«, weil Einseitigkeiten sie verunstalten würden. Der »kühne Charakter« bedürfe der Liebe und der Klugheit, die »liebende Seele« benötigt Klarheit und Ehre. Das gilt nach Jean Paul auch für die Geschlechtererziehung, die wechselseitige Relativierungen erforderlich macht: »So könnte man den genialen [...] öfters den Kochlöffel in die Hand geben, und den Köchinnen von Geburt eine oder die andere romantische Feder aus einem Dichter-Flügel.«[18]

Auch in den *Monologen* des jungen Theologen und Frühromantikers Friedrich Schleiermacher dominiert die Idee der Individualität, die hier vor allem in ihrer ethischen und bildungstheoretischen Bedeutung herausgestellt wird. Schleiermachers Text sollte ursprünglich »Selbstanschauungen« heißen und eine Modifikation und Korrektur der ethischen Auffassungen Kants wie Fichtes darstellen, da beide, so Schleiermachers Einwand, nur das Allgemeine des menschlichen Gesetzes bzw. des Sittengesetzes herausstellen und damit das Individuelle tendenziell zum Verschwinden bringen. Der Blick »ins innere Selbst«, die »Reflexion«, zeigt den Menschen als ein freies Wesen, so dass, »wer von seinem inneren Handeln nichts weiß«,[19] sich selbst wie ein Fremder begegnen muss, der von außen, sei es von der Natur, sei es von der Gesellschaft, geprägt und determiniert ist. Zugleich zeigt sich im monologischen Blick des Menschen auf sich selbst der individuelle Charakter des Menschen als Ausdruck des »inneren Werthes [...] des eigenen Lebens«.[20] Damit sind zugleich pädagogischen Implikationen angesprochen, denn in der gegenwärtigen Erziehung wird im Gegensatz dazu der heranwachsende Mensch »vom ersten Bande der Erziehung an [...] nach fremden Gedanken beschränkt und früh zur Sklaverei des Lebens gewöhnt«.[21]

Der junge Schleiermacher verbindet Motive der Aufklärung mit solchen der beginnenden Romantik und des deutschen Idealismus. Er sieht sich als »prophetische[n] Bürger einer späteren Welt«[22] an, in welcher Tradition, Herkunft und Überlieferung nicht auf Dauer konserviert sind, sondern »Welt und Menschheit in ihrem ganzen Umfang«[23] als Medien der Bildung angesehen werden. Diese Medien fordern die Erfahrung (Rezeptivität) des Einzelnen ebenso heraus, wie sie dessen Selbsttätigkeit und Kreativität freisetzen. Die bildungstheoretische »Schlüsselidee« (Ch. Taylor) besteht – ganz ähnlich wie bei Humboldt – darin, Welterfahrung mit Selbstbildung und Selbstbestimmung mit Weltaneignung zu verbinden. Die klärend-suchende Ausarbeitung des Ich durch Weltaneignung und das selbsttätige Finden und Bestimmen des eigenen Ich gelten als zwei Seiten ein und desselben Vorganges, ebenjener Bildung des Menschen, von der die Protagonisten dieser Bildungskonzeption annahmen, dass mit ihr zugleich der Prozess der Weltbildung, also der erneuernden Welt- und Gesellschaftsgestaltung, herbeigeführt werden könne. Das Ergebnis und das Resultat eines solchen Bildungsprozesses ist nun für Schleiermacher sowohl allgemein als auch individualisierend zugleich:

»So [...] ist mir klargeworden, dass jeder Mensch auf eigene Art die Menschheit darstellen soll, in einer eigenen Mischung ihrer Elemente, damit auf jede Weise sie sich offenbare, und wirklich werde in der Fülle der Unendlichkeit Alles[,] was aus ihrem Schoosse hervorgehen kann«[24].

Beim frühromantischen Schleiermacher verbinden sich im
Hinweis auf die Unendlichkeit bildungstheoretische mit
religionstheoretischen Denkmotiven. Fast zeitgleich zu
den *Monologen* publizierte er eine Schrift, die ihn mit einem Schlage berühmt machte: *Über die Religion. Reden an
die Gebildeten unter ihren Verächtern.*[25] Beide Schriften,
die *Monologen* wie die *Reden*, stehen in einem komple-
mentären Verhältnis zueinander: Die *Reden* wollen alles
Wirkliche – die Natur und die Menschheit – als Abdruck
des Unendlichen, als Offenbarung des Universums, sehen
und sehen lehren. Die Frage nach dem Individuellen ist in
dieser Schrift zwar schon angelegt und vorbereitet, aber sie
tritt hier noch nicht in den Mittelpunkt des Gedankens.
Die *Monologen* dagegen setzen die Abkünftigkeit des einzelnen Menschen vom Universum voraus und suchen die
Idee der Individualität zu entfalten.

8. Die Bildungskonzeption
des Neuhumanismus

Der Neuhumanismus stellt – stärker und entschiedener als
der Humanismus der Renaissance, der den Charakter einer
Gelehrtenbewegung nie ganz überschreiten konnte – eine
Antwort auf die sich verändernden gesellschaftlichen und
politischen Herausforderungen des 18. Jahrhunderts dar,
insbesondere seit der Französischen Revolution. Seine
frühesten Ansätze zeigen sich in der ersten Hälfte des
18. Jahrhunderts, seine Blütezeit liegt zwischen 1790 und
1830. Im Laufe des 19. Jahrhunderts beginnen mit der Institutionalisierung des (humanistischen) Gymnasiums seine ursprünglichen Überzeugungen zu verblassen und in
eine zunehmend bildungsbürgerliche Rechtfertigung vor
allem des Gymnasiums abzugleiten.

Zur Entstehung des Neuhumanismus

Obwohl der Neuhumanismus keine pädagogische Theorie
im engeren Sinne hervorgebracht hat, ist er ein bedeutender Bestandteil einer Epoche, die zu den produktivsten der
deutschsprachigen Pädagogik zählt. Zu den Grundprämis-
sen der Repräsentanten des Neuhumanismus, der Vertreter
des deutschen Idealismus sowie der pädagogischen Systematiker gehört es,[1] dass pädagogische Reformen, die den
aufklärerischen Ideen von Freiheit, Gleichheit und Vernunft verpflichtet sind, insbesondere in der institutionalisierten Bildung von Schulen und Universitäten nur als Teil
gleichzeitiger umfassender Reformen in Politik, Gesellschaft und Kultur erfolgreich sein können. Dass der Neuhumanismus einen »semantischen Sonderweg« (Bollenbeck) eingeleitet und einem aggressiven Nationalismus sowie einer gesellschaftsabgewandten Innerlichkeitspflege

Tür und Tor geöffnet hat, wird man nur behaupten können, wenn man die bildungsbürgerliche Rezeptionsge-
schichte des Neuhumanismus (und des deutschen Idealismus) zu dessen Inbegriff erklärt – auch dann, wenn man
zugeben muss, dass es innerhalb des Neuhumanismus und
des Idealismus Wege und Irrwege der angedeuteten Art
durchaus gegeben hat.

Dass der Neuhumanismus in vielfacher Hinsicht der
Aufklärung verpflichtet bleibt und eine Reform des damaligen Bildungswesens für erforderlich hält, die den Bedürfnissen des veränderten gesellschaftlichen Lebens Rechnung trägt, steht nicht im Gegensatz zum Philanthropismus und zur Aufklärungsepoche insgesamt. Was ihn vom
Philanthropismus unterscheidet, ist die Bestimmung des
Ziels pädagogischen Handelns und die Art und Weise, wie
dieses Ziel reflektiert und bestimmt wird. Bildung, so lässt
sich zusammenfassend und vereinfachend sagen, dient
nicht als Mittel für die Steigerung und Entwicklung von
Nützlichkeit und gesellschaftlicher Brauchbarkeit. Bildung
ist überhaupt kein Mittel für irgendetwas anderes, sondern
selber Zweck, also ein Zweck in sich selbst! »Der wahre
Zweck des Menschen … ist die höchste und proportionir-
lichste Bildung aller Kräfte zu einem Ganzen«,[2] schreibt
Wilhelm von Humboldt, und er fasst mit diesem Satz nur
zusammen, was im Grunde alle Neuhumanisten denken.

Die begriffliche Unterscheidung, dass etwas entweder
Zweck in sich selbst oder Mittel für etwas anderes ist, ent-
stammt der griechischen Philosophie. Aristoteles unterscheidet zwischen Technik (*poiesis*) und Praxis: Techni-
sches Handeln dient der Herstellung eines Produkts, während im Gegensatz dazu praktisches Handeln dadurch
bestimmt ist, dass sich in ihm das Handeln und sein Ergebnis nicht voneinander trennen lassen. Bildung ist, auf der
Folie dieser Unterscheidung, ein grundlegendes Merkmal
menschlicher Praxis – und genauso hat es Humboldt verstanden. Unter pädagogischen Vorzeichen gesehen bedeu-

tet das, dass erzieherisches oder bildendes Handeln nicht Mittel zu irgendeinem äußeren Zweck ist, sondern deshalb, weil kein Handeln zwecklos sein kann, sein Ziel im Subjekt selbst hat. Erziehung und Bildung haben daher eine eigene Logik und Struktur, durch die sie sich von herstellenden Tätigkeiten und von anderen Formen des Handelns unterscheiden. Diese Logik und Struktur besagt, dass Erziehung den Heranwachsenden nicht als ein verfügbares Objekt, sondern als ein eigenständiges Subjekt behandeln muss, das an seiner eigenen Erziehung mitwirken kann und soll.

Der Neuhumanismus operiert über diese griechische, im 18. Jahrhundert erneuerte Unterscheidung von Technik und Praxis hinaus auch mit Theorien und Konzepten, die anderen Epochen und Denkrichtungen entstammen. So übernimmt er beispielsweise die im Renaissance-Humanismus bereits entwickelte Anthropologie der Unbestimmtheit, der Lernfähigkeit und der Bildsamkeit des Menschen. Leibniz' Monadenlehre, der zufolge die Ordnung der Welt aus Wesenheiten besteht, die diese Ordnung auf je einmalige Weise, aber vollständig spiegeln, baut der Neuhumanismus zu einer Theorie der Individualität aus. An der Moralphilosophie und Ästhetik des schottischen Philosophen Anthony Ashley Cooper, des dritten Earl of Shaftesbury, fasziniert die Neuhumanisten dessen Lehre von der »inneren Form« (*inward form*), derzufolge der Mensch nicht nur äußere Dinge bearbeiten und verändern, sondern auch sich selbst gestalten und bilden kann.[3] Schließlich finden die Neuhumanisten in Kants ethischer Bestimmung des Menschen als Zweck an sich selbst zugleich eine Bekräftigung für das Verbot jedweder Instrumentalisierung des Menschen und lassen sich vor allem durch Rousseaus zweiten Diskurs darüber aufklären, dass diese Instrumentalisierung selbst ein Werk der Kultur und der vom Menschen gemachten gesellschaftlichen Ordnung ist.

Aber diese Hinweise genügen noch nicht, um ein wesentliches Spezifikum des deutschen Neuhumanismus zu

erfassen, nämlich seine Griechenverehrung. Im gleichen
Jahr, in dem Rousseau seinen zweiten *Diskurs über die
Ungleichheit unter den Menschen* veröffentlicht, erscheinen in Deutschland Johann Joachim Winckelmanns *Gedanken über die Nachahmung der griechischen Werke in
der Malerei und Bildhauerkunst.* Der kleine Text hat in
heute kaum noch nachvollziehbarer Weise den damaligen
Intellektuellendiskurs beflügelt und befördert. Winckelmanns Idealisierung des Griechentums findet unter den
Neuhumanisten zahlreiche Nachfolger. Offenbar verstehen sie Winckelmanns Abhandlung als eine Antwort auf
die sie bedrängende Frage, wie der Gegenstand beschaffen
sein muss, durch den sich die als Selbstzweck verstandene
Bildung auf den Weg bringen lässt.

Johann Matthias Gesner gehört zusammen mit Johann
August Ernesti und Christian Gottlob Heyne zu denjenigen Gelehrten und Intellektuellen des 18. Jahrhunderts, die
den Neuhumanismus nicht nur vorbereitet, sondern teilweise schon vorweggenommen haben.[4] Gemeinsam ist allen dreien, dass sie die Lektüre der klassischen Literatur
nicht mehr, wie der Schulhumanismus ihrer Zeit, als Hilfs-
mittel und Propädeutikum für das Studium anderer Wissenschaften, vor allem der Theologie, ansehen, sondern
diese Lektüre zum Selbstzweck im Sinne der Bildung des
Menschen erheben. Gesner, der seine Ideen an der Leipziger Thomasschule in die Praxis umsetzte, bevor er 1734 an
die neu gegründete Universität Göttingen berufen wurde,
kritisiert den althumanistischen Schulunterricht, dessen erklärte Absicht es war, durch Nachahmung (*imitatio*) der
klassischen griechischen und römischen Literatur Fertigkeiten im Gebrauch der alten Sprachen zu vermitteln. Im
Grunde erneuert Gesner damit die schon von Erasmus von
Rotterdam bereits vertretene Auffassung, dass die Lektüre
der Alten vorzüglich dazu geeignet sei, das eigene Urteil
und den sittlichen Geschmack zu bilden. Zugleich über-
schreitet er diese Maxime der führenden Renaissance-

Humanisten, wenn er erwartet, dass die Schüler Urteil und Geschmack nunmehr auch in der eigenen (deutschen) Sprache zum Ausdruck bringen sollen. Seine *Isagoge in eruditionem universalem* (›Einführung in die allgemeine Bildung‹) zeigt, wie entschieden er sich um die Vergegenwärtigung der humanistischen Forderung bemüht, durch Lektüre und Befassung mit den alten Schriftstellern die eigene Haltung und den Umgang mit sich und der Welt zu verbessern:

»Wer also ihre Schriften lieset und verstehet, der genießet des Umgangs der größten und edelsten Seelen die jemals gewesen, und nimmt dadurch auch selbst, wie es bei aller Konversation geschiehet, schöne Gedanken und nachdrückliche Worte an. – Diejenigen aber, so ohne die Alten gelesen zu haben philosophieren, werden zum öftern schwatz- und prahlerhafte Leute, welche alles, was sie von ihren Lehrern gehöret oder ihnen selbst einfällt, vor große Geheimnisse und nie erhörte Erfindungen ausgeben und alles andere aus Unwissenheit verächtlich traktieren. Wer aber die Alten […] lieset und dabei die Gründe der Mathematik studieret, bekömmt geübte Sinnen, das Wahre von dem Falschen, das Schöne von dem Unförmlichen zu unterscheiden, allerhand schöne Gedanken in das Gedächtniß, eine Fertigkeit anderer Gedanken zu fassen und die seinigen geschickt zu sagen, eine Menge von guten Maximen, die den Verstand und Willen bessern«.[5]

Johann August Ernesti, der zunächst wie Gesner Lehrer an der Leipziger Thomasschule war, bis er als Professor für Eloquenz und Theologie an die dortige Universität ging, wurde aufgrund seiner Kritik an der »Schulverdummung« (*stupor paedagogicus*) berühmt. Eine solche Verdummung stellt sich ein, so Ernesti, wenn die Lektüre der alten Schriftsteller ausschließlich um ihres floskelhaften Gebrauchs willen betrieben wird, während umgekehrt es doch darauf ankommt, sich die »Klarheit« und »Würde«, den »Anmut« und den »Scharfsinn« der Alten anzueignen und zum Bestandteil der eigen Selbst- und Weltdeutung zu machen.

Christian Gottlob Heyne schließlich, der Schüler Ernestis in Leipzig und Nachfolger Gesners in Göttingen, zählt zu den unmittelbaren Wegbereitern des Neuhumanismus. Friedrich August Wolf, Johann Heinrich Voss, die Brüder Schlegel und Wilhelm von Humboldt waren seine Schüler. Der Professor für Poesie und Beredsamkeit verfolgte nicht nur mannigfaltige wissenschaftliche Interessen, deren Mittelpunkt aber zweifellos die klassischen Schriftsteller sind, er hatte auch schulreformerische Ambitionen. »Für die frühe Bildung des Geschmacks«, schreibt Heyne in einem Visitationsbericht aus dem Jahr 1771, »ist das Lesen der großen griechischen Schriftsteller entscheidend; Größe und Einfalt prägen sich den jungen Seelen ein; ich zweifele, dass derjenige, welcher Griechisch zu lesen gewohnt ist, sich jemals durch alle die abenteuerlichen Geniestreiche unseres Zeitalters täuschen lassen wird.«[6]

Zu den bedeutenden Vertretern der neuhumanistischen Bewegung zählt auch Friedrich August Wolf. Er gilt als Begründer der Altertumswissenschaft und der klassischen Philologie. Nach seinem Studium bei Heyne von 1777–79 wird er in Halle Nachfolger des Philanthropen Ernst Christian Trapp, des ersten Lehrstuhlinhabers für Erziehungswissenschaft. Trapp hatte sein Amt nur drei Jahre ausgeübt und Halle dann aus persönlichen Gründen verlassen. Wolf wurde wie Trapp zunächst als Professor für Erziehungswissenschaft eingestellt. Weil er aber zunächst nur philologische Vorlesungen anbot, wurde alsbald seine ursprüngliche Professur in eine solche für Beredsamkeit umgewandelt mit der ausdrücklichen Bitte des preußischen Ministeriums, in Halle Philologen auszubilden.[7]

Wolf hat in dieser Funktion begonnen, die klassischen

Studien und ihre diversen Teildisziplinen »zu einem organischen Ganzen zu vereinigen und zu der Würde einer
wohlgeordneten philosophisch-historischen Wissenschaft
emporzuheben«.[8] Die Altertumswissenschaft verabschiedete sich damit endgültig von ihrer bisherigen Rolle als
Hilfsdisziplin für die von den Neuhumanisten und Idealisten gern als »Brotwissenschaften« bezeichneten Berufsdisziplinen wie Theologie und Jurisprudenz und entwickelte
sich zu einer eigenständigen Fachwissenschaft. Wolf geht
über die seit dem Renaissance-Humanismus bekannten
und von Gesner, Ernesti und Heyne erneuerten Aussagen
zur bildenden Bedeutung der klassischen Studien deutlich
hinaus. Die Befassung mit der antiken Literatur konfrontiert nach Wolf den Leser mit einer ihm fremden Welt der
Kultur, der Ideen und der sprachlichen Bezeichnungen.
Was die antike Welt so unvergleichbar macht, ist, so Wolf,
ihre Größe und Schönheit, ihre Eigentümlichkeit und Originalität, mit der sich kein anderes Volk messen und vergleichen kann. Vor allem die Griechen sind in ihren Staaten
und Verfassungen, in ihrer Sitte und Sprache, in allem also,
was dieses Volk von anderen Völkern unterscheidet, »aus
angestammter Natur so original«, wie es nirgendwo anders
anzutreffen ist. Die Griechen mit ihrer »in sich geschlossenen Welt […] wussten auch dem von auswärts Entlehnten
solch einen Stempel ihres Genius aufzudrücken und es so
zu bereichern und zu befruchten, dass alles bald ihr Eigentum wurde«.[9] Die Kontrasterfahrung des zur idealen
Menschheitsform stilisierten Griechenlands soll – und exakt darin liegt die bildende, eben nicht fachwissenschaftliche Bedeutung der Altertumsstudien – die eigene Nation
befruchten und deren Kultur ebenso wie die anderen europäischen Nationalkulturen in ihrem »Gemenge von streitenden Stoffen und Formen«[10] durchschauen und auch
überwinden helfen.

   Das Studium der Altertumswissenschaft hat, so lautet
das neuhumanistische Credo, *per se* bildende Bedeutung.

In diesem Punkt stimmen alle Neuhumanisten überein. Hierin liegt auch der Grund für die eingangs formulierte These, dass der Neuhumanismus eine eigene pädagogische Theorie nicht hervorgebracht hat: Die Beschäftigung mit dem klassischen Altertum hat ja deshalb bildende Bedeutung, weil sie den Menschen nicht nur mit der Erfahrung von Fremdheit, von Anderssein und Kontingenz, sondern – darüber hinaus – mit der zeitlos gültigen Kultur »echter Menschlichkeit« konfrontiert.[11] In dieser systematischen Verknüpfung von Fremdheitserfahrung und idealisierter Menschlichkeit liegt eines der zentralen Merkmale der neuhumanistischen Bildungsphilosophie. Der Glaube, in Griechenland den Inbegriff der Menschlichkeit zu finden, macht verständlich, warum die preußische Bildungsreform annahm, vom neu geschaffenen Stand des Gymnasiallehrers das Studium der Altertumswissenschaft erwarten zu dürfen.[12]

Wolf hat die für die Gymnasialpädagogik des 19. Jahrhunderts folgenreiche Identifizierung von Philologie mit Pädagogik in seinen von Amts wegen gehaltenen pädagogischen Vorlesungen zwischen 1799 und 1801 selbst herausgestellt.[13] In seinem 1803 bei der philosophischen Fakultät zu Halle eingereichten Aufsatz *Grenzbestimmung zwischen dem Unterricht auf den Schulen und auf den Universitäten und zwischen der Bildung in den nachherigen praktischen Bildungsanstalten,* der Humboldts eigene Pläne zur Bildungsreform vermutlich mitinspiriert hat, bestimmt Wolf den Unterricht zunächst so, dass er erst auf der Universität wissenschaftlich, auf den Schulen aber »vorbereitend, im Allgemeinen bildend und elementarisch seyn« muss.[14] Für die Schüler des Gymnasiums sei »die Erlernung der Sprachen, besonders der gelehrten alten, für das jugendliche Alter die angemessenste Übung«.[15] Er wiederholt hier zunächst nur die von den Wegbereitern des Neuhumanismus vorgetragenen Rechtfertigungsgründe für das Studium der antiken Schriftsteller:

»Dadurch, dass das Studium der alten Sprachen an den klassischen Schriftstellern getrieben wird, bildet es einen reinen Geschmack und eine richtige Beurtheilungskraft, die in der glücklichen Behandlung der Wissenschaften und in dem praktischen Leben so nothwendig sind, vor nichtswürdigen Subtilitäten [Detailverliebtheiten], und vor Schwärmerei verwahren, und zu liberalen Gesinnungen gewöhnen.«

Den entscheidenden Punkt für die Befassung mit den alten Sprachen spricht er dann unter dem Gesichtspunkt der »Klarheit« an: Die Lektüre der Alten vermittelt den Schülern diese Klarheit, weil sie ihnen die »Einfalt der Sitten und Einrichtungen der alten Welt« präsentiert, also »ohne die Verwickelungen, mit denen sie in der neuen Civilisation erscheinen«.[16]

Im Jahr 1808 veröffentlicht der bayrische Studienrat Friedrich Immanuel Niethammer eine neuhumanistische Kampfschrift mit dem Titel *Der Streit des Philanthropinismus und Humanismus in der Theorie des Erziehungsunterrichts unserer Zeit.*[17] Die Schrift wendet sich sowohl gegen die zu dieser Zeit schon im Niedergang befindliche philanthropische Pädagogik, der der Autor eine einseitige Orientierung an der gesellschaftlichen Gemeinnützigkeit und Brauchbarkeit vorwirft, als auch gegen den schon von den Philanthropen kritisierten Schulhumanismus, dem er vorhält, er plädiere für eine berufsbezogene Gelehrtenbildung anstelle einer neuhumanistisch verstandenen Menschenbildung. Beide, der Philanthropismus ebenso wie der Schulhumanismus, verkennen die Erfordernisse einer vernunftorientierten Bildung und einer Bildung zur Vernunft, weil sie externe, d. h. Nützlichkeitsargumente geltend machen. Dies gilt aber nur mit dem Unterschied, dass die einen für, die anderen eher gegen das Erlernen der alten Sprachen waren. Mit Friedrich August Wolf und den gerade entstehenden Altertumswissenschaften betont Niethammer, dass die Bedeutung des Studiums der klassischen Sprachen in diesem selbst zu finden ist, weil in ihm wie in keinem anderen Medium die Möglichkeit der Bildung zur Vernunft liegt und in der Form wie im Inhalt der klassischen Studien die Vernunft gleichsam von selbst zur Sprache kommt. In einer an die Philosophie Kants erinnernden Weise stellt Niethammer es geradezu als »Pflicht« der erziehenden Generation heraus, die nachwachsende Generation zur Vernunft zu erziehen.[18] Die Rechtfertigung der alten Sprachen erfolgt daher nicht in erster Linie kulturtheoretisch, also über den Hinweis auf die überragende historische Bedeutung, die die griechische und die römische Antike für Europa hat. Sein Argument lautet vielmehr, dass in keinem Medium die Vernunft so exponiert hervortritt wie in den alten Sprachen. Gleichwohl hat Niethammer die neuhumanistische Gleichsetzung von Vernunft und deren Bildung durch klassische Studien auch ein Stück weit relativiert, indem er, ebenso wie Humboldt und Schiller, nicht ausschließt, dass eines Tages eine klassische (deutsche) Literatur und Philosophie entstehen könne, die die griechische und lateinische zu ersetzen in der Lage sei.

Die unter den Neuhumanisten fast zum Gemeingut gewordene Idealisierung Griechenlands zum Inbegriff der Menschheit geht nun parallel zu der bei Friedrich August Wolf und anderen Neuhumanisten anzutreffenden Auffassung, nicht nur die griechische Kultur, sondern alle kulturellen und zivilisatorischen Erzeugnisse des Menschen als geschichtliche und individuelle Erscheinung, eben Ausdrucksphänomen menschlicher Tätigkeit aufzufassen. Für den Philologen Wolf zeigt sich dies insbesondere in den unterschiedlichen Sprachen der Menschheit als den ersten und ursprünglichsten »Kunstschöpfungen des menschlichen Geistes«.[19]

Dass Geschichtlichkeit und Sprachlichkeit Wesensmerkmale des Menschen sind, hat der Theologe und Philosoph Johann Gottfried Herder in einer Vielzahl von Schriften zu einer geschichtsphilosophischen Position ausgebaut, der zufolge sich Mensch und Menschheit in der Geschichte in unabschließbarer Weise bildend hervorbringen. Die Geschichte selbst wird hier zur Bildungsgeschichte des Menschen, deren unerschöpfliche Variationen die Bildsamkeit des Menschen anzeigt, welche sich in den Sprachen und Kulturen ebenso wie im einzelnen Menschen zur je einmaligen historischen Gestalt verdichten. Für Herder wird damit die Geschichte zugleich sowohl zu einer Bildungsmacht als auch ihre Aneignung zur Bedingung für weitere Bildung. Im historischen Geschehen erblickt er, in einer berühmt gewordenen Formel, den »Gang Gottes über die Nationen«.[20] Damit ist gemeint, dass der geschichtliche Prozess weder sinn- und richtungslos ist noch durch den Willen des Menschen oder ein in der Geschichte selbst gelegenes Gesetz, etwa das des Fortschritts, gesteuert wird. Mit dieser geschichtsphilosophischen Position wird die aufklärerisch-rationalistische Auffassung hinfällig, man könne den Entwicklungsstand eines Volkes oder einer Epoche nach von außen an sie herangetragenen Normen oder Maßstäben beurteilen: Jedes Volk, jede Epoche, jede Nation, jedes Individuum muss aus sich selbst heraus verstanden werden: »Jede Nation hat ihren Mittelpunkt der Glückseligkeit in sich, wie jede Kugel ihren Schwerpunkt!«[21] Einen schrankenlosen Relativismus schließt Herder schon deshalb aus, weil für ihn Humanität die Bestimmung des Menschen ist, Humanität als solche aber nicht eine bestimmte Gestalt oder eine bestimmte Lebensform kennt, sondern viele Formen und Gestalten annehmen kann. So wie der Einzelne zur Humanität bestimmt ist, so für Herder auch die weltgeschichtliche Entwicklung im Ganzen.

Dass Herder zufolge Sprachlichkeit und Geschichtlichkeit zum Wesen des Menschen gehören, ist gegen Rousseau gerichtet, für den der Eintritt des Menschen in die Geschichte ebenso wie die Erfindung der Sprache den Beginn der Entfremdungs- und Herrschaftsgeschichte des

Menschen markieren. Gleichzeitig hat Herder aber auch von Rousseau gelernt und vieles von ihm übernommen, zum Beispiel dessen These von der Unbestimmtheit des Menschen und die Auffassung, dass »Perfektibilität« und »Corruptibilität«, also die Entwicklung zum Guten wie zum Schlechten, das menschliche Geschlecht und seine Geschichte kennzeichnen.

Auch Friedrich Schiller hat an Rousseaus Diagnose und Kritik der Geschichte als Entfremdungsgeschichte der menschlichen Gattung angeknüpft. In den *Briefen über die ästhetische Erziehung des Menschen* verbindet er Rousseaus Gegenwartsdiagnose mit neuhumanistischen Auffassungen, wenn er schreibt:

> »Ewig nur an ein einzelnes kleines Bruchstück des Ganzen gefesselt, bildet sich der Mensch selbst nur als Bruchstück aus; ewig nur das eintönige Geräusch des Rades, das er umtreibt, im Ohre, entwickelt er nie die Harmonie seines Wesens, und anstatt die Menschheit in seiner Natur auszuprägen, wird er bloß zu einem Abdruck seines Geschäfts, seiner Wissenschaft.«[22]

Anders als Rousseau greift Schiller aber nicht auf den Naturzustand zurück, sondern auf die Griechen, in denen er jene Ganzheit und Einheit zu erkennen glaubt, an der es dem modernen Menschen in seiner Zerrissenheit und Fragmentarität mangelt. Er entwirft in den *Briefen* eine Geschichtstheorie in praktischer Absicht, der zufolge auf die Stufe der Entfremdung und des Verfalls eine solche der Versöhnung des Menschen mit sich selbst folgen soll. Schiller gewinnt damit eine über Rousseaus Ansichten hinausgehende Zukunftsperspektive, die weder einen absoluten Neuanfang in der Geschichte setzen will, noch die Notwendigkeit einer reformierenden Umgestaltung der gesellschaftlichen Wirklichkeit als Ganzes leugnet. Schiller hat dieses Programm und die Theorie einer solchen Reform in den *Briefen* mit der Metapher des Uhrwerks beschrieben, das ausgebessert werden soll, noch während es schlägt: Es gelte, »das rollende Rad während seines Umschwunges auszutauschen«.[23]

Humboldt: Selbstbildung und Weltbildung

Die Bedeutung, die dem Neuhumanismus für die Entwicklung der modernen Bildungstheorie zukommt, geht weit über dessen Verehrung von Griechenland hinaus. Sie ist über eine Neuaneignung der Antike vermittelt, die in dieser weniger ein Ideal für die Gegenwart als vielmehr eine Epoche erblickt, von der her die Moderne sich neu begreifen kann. An der Person von Wilhelm von Humboldt lassen sich diese Zusammenhänge leicht erläutern. Neben der auch bei ihm anzutreffenden Idealisierung der griechischen Sprache, zu der das Deutsche eine besondere, über alle anderen lebenden Sprachen erhabene Beziehung haben soll, ist von zentraler Bedeutung, dass Humboldt in seinem Fragment *Theorie der Bildung des Menschen* (1793–95) und in anderen Schriften Bildungsprozesse in einem Spannungsfeld zwischen »Entfremdung« und der »Rückkehr« aus der Entfremdung verortet (I).[24]

Die bildende Bedeutung der alten Sprachen bindet er daran zurück, dass es sich bei diesen um abgeschlossene, tote Sprachen handelt, die nicht mehr als Muttersprache von einem *native speaker* erlernt, sondern nur künstlich angeeignet und weitergegeben werden können. Die Künstlichkeit ihrer Aneignung verlangt und bewirkt, dass diejenigen, die sich auf sie einlassen, in eine fremde Welt eintreten, aus der sie in ihre Gegenwart nicht mehr als dieselben zurückkehren, die sie vorher waren. In seiner Abhandlung *Über den Charakter der Griechen* setzt Humboldt anders als die Philanthropen und die Schulhumanisten nicht auf einen performativen Umgang mit dem im Studium der alten Sprachen erlangten Wissen, sondern auf die Erfahrung eines »Widerstreits des Antiken und Modernen«,[25] der sich insbesondere im Raum von Kunst und Literatur zeige. Die zentrale Differenz zwischen Antike und Moderne erkennt er darin, dass die Alten das »Individuum an die Gattung, die Gattung an das Universum« zurückbinden, während die Modernen das »Individuum von der Gattung« und die »Gattung vom Universum« trennen.[26] Moderne Freiheit geht im Unterschied zur Freiheit des antiken Bürgers nicht mehr in der Teilhabe des Einzelnen an einem in Analogie zum Kosmos der Natur gesellschaftlich geordneten Ganzen auf, sondern sieht sich mit der Vereinzelung der Subjekte und dem Auseinandertreten von Wissenschaft und Kosmologie, Sitte und Politik, Kunst und Religion konfrontiert.

Die Erfahrung dieses »Zwiespalts« zwischen der antiken und modernen Welt kann nach Humboldt selbst »bei der freigebigsten Einräumung einer unendlichen Perfectibilität« nicht in etwas Drittem aufgehoben werden.[27] In seiner Studie zur *Geschichte des Verfalls und Unterganges der griechischen Freistatten* stellt er, sich hierdurch von anderen Neuhumanisten deutlich unterscheidend, fest, dass die »Harmonie« der alten Welt »unwiederbringlich zerstört« ist.[28] Nicht die Idealität und Nachahmung der in sich abgeschlossenen Welt der Griechen und Römer, sondern die Distanz, welche die Vertiefung in die Antike gegenüber der modernen Welt erzeugt, kann bildend auf den zurückwirken, der das eigene Zeitalter verlässt und mit fremdem Blick aus der Beschäftigung mit den Alten in seine Zeit zurückkehrt.

Bildung als Entfremdung gegenüber der eigenen Zeit verlangt, um praktisch zu werden, nach einer Rückkehr aus der Entfremdung, die sich dem Problem stellt, wie die eigene Form und die Form der zeitgenössischen Gesellschaft in eine neue Form übertragen werden können. Gesellschaftliche und individuelle Transformationen denkt

Humboldt nicht als einen einförmigen, sondern als einen sich in verschiedene Sphären ausdifferenzierenden Prozess, an dem die Logiken einer lebenslang sich vollziehenden allgemeinen Menschenbildung und einer über didaktischen Unterricht vermittelten schulischen Grundbildung auf unterschiedliche Weise teilhaben. Während der Widerstreit zwischen Antike und Moderne im Raum allgemeiner Menschenbildung die Entwicklung von Sitte und Recht, Kunst, Wissenschaft und Religion befördern kann, ist es Aufgabe schulischen Unterrichts, u. a. durch eine elementare Vermittlung der lateinischen und griechischen Sprache in diesen Widerstreit einzuführen.

Seine ersten Erfahrungen mit der modernen Pädagogik machte Wilhelm von Humboldt nicht in einer öffentlichen Schule, sondern gemeinsam mit seinem jüngeren Bruder Alexander bei ihrem Hauslehrer Joachim Heinrich Campe,[29] der den Brüdern nicht nur das Lesen und Schreiben, sondern auch die Anfangsgründe der Geographie und Länderkunde beibrachte. Die Ausbildung in Nationalökonomie und Statistik sowie Naturrecht und Philosophie übernehmen führende Vertreter der Berliner Aufklärung. Mit zwanzig Jahren nimmt Wilhelm von Humboldt in Frankfurt an der Oder sein Studium der Jurisprudenz auf, das er in Göttingen fortsetzt und nach vier Semestern beendet. Ende 1788 tritt Wilhelm von Humboldt eine Bildungsreise durch Deutschland an. Diese bricht er 1789 wenige Wochen nach dem Pariser Sturm auf die Bastille ab, um gemeinsam mit Campe nach Paris aufzubrechen und an der Französischen Revolution, dem herausragenden politischen Ereignis der Epoche, als Zuschauer teilzunehmen. Während Campe die Revolution als politischen Fortschritt im Geist der Aufklärung feiert, stimmen Humboldt die »Galgen« und »Gehenkten am Wege« nachdenklich, mit denen er sich nach Überschreiten der Grenze auf der Reise nach Paris konfrontiert sieht.[30] In Paris sucht er nicht nur die Orte der revolutionären Ereignisse, sondern auch

Krankenanstalten auf und macht dort die Erfahrung, dass auch im revolutionären Frankreich die Kranken nach Klassen getrennt behandelt werden und dass daher das *Ancien Régime* keineswegs überwunden ist.

In einem *Brief an Friedrich von Gentz* vom August 1791 reflektiert Humboldt seine Erfahrungen aus dem Jahre 1789: Er weist auf Abstimmungsprobleme zwischen Bildung und Politik hin, die durch revolutionäre Veränderungen nicht aufgelöst werden können: »Staatsverfassungen lassen sich nicht auf Menschen, wie Schösslinge auf Bäume pfropfen. Wo Zeit und Natur nicht vorgearbeitet haben, da ists, als bindet man Blüthen mit Fäden an.«[31] Auf die Frage, welche bleibende Bedeutung der Revolution der Franzosen zukomme und wie das durch sie besiegelte Ende des *Ancien Régime* in Preußen unter Anerkennung der Grenzen staatlicher Wirksamkeit durch Reformen herbeigeführt werden könne, sucht er in seiner auf Anregung von Gentz verfassten Schrift *Ideen zu einem Versuch die Gränzen der Wirksamkeit des Staats zu bestimmen* (1792) eine Antwort zu geben. Diese Antwort enthält im Kern ein Programm für die 1806 einsetzenden preußischen Reformen, an denen er für kurze Zeit als Direktor der Sektion für Kultus und Unterricht im Ministerium des Innern mitgewirkt hat. Vom Februar 1809 bis zu seiner Entpflichtung im Mai 1810 leitete Humboldt nicht nur die Schulreform in Preußen ein, sondern bereitete auch die Gründung der Berliner Universität vor. Nach seiner Abdankung vom Amt des Direktors der Sektion für Kultur und Unterricht, um die er im Zusammenhang mit der Verweigerung eines unmittelbaren Vortragsrecht vom König bittet, vertritt er 1814 Preußen gemeinsam mit Karl August Frh. von Hardenberg auf dem Wiener Kongress. Nach weiteren Tätigkeiten im Staatsdienst widmet er sich von 1820 bis zu seinem Tod als Privatgelehrter sprachphilosophischen und sprachwissenschaftlichen Forschungen, deren Anfänge auf das Jahr 1800 zurückgehen.

Die Bedeutung, die Wilhelm von Humboldt im Kontext der preußischen Reformen zukommt, lässt sich nach drei Gesichtspunkten fassen. Sie liegt (1) darin, dass er in seiner Ideenschrift von 1792 eine staats-, gesellschafts- und bildungstheoretisch argumentierende Gesamtkonzeption für Reformen entwickelt, deren Hauptakteur nicht der Staat, sondern die Menschen und Bürger sind. Sie hängt (2) damit zusammen, dass er in den Jahren 1809 und 1810 als Chef der Sektion für Kultus und Unterricht die Reform des Erziehungssystems von der Elementarschule bis zur Universität maßgeblich mitbestimmt. Und sie folgt (3) daraus, dass er zwischen schulisch zu institutionalisierender grundlegender Bildung und lebenslang andauernder allgemeiner Menschenbildung unterschieden und damit in den bildungstheoretischen Diskurs Differenzierungen eingeführt hat, die auch heute noch von Bedeutung sind.

In seiner Ideenschrift verfolgt Humboldt ein frühliberalistisches Reformprogramm, dessen Reformvorstellungen sich auf alle Bereiche des gesellschaftlichen Lebens erstrecken, nämlich auf Regierung und Verwaltung, Militär und Landwirtschaft, Gewerbe und öffentliche Erziehung. Staatlich zu bearbeitende Reformfelder grenzt er streng von individuell zu gestaltenden Räumen ab. Die Aufgaben der Politik will er auf die durch Gesetze und Verwaltung zu organisierende Sorge für die innere und äußere Sicherheit konzentrieren. Die Unterstützung einer bestimmten Moral und die Entwicklung von Berufen, Wissenschaft, Kunst und Religion verortet er gänzlich außerhalb der Grenzen staatlicher Wirksamkeit. Zwar nimmt der Staat auch auf diese Bereiche durch seine Gesetzgebung Einfluss. Ziel dieser Gesetzgebung kann es aber nach Humboldt nicht sein, die individuelle Moral, die Entwicklung der Berufe und die Werke von Kunst und Wissenschaft sowie das religiöse Leben nach staatlichen Zielen und Zwecken zu reglementieren und positiv zu normieren. Alle über innere und äußere Sicherheit hinausführenden gesellschaftlichen Sphären sollen vielmehr als Felder einer freien und kommunikativen menschlichen Praxis organisiert und institutionalisiert werden. Zu diesen Bereichen rechnet Humboldt auch die gemeinsame Erziehung der nachwachsenden Generationen, die nicht als eine »öffentliche Staatserziehung«, die jedem Einzelnen seine Bestimmung im Staate zuweist, sondern in kommunalen Erziehungs- und Bildungseinrichtungen institutionalisiert werden soll. Aufgabe und Struktur des Erziehungs- und Bildungssystems sollen nicht mehr vom Zweck des Staates, sondern vom Zweck des Menschen her gedacht und konzipiert werden.[32]

Den Zweck des Menschen leitet Humboldt nicht mehr in der Tradition der klassischen Theorie der Politik aus dem Zweck des Staates ab. Anstatt Erziehung und Bildung, bürgerliches Berufsleben und Moralität sowie Kunst, Wissenschaft und Religion auf ein vom Staat geordnetes und repräsentiertes Ganzes hin auszurichten, unterscheidet er in Fortführung von Rousseaus Überlegungen zum Widerstreit von Mensch und Bürger zwischen den freien Sphären einer individuell und allgemein konzipierten menschlichen und einer durch den Staat geregelten bürgerlichen Koexistenz.[33] Beide Formen der Vergemeinschaftung stehen nach Humboldt nicht in einem prästabilierten, sondern in einem harmonisch-agonalen Verhältnis. Agonal, d. h. über Streit und Kampf vermittelt, ist das Verhältnis von Mensch und Bürger deshalb, weil die Entwicklungsmöglichkeiten und Spielräume der bürgerlichen Tätigkeiten von der Bildung der Menschen abhängen und sogar die Verfassungen von Staaten nach den Freiräumen beurteilt werden können, die sie für individuelle Bildungsprozesse gewähren. Harmonisch soll die Beziehung von Mensch und Bürger deshalb sein, weil deren Widerstreit nicht als ein antagonistischer, erst in einer künftigen Gesellschaftsordnung zu überwindender, sondern als ein bildender Widerstreit gedacht wird.

Der Staat soll die Religion den Religionsgemeinschaften

überlassen und die auf seinem Territorium praktizierten Religionen durch Gesetze auf gegenseitige Toleranz sowie auf Toleranz gegenüber den nichtreligiösen Lebensbereichen verpflichten. Durchaus damit vergleichbar, soll der Staat die Verständigung über die individuelle und interindividuelle Moral nicht durch Gesetze reglementieren, sondern dem Gewissen der Einzelnen und dem Meinungsstreit einer diskutierenden Öffentlichkeit überlassen. Er soll ferner die durch Geburtsstände festgelegten Schranken, welche die Rechte und Pflichten der Einzelnen begrenzen, aufheben und die Entwicklung der Berufe der individuellen Erfindungskraft und dem Austausch zwischen den Bürgern überlassen. Er soll schließlich die Bildung der nachwachsenden Generation an der freien Entwicklung der Lebensformen, Wissenschaften und Künste ausrichten und die unmündigen Kinder davor schützen, dass Eltern und Vormünder weiterhin stellvertretend für sie die Wahl des Berufs, des Ehepartners und der Lebensform entscheiden.[34]

Humboldts Forderungen gehen weit über die zwei Jahre später im »Allgemeinen Preußischen Landrecht« von 1794 getroffenen Regelungen hinaus, welches die Geburtsstände des *Ancien Régime* in staatliche Berufsstände überführt.[35] Er tritt in seiner Ideenschrift nicht nur für eine Befreiung der Einzelnen von überkommenen Standesschranken ein, sondern zugleich für einen fruchtbaren Widerstreit zwischen dem Status der Menschen in der alten Gesellschaft und seiner künftigen, über freie Selbsttätigkeit, grundlegende Schulbildung und allgemeine Menschenbildung vermittelten Rolle in der modernen Bürgergesellschaft.

Agonalität und Wettstreit sollen nach Humboldt nicht nur die Beziehungen der Menschen untereinander, sondern auch jene zu Gesellschaft und Staat bestimmen. Die Ideenschrift führt hierzu aus, dass in modernen Gesellschaften der Bürger nicht länger »von seiner Kindheit an schon zum Bürger gebildet« werden kann und dass daher »die freieste, so wenig als möglich schon auf die bürgerlichen Verhält-

nisse gerichtete Bildung des Menschen überall vorange-
hen« muss. Ziel der neuen Erziehung ist es, dass der »so
gebildete Mensch [...] dann in den Staat treten und die
Verfassung des Staats sich gleichsam an ihm prüfen« kann.
Nur unter der Bedingung einer wechselseitigen Überprüfung der Verfassung von Staat und Gesellschaft an der Bildung der Einzelnen und der Bildung der Einzelnen an jener Verfassung lassen sich die Potenzen der Einzelnen und
der Gesellschaft steigern und ist eine »Verbesserung der
Verfassung durch die Nation mit Gewissheit [zu] hoffen«.[36]

Humboldt definiert Bildung nicht mehr aus dem Horizont einer übergeordneten Gesamtteleologie des menschlichen Daseins, sondern bindet moderne Bildung an individuelle Erfahrung und Wechselwirkung der an ihrer Bildung arbeitenden Menschen zurück.[37] Die Individualität
der miteinander kommunizierenden Menschen und die
Widerständigkeit der von ihnen bearbeiteten und gedeute-
ten Welt sind für ihn gleichermaßen Voraussetzungen und
Bedingungen für gelingende Bildungsprozesse. Die Einzelnen operieren in der Wechselwirkung von Mensch und
Welt nicht als in sich geschlossene Monaden, sondern bringen ihre Bestimmung interaktiv in der Auseinandersetzung mit einer vorgegebenen Welt hervor. Vom »Geist« einer sich so verstehenden Menschheit sagt Humboldt in
Anlehnung an Rousseaus Begriff der *perfecitibilité*, dieser
sei sowohl im Hinblick auf den Einzelnen als auch auf die
menschliche Gattung ein »unbekanntes Etwas«, das sich
auf originelle und mannigfaltige Weise in den Einzelnen
und in der Vielheit der Sprachen, Nationen und Kulturen
entfaltet.[38]

Humboldts Ideenschrift legt die Struktur moderner Bildung noch nicht auf Erziehungs- und Bildungsprozesse
von Kindern und Jugendlichen aus, sondern auf die Kommunikation und Interaktion unter Erwachsenen. Bildung
fasst er als einen Prozess, für den »Freiheit die erste und

unerlassliche Bedingung« ist. Zur Freiheit hinzukommen
muss, so Humboldt, eine »Mannigfaltigkeit der Situationen«, die es den Einzelnen erlaubt, »Verbindungen« einzugehen, in denen »einer den Reichthum des andren sich eigen machen« kann. Die bildende Qualität solcher Verbindungen gründet sich auf »individuelle Eigentümlichkeit«
und »Verschiedenheit«, die zusammengenommen die »Originalität« jedes an seiner Bestimmung arbeitenden Menschen ausmachen.³⁹

Den bildenden Zusammenhang von Individualität, Eigentümlichkeit und Originalität legt Humboldt auf die unterschiedlichsten Beziehungen zwischen Menschen aus,
u. a. auch auf das Zusammenwirken der Berufe unter den
Bedingungen fortschreitender Spezialisierung sowie auf
das Geschlechterverhältnis. Von den Beziehungen zwischen Männern und Frauen schreibt er, sie folgten nicht
mehr konstanten geschlechtsspezifischen Merkmalen, sondern entwickelten sich in der Wechselwirkung zwischen
individueller Originalität, Andersheit, Fremdheit und freier gegenseitiger Wahl. In seiner Ideenschrift entwirft Humboldt Vorstellungen zu einem Geschlechterverhältnis, in
dem »die Wirkungen der Ehe ebenso mannigfaltig sind als
der Charakter der Individuen«, sodass sich künftig nicht
nur schwache Frauen mit starken Männern, sondern auch
schwache Männer mit starken Frauen verbinden können.⁴⁰
Die Qualität der Verbindungen aber wird davon abhängen,
dass »die Verbindung [...] nicht ein Wesen in das andre«
verwandelt, sondern »Zugänge von einem zum andren« eröffnet; »was jeder für sich besitzt, muss er mit dem von
andren Empfangenen vergleichen und danach modificiren,
nicht aber dadurch unterdrükken lassen«.⁴¹

Allgemeine Menschenbildung und die Stellung der
Schulreform innerhalb der preußischen Reformen

Nach der Niederlage in Jena und Auerstedt im Jahre 1806
und im Anschluss an den Tilsiter Frieden von 1807, in dem
Preußen die Hälfte seines Territoriums verlor, sah auch der
preußische König ein, dass der Fortbestand des preußischen Staates nur noch durch umfassende Reformen gesichert werden konnte. Mit der Konzeptualisierung der Reformen beauftragte der König Karl Freiherr vom Stein, der
ein Jahr später durch Karl August Fürst von Hardenberg
abgelöst wird. Die von beiden konzipierten Reformen umfassen u. a. eine Reform des Kabinetts, welche selbständi-
gere Ministerien einführt, eine Städteform, die Formen
kommunaler Selbstverwaltung entwickelt, eine Landre-
form, die die Leibeigenschaft der Bauern aufhebt, eine Ge-
werbereform, die die alten Zunftzwänge abschafft und eine
freie Berufswahl möglich macht, die auch dem Adel das
Ergreifen von Berufen im Bereich der Produktion eröffnet,
eine Militärreform, die nicht nur einen Wechsel in der Mi-
litärstrategie vom zentral geführten Großheer zu selbständig kämpfenden Truppenteilen herbeiführt, sondern auch
Nicht-Adeligen den Aufstieg in höhere Ränge erlaubt, und
zuletzt eine Schulreform, die das gesamte Bildungswesen
von der Elementarschule bis zu den Universitäten zum
Gegenstand hat.

Zwischen Humboldts allgemeiner Theorie der Menschenbildung und seinen Schulplänen, dem aus dem Jahre
1809 stammenden *Königsberger Schulplan* und dem *Litauischen Schulplan*, besteht ein Spannungsverhältnis, das in
der Rezeption und Forschung zuweilen übersehen worden
ist: Die Schulpläne befassen sich nicht mit der Bildung der
Erwachsenen und der freien Kommunikation und Interaktion der Menschen und Bürger, sondern mit der Erziehung, Bildung und Unterweisung der nachwachsenden
Generation. Diese sollen die Einzelnen in die Lage verset-

zen, den Stand ihrer Herkunft zu verlassen und ihre Bestimmung in einer offenen Zukunft zu suchen. Mit Blick auf den Bildungsgang der Menschen unterscheidet Humboldt zwischen drei Formen der Bildung, (1) einer elementaren und grundlegenden allgemeinen Menschenbildung in schulischen Einrichtungen, (2) einer an diese anschließenden und auf diese folgenden beruflichen Bildung und (3) einer mit der Geburt beginnenden und dann lebenslang andauernden universellen und freien Menschenbildung.

Die elementare Grundbildung trennt Humboldt streng von der beruflichen Bildung. Er tut dies nicht, um einer von beiden einen höheren Status gegenüber der anderen zuzuerkennen, sondern weil er die Elementarstufe des Bildungssystems von den traditionellen ständischen Ausrichtungen befreien und Grundbildung und berufliche Bildung in ein zeitliches Nachfolgeverhältnis bringen will, in dem berufliche Bildung erst dann einsetzen kann, wenn die elementare Bildung grundlegende Kenntnisse schon vermittelt und der Heranwachsende eine eigene Berufswahl getroffen hat. In seinen Schulplänen aus dem Jahr 1809 gliederte er den nicht auf konkrete Berufe ausgerichteten Unterricht in die Stufen des »Elementarunterrichts«, des »Schulunterrichts« und des »Universitätsunterrichts« und führt zu diesen aus, sie organisierten »auf doppelte Weise« Bildungsgänge, die das »Lernen« mit dem »Lernen des Lernens« verbinden.[42] Hierunter versteht er, dass jede der drei Stufen Heranwachsende doppelt qualifiziert, indem sie diese auf den Übergang in die nächsthöhere Schulstufe sowie auf Übergänge in berufliche und lebenslang andauernde Bildungsgänge vorbereitet. Mit dieser Ordnung des Unterrichts verbindet er nicht die Vorstellung von einer gleich langen Schulzeit, sondern von einer gleichen Struktur der Schulzeit für alle. Jeder, der seine Bestimmung nicht im Übergang zu einer nächsthöheren Schulstufe findet oder sucht, soll in das Leben überge-

hen können und einen speziellen beruflichen Bildungsgang wählen sowie freie gesellige Bildungsprozesse durchlaufen.[43]

Eine Vermischung allgemeiner und beruflicher Bildungsgänge lehnt Humboldt für alle drei Stufen des Unterrichts
ab. Den Bildungsauftrag der modernen Universität definiert er nicht mehr nach den aus dem Mittelalter hervorgegangenen berufsbildenden Fakultäten für Theologen, Juristen und Mediziner. Die von ihm konzipierte Universitätsreform weist vielmehr der Philosophischen Fakultät
die Funktion zu, Intellektuelle hervorzubringen, die theoretisch und begrifflich, historisch und vergleichend sowie
empirisch und mathematisch denken und diese Betrachtungsarten in verschiedenen Disziplinen verknüpfen können. Die Philosophische Fakultät soll diese neue Funktion
nicht stellvertretend für die anderen, sondern in Wechselwirkung mit allen Fakultäten übernehmen und auf diese
Weise zur Entstehung eines forschenden Lehrens und Studierens beitragen, in dem nicht mehr die überkommenen
Bestände eines scholastischen Gelehrtenwissens überliefert, sondern neue Erkenntnisse und Formen des Wissens
hervorgebracht werden.

Die wichtigste Forderung, die Humboldt an die Forschung und die Lehre an wissenschaftlichen Hochschulen
richtet, lautet darum,

»dass bei der inneren Organisation der höheren wissenschaftlichen Anstalten Alles darauf beruht, das Princip
zu erhalten, die Wissenschaft als etwas noch nicht ganz
Gefundenes und nie ganz Aufzufindendes zu betrachten
[…]. Sobald man aufhört, eigentlich Wissenschaft zu suchen, oder sich einbildet, sie brauche nicht aus der Tiefe
des Geistes heraus geschaffen, sondern könne durch
Sammeln extensiv aneinandergereiht werden, so ist Alles
[…] verloren; verloren für die Wissenschaft, die, wenn
dies lange fortgesetzt wird, dergestalt entflieht, dass sie

selbst die Sprache wie eine leere Hülse zurücklässt, und
verloren für den Staat.«[44]

Den für die Schul- wie Universitätsreform geltenden Vorrang der allgemeinen vor der beruflichen Bildung begründet Humboldt bildungs- und gesellschaftstheoretisch. Er
soll (1) für die Beziehungen zwischen der Bildung des
Menschen und der Entwicklung aller Handlungsfelder und
Gesellschaftssysteme gelten, für Wissenschaft und Kunst
ebenso wie für Sitte und Moral. Er soll aber (2) auch für
die Entwicklung der Berufe und für ökonomische Betäti-
gungen aller Art Bedeutung gewinnen. Im Bereich der Religion soll allgemeine Menschenbildung einen Beitrag dazu
leisten, dass Religion nicht mehr länger als Staatsreligion,
sondern als eine von den Bürgern frei zu wählende Religion fortgeführt wird.

So fordert Humboldt, der Elementarunterricht solle sich
Während die allgemeine und universelle Menschenbildung sich auf alle Bereiche des Lebens und alle Tätigkeiten
bezieht und in diesen auf freie und mannigfaltige bildende
Wechselwirkung setzt, geht es dem »Elementarunterricht«
um die Vermittlung der grundlegenden Kenntnisse der
Schriftsprache und die Schulung der Fähigkeiten des Lesens und Schreibens. Im Zentrum des Schulunterrichts stehen dagegen die grundlegende Bildung in sprachlichen,
mathematischen und historischen Denkformen sowie die
Stärkung leibbezogener gymnastischer und ästhetischer
Kompetenzen.

So fordert Humboldt, der Elementarunterricht solle sich
»nur mit Sprach-, Zahl- und Mass-Verhältnissen« befassen
und in bewusster Gleichgültigkeit gegenüber der »Art des
Bezeichneten« eine Alphabetisierung der nachwachsenden
Generation herbeiführen, welche diese in den öffentlichen
Gebrauch, nicht aber in einen berufsständischen Gebrauch
der Schriftsprache einführt.[45] Analog weist Humboldt dem
auf den Elementarunterricht folgenden Schulunterricht die
Aufgabe zu, eine für weiterführende Wissensformen vor-

bereitende, propädeutische Bildung zu vermitteln. Vom Unterricht in den alten Sprachen sagt er im *Königsberger Schulplan*:

> »Der Schüler ist reif, wenn er so viel [...] gelernt hat, dass er nun für sich selbst zu lernen im Stande ist. Sein Sprachunterricht z. B. ist auf der Schule geschlossen, wenn er dahin gekommen ist, nun mit eigner Anstrengung und mit dem Gebrauche der vorhandenen Hülfsmittel jeden Schriftsteller, insoweit er wirklich verständlich ist, mit Sicherheit zu verstehen, und sich in jede gegebene Sprache, nach seiner allgemeinen Kenntnis vom Sprachbau überhaupt, leicht und schnell hinein zu studiren.«[46]

Die Differenz zwischen allgemeiner Menschenbildung und elementarer sowie grundlegender Schulbildung tritt an solchen Stellen deutlich hervor. Natürlich wusste auch Humboldt, dass die Buchstaben nicht allgemein, sondern an konkreten Texten erlernt und die lateinische und griechische Sprache nicht nur mit Hilfe von Lexikon und Grammatik, sondern anhand klassischer Texte angeeignet werden müssen. Darum ordnet er der Elementarschule als Feld, in dem die Schriftsprache zu üben sei, die Naturgeschichte zu und stellt dem Schulunterricht in den alten Sprachen geschichtskundliche und literarische Inhalte zur Seite. Was den Elementarunterricht betrifft, hospitierte Humboldt mehrfach in Karl August Zellers Königsberger Reformschule, in der mit Johann Heinrich Pestalozzis Elementarmethode sowie Schulgarten und Naturalienkabinett als besonderen Lernorten experimentiert wurde.

Aufgabe einer auch anwendungsbezogenen Erprobung von Elementarbildung und Schulunterricht sollte es nach Humboldt jedoch nicht sein, die Kluft zwischen schulischer und allgemeiner Menschenbildung zu schließen, sondern konkrete Übungsfelder zum Gebrauch des Gelernten einzurichten und Übergänge zwischen schulischen und außerschulischen Lern- und Bildungsprozessen zu schaffen. Bildende Wechselwirkungen zwischen der Vertiefung in die Welt der Alten und zeitgenössischen Erfahrungen in der modernen Welt finden nach Humboldt nicht primär im Schulunterricht, sondern in Bildungsprozessen statt, die ihren legitimen Ort nicht nur in, sondern auch vor, neben und nach der Schule haben. Geeignete Orte hierfür können letztlich alle Mensch-Welt-Verhältnisse sein, die Arbeit ebenso wie die Sitte, bürgerliche Berufstätigkeit ebenso wie Kunst und Literatur.

So gesehen lässt sich Humboldts Bildungstheorie sowohl in ihren Ausführungen zum außerschulischen als auch zum schulischen Bereich als eine moderne Transformation der Antike lesen: Sie hält an der bis auf Aristoteles zurückgehenden Unterscheidung von Menschenbildung und Schulbildung fest, grenzt Bildung aber nicht mehr auf in Muße auszuübende Tätigkeiten ein, sondern weitet sie über die bereits in der Antike anerkannten Bereiche von Wissenschaft und Philosophie sowie Geselligkeit und Politik auch auf die Welt der Arbeit, der Erfindungen und der bürgerlichen Geschäftigkeit aus. Für alle diese Bereiche beansprucht Humboldts grundlegende bildungstheoretische These Geltung, dass nämlich »jede Beschäftigung [...] den Menschen zu adeln, ihm eine bestimmte, seiner würdige Gestalt zu geben« vermag und es »nur auf die Art« ankommt, »wie sie betrieben wird«.[47]

Zum agonalen Verhältnis von Bildung und Politik in der Ideenschrift von 1792 tritt somit in den Schulplänen als eine zweite agonale Beziehung diejenige zwischen schulischer Allgemeinbildung und allgemeiner Menschenbildung: Öffentliche Schulerziehung soll sich auf Elementaria und Propädeutika konzentrieren und auf Vorstellungen von einer Einheit von Leben und Lernen verzichten. Durch einen solchen Verzicht leistet sie ihren Beitrag zur

Entstehung freier und mannigfaltiger Wechselwirkungen zwischen und in den verschiedenen Bereichen der gesellschaftlichen Praxis, die sie zwar nicht vorwegnehmen, wohl aber vorbereiten und unterstützen kann.

Die Konzentration auf ein Minimum im Bereich öffentlicher Schulerziehung soll damit jene Mannigfaltigkeit und Freiheit sichern, die durch eine substantielle Ausrichtung öffentlicher Schulbildung auf standesspezifische oder berufsständische Bildungsgänge beschädigt würde. Die Paradoxie von strenger Elementarisierung, die auf die außerschulischen Verwendungssituationen keinerlei Rücksicht nimmt, und der Bedeutung, die dem im Elementar- und Schulunterricht Gelernten in außerschulischen Kontexten zukommt, zeigt ihre produktive Seite, sobald man bedenkt, dass Wilhelm von Humboldt die bildende Qualität des schulischen Unterrichts daran zurückbindet, dass dieser an mannigfaltige Situationen des Weiterlernens anschlussfähig ist, ohne diese Mannigfaltigkeit selbst substantiell zu normieren.

Wilhelm von Humboldt hat die Reform des Erziehungs- und Bildungssystems in Preußen nicht nur konzeptionell, sondern auch durch organisatorische Reformen abzusichern versucht. So richtete er Wissenschaftliche Deputationen ein, die mit Wissenschaftlern aus verschiedenen Disziplinen besetzt wurden, die die Reform beaufsichtigen und kontrollieren sollten. Zu ihren Aufgaben gehörten entsprechend Humboldts *Ideen zu einer Instruktion für die wissenschaftliche Deputation bei der Sektion des öffentlichen Unterrichts* von 1809 die »Prüfung neuer Unterrichtsmethoden«, die »Entwerfung neuer Lehrpläne«, die »Auswahl von Lehrbüchern«, die Unterbreitung von »Vorschlägen zur Stellenbesetzung« und die Prüfung derer, die »künftig auf ein Schulamt Anspruch machen wollen«.[48] Durch die Einführung des *examen pro facultate docendi* (›Examen zur Feststellung der Lehrbefähigung‹) von 1810 wurde zudem der neue Gymnasiallehrerberuf vom Beruf des Theologen getrennt und die Professionalisierung der Lehrerschaft gefördert.

Nach der Niederlage Napoleons in der Völkerschlacht von Leipzig im Jahr 1813 und mit Beginn des Wiener Kongresses veränderten sich die Intentionen und Programmatik der preußischen Politik. Die Einwände, mit denen die neuhumanistische Bildungsreform nun konfrontiert wurde, brachte Ludwig von Beckedorff in seinem *Gutachten zum Süvernschen Unterrichtsgesetzentwurf* von 1819 auf einen Begriff, wenn er fordert, die Vorstellungen von einer gemeinsamen Erziehung der nachwachsenden Generation aufzugeben und die von Humboldt vorgesehenen horizontalen Differenzierung der Schulen nach Unterrichtsstufen durch eine vertikale Differenzierung der Schulen nach Berufsständen zu ersetzen. Im Einzelnen führt er aus, der Humboldt/Süvernsche Plan einer allgemeinbildenden Nationalschule verstoße gleichermaßen gegen die Naturordnung wie gegen die göttliche Weltordnung: »Die natürliche Ungleichheit der Menschen ist [...] kein Hindernis, sondern im Gegenteil das eigentliche Band der Gesellschaft; sie soll daher keineswegs aufgehoben, sondern vielmehr befestigt und gesichert werden.« Ergänzend fügt Beckedorff hinzu, der Plan eines allgemeinbildenden horizontal differenzierten Bildungssystems könne für »Republiken mit demokratischer Verfassung [...] vielleicht passen, allein mit monarchischen Institutionen verträgt es sich gewiss nicht«.[49]

Beckedorffs Kritik am Süvernschen Gesetzentwurf lässt deutlich erkennen, dass den Zeitgenossen die politische Stoßrichtung der Bildungsreform durchaus vor Augen stand. Zwar strebten die preußischen Reformer nicht den Sturz der Monarchie und die Einführung einer Republik an, wohl aber eine Umwandlung der Monarchie des absolutistischen Staates in eine konstitutionelle Monarchie mit größeren Freiheits- und Mitwirkungsrechten der Menschen und Bürger.[50]

Das Ende der preußischen Reformen führte schließlich dazu, dass die Durchsetzung der Ziele der Bildungsreform, zu denen die Alphabetisierung Preußens und die Errichtung eines allgemeinbildenden Schulsystems gehörte, im 19. Jahrhundert auf anderen Wegen und in anderen Formen erfolgte. Für die Einlösung der Reformziele war eine neue Pädagogik erforderlich, auf die die preußischen Reformer noch nicht zurückgreifen konnten. Sie wurde erst Anfang des 19. Jahrhunderts entwickelt und wird im nächsten Kapitel an drei herausragenden Repräsentanten vorgestellt.

9. Systematische Entwürfe der Pädagogik: Pestalozzi, Herbart, Schleiermacher

Ende des 18. und Anfang des 19. Jahrhunderts wurden im deutschen Sprachraum theoretische Ansätze einer systematischen Pädagogik ausgearbeitet, die in der Folgezeit die Entwicklung des pädagogischen Denkens weltweit beeinflussten und vielerorts heute noch wirksam sind. Als herausragende Theoretiker des modernen pädagogischen Denkens werden im folgenden der Schweizer Erzieher und Anthropologe Johann Heinrich Pestalozzi, der in Jena, Königsberg und Göttingen wirkende Philosoph und Erziehungswissenschaftler Johann Friedrich Herbart und der zu den Mitbegründern der Berliner Universität gehörende Theologe und Erziehungstheoretiker Friedrich Schleiermacher vorgestellt, und zwar Pestalozzi als ein experimentierender pädagogischer Praktiker, der eine neuartige pädagogische Lehre vom Menschen entwickelte, Herbart als ein Systematiker modernen pädagogischen Denkens, der die Entwicklung der Schulpädagogik weltweit beeinflusst, und Schleiermacher als ein Theoretiker der Erziehung und Bildung, der die Eigenlogik pädagogischen Handelns im Kontext der Ausdifferenzierung gesellschaftlicher Handlungsformen und -systeme bestimmt.

Pestalozzi: Experimentierende Erziehung und pädagogische Anthropologie

Johann Heinrich Pestalozzi wurde 1746 in Zürich geboren und starb 1827 in Brugg im Kanton Aargau. Nach abgebrochenen theologischen und rechtswissenschaftlichen Studien wurde er Landwirt. 1769 heiratete er Anna Schulthess und pachtete das Landgut Neuhof in Birr, um dort gemeinsam mit seiner Frau Ackerbau zu betreiben. In den

Jahren 1773/74–1779 betrieb er auf dem Gut eine Erziehungsanstalt, in der etwa 40 Kinder spannen, webten und bäuerliche Arbeiten erlernten. Neben der praktischen Arbeit richtete Pestalozzi für die Kinder einen Schulunterricht ein, der diese in die Elementartechniken der Schriftsprache und des Rechnens einführte und Lernen mit praktischer Arbeit sowie moralischer und religiöser Erziehung verband. Das zugleich pädagogische und wirtschaftliche Experiment scheiterte, weil die Anforderungen der Erziehung und der Ökonomie nicht in Einklang miteinander zu bringen waren und die Kosten der Einrichtung durch den Verkauf ihrer Produkte nicht beglichen werden konnten. In der Folgezeit wirkte Pestalozzi erfolgreich als pädagogischer Schriftsteller, der in seinem Roman *Lienhard und Gertrud* (1781–87) eine Elementarmethode entwickelte, welche die negativen Erfahrungen aus der pädagogischen Arbeit in Neuhof reflektierte und in neue Schulexperimente einging. 1792 ernannte ihn die Französische Nationalversammlung zum französischen Ehrenbürger, eine Ehrung, die keinem weiteren Schweizer zuteil geworden ist. 1799 gründete er in Stans eine Waisen- und Armenanstalt, ein Jahr später ein Erziehungsinstitut in Schloss Burgdorf, das er von 1804 bis 1825 in Yverdon-les-Bains im Kanton Waadt fortführte. Obwohl Pestalozzi aus seiner schriftstellerischen und pädagogisch-experimentellen Tätigkeit bedeutende Gewinne erzielte, endet auch dieses Schulunternehmen mit seinem finanziellen Ruin.

In der Pädagogik hat Pestalozzi aufgrund seiner Erziehertätigkeit und seiner Arbeiten an einer Elementarisierung des Schulunterrichts gleichzeitig als Sozial- und Schulpädagoge und darüber hinaus durch seine Publikationen, insbesondere durch die *Nachforschungen über den Gang der Natur in der Entwicklung des Menschengeschlechts* (1797), auch als pädagogischer Anthropologe und Erziehungsphilosoph gewirkt. Auf viele seiner Zeitgenossen übte er eine starke Anziehungskraft aus. So reisten um

1800 Schüler des deutschen Philosophen Fichte – unter diesen auch Johann Friedrich Herbart – in die Schweiz, um Pestalozzis Elementarmethode kennenzulernen.

Die folgende Darstellung rückt zwei Aspekte in den Vordergrund, nämlich Pestalozzis praktisch-pädagogische Arbeit sowie seine theoretischen Studien zur pädagogischen Anthropologie. Die pädagogischen Weichenstellungen für beide nahm Pestalozzi im Kontext der Französischen Revolution vor. Beiden kommt in der Geschichte der Pädagogik eine bleibende Bedeutung zu, die nicht dadurch geschmälert wird, dass die spätere Stilisierung Pestalozzis zum Vater der Volksschule oft ohne eine genauere Kenntnis seines Werks ausgekommen ist und das Leben und Wirken des Schweizer Pädagogen verklärt hat.[1]

Pestalozzis praktische und schriftstellerische Tätigkeiten sind untereinander dadurch verbunden, dass sie weniger einem normativen pädagogischen Konzept anhängen, als vielmehr Praxis- und Wissensformen entwickeln, die positive und negative pädagogische Erfahrungen aufarbeiten und das Scheitern pädagogischer, wirtschaftlicher und politischer Experimente reflektieren. Nach dem vor allem ökonomisch begründeten Scheitern des ersten Versuchs in Neuhof verfasste Pestalozzi den vierteiligen Roman *Wie Gertrud ihre Kinder lehrt* (1801): Darin entwirft er an romanhaft beschriebenen Lernprozessen, die Gertrud bei der Erziehung ihrer Kinder macht, Umrisse einer Elementarmethode, die planvoll angeleitete Lehr-Lern-Prozesse an die Vermittlung elementarer Operationen des Lesens, Schreibens, Rechnens und Zeichnens zurückbindet. Dabei führt er vor, dass die Elementaria nicht aus den anzueignenden Sachverhalten abgeleitet werden können, sondern an konkrete Operationen anschließen müssen, die das Lernen von Kindern sinnvoll strukturieren. Seine Idee einer Elementarisierung des Lernens und Lehrens zielt dabei auf eine experimentelle und forschende Ermittlung basaler Strukturen ab, die von den Lernenden in den

Bereichen von Zahl, Form und Sprache angeeignet werden.[2]

Dies machte seinen Ansatz für Intellektuelle interessant, die an Ansätzen für neue pädagogische Versuche arbeiteten, die über den Dualismus von Humanismus und Philanthropismus hinauszugehen und Erziehung im Anschluss an Fichte als Aufforderung zur Selbsttätigkeit konzipieren.[3] Einige von ihnen reisten in die Schweiz und begegnen dort Pestalozzi als einem Erzieher und Lehrer, der den Kindern das Lesen und Schreiben beibringt, indem er dieses an sinnlosen Silben übt, und im Bereich der Geometrie mit Linie, Dreieck und Quadrat experimentiert.

Im zweiten Brief des Romans *Wie Gertrud ihre Kinder lehrt* grenzt Pestalozzi die Elementarmethode sowohl vom scholastischen Lehren als auch vom sokratischen Dialogisieren mit Kindern ab. Von ersterem sagt er, es vermittle den Kindern nicht, was diese lernen sollten, von letzterem, es führe Kinder nicht in die Kunst der Gesprächsführung ein. Den sachlichen und zeitlichen Vorrang schulischer Elementarbildung begründet Pestalozzi damit, dass sie die Grundlagen legt, die einen belehrenden Unterricht und eine sokratische Gesprächsführung erst möglich machen.

Die praktische Erprobung der im Roman skizzierten Elementarmethode beginnt 1798 in Stans, dessen Bewohner sich ein Jahr zuvor gegen die von Frankreich eingesetzte schweizerische Zentralregierung erhoben hatten. Der Aufstand wird von einem französischen Invasionsheer niedergeschlagen und veranlasst Pestalozzi, eine Armenanstalt zu gründen. Diese »Katastrophe« von Stans hat für Pestalozzi zwei Seiten: Auf der einen Seite erhebt sich in ihr eine Bevölkerung gegen die neue republikanische Regierung, die den Aufstand mit militärischen Mitteln unter Kontrolle bringt. Auf der anderen Seite geht sie mit einer pädagogischen Katastrophe einher, die für Pestalozzi darin liegt, dass die Bevölkerung nicht über die notwendige Bildung verfügt, die es ihr erlauben könnte, ihre Freiheit vernünftig zu gebrauchen und ihr Leben in Mündigkeit selbst zu bestimmen.[4]

Pestalozzis Schulgründungen sind weder aus dem Geiste der Revolution abgeleitet noch gegen die Revolution gerichtet, sondern zielen auf eine Sicherung elementarer Voraussetzungen, die für die Führung eines ökonomisch, sittlich und politisch mündigen Lebens grundlegend sind und die ein unmündiges Volk sich weder aus eigener Kraft verschaffen noch ein Staat seinem Volk von oben herab verordnen kann. Seine Erziehungs- und Schulversuche weisen enge Bezüge zu seiner pädagogischen Lehre vom Menschen auf. Seine Elementarmethode gründet sich auf ein Verständnis der Bildsamkeit und Perfektibilität des Menschen, das darum weiß, dass der Mensch »unentwickelt zur Welt kommt«, dass seine Erziehung daher riskant und gefährdet ist und in »Missbildung« und »Verwahrlosung« enden kann. Nach Pestalozzi sind pädagogische Situationen weder nur durch den Weltbezug noch nur durch das lernende Ich, sondern wesentlich interaktiv konstituiert. Gelingende Erziehung ist damit von Voraussetzungen abhängig, die nicht beliebig formiert und gemodelt werden können. Zu ihren unabdingbaren Voraussetzungen gehören für ihn die selbstlose »Mutterliebe« und die »Vaterliebe Gottes«. Erstere nimmt das Kind in seiner Gegebenheit an und macht diese Anerkennung von keinerlei Vorleistungen abhängig. Letztere gründet das für Erziehung unerlässliche Vertrauen zwischen Menschen auf eine Liebe Gottes zu seiner Schöpfung. Erst beide zusammengenommen begründen nach Pestalozzi die Aussicht, dass menschliche Verwahrlosung und Unbildung überwindbar sind und die Führung eines menschlichen Lebens möglich ist.

In den *Nachforschungen über den Gang der Natur in der Entwicklung des Menschengeschlechts*, die Pestalozzi im Jahr der Stanser Ereignisse veröffentlichte, unterscheidet er zwischen einem Naturzustand, einem gesellschaftlichen Zustand und einem sittlichen Zustand der Mensch-

heit. Die Unterscheidung setzt nicht auf eine »naturhafte
Evolution« und auch nicht auf eine Fortschrittsgeschichte
der Menschheit, die von Hobbes' Naturzustand eines
Krieges aller gegen alle zu Fichtes Vernunftstaat führt, sondern will miteinander verwobene Strukturen und Schichten des Menschlichen in den Blick bringen. Von ihrem Naturzustand her gesehen ist die menschliche Perfektibilität
durch Not und Notwendigkeit bestimmt, die sich in der
Erfahrung elementarer Bedürfnisse, die das neugeborene
Kind nicht selbst befriedigen kann, bemerkbar machen.
Erziehung bedarf daher einer Einbindung in einen gesellschaftlichen Kontext, der für ihr Gelingen erforderlich ist,
aber ebenso wenig ausreicht wie der Naturzustand allein.
Dem gesellschaftlichen Zustand zufolge ist die Erziehung
Normen und Konventionen unterstellt, in die sie die Heranwachsenden einführen und deren vernünftige Auslegung
sie einüben soll. Die Einführung und Auslegung kann dabei jedoch niemals unmittelbar aus den Normen und Konventionen abgeleitet werden: Sie verlangt vielmehr nach
einem Überschreiten des gesellschaftlichen Zustands in
Richtung auf einen sittlichen Zustand. Dieser weist das
menschliche Denken und Handeln als ein nicht nur Normen unterstellendes, sondern auch Normen hervorbrin-
gendes und abänderndes Tun aus. Mit Blick auf die natürliche, gesellschaftliche und sittliche Perfektibilität des Menschen kann Pestalozzi schließlich sagen, dass der Mensch
weder ein »Werk der Natur« noch ein »Werk der Gesellschaft« noch ein »Werk seiner selbst«, sondern immer zugleich individuell und empfänglich ist: »Die Sittlichkeit ist
ganz individuell, sie besteht nicht unter zweien.«[5]

Herbart: Ästhetische Weltdarstellung
und moralische Bildung

Johann Friedrich Herbart wurde 1776 in Oldenburg als Sohn eines hohen Regierungsbeamten und einer Arzttochter geboren. Als er 1841 in Göttingen starb, hinterließ er ein Gesamtwerk, das ihn nicht nur als einen Systematiker der Philosophie, sondern zugleich auch als einen Theoretiker der Psychologie und der Pädagogik ausweist. Seine Ideen hatten in der Folgezeit u. a. die Entwicklung der Psychologie und der Erziehungswissenschaft mit beeinflusst.[6] In der Pädagogik beriefen sich im späteren 19. Jahrhundert sogenannte Herbartianer auf ihn, deren Lehrbücher die Professionalisierung der Lehrer nicht nur in Deutschland, sondern weltweit beeinflusst haben.[7] In der Psychologie erfuhr Herbarts Begriff eines »Gedächtnisses des Willens« über Sigmund Freud eine Auslegung, welche auch vergessene Willensstrebungen erfasst und deren Rekonstruktion durch Psychoanalyse möglich macht.

Herbart selbst, dessen Pädagogik in der zweiten Hälfte des 19. Jahrhunderts die Entwicklung der Schulpädagogik wesentlich beeinflusste, hat selbst nie eine Schule besucht. Lesen und Schreiben lernte er von seiner Mutter. Privatzieher unterrichteten ihn in Musik, Geschichte und Geographie sowie in den alten Sprachen. Nach dem Besuch einer Lateinschule nahm er 1794 seine Studien an der Universität Jena auf, wo er bei Fichte studierte und dem republikanischen *Bund freier Männer* beitrat. In Distanzierung zum subjekttheoretischen Idealismus Fichtes entwickelte Herbart bereits früh erste Umrisse einer realistischen Philosophie und Wissenschaftslehre, welche aristotelische und kantische Denkformen zu synthetisieren suchte.

Nach wenigen Semestern unterbrach er seine Studien. Im Jahre 1797 reiste er in die Schweiz, wurde dort Hauslehrer beim Landvogt Steiger und lernte u. a. auch Pesta-

lozzi kennen. Herbarts Berichte über die Erziehung der
Zöglinge Karl und Ludwig Steiger enthalten frühe Fassungen seines pädagogischen Denkens, und aus seiner Auseinandersetzung mit Pestalozzi entstanden seine ersten erziehungswissenschaftlichen Studien. Im Jahre 1802 legte er an
der Universität Göttingen Promotions- und Habilitations-
kolloquien ab. Aus seinen ersten Vorlesungen gingen die
Allgemeine Pädagogik von 1806 und die *Allgemeine praktische Philosophie* von 1808 hervor. Von 1809 bis 1833 hatte
Herbart den Lehrstuhl Kants an der Universität Königsberg inne, wo er u. a. an der preußischen Schulreform mit-
wirkte und ein pädagogisches Institut und Seminar für die
theoretische und praktische Ausbildung von Lehrern
gründete. Im Jahre 1833 kehrte er an die Universität Göttingen zurück und widmete sich dort vertieft psychologischen und erziehungswissenschaftlichen Forschungen.
Herbarts zweite Göttinger Zeit wurde überschattet von
einer Auseinandersetzung zwischen dem König von Hannover und den *Göttinger Sieben* (u. a. mit den Brüdern
Grimm), die sich der Wiedereinführung einer absoluten
Monarchie widersetzen und vom König ihrer Ämter ent-
hoben wurden. In seiner Funktion als Dekan der Philosophischen Fakultät gelang es Herbart nicht, in dem Streit zu
vermitteln, wohl aber, die drohende Auflösung der Fakultät abzuwenden.[8]

Herbarts Pädagogik wird im folgenden unter vier As-
pekten vorgestellt: Der erste betrifft das Verhältnis von
Freiheit und Notwendigkeit im menschlichen Handeln
und rückt Herbarts Begriff pädagogischen Wirkens ins
Zentrum. Der zweite bezieht sich auf seine Dreiteilung der
Aufgaben und Maßnahmen der Erziehung. Der dritte
wendet sich seiner Ethik und der in dieser verankerten
Neubestimmung des Verhältnisses von Pädagogik und
praktischer Philosophie zu, und der vierte befasst sich mit
Herbarts Begriff des Lehrerberufs und seiner Kritik und
Legitimation der Schule als pädagogischer Institution.

Herbarts Lehre vom Verhältnis von Freiheit und Notwendigkeit weist Bezüge zu Aristoteles und Kant auf. Aristoteles legt das Verhältnis zwischen Freiheit und Notwendigkeit im Kontext des antiken teleologischen Denkens aus, indem er Notwendigkeit nicht primär als eine kausale, sondern als eine zweckmäßige Notwendigkeit und Freiheit nicht als Willkürfreiheit, sondern als Fähigkeit des Menschen fasst, die Beweggründe des eigenen Handelns zu prüfen und gute und zweckmäßige Handlungsziele zu wählen. So kann es z. B. vernünftig sein, die Gefahr eines Schiffbruchs durch Überbordwerfen von Ballast abzuwenden und die Freiheit der anderen im Grenzfall durch die Wahl des eigenen Todes zu retten. Während bei Aristoteles Freiheit und Notwendigkeit in keinem Widerstreit zueinander stehen, treten Freiheit und Kausalität im neuzeitlichen Denken in ein antinomisches Verhältnis, d. h., sie bilden einen unauflöslichen Widerspruch. Die neuzeitliche Wissenschaft sucht alle Vorgänge in Natur, Gesellschaft und Geschichte kausal zu erklären. Mit Blick auf das menschliche Handeln entsteht damit der Widerstreit, dass eine Handlung, die den Einsichten neuzeitlicher Wissenschaft zufolge mit Notwendigkeit geschieht, in moralischer Hinsicht gar nicht hätte geschehen sollen.

Kant sucht diesen Widerstreit durch die Unterscheidung zwischen der empirischen Betrachtungsweise neuzeitlicher Wissenschaft und der transzendentalen Betrachtungsweise der Vernunftkritik aufzuheben: Naturkausalität fasst er nicht als eine empirischen Vorgängen unmittelbar zukommende Eigenkausalität, sondern als eine über die Gesetzgebung des menschlichen Verstandes vermittelte Kausalität. Freiheit definiert er nicht als irrationale Ausnahme vom Naturgesetz, sondern als ein Selbstverständnis des Menschen in praktischer Absicht. Den Widerstreit von Kausalität und Freiheit glaubt Kant dadurch auflösen zu können, dass er in der Freiheit des menschlichen Denkens, Urteilens und Handelns eine notwendige Voraussetzung auch

des szientifischen Denkens erblickt und die Geltung dieses
Denkens auf die einer theoretischen Welterklärung und
Gesetzgebung durch den menschlichen Verstand begrenzt.

Über diesen Dualismus von empirischer Kausalität und
intelligibler Freiheit geht Herbart insofern hinaus, als er
mit Blick auf das menschliche Denken und Handeln nach
einer Kausalität sucht, die Freiheit und Notwendigkeit
nicht durch die Abgrenzung kategorial unterschiedlicher
Betrachtungsweisen im Bereich des theoretischen und
praktischen Denkens miteinander vereinbar macht, sondern die Kausalität im menschlichen Denken und Handeln
ohne Leugnung der Freiheit zu verankern erlaubt. Die
Notwendigkeit einer mit Freiheit abgestimmten Kausalität
entwickelt er am Begriff menschlicher Interaktion und hier
wiederum speziell am Begriff der Erziehung. In der Erziehung wirken Erwachsene auf Lernprozesse Heranwachsender ein. Die Freiheit der zu Erziehenden kann hierbei
nur dann anerkannt werden, wenn die Kausalität des Einwirkens und die Freiheit nicht zwei verschiedenen Betrachtungsarten zugeordnet, sondern als durch eine gemeinsame Handlungslogik verbunden gedacht werden.

In seiner ersten systematischen Abhandlung über Erziehung, der Studie *Über die ästhetische Darstellung der Welt
als das Hauptgeschäft der Erziehung* (1804), führt Herbart
hierzu aus, eine »realistische Ansicht« der Erziehung er-
laube »auch nicht die mindeste Einmengung der idealisti-
schen«. Darum darf, so Herbart, »kein leisester Wind von
transzendentaler Freiheit [...] in das Gebiet des Erziehers
durch irgendein Ritzchen hereinblasen«.[9] Die Erziehung
folgt weder einer mechanischen Kausalität in Analogie zur
Naturkausalität noch einer intelligiblen Kausalität im Sinne einer absoluten Spontaneität aus Freiheit, sondern einer
»ästhetischen Notwendigkeit«. Diese aber rührt daher,
dass in ihr weder mechanische noch moralische, sondern
ästhetische Weltdarstellungen auf das Gemüt der zu Erziehenden einwirken und dessen schon erworbenen Gedan-

kenkreis erweitern sowie vorhandene Willensstrebungen einer Beurteilung zuführen. Gegen mechanistische wie moralisierende Erziehungskonzepte gibt er zu bedenken: »Das Gewissen geht mit in die Oper!«, und will damit sagen, dass eine gute Oper die Zuschauer nicht moralisierend über das Gute belehrt, sondern unterschiedliche Charaktere zeigt und deren Kritik und Beurteilung ästhetisch provoziert.[10] In seiner *Allgemeinen Pädagogik* überträgt er diese Vorstellung auf Kinderliteratur und stellt fest:

> »Schon die Absicht zu bilden, verdirbt die Kinderschriften; man vergißt dabei, daß jeder und auch das Kind sich aus dem, was er liest, das Seinige nimmt und nach seiner Art das Geschriebene samt dem Schreiber beurteilt. Stellt Kindern das Schlechte dar, deutlich, nur nicht als Gegenstand der Begierde: sie werden finden, dass es schlecht ist! Unterbrecht eine Erzählung durch moralisches Raisonnement: sie werden finden, dass ihr langweilig erzählt!«[11]

Erziehung wirkt durch ästhetische Darstellungen von Weltinhalten im Medium von Bildern und Sprache, Erzählungen und Geschichte. Diese Darstellungen erweitern den schon erworbenen Vorstellungshorizont Heranwachsender, führen das jeweils Gezeigte einer Beurteilung durch die Lernenden zu und halten diese am Ende dazu an, im Denken und Tun den eigenen, durch Erziehung vernünftig gewordenen Einsichten zu folgen. Weil auf die Veränderung von Wahrnehmungen nur durch Wahrnehmen gewirkt werden kann, spricht Herbart der über die Veränderung von Wahrnehmungen wirkenden Notwendigkeit eine Kausalität zu, die weder mechanisch wirkt noch auf Willkür basiert, sondern Spielräume für neue Wahrnehmungen erzeugt. In einer mit ästhetischer Kausalität wirkenden Erziehung widerstreiten Freiheit und Notwendigkeit einander nicht, weil in beiden ein und dieselbe über Wahrnehmung und Wahrnehmen vermittelte Kausalität wirksam ist.

Die erziehungs- und bildungstheoretischen Schlussfolgerungen aus diesem Begriff pädagogischen Wirkens hat er in seiner *Allgemeinen Pädagogik* systematisch entwickelt, in der er zwischen drei Formen pädagogischen Einwirkens unterscheidet.[12] Dort, wo Heranwachsende keine Distanz zum eigenen Wollen und Streben aufbringen können, weil uneinsichtige Willensstrebungen sie gleichsam gewaltsam zum Handeln antreiben, sind Maßnahmen der »Kinderregierung« notwendig. In diesen Maßnahmen üben Erwachsene über Heranwachsende eine negative Gewalt aus und hindern diese an uneinsichtigem Handeln. Dort, wo Heranwachsende bereits über Distanz zum eigenen Wollen verfügen, aber aufgrund eines begrenzten Gedanken- und Gesichtskreises nicht angemessen urteilen können, sind pädagogische Maßnahmen angezeigt, die ihre Welterfahrung und ihren zwischenmenschlichen Umgang durch »Unterricht« erweitern. Und wo Heranwachsende nach vorausgegangener Vertiefung ihres Vorstellungskreises selbst zu handeln beginnen, sind unterstützende Maßnahmen der »Erziehung« (Zucht) geboten, die das Ende der Erziehung und deren Übergang in Selbsterziehung planvoll absichern helfen. Untereinander sind diese drei Formen pädagogischen Handelns dadurch verbunden, dass in ihnen ein und dieselbe ästhetische Kausalität wirksam ist, die sich jedoch in der Regierung der Kinder, im erziehenden Unterricht und in der zum Handeln überleitenden Zucht in Gestalt unterschiedlicher Maßnahmen artikuliert.

Die Maßnahmen der Regierung der Kinder teilt Herbart in solche der Drohung, der Aufsicht, der Autorität und der Liebe. Pädagogische Gewalt droht nicht mit Erziehungsstrafen, sondern mit der Gefahr, in die Kinder sich begeben, wenn sie sich oder der Gesellschaft durch uneinsichtiges Handeln Schaden zufügen. Pädagogische Aufsicht kontrolliert nicht, ob Heranwachsende auf Warnungen mit einem pünktlichen Gehorsam reagieren, sondern beobachtet, wie Heranwachsende mit der Gefahr, auf die regierende Maßnahmen sie hinweisen, umgehen. Pädagogische Autorität unterwirft Heranwachsende keiner fremden Autorität, sondern prüft, ob diese den Sinn der negativen Ausübung von Autorität verstehen und angemessen erfassen. Und pädagogische Liebe hat nicht das Ideal eines folgsamen Kindes vor Augen, das nicht aus eigener Einsicht, sondern aus Zuneigung zum Erzieher urteilt und handelt, sondern bringt dem Heranwachsenden ein motivloses Wohlwollen entgegen, das eine freie gegenseitige Anerkennung ermöglicht.[13] Für eine Legitimation der genannten Maßnahmen der Kinderregierung führt Herbart weiter aus, dass ihr Gelingen davon abhängig ist, dass Heranwachsende ihren Sinn verstehen und bemerken, dass durch die regierenden Maßnahmen ihr Denken und Handeln nicht positiv normiert, sondern nur Schaden von ihnen selbst oder von der Gesellschaft abgewendet werden soll. Durch ihre eigentümliche Negativität sollen die am Handeln hindernden regierenden Erziehungsmaßnahmen der Tatsache Rechnung tragen, dass »Knaben und Jünglinge gewagt werden müssen, um Männer zu werden«.[14] (Herbarts akademischer Lehrer Fichte sprach in solchen Zusammenhängen gleichsinnig auch von Mädchen und Frauen.) Das Wagnis der Erziehung lässt sich indessen auf regierende Maßnahmen allein nicht gründen. Hinzukommen müssen vielmehr unterrichtliche Maßnahmen sowie Maßnahmen einer zum selbstverantworteten Handeln anhaltenden Zucht.

Erziehung durch Unterricht will nicht am Handeln hindern und auch nicht zum Handeln anhalten, sondern bewegt sich außerhalb der Sphäre einer sich unmittelbar im Kontext von Welterfahrung und zwischenmenschlichem Umgang vollziehenden Erziehung. Aufgabe des Unterrichts ist es vielmehr, Erfahrung und Umgang künstlich und kunstvoll zu erweitern. Die ästhetische Weltdarstellung und -aneignung erfolgt im Unterricht in Akten, in denen sich Lernende in den zu erlernenden Sachverhalt vertiefen und anschließend auf das Erlernte besinnen. Die Wechselwirkung von Weltvertiefung und Selbstbesinnung bestimmt die universelle Artikulation von Unterricht, die Herbart auf drei einander ergänzende und zuweilen auch ineinandergreifende Formen des Unterrichts auslegt, nämlich auf den »darstellenden«, den »analytischen« und den »synthetischen« Unterricht. Im darstellenden Unterricht stellt der Lehrer dem Schüler eine ihm noch unbekannte Welt in den Farben und Formen dessen dar, was er schon kennt. Er zeichnet gleichsam »Gemälde fremder Städte, Länder, Sitten, Meinungen mit den Farben der bekannten«.[15] Auf diese Weise erweitert der darstellende Unterricht den schon erworbenen Gedankenkreis des Lernenden und bewegt sich zugleich innerhalb dessen Grenzen. Der analytische Unterricht befragt anschließend die erworbenen Vorstellungen, indem er diese in ihre Elemente zerlegt: »Den Stoff muss die Analysis nehmen, wie sie ihn findet.«[16] Der synthetische Unterricht führt schließlich über den darstellenden und analytischen Unterricht hinaus. Er ist »unvergleichbar reicher als die individuelle Umgebung eines Kindes« und baut den Unterricht »aus eigenen Steinen«,[17] indem er in die »Stufen der in Bildung begriffenen Menschheit von den Alten zu den Neuen« einführt und Sachverhalte wie Mathematik, Grammatik oder Literatur behandelt.

In thematischer Hinsicht erweitern darstellender, analytischer und synthetischer Unterricht die alltägliche Welterfahrung zu den Wissensformen von Wissenschaft und Kunst und den zwischenmenschlichen Umgang zur »Teilnahme« an Gesellschaft und Religion. Die doppelte Trias von Erfahrung, Wissenschaft und Kunst sowie Umgang, Gesellschaft und Religion soll einseitigen Monopolisierungen bestimmter Wissens- und Umgangsformen entgegenwirken. So soll die alltägliche Welterfahrung nicht nur zu Aussagesystemen neuzeitlicher Wissenschaft erweitert, sondern auch durch Werke der Kunst vertieft werden, um auf diese Weise ein Deutungsmonopol neuzeitlicher Wissenschaft zu vermeiden. Analog soll die Erweiterung des zwischenmenschlichen Umgangs zu gesellschaftlichen und religiösen Problemstellungen Sorge dafür tragen, dass auch politisch nicht auflösbare Fragen wie z. B. die nach dem Anfang und dem Ende des individuellen Lebens im Blick bleiben.

Die gemeinsame Aufgabenstellung des erziehenden Unterrichts in all seinen Formen und thematischen Ausrichtungen liegt nach Herbart in der Bildung eines vielseitigen Interesses, welches die Einzelnen dazu befähigt, den Stand ihrer Herkunft zu verlassen, die eigene Bestimmung selbst zu wählen und der Menschheit in den genannten Interessenrichtungen anzugehören. Zur Besonderheit der unterrichtlichen Dimension der Erziehung aber gehört es, dass in ihr Zögling und Erzieher im Medium einer ästhetisch dargestellten Welt kommunizieren.[18]

Von der Kinderregierung und vom erziehenden Unterricht unterscheidet Herbart die an den Unterricht anschließende und über diesen zugleich hinausgehende *Zucht* als dritte Form der Erziehung. In ihrem Zentrum steht nicht mehr eine anzueignende Welt, sondern der »Zögling« als ein »Wesen, worauf es zu wirken« gilt.[19] Die gewählte Bezeichnung ist nicht erst für heutige Leser missverständlich. Darum weist Herbart ausdrücklich darauf hin, dass er »Zucht« nicht im Sinne von ›züchtigen‹ – und auch nicht in Analogie zur Tier- und Pflanzenzucht – verstanden wissen will, sondern aus dem Wort »Ziehen« ableitet, das dem Wort »Erziehung« zugrunde liegt. Mit dem Begriff »Zucht« bezeichnet Herbart die im Lateinischen *educare* (›herausführen‹) angesprochene Seite der Erziehung, in der Erwachsene Heranwachsende weder regieren noch unterrichten, sondern beim Übergang in ein selbständiges Handeln unterstützen. Während Kinderregierung die Zöglinge an uneinsichtigem Handeln hindert, um Raum für geordnete Erfahrungen und unterrichtliche Lehr-Lern-Prozesse zu schaffen, will Zucht auf die Entstehung des im eigenen Handeln der Heranwachsenden sich bildenden Charakters einwirken. Die so verstandene Zucht dient der Charakterbildung und ist »eine Modifikation der Kunst des Umgangs mit Menschen«, bei der es »darauf ankommt, Superiorität über Kinder auf eine Weise zu behaupten, die eine bildende Kraft fühlbar« macht.[20]

Den pädagogischen Umgang mit Menschen bestimmt Herbart einmal als die Kunst, die »Biegsamkeit, Willigkeit, Offenheit« von Bildungsprozessen für eine unterrichtliche Erfahrungs- und Umgangserweiterung zu erhalten,[21] dann aber auch als eine Kunst, welche Heranwachsende dazu anhält, die Entwicklung ihres Charakters zu beobachten und zu kontrollieren. Den jeweils vorgegebenen oder schon erworbenen Charakter nennt Herbart »objektiven Charakter«. Von diesem sagt er, er müsse einer Zensur durch den »subjektiven Charakter« zugeführt werden, die den objektiven Charakter nach ethischen Grundsätzen prüft. Erziehung als Zucht findet in pädagogischen Beratungen statt, die Heranwachsende dazu anhalten, nicht unmittelbar aus ihrem schon erworbenen objektiven Charakter heraus zu handeln, sondern ihren Willen vor Eintritt in die Sphäre des Handelns zu beurteilen und zu prüfen.

Die Maßnahmen der Zucht zielen darauf ab, dass der Heranwachsende lernt, im Handeln nicht dem jeweils stärksten Motiv, sondern einem zuvor geprüften, einsichtigen Willen zu folgen. Unter »einsichtigem Wollen« versteht Herbart einen Motivationshorizont, der es den Heranwachsenden erlaubt, im Sinne der Grundsätze der *Allgemeinen Praktischen Philosophie* vieles zu wollen und einen Willen, der den »sittlichen Ideen« widerspricht, so zu zügeln, dass sich neben ihm andere Willensstrebungen äußern können. Insgesamt unterscheidet er zwischen vier aufeinander aufbauenden Maßnahmen pädagogischer Zucht: Bezogen auf vergangene Handlungen des Zöglings sucht Erziehung als »haltende Zucht« deren Wirkungen und Folgen in Erinnerung zu rufen, damit der Zögling lernt, seine aktuellen Willensstrebungen im Lichte vergangener Erfahrungen zu prüfen. Die zweite Form der Zucht nennt Herbart »bestimmende Zucht«: Sie nötigt das Urteil über das eigene Wollen dem Heranwachsenden nicht auf, sondern sorgt dafür, dass es von diesem selbst getroffen wird. An diese knüpft als dritte Form der Erziehung im Übergang zum Handeln die »regelnde Zucht« an: Sie hält den Heranwachsenden dazu an, die Entscheidung über das eigene Tun nicht willkürlich zu treffen, sondern sich über die Grundsätze zu vergewissern, die er seinem Handeln zugrunde legen will. Aufgabe der »regelnden Zucht« ist es, den Blick des Heranwachsenden auf Differenzen und Kollisionen zwischen unterschiedlichen Grundsätzen zu lenken, damit dieser lernt, mit Abstimmungsproblemen zwischen widerstreitenden Grundsätzen umzugehen. Die vierte und letzte Form der Erziehung im Übergang zu selbstverantwortetem Handeln nennt Herbart »unterstützende Zucht«: Ihre Aufgabe erblickt er darin, den Heranwachsenden darin zu bestärken, dass sittlichen Grundsätze in seinem Motivationshorizont an Einfluss gewinnen.

In seiner Unterscheidung zwischen einem objektiven und einem subjektiven Charakter ist eine Neubestimmung des Verhältnisses von Pädagogik und Ethik angelegt, welche die Pädagogik nicht mehr der Ethik hierarchisch unterordnet. Der Erziehung weist Herbart die Bildung des objektiven Charakters, der Schärfung der Kritikfähigkeit die Bildung des subjektiven Charakters als Aufgabe zu. Die Erziehung soll für die Entwicklung eines objektiven Charakters Sorge tragen, der für eine Prüfung nach den Grundsätzen der Ethik empfänglich ist, während die Ethik allgemeine Grundsätze entwickeln soll, an denen sich die Erziehung gemeinsam mit anderen Bereichen menschlichen Handelns wie Ökonomie, Recht und Politik orientieren kann.

Das nichthierarchische Verhältnis zwischen Erziehung und Moral bestimmt nicht nur Herbarts *Allgemeine Pädagogik*, sondern auch seine *Allgemeine Praktische Philosophie*: Diese entwickelt als übergreifende Grundsätze die Ideen der inneren Freiheit, der Vollkommenheit, des Wohlwollens, des Rechts und der Billigkeit, die das menschliche Handeln, ohne Kollisionen untereinander zu leugnen, umfassend orientieren sollen.[22] Unter den genannten fünf Ideen bezieht sich die Idee der »inneren Freiheit« auf das Verhältnis von Wille und Urteil: Sie erkennt die erste Aufgabe moralischer Urteilsbildung darin, Distanz gegenüber dem eigenen Willen zu erzeugen, damit dieser einer sittlichen Beurteilung zugeführt werden kann. Die Idee der »Vollkommenheit« legt die innere Freiheit auf das Verhältnis mehrerer Willensstrebungen aus. Sie räumt im Kampf zwischen einem stärkeren und einem schwächeren Willen keinem von beiden einen Vorrang ein, sondern stellt die Erziehung vor die Aufgabe, in jedem Heranwachsenden ein vielseitiges Interesse zu entwickeln, das ihm erlaubt, einzelne Willensstrebungen anzuhalten und neben diesen weitere auszubilden. Die »Idee des Wohlwollens« geht über Willensverhältnisse innerhalb eines einzelnen Subjekts hinaus: Sie legt die innere Freiheit und die Arbeit an der eigenen Vollkommenheit auf die Interaktion zwischen mehreren Personen aus. Sie handelt von der Beziehung einer Person zu einer zunächst nur vorgestellten anderen Person und verlangt, dem potentiellen Du gegenüber vor Eintritt in eine konkrete Interaktion ein motivloses Wohlwollen aufzubringen. Auf diese Weise soll dafür gesorgt werden, dass in der Interaktion selbst nicht nur die vertrauten eigenen, sondern auch die noch unbekannten fremden Interessen Eingang finden. Für die durch die Idee des Wohlwollens vorbereitete Interaktion nimmt Herbart keinerlei Interessenharmonie an. Vielmehr rechnet er mit einer möglichen Kollision der Interessen, die zum Streit führen kann. Die »Idee des Rechts« verlangt nun, den Streit so auszutragen, dass jeder den Interessen des anderen Raum gibt und die Streitenden nach einer Regel suchen, die künftigem Streit vorbeugt. Wird die getroffene Rechtsregelung später verletzt, so soll die »Idee der Billigkeit« zur Anwendung gelangen. Diese setzt die zuvor entwickelten Ideen nicht außer Kraft, führt aber insofern über diese hinaus, als sie die Streitenden zu einer Schlichtung des Konflikts anhält, welche alle Regeln beherzigt und den durch die Verletzung der vereinbarten Regel entstandene Schaden so weit wie möglich wiedergutmacht.

Herbarts Ideenlehre lässt sich an einem Beispiel aus seinem Familienleben illustrieren. Zu der Zeit, als Herbart an seiner *Allgemeinen Praktischen Philosophie* arbeitete und diese in Vorlesungen an der Universität Göttingen vortrug, befand sich die Ehe seiner Eltern in einer Krise: Vater wie Mutter versuchten den Sohn für ihre Seite zu gewinnen. Herbart entzog sich diesem Ansinnen; seine Sympathie aber schenkte er zweifellos seiner Mutter, die die Krise in Anlehnung an die von Herbart aufgestellte Ordnung der Ideen zu meistern suchte. Wie Niemöller in ihrer Rekonstruktion des Lebens der Lucia Margareta Herbart zeigt,[23] reichte Herbarts Mutter bei dem Gericht im Herzogtum Oldenburg, bei dem ihr Mann Richter war, die Scheidung ein. Sie begründete ihre Klage damit, ihr Mann bevormunde sie tyrannisch und habe damit begonnen, sich nun auch das von ihr in die Ehe eingebrachte Vermögen unrechtmäßig anzueignen. Nach Einreichung der Scheidung machte sich Lucia Margareta von ihrem Willen zur Scheidung innerlich frei, entwarf Möglichkeiten einer Vervollkommnung der ehelichen Lebensform, brachte Wohlwollen und Vertrauen hinsichtlich einer Veränderung der Verhaltensweisen ihres Mannes auf und traf schließlich mit diesem eine Vereinbarung, die ihr gewisse Freiheiten in der Gestaltung ihrer Kontakte zu Freundinnen und den freien Zugriff auf Teile ihres Vermögens erlaubte. Als ihr Mann jedoch diese Vereinbarung brach, reichte sie erneut die

Scheidung ein, woraufhin die Ehe Herbart als erste im Herzogtum auf Antrag einer Frau von einem Amtskollegen ihres Mannes geschieden wurde.

Herbarts *Allgemeine Praktische Philosophie* entwickelt mit ihrer Ideenlehre eine Theorie grundlegender sittlicher Urteile, die Kants kategorischen Imperativ, den anderen niemals bloß als Mittel zu gebrauchen, sondern stets zugleich als Zweck anzuerkennen, auf alle nur denkbaren Willensverhältnisse auslegen. Der Erziehung weist er in seiner *Allgemeinen Pädagogik* die vierfache Aufgabe zu, (1) durch regierende Maßnahmen wichtige Voraussetzungen für die innere Freiheit zu sichern, (2) die unbestimmte Bildsamkeit des Heranwachsenden mit motivlosem Wohlwollen anzuerkennen, (3) durch erziehenden Unterricht ein vielseitiges Interesse in den Heranwachsenden zu wecken und (4) die intergenerationelle Beratung im Übergang zu selbstverantwortetem Handeln an den Ideen des Rechts und der Billigkeit zu orientieren.

Herbarts Pädagogik zielt auf eine Professionalisierung des Erzieher- und Lehrerberufs, die er nach seiner Berufung nach Königsberg durch die Gründung eines pädagogischen Seminars und dessen Erweiterung zu einem didaktischen und pädagogischen Institut zu befördern sucht.[24] Die künftige Ausübung des Lehrerberufs konzipierte er in Anlehnung an Kant sowie in Analogie zu den freien Berufen von Ärzten oder Rechtsanwälten jenseits von staatlicher Bevormundung und den Standesinteressen der Eltern. Zur Eigenlogik der pädagogischen Praxis gehört für ihn, dass Erziehung an die individuelle Bildsamkeit oder Lernfähigkeit jedes einzelnen Heranwachsenden anschließen muss, die es gegenüber Festlegungen durch Standesinteressen und vermeintliche Naturanlagen offenzuhalten gilt. Die Möglichkeiten zur Institutionalisierung einer so verstandenen Erziehung in staatlichen Schulen schätzte Herbart jedoch ambivalent ein: In seinen Gedanken *Über Erziehung unter öffentlicher Mitwirkung* (1810) kritisiert er die staatliche Schule als eine Einrichtung, die die Möglichkeiten der Erziehung nicht »erweitert«, sondern »verengt«, weil sie eine »Anschließung an Individuen« unterbindet und die »feinere Führung« der Individuen unmöglich macht. Die staatlichen Schulen will er durch kommunale Einrichtungen ergänzen, in denen freie Lehrer die Schüler der Staatsschulen erziehend unterrichten und in der Wahl ihres weiteren Bildungsganges beraten.[25] Milder fällt Herbarts Urteil in den *Pädagogischen Briefen* von 1832 aus: Hier erkennt er die Fortschritte, die durch die mit den preußischen Reformen eingeleitete Neuorientierung des öffentlichen Bildungssystems erreicht worden sind, durchaus an:

> »Die Tätigkeit der Gymnasien ist ungemein erhöht; vornehme Familien haben sich darin ergeben, dass ihre Söhne sich anstrengen müssen, wenn sie zur Universität reifen wollen. [...] Der heutige Unterricht, besonders auf den Gymnasien, hat eine Fülle und einen Glanz, den unsere Jugendzeit nicht kannte, und es könnte uns wohl die Lust anwandeln, noch einmal wieder jung zu werden, um den Gymnasialkursus so vollständig zu machen, wie man ihn jetzt den empfänglichen Köpfen darbietet.«[26]

Herbart war sich durchaus der Tatsache bewusst, dass öffentliche Erziehung dann, wenn sie Lehr-Lern-Prozesse individualisiert, nicht nur herkunftsbedingte oder angestammte Ungleichheiten verändert, sondern auch neue Ungleichheiten erzeugt. Aber aus dieser Tatsache leitet er die Legitimität einer gemeinsamen Erziehung nicht ab. Diese bindet er vielmehr an die individuelle Förderung eines vielseitigen Interesses in jedem Einzelnen und die Anbahnung einer Charakterstärke der Sittlichkeit zurück. Die weitergehende Frage, wie mit der durch Erziehung und Unterricht nicht aufhebbaren Ungleichheit der Menschen umzugehen sei, weist er der Ethik und der Politik zur Bearbeitung zu. Eine stellvertretende Lösung dieser Frage durch ihre Delegation an schulische Ausleseprozesse lehnt er als illegitim ab.

Schleiermacher: Erziehung und intergenerationelles Handeln

Friedrich Schleiermacher wurde 1768 als Sohn eines pietistischen Militärgeistlichen und seiner aus einer protestantisch-reformierten Familie stammenden Ehefrau geboren. Sein Weg zum Theologen war durch seine Herkunft in gewisser Weise vorgezeichnet. Als er 1834 starb, war er der berühmteste protestantische Theologe in Deutschland. Sein Leben fällt ziemlich genau mit jener Epoche zusammen, die literarisch als die Zeit der deutschen Klassik und Romantik, philosophisch durch die von Kant ausgehenden großen philosophischen Systeme Fichtes, Schellings und Hegels und pädagogisch durch den Neuhumanismus (v. a. Humboldt) sowie durch die systematischen Konzeptionen Pestalozzis und Herbarts bekannt geworden ist. Zu den theoretisch und systematisch bedeutenden Konzeptionen aus dieser Zeit sind auch die pädagogischen Schriften Schleiermachers zu zählen. Er war freilich nicht nur Theoretiker der Pädagogik. Er begegnet uns im Rückblick auf diese Epoche mindestens in fünffacher Gestalt, nämlich als Theologe, als Übersetzer der Schriften Platons, als Philosoph und als Theoretiker der Hermeneutik (Auslegungslehre), als Bildungsreformer und schließlich auch als systematischer Pädagoge.

In erster Linie ist Schleiermacher aber Theologe. Als Prediger an der Charité in Berlin war er im Jahr 1799 mit einer anonym erschienenen Schrift *Über die Religion. Reden an die gebildeten unter ihren Verächtern* allgemein bekannt geworden. Seine späteren theologischen Arbeiten, die die protestantische Theologie des gesamten 19. Jahrhunderts entscheidend geprägt haben, stellen die Gegenwart Gottes in der Gestalt Jesu von Nazareth in den Mittelpunkt, verzichten dabei aber auf jedwede Vorstellung von einer zeitlos und unveränderlich geltenden christlichen Lehre. Die Dogmatik als das Herzstück der christlichen Theologie formuliert Schleiermacher zufolge vielmehr die »in einer bestimmten Kirchengesellschaft zu einer bestimmten Zeit geltende Lehre«.[27] Die zweite Gestalt, in der uns Schleiermacher begegnet, ist die des Übersetzers. Seine Übersetzung der platonischen Schriften hat Epoche gemacht. Er hat dabei eine ganz neue Platon-Deutung entwickelt, die die Philosophie Platons ganz von der Dialektik und Dialogik, also vom lebendigen Gespräch her verstanden wissen will – ein wie noch zu zeigen sein wird, nicht nur für seine Pädagogik, sondern auch für seine Philosophie insgesamt zentraler Gedanke. Die *Dialektik* (1822), sein erkenntnistheoretisches Hauptwerk, hat die Kunst der Gesprächsführung über grundlegende philosophische Fragestellungen zum Gegenstand. Auch seine ethischen Schriften leben vom platonischen Grundgedanken, insofern er die Ethik nach antikem Vorbild als eine »Güterlehre« begreift, die die Totalität der menschlichen Tätigkeiten und Handlungen, die wesenhafte Gesellschaftlichkeit des Menschen herausstellt, diese aber mit der modernen Idee der Individualität und Eigentümlichkeit des Menschen verbindet. Als Theoretiker der Hermeneutik löst er die Hermeneutik aus ihrer Anbindung an das Verstehen schriftsprachlicher Texte (vor allem in der Theologie, der Rechtswissenschaft und der Philologie) und erweitert sie zu einer methodisch orientierten allgemeinen Auslegungslehre, welche die Schrift und Rede bzw. das Gespräch zum Gegenstand hat. Seine bildungsreformerischen Interessen artikulieren sich in einer theoretisch und praktisch bedeutsamen Schrift[28] zur Universitätsreform aus dem Jahr 1808. Und im Zuge der preußischen Reformen hat ihn Wilhelm von Humboldt zum Direktor der wissenschaftlichen Deputation ernannt, die ihn, Humboldt, als Leiter der Sektion für Kultus und Unterricht beraten sollte. Im Umkreis dieser Tätigkeit sind außerdem einige Schriften und Gutachten zur Schul- und Unterrichtsreform entstanden.[29]

Schleiermacher hat als Professor für Theologie an der neu gegründeten Universität zu Berlin dreimal Vorlesungen über Pädagogik gehalten, nämlich in den Jahren 1813/14 und 1820/21 sowie im Jahr 1826.[30] Die diesen Vorlesungen zugrunde liegenden Originalmanuskripte und Notizen sind verlorengegangen. Überliefert sind lediglich Mitschriften von Schülern und Zuhörern seiner Vorlesungen, die erstmals 1849 durch Carl Platz, einem Schüler Schleiermachers, herausgegeben worden sind. Auch wenn diese pädagogischen Schriften im 19. Jahrhundert noch Nachdrucke erfahren haben, hat eine umfassende erziehungswissenschaftliche Rezeption der pädagogischen Schriften erst im frühen 20. Jahrhundert durch die sogenannte geisteswissenschaftliche Pädagogik eingesetzt. An seiner Pädagogik fasziniert bis heute, dass sie, etwas paradox formuliert, nicht nur Pädagogik im engen Sinne einer Handlungslehre für Erzieher und Lehrer, sondern eine philosophisch-wissenschaftlich angeleitete Reflexion erzieherischen Handelns im Kontext von Geschichte und Gesellschaft ist. Seine Pädagogik präsentiert sich von daher als der umfassende Versuch, Erziehung und Bildung aus dem gattungs- und gesellschaftsgeschichtlichen Zusammenhang, den auch seine ethischen Arbeiten zum Gegenstand haben, so zu begreifen, dass das seiner selbst bewusst gewordene pädagogische Handeln die nachwachsende Generation in das gesellschaftliche Leben, so wie es gegenwärtig ist, einführt, aber zugleich über den jeweils erreichten Stand der gesellschaftlichen Entwicklung auch hinausweist.

Schleiermacher bestimmt gleich auf den ersten Seiten seiner Vorlesung von 1826 zum Adressaten seiner Theorie der Erziehung die erziehende (ältere) Generation insgesamt.

Sie bedarf einer anleitenden Theorie, die sich der Frage stellt, wie sie, die erziehende Generation, der jüngeren begegnen solle, welche Ziele und Zwecke dabei verfolgt und welche Mittel dabei angewendet werden dürfen. Die gesamte Vorlesung Schleiermachers ist im Grunde nichts anderes als eine Antwort auf diese Ausgangsfrage. Dabei mag dem Leser heute der Hinweis darauf, dass die erziehende Generation insgesamt zum Adressaten ernannt wird, trivial erscheinen. Schleiermachers Negationen aber, also die Zurückweisung möglicher anderer Adressaten, zeigt, dass in seiner Adressatenbestimmung durchaus nichttriviale Vorausannahmen enthalten sind. Am einfachsten scheint noch die Zurückweisung der Eltern nachvollziehbar zu sein. Damit ist nicht etwa gemeint, dass die Eltern keine pädagogischen Aufgaben mehr haben. Gemeint ist vielmehr, dass die Sorge für den eigenen Nachwuchs ein natürliches Faktum ist und nicht durch eine Theorie erzeugt oder hervorgebracht werden muss. Vor allem aber bedürfen die Eltern, so Schleiermacher, einer öffentlichen Unterstützung in der Wahrnehmung erzieherischer Aufgaben, weil die Vermittlung des gesellschaftlich notwendigen Wissens an die nachwachsende Generation von den Eltern allein nicht mehr geleistet werden kann. Der Hauslehrer, der deshalb bereits seit geraumer Zeit diese Aufgabe der Eltern ergänzte und komplettierte, ist aber nur so lange notwendig, wie es an öffentlichen Schulen fehlt; ansonsten ist er aber mehr ein »Übel«, womit Schleiermacher nicht nur die zahlreichen Konflikte zwischen dem Hauslehrer und den jeweiligen Eltern anspricht, sondern zugleich darauf aufmerksam macht, dass er ein Relikt der überkommenen Ständegesellschaft ist. Deshalb scheint es zunächst verwunderlich, dass Schleiermacher die öffentlichen Schullehrer nicht zum eigentlichen Adressaten ernennt. Wenn er als Grund für die Zurückweisung angibt, dass damit die Erziehung zur Angelegenheit des Staates, als dem Dienstherrn der öffentlichen Schullehrer werden würde, dann will er damit sagen, dass das, was der Staat in Sachen Erziehung und Bildung darf oder nicht darf, tun oder unterlassen muss, einer rationalen Rechtfertigung und damit einer öffentlichen Verständigung bedarf. Die Klärung der Aufgaben von Erziehung und Bildung sind daher weder an eine gesellschaftliche Teilgruppe (Eltern, Hauslehrer) noch an einen Berufsstand, der im staatlichen Auftrag arbeitet, zu delegieren. An der rationalen und öffentlichen Klärung dieser Aufgaben will sich seine Pädagogik beteiligen.

Er positioniert seine Pädagogik von den ersten Seiten seiner 1826er-Vorlesung an im Kontext der vielfältigen öffentlichen Auseinandersetzungen um Erziehung und Bildung. Darüber, dass das öffentliche Unterrichtswesen ausgebaut werden muss, bestand kaum noch Zweifel. Aber wie dies geschehen soll, etwa in welchem Verhältnis Staat und öffentliche Schule zueinander stehen sollen, welche Stellung und Bedeutung Religion und Sitte, Tradition und Überlieferung in der Erziehung haben, ob und wenn ja, wie die aus der Französischen Revolution noch nachhallenden Ideale von Freiheit und Gleichheit auf die Erziehung und Bildung der nachwachsenden Generation Einfluss nehmen sollen, bestand im Deutschland dieser Jahre kein Konsens. Bestimmt Schleiermacher als den Ausgangspunkt seiner Theorie der Erziehung die »gegenwärtige Zeit«,[31] dann ist jene krisenförmige Umbruchsituation gemeint, in der konservative und restaurative Kräfte den Neuanfang, der in der preußischen Reformphase begonnen worden war, wieder rückgängig machen wollten. Dass sich Staat und Gesellschaft im Zustand eines krisenhaften Überganges begreifen lernen, dass sie sich Klarheit über die Unvollkommenheit des gegenwärtigen Zustands verschaffen müssen, ist für Schleiermacher die entscheidende Voraussetzung für eine Pädagogik, die sich selbst als einen Teil der möglichen Überwindung der Krise begreift. Er hat diese Prämisse, dass das Bewusstsein der gesellschaftlichen Krise selbst Teil des Bewusstseins der erziehenden Generation insgesamt sein muss, am eindrucksvollsten in der ersten seiner pädagogischen Vorlesungen, nämlich in derjenigen aus dem Jahre 1813/14 ausgesprochen:

»Damit die Erziehung diese Richtung bekomme, muss ein Gefühl des Bedürfnisses in der erziehenden Generation als ganzes sein. Dies soll nicht durch einzelne wissenschaftliche Erzieher zunächst in die zu erziehende Generation gelegt werden; denn Naseweisheit heilt nicht. Also kann sie doch nur kommen insofern z. E. im Staat das Gefühl seiner Unvollkommenheit liegt.«[32]

Die ›naseweisen‹ Erzieher, die um die Unvollkommenheit des gesellschaftlichen Zustands wissen, aber unter Umgehung öffentlichen Streits und öffentlicher Verständigung die nachwachsende Generation zum Mittel für die für erforderlich gehaltenen Umwälzungen machen, helfen nicht weiter. Auch der Staat ist selbst dann, wenn er an Fortschritt und humaner Weiterentwicklung interessiert ist, keine Instanz, auf die allein zu setzen ist. Dass »z. E. im Staat«, aber nicht nur in ihm allein, »das Gefühl seiner Unvollkommenheit« liegen muss, zeigt, so Schleiermacher, dass der Staat nicht der einzige Ort und die einzige Institution ist, von der die Weiterentwicklung der staatlichen und gesellschaftlichen Ordnung abhängt. Das ist auch der Grund dafür, warum Erziehung und Bildung nicht ausschließlich oder primär an den Staat gebunden werden können. »Wir können«, heißt es in der 1826er-Vorlesung, »die Pädagogik nicht mehr schlechthin der Politik unterordnen«.[33] So wie die erziehende Generation insgesamt der Adressat der pädagogischen Theorie ist, so ist auf der anderen Seite das öffentliche Leben überhaupt, also die »Gesamttätigkeit«, das Subjekt und das Objekt der Erneuerung und Veränderung. Diejenige wissenschaftliche Disziplin, die nach seiner Auffassung den Zusammenhang aller gesellschaftlichen und individuellen Handlungen reflek-

tiert, ist in seinem Verständnis die Ethik. Bezeichnet er die
Pädagogik als »eine rein mit der Ethik zusammenhängende
[…] Wissenschaft«, die der Politik nicht untergeordnet,
sondern ihr »koordiniert« ist,[34] dann bedeutet das, dass die
sittliche Aufgabe der Humanisierung des Menschen durch
den Menschen selbst nur gesamtgesellschaftlicher Natur
sein kann. Auch das politische Handeln hat Anteil an dieser Aufgabe. Das Politische kann aber nicht mehr (wie in
der klassischen Antike oder im neuzeitlichen Absolutismus) die Vormachtstellung beanspruchen. Die Politik erfüllt nur einen Teil der sittlichen Aufgabe, sie ist, in Schleiermachers Sprache, ein Gut im Verein mit anderen Gütern
oder Lebensgemeinschaften, zu denen er außer dem Staat
noch das gesellige Leben, die Wissenschaft und die Kirche
zählt. Er bringt damit zum Ausdruck, dass ein wesentliches Kennzeichen moderner im Unterschied zur traditio-
nalen Gesellschaft die »Pluralität der Sphären«,[35] also der
nicht hierarchisierbare Gesamtzusammenhang differenter
Lebenstätigkeiten, ist. Anders gesagt: Moderne Gesellschaften müssen ohne ein monopolisiertes Steuerungsin-
strument auskommen. Weder Staat noch Kirche (Religion),
weder gesellige Kommunikation noch die Wissenschaft
können eine solche Aufgabe allein übernehmen, auch
wenn keine offene Gesellschaft ohne sie, in der Anerkennung der Differenz ihrer Logiken und ihren durchaus kon-
flikthaften Interdependenzen, auskommen kann.

Von diesen Lebenstätigkeiten aus ergibt sich die erste
Ziel- oder Zweckbestimmung pädagogischen Handelns
und damit eine erste Antwort auf die Frage, was die erziehende Generation vernünftigerweise mit der nachwachsenden Generation wollen kann und darf: Erziehung und
Bildung haben die Aufgabe, zur mündigen und selbständigen Teilnahme aller Mitglieder der nachwachsenden Generation an einem gesamtgesellschaftlichen Leben vorzubereiten, dessen Kennzeichen die »Pluralität« ihrer Sphären
ist. Schleiermacher nennt das die »universelle« Richtung

der Erziehung.[36] Die zweite Ziel- oder Zweckbestimmung ergibt sich wie folgt: Die erzieherische Umsetzung der universellen Aufgabe birgt in sich immer die Gefahr, dass die nachwachsende Generation unter das »Übergewicht des Homogenen«[37] gebracht wird. Damit aber würde die Möglichkeit des Wandels und der Innovation unterlaufen. Diese Gefahr kann nur dann vermieden werden, wenn zugleich eine andere erzieherische Aufgabe beachtet und anerkannt wird: Jeder Mensch, so hatte Schleiermacher in einer seiner frühromantischen Schriften notiert, soll »auf eigne Art die Menschheit darstellen«.[38] Er hat also die Idee des Individuellen und des Eigentümlichen, die ihn nicht nur mit der Romantik, sondern auch mit dem Neuhumanismus Wilhelm von Humboldts verbindet, nie aufgegeben. Aus diesem Grund besteht die zweite Ziel- und Zweckbestimmung pädagogischen Handelns darin, die »persönliche Eigentümlichkeit« des Heranwachsenden, die Unverwechselbarkeit seiner Identität und Individualität, nicht nur zuzulassen, sondern diese zu unterstützen und zu befördern. Schleiermacher nennt das die »individuelle Richtung« der Erziehung.[39]

Die pädagogische Tätigkeit wird von Schleiermacher als eine intergenerationelle Praxis verstanden, ohne die der umfassende Lebensprozess der menschlichen Gattung nicht erhalten und fortgesetzt werden kann. Insofern ist für ihn Erziehung auch keine Erfindung, die eines Tages wieder überflüssig werden könnte, sondern ein zwar in der jeweiligen Form historisch gesehen veränderliches, aber in der Sache selbst invariantes und insofern natürliches Gattungsmerkmal des Menschen. Im Blick auf die »gegenwärtige Zeit«, so Schleiermacher 1826, solle die Erziehung eine universelle und eine individuelle Richtung einschlagen, also die Befähigung aller Mitglieder der nachwachsenden Generation zur Teilnahme am »öffentlichen Leben« in individueller Weise ermöglichen. Die Erziehung ist für ihn dann beendet, wenn sie in der Beförderung dieser beiden

Richtungen ein Maß erreicht, das dem Heranwachsenden die Führung eines selbständigen und selbstverantworteten Lebens ermöglicht, er also mündig geworden ist:

»Wenn der Mensch mündig wird, dann hört die pädagogische Einwirkung auf; d. h. wenn die junge Generation, auf selbständige Weise zur Erfüllung der sittlichen Aufgabe mitwirkend, der älteren Generation gleichsteht.«[40]

Mit dieser Ziel- und Zweckbestimmung pädagogischen Handelns ist freilich noch nicht die Art und Weise bezeichnet, in der die erziehende Generation der nachwachsenden begegnen soll. Wie, so hatte Schleiermacher gefragt, kann die Tätigkeit dem Zweck entsprechen? Wie muss also das pädagogische Handeln gedacht werden, damit die angestrebte Mündigkeit nicht von vornherein unterlaufen und damit verunmöglicht wird? Er beantwortet diese Frage, indem er zunächst die Logik dieser Einwirkung in ganz grundsätzlicher Weise klärt und sich danach den konkreten Formen und Maximen der Erziehung zuwendet.

Die Logik der pädagogischen Einwirkung entwickelt Schleiermacher in der Auseinandersetzung mit dem pädagogischen Diskurs seiner Zeit. Im Zusammenhang der Französischen Revolution und der mit ihr aufbrechenden Auseinandersetzung um neue Formen der Erziehung hatte sich nicht nur in Deutschland, sondern auch in anderen europäischen Staaten eine Kontroverse darüber entwickelt, wie sich die Erziehung zu den überall beobachtbaren »Differenzen der menschlichen Natur« verhalte, ob die Verschiedenheiten unter den Menschen in Bezug auf Begabung, Talent und Neigung das Resultat der Erziehung, des Milieus und der gesellschaftlichen Verhältnisse oder ob diese Verschiedenheiten naturbedingt, also die unvermeidliche Folge der natürlichen Anlagen und Begabungen jedes einzelnen Menschen seien. Die politische Brisanz der Frage liegt auf der Hand: Je nachdem, wie sie beantwortet wird,

lassen sich ganz unterschiedliche öffentliche Erziehungs-
und Bildungssysteme denken und rechtfertigen. Schleiermacher stellt sich der Frage wie folgt: Geht man davon aus,
dass die Verschiedenheit in erster Linie ein direktes Resultat erzieherischer Maßnahmen und gesellschaftlicher Verhältnisse ist, dann müsste die pädagogische Einwirkung am
Ende allmächtig sein. Eine allmächtige Erziehung würde
aber den heranwachsenden Menschen vollständig dem Ver-
fügungswillen der erziehenden Generation unterwerfen.
Er würde der Macht der Erziehung vollständig ausgeliefert
sein; das aber sei »vollkommen unsittlich«. Aber auch auf
die Gegenthese, die die Dominanz der natürlichen Anlagen
betont und der Erziehung nur sehr geringe und beschränkte Einwirkungsmöglichkeiten zugesteht, lässt sich keine
vernunftgeleitete Theorie der pädagogischen Einwirkung
begründen. Denn Anlagen, Begabungen und Talente zeigen
sich nicht von Anfang an, sondern treten erst im Laufe der
Entwicklung des Menschen hervor. Dann aber hat, so
Schleiermacher, immer schon eine Einwirkung durch Erzieher, Familie und Gesellschaft stattgefunden, so dass eine
strikte Ausrichtung der Erziehung am Maßstab der natürlichen Anlagen gar nicht möglich ist. Er sucht nun nicht etwa die beiden Positionen einfach zu verbinden; denn die
Verbindung zweier falscher Positionen kann nicht eine
richtige ergeben. Er versucht vielmehr, indem er Anregun-
gen aus der Philosophie und Pädagogik Fichtes und Rousseaus, aber auch Platons aufnimmt, nach einem dritten Weg
jenseits von Allmacht und Beschränktheit: Der Mensch ist,
so Schleiermacher, keine verfügbare Sache, sondern ein
»Lebendiges«, dem von Anfang an

»eine Selbsttätigkeit einwohnt in bezug auf alles, was
zur menschlichen Natur gehört. Es würde also die pädagogische Einwirkung immer eine zwiefache Gestalt haben. Zuerst wäre immer die Selbsttätigkeit hervorzulo-
cken, und sodann zu leiten. Erregend müsste sie auf jede

Anlage wirken, und leitend, indem sie das in Erscheinung Getretene weiter fördert. Das erste würde sich auf
die Unentschiedenheit der anthropologischen Voraussetzungen beziehen.«[41]

Für die Logik der pädagogischen Einwirkung sind diese
Sätze deshalb von herausragender Bedeutung, weil hier die
im 18. Jahrhundert entstandene Idee der Bildsamkeit des
Menschen in implikationsreicher Weise ausgelegt wird.
Zum einen ist, wie die zitierte Stelle deutlich zeigt, mit der
Forderung nach Anerkennung der Selbsttätigkeit nicht Beliebigkeit und Schrankenlosigkeit gemeint, denn die Selbsttätigkeit des Kindes bedarf der Leitung, sie steht, darin
liegt das platonische Erbe Schleiermachers, unter der »Idee
des Guten«, ist also an sittlichen Maßstäben auszurichten.
Zum anderen ist die Selbsttätigkeit aber auch nicht der Beliebigkeit von Erziehung und Gesellschaft ausgeliefert,
sondern an die anerkennungspflichtige und darum unver-
fügbare Freiheit des heranwachsenden Menschen gebunden. Des weiteren muss beachtet werden, dass für Schleiermacher die Selbsttätigkeit des Kindes und des Heranwachsenden zwar dessen Bestimmung zur Autonomie anzeigt,
diese Autonomie sich aber immer nur relativ, nie absolut
entwickelt: Die »Selbstthätigkeit eines jeden [ist] bedingt
durch die der anderen, also ein gemeinschaftliches Resultat
[...] der eigenen Selbstthätigkeit und der Selbstthätigkeit
all derer, durch welche die Seinige bedingt war«.[42] Schließlich muss in der Erziehung erkannt werden, dass die
Selbsttätigkeit zugleich eine temporale Seite hat und auf
den speziellen Entwicklungsprozess des Kindes und des
Heranwachsenden ausgelegt werden muss. Dabei ist zu beachten, dass Erziehung weder nur von den zukünftigen
Aufgaben, Erfordernissen und Leistungen her zu denken
ist noch allein an den gegenwärtigen Bedürfnissen und Interessen des heranwachsenden Menschen ausgerichtet werden kann. Gegenwart und Zukunft müssen vielmehr in je-

der Entwicklungsphase so miteinander verbunden werden, dass weder die Gegenwart der ja stets ungewissen Zukunft noch die Zukunft des Kindes seiner nur zufälligen Gegenwart geopfert wird. In beiden Fällen bleibt, so Schleiermacher, die Bildsamkeit ohne Anerkennung.

Schleiermacher hat, wie gezeigt wurde, die hervorzulockende Selbsttätigkeit des Heranwachsenden an die platonische »Idee des Guten« gebunden, um kenntlich zu machen, dass nicht irgendeine, sondern nur eine vernunftorientierte und sittliche Selbsttätigkeit Ziel sein kann. Was er nun genau unter der Idee des Guten versteht, hat er ebenso wie Platon nirgends definiert. Stattdessen hat er, in leicht missverständlicher Weise, an einer Stelle sogar gesagt, er setze »die Idee des Guten als bekannt voraus«.[43] Der tiefere Sinn dieser Stelle liegt nicht etwa darin, dass er die gesellschaftlichen Normen, Sitten und Werte, so wie sie gerade sind, für unantastbar hält. Im Gegenteil: Der Mensch findet Schleiermacher zufolge die Maßstäbe seines Handelns, auch seines erzieherischen Handelns, weder in der jeweiligen Gesellschaft noch in der Natur des Menschen einfach vor. Er will vielmehr sagen, dass wir die Maßstäbe unseres Handelns aufgrund der in jeder Gesellschaft und Kultur vorhandenen formalen Differenz von gut und böse erst suchen und bestimmen müssen. Das richtige und vernünftige Leben ergibt sich weder von selbst, noch folgt es unmittelbar aus der Unterscheidung von gut und böse. Wer sucht, muss aber, so Schleiermacher mit Platon, irgendwie schon wissen, wonach er überhaupt sucht. Das ist gemeint, wenn Schleiermacher sagt, dass die Idee des Guten als bekannt vorauszusetzen sei. Dieses vorgängige Wissen steht aber auch nicht in klarer und gegliederter Weise vor uns, denn sonst müssten wir es nicht suchen. Die Grundsituation des Menschen ist die, nach den vernünftigen Maßstäben seines Handelns suchen zu müssen. Wer aber sucht, geht mit sich selbst und anderen zu Rate, und wer sich berät, sucht Verständigung.

Diese Idee der Verständigung wird in Schleiermachers Pädagogik an denjenigen Stellen besonders deutlich, die die Aufgabe der Erziehung im Kontext einer sich im Umbruch befindlichen Gesellschaft zum Thema haben. Dabei stellt sich Schleiermacher die Frage, was die Erziehung denn bewirken soll, wenn in der Gesellschaft »Widersprüche« existieren, wenn also das gesellschaftliche Leben durch Streit und Konflikt gekennzeichnet ist. Der Rückgriff auf die bereits erwähnten gesellschaftlichen Normen und Werte hilft hier nicht viel weiter, denn um sie ist möglicherweise gerade ein Streit entbrannt. Auf der anderen Seite ist die Position, die nachwachsende Generation dazu zu befähigen, »die Unvollkommenheiten auf allen Punkten des gemeinsamen Lebens zu verbessern«[44], ebenfalls wenig weiterführend. Denn die Folge müsste sein, dass die nachwachsende Generation von der für fragwürdig gehaltenen Gesellschaft vollständig isoliert wird, damit sie deren Unvollkommenheiten nicht übernimmt. Schleiermacher fordert daher, die Erziehung so einzurichten, »dass beides in möglichster Zusammenstimmung sei, dass die Jugend tüchtig werde einzutreten in das, was sie vorfindet, aber auch tüchtig in die sich darbietenden Verbesserungen mit Kraft einzugehen«.[45]

Man hat in dieser Antwort Schleiermachers die deutsche Antwort auf die Französische Revolution gesehen. Es wäre aber ein Missverständnis, in ihr einen einfachen Mittelweg zu sehen, der ein wenig Verbesserung mit ein wenig Erhaltung verbindet. Der eigentliche Sinn besteht vielmehr darin, die unvermeidliche Einführung der nachwachsenden Generation in eine bestehende Gesellschaft und Kultur so einzurichten, dass der Akt der Aneignung der jeweiligen Sitte zugleich deren Transformation und Weiterentwicklung möglich macht. Erziehung und Bildung sind für Schleiermacher weder das Mittel zur Reproduktion der vorhandenen Gesellschaft und ihrer Struktur noch ein Vehikel für deren revolutionäre Umgestaltung. Sie sind, und darin besteht ein wesentliches Merkmal der Logik pädagogischen Handelns, vielmehr darauf ausgerichtet, dass das Anknüpfen an eine vorhandene Sitte, an ein historisch vorhandenes Allgemeines, so vollzogen wird, dass ein selbständiges Urteil über dieses Allgemeine, über das, was erhaltenswürdig und das, was veränderungsbedürftig ist, möglich wird. Das schließt die Befähigung zu Streit und Auseinandersetzung nicht aus, sondern schließt sie als Momente der Suche nach Verständigung gerade ein.

Am Prozess der Verständigung unter der »Idee des Guten« mitwirken zu können, setzt die Fähigkeit zur freien und selbsttätigen Urteilsbildung innerhalb der nachwachsenden Generation voraus. Mit der Forderung, in der Erziehung »freie menschliche Tätigkeit« zu gewährleisten, spricht Schleiermacher ein Problem an, das in der damaligen, aus der Überwindung der ständischen Ordnung entstehenden neuen bürgerlichen Ordnung eines der zentralsten war, nämlich das Problem der gesellschaftlichen und individuellen Ungleichheit. Man kann seine Position wie folgt umschreiben: Ohne fundamentale Gleichheit kann es freie menschliche Tätigkeit nicht geben; und ohne freie menschliche Tätigkeit ist gesellschaftlicher Fortschritt ebenso unmöglich wie die Bildung und Entwicklung der einzelnen Individuen. Letzteres schließt aber, und das klingt nur auf den ersten Blick paradox, die Ermöglichung von Ungleichheit gerade ein, nämlich Ungleichheit verstanden als Ermöglichung von Differenz, von Eigentümlichkeit und Individualität. Diese Ausbildung individueller Ungleichheit, die nicht mit politischer oder gesellschaftlich verursachter Ungleichheit verwechselt werden darf, zielt damit auf eine Ungleichheit, die nur auf dem Boden von Gleichheit sich entwickeln kann. Die Entwicklung der freien Selbsttätigkeit darf daher nicht durch politische und gesellschaftliche Lebensumstände, also »durch die Macht der Verhältnisse bestimmt werden«.[46] Weil diese Ungleichheit nur das Werk der freien Selbsttätigkeit und daher »kein Werk der Erziehung selbst sein« darf,[47] beruht die

Pädagogik auf einem »gleichmachenden Prinzip«.[48] Erziehung ist daher für Schleiermacher immer dann unsittlich und willkürlich, wenn von ihr verlangt wird, sie solle die vorgefundene gesellschaftliche und individuelle Ungleichheit reproduzieren. Weil der Einzelne nicht mehr, wie in der klassischen Antike und in der ständisch-absolutistischen Ordnung, im Staat aufgeht, kann es nach Schleiermachers Auffassung Erziehung im wohlverstandenen Sinne nur unter solchen Verhältnissen geben, die durch eine »Pluralität der Sphären« gekennzeichnet ist.

Mit diesen grundlagentheoretischen Überlegungen, die Schleiermacher in der umfangreichen *Einleitung* seiner Vorlesungen aus dem Jahr 1826 darlegt, sind aber noch nicht die Formen und Maximen pädagogischer Einwirkung beschrieben. Dieser Aufgabe widmet er sich im anschließenden allgemeinen Teil.[49] Er kennt drei Grundformen und Grundmaximen erzieherischen Handelns, nämlich die Behütung, die Gegenwirkung und die Unterstützung. Alle drei Maximen sind erzieherisch unverzichtbar, aber das Hauptgewicht der erzieherischen Tätigkeit liege auf der Unterstützung.

Durch behütende Maßnahmen soll dasjenige, was »störend in das Geschäft der Erziehung« eingreift, vom Heranwachsenden ferngehalten werden, sodass die unterstützende Tätigkeit ungehindert wirksam werden kann. Die Vorteile der behütenden oder bewahrenden erzieherischen Tätigkeit, gibt Schleiermacher zu bedenken, können aber deren Nachteile nicht verdecken. Zunächst einmal ist es unmöglich, das erzieherische Handeln, das ja stets im sozialisierenden Kontext des gesellschaftlichen Lebens erfolgt, primär oder gar ausschließlich an behütenden Maximen auszurichten. Den Heranwachsenden gänzlich vor schädlichen Einflüssen (woher auch immer sie kommen mögen) zu bewahren, hat niemand in seiner Gewalt. Aber auch unabhängig von der mangelnden Praktikabilität zeigt eine behütende Pädagogik, so sinnvoll und notwendig sie im Einzelfall auch sein mag, gravierende Schwächen: Sie vermittelt nämlich keine »Übung« darin, »dem, was der Idee des gemeinsamen Lebens widerstreitet, Widerstand zu leisten«.[50] Gerade der jugendliche Heranwachsende muss derartig auf das gesellschaftliche Leben vorbereitet werden, dass er dessen Unvollkommenheiten auch gewachsen ist. Kennt er am Ende dieser Altersphase das Böse nicht, liege ein Mangel an Einsicht vor; verfügt er über die rechte Einsicht, ohne in der Lage zu sein, diese in die Tat umsetzen zu können, so fehlt es an Willenskraft und »Übung im Streit«. Während in der letzten Altersphase – etwa ab dem vierzehnten Lebensjahr – behütende Maßnahmen daher pädagogisch geradezu schädlich sind, erweisen sie sich in der frühen Kindheitsphase – etwa bis zum zweiten Lebensjahr – als unnütz, weil die Empfänglichkeit für nachteilige äußere Einflüsse noch nicht ausgebildet ist. Aus diesem Grund ist nach Schleiermacher primär in der »mittleren Periode« – etwa vom dritten bis zum dreizehnten Lebensjahr – »das Bewahren ein heilsames Element«.[51]

Die Maxime der Gegenwirkung hat zum Gegenstand dasjenige, »was sich von selbst im Zögling der pädagogischen Aufgabe widerstreitend entwickelt«.[52] Dabei ist es für Schleiermacher gleichgültig, ob dasjenige, gegen das gewirkt werden muss, »von innen oder von außen« veranlasst wird. Gegenwirkende Maßnahmen sind deshalb in der mittleren und auch noch in der letzten Altersphase anzusetzen. Dabei zeigen sich von Anfang an Schwierigkeiten und Grenzen der pädagogischen Gegenwirkung. Wenn nämlich die Empfänglichkeit und damit die Bereitschaft zur Nachahmung des Schlechten oder des Bösen immer zugleich mit im Spiel sind, dann muss dieser (schlechten) Selbsttätigkeit des Heranwachsenden entgegengewirkt werden. Das aber widerspricht Schleiermachers Grundthese, dass »die Selbsttätigkeit durch die Erziehung gestärkt und unterstützt werden« soll.[53]

Zu den gegenwirkenden Maßnahmen zählt er die physische, die ethische oder intellektuelle Maßnahme sowie die Strafe und die Zucht.[54] Physische Gegenwirkung, gemeint ist das »Schlagen«, wird von ihm strikt abgelehnt. Legitim sind gegenwirkende Maßnahmen, wie bei Herbart, nur in ihrer negativen Form, also um Schaden zu verhindern, sei es beim Heranwachsenden selbst oder bei anderen. Die ethische oder intellektuelle Gegenwirkung äußert sich in der Form der »Missbilligung«: Sie wird deshalb so bezeichnet, weil sie Schleiermacher zufolge gerade nicht pädagogisch und in belehrender Absicht motiviert sein, sondern nur unmittelbar, eben als »notwendige ethische Reaktion« erfolgen darf. Wird sie nämlich in pädagogischer Absicht eingesetzt, besteht die Gefahr, dass der Heranwachsende nach außen seinem Willensakt zwar eine andere Richtung gibt, seine innere Haltung oder Gesinnung aber unverändert bleibt. Auf die innere Einstellung oder Gesinnung kann nämlich nach Schleiermacher durch gegenwirkende Maßnahmen überhaupt nicht eingewirkt werden. Hierzu taugen allein unterstützende Maßnahmen. Aus demselben Grund hält Schleiermacher Strafen »auf allen Stufen« der Entwicklung des Heranwachsenden für bedenklich. Gleichwohl hat er sie im Blick auf die Institution Schule für unvermeidlich und darum auch für rechtfertigungsfähig erklärt, weil die Schule als eine Institution, die zwischen Familie und Staat steht, auf ein Leben vorbereiten muss, in dem das Handeln der Rechtssubjekte durch die »Gesetzlichkeit« reguliert wird.[55]

Auch Maßnahmen der Zucht werden von Schleiermacher noch zur Gegenwirkung gezählt, auch wenn diese bereits den Übergang zur Unterstützung vorbereiten. Unter »Zucht« versteht Schleiermacher keinen äußeren Zwang, sondern eine Intervention, die »das innere Verhältnis im Zögling selbst«, also sein Selbstverhältnis, ändern will. Das Freiheitsgefühl des Heranwachsenden und seine Selbsterkenntnis spielen hier eine entscheidende Rolle, denn nur ein zur Freiheit befähigtes Wesen ist ja in der Lage, die

Fragwürdigkeit und Unzulässigkeit des eigenen Handelns zu erkennen:

> »Die Zucht ist auch Gegenwirkung; aber ihre Absicht ist das innere Verhältnis im Zögling zu ändern, d. h. die der Erziehung entgegenwirkenden Potenzen nicht eben zu schwächen, sondern den höheren zu unterwerfen. In dieser Hinsicht bildet die Zucht den Übergang zwischen der reinen Gegenwirkung [...] und den unterstützenden Tätigkeiten.«[56]

Beide, sowohl behütende als auch gegenwirkende Maßnahmen ergänzen da, wo sie erforderlich sind, die unterstützende Tätigkeit, die die Hauptform und die Hauptmaxime pädagogischen Handelns darstellt. Unterstützung – das bedeutet immer: Unterstützung der (vernunftorientierten) Selbsttätigkeit sowohl im Blick auf die sich entwickelnden Handlungen, Kompetenzen und »Fertigkeiten« als auch im Blick auf die diese tragende Haltung und Gesinnung. Während Fertigkeiten wie die des Lesens, Schreibens, Rechnens und Zeichnens, aber auch des Argumentierens im freien Gespräch, einer methodisch-unterrichtlichen Unterweisung zugeführt werden können und sollen, ist das bei der Gesinnung nicht ohne weiteres möglich: Die Gesinnung des Menschen kann nach Schleiermacher nur indirekt, eben unterstützend, mit hervorgebracht werden. Für das Wort »Unterstützung« hat Schleiermacher auch andere Bezeichnungen: Erwecken, Erregen, Hervorlocken, Auffordern oder auch freies Einwirken. Sie alle sollen deutlich machen, dass wir es hier mit einer Handlungsform zu tun haben, die auf etwas angewiesen ist, das durch Erziehung selbst nicht erzeugt oder kausal bewirkt werden kann, an dessen Zustandekommen die Erziehung aber ebenso wie der Heranwachsende selbst und das »öffentliche Leben« mitwirkt, an dem er teilhat. In immer neuen Wendungen hat Schleiermacher diese für die

Gesinnungsbildung allein zulässige Form erzieherischer Einwirkung beschrieben. Die Gesinnung, heißt es an einer dieser Stellen, »kann nur geweckt und unterstützt werden […] unter der Form der freien Lebenseinwirkungen«.[57]

Die Schule als Institution der öffentlichen Erziehung stellt für Schleiermacher nicht die natürliche Fortsetzung der familiären Erziehung dar. Die schulische Erziehung und Bildung ist vielmehr eine künstliche Einrichtung, die mit der bereits eingeleiteten sowie der noch zu erwartenden Modernisierung des gesamten öffentlichen Lebens notwendig und unabweisbar geworden ist. In der mittleren Periode, also etwa im Alter von sechs oder sieben Jahren, tritt der Heranwachsende »in ein gemeinsames Leben«, die Schule, ein, »und die Erziehung bekommt […] einen öffentlichen Charakter«.[58] Die Schule hat den Auftrag, in allgemeinbildender Form das Wissen und die Fertigkeiten (z. B. Lesen, Schreiben, Rechnen usw.) zu vermitteln und auf dem Gebiet der Gesinnung solche Einstellungen und Haltungen mit hervorzubringen, die für das öffentliche Leben erforderlich und dieses weiterzuentwickeln in der Lage sind. Drei Schulformen sind es, die Schleiermacher, wiederum im Blick auf die »gegenwärtige Zeit« für erforderlich hält, nämlich die Volksschule, die Bürgerschule und das Gymnasium.

Die Volksschule hat es auf der einen Seite »mit dem Allgemeinmenschlichen zu tun, mit dem, was der Mensch, unabhängig von seinem Geschäft, überhaupt und im Gesamtleben sein soll«. Auf der anderen Seite muss sie, im Blick auf die jeweiligen Fertigkeiten, »die Jugend für ihren Kreis zu verständigen Menschen bilden«.[59] Die Bürgerschule ist für Schleiermacher diejenige Schulform, die nach dem Besuch der Volksschule vom größten Teil der Jugend besucht werden wird. Zu ihren Unterrichtsfächern gehören neben Deutsch die modernen Fremdsprachen, die Naturwissenschaften, Mathematik und Geschichte, nicht aber die alten Sprachen. Schleiermacher ist, anders als Wilhelm von Humboldt, der Auffassung, dass auch den modernen Fremdsprachen allgemeinbildende Bedeutung zukommt. Besonders eindrucksvoll für seine Einschätzung dessen, was in der Bürgerschule zu leisten ist, sind seine Bemerkungen zur Bedeutung des Unterrichtsfaches Deutsch: Gegenüber der zu seiner Zeit noch dominanten schulischen Unterweisung in der schriftlichen Sprachfertigkeit hält er gerade eine Verstärkung des »mündlichen Vortrags« für erforderlich. Den politischen und demokratieorientierten Hintergrund dieser Auffassung hat er klar ausgesprochen: Es ist, so führt er an, damit zu rechnen, dass die »schriftliche Behandlung der öffentlichen Angelegenheiten« ihren Höhepunkt überschritten hat. Der »immer mehr sich entwickelnde bürgerliche Einfluss des mittleren Standes« lässt erwarten, dass »öffentliche Versammlungen konstituiert werden«, in denen der »politische Einfluss nur in der Form gemeinsamer Beratung ausgeübt werde«. Weil »die Pädagogik sich nicht allein an das in der Gegenwart Bestehende zu halten [hat], sondern auch Rücksicht zu nehmen [hat], dass in der heranwachsenden Generation die Prinzipien der Verbesserung, das Korrektiv niedergelegt« wird, muss »die Fertigkeit der freien Rede« auch in der Schule geprobt und geübt werden.[60] Das Gymnasium schließlich ist ihm zufolge für diejenigen bestimmt, die nach dem Abitur die Universität besuchen wollen und anschließend leitende Aufgaben in der Gesellschaft, dem Staat und der Kirche übernehmen werden. Es dient als eine als Vorschule zur Universität, insbesondere zur Philosophischen Fakultät im Sinne der Humboldtschen Universitätsreform. Über den Unterricht besonders in den alten Sprachen, der Geschichte und in geringerem Maße auch in der Mathematik und den Naturwissenschaften wird die Jugend auf die wissenschaftliche Bildung vorbereitet, deren Vollendung dann die Aufgabe der Universität ist.

10. Zur Entwicklung des Schulwesens im 19. Jahrhundert

Die Entwicklung des deutschen Schulwesens wurde im 19. Jahrhundert durch zwei herausragende Tendenzen bestimmt, zum einen durch die Herausbildung einer allgemeinen Volksschule für nahezu alle Schichten der Bevölkerung und zum anderen durch eine Ausdifferenzierung der weiterführenden Schulformen und die Entwicklung eines komplexen Berechtigungswesens. Vor allem in den höheren sozialen Klassen und Schichten wurde dieser Prozess durch ein bildungsbürgerliches Bewusstsein begleitet, das die in den Bildungskonzepten des Neuhumanismus und des deutschen Idealismus entwickelten politischen und gesellschaftlichen Veränderungsansprüche zugunsten einer konservativen Annahme der gegebenen Kultur aufgibt.

Von der Idee der Elementarschule zur Herausbildung der Volksschule

Die an Pestalozzis Konzeption der Elementarbildung, Humboldts Schulplänen und Schleiermachers Überlegungen zur Organisation des Bildungssystems erläuterte und konkretisierte Idee eines in horizontale Schulstufen gegliederten Bildungssystems argumentierte nicht mit der Unterscheidung zwischen niederer und höherer, sondern mit jener von grundlegender und weiterführender Bildung. Grundlegende Bildung wurde in den genannten Entwürfen als basale Elementarbildung und nicht als niedere Bildung, weiterführende Bildung als auf elementare Bildung aufbauende schulische Allgemeinbildung, nicht aber als höhere Bildung verstanden. Die Historiographie der faktischen Entwicklung des Bildungssystems arbeitet dagegen nicht mit der systematischen Unterscheidung zwischen grundlegender und weiterführender Bildung, sondern verfolgt vorrangig historische Entwicklungslinien. Sie beschreibt den Aufbau des höheren, mittleren und niederen Bildungsbereichs in meist separaten Kapiteln, geht hierbei vom Bereich der höheren Bildung aus und wendet sich erst von diesen her der niederen Bildung zu.[1]

Vergleicht man die im Kontext der preußischen Reformen entwickelte Idee des modernen Bildungssystems mit dem Verlauf der realen Schulentwicklung im 19. Jahrhundert, so kann man sagen, dass die von Wilhelm von Humboldt und Friedrich Schleiermacher entworfene Schulstruktur zwar am Anfang der Entwicklung des modernen Bildungssystems steht, nicht aber den Verlauf der Schulentwicklung im 19. Jahrhundert bestimmt. Sie gewann ihre systematische Relevanz erst im 20. Jahrhundert wieder, nachdem die Klassifikationen des 19. Jahrhunderts ihre Geltung verloren hatten und die Trennung von niederer und höherer Bildung durch eine Stufung von grundlegender und weiterführender Bildung korrigiert worden war.[2]

Die Unterschiede zwischen dem zu Beginn des 19. Jahrhunderts ausgearbeiteten Entwurf einer modernen Schulstruktur und dem historischen Verlauf der Schulentwicklung führen Herrlitz u. a. in ihrer *Deutschen Schulgeschichte* darauf zurück, dass die von »Wilhelm von Humboldt im Jahre 1809 mit überzeugender Klarheit« vertretenen Prinzipien der Bildungsreform zwar von einer »durchgängigen Einheit der Bildungsorganisation vom Elementarunterricht bis zum Universitätsstudium« ausgehen, dass sich diese Einheit jedoch in der realen Entwicklung des Bildungssystems wegen des staatlichen Interesses an einer Begrenzung der Bildung der Untertanen sowie aufgrund fehlender ökonomischer Ressourcen nicht durchgesetzt hat. An die Stelle der Humboldtschen Prinzipien trat vielmehr eine »stärkere Absonderung des höheren vom niederen Schulwesen«, die zur »Ausdifferenzierung getrennter Lehrerstände« führte.[3] Quer zu dieser Ausdifferenzierung lassen sich Differenzen in der Entwicklung des städtischen und ländlichen Schulwesens rekonstruieren, die dazu führten, dass der Zugang zu den höheren Bildungsanstalten auf dem Lande durch weiterhin privat organisierte Bildungsverläufe sowie spezielle Vorklassen, in den Städten dagegen durch Schulen vermittelt wurde, denen die aktuelle Forschung rückblickend eine »gesamtschulartige Funktion« zuerkennt.[4]

Die von den preußischen Reformen von unten nach oben konzipierte Entwicklung des modernen Bildungssystems vollzog sich historisch eher von oben nach unten. Sie setzte – so beim Abiturreglement von 1812 – mit Reformen bei den höheren Bildungsanstalten ein und führte über die Reform des niederen Schulwesens und die Etablierung der Volksschule erst 1919/20 mit dem sogenannten Weimarer Schulkompromiss zur institutionellen Absicherung des Elementarbereichs als der für alle Heranwachsenden gemeinsamen Eingangsphase des Bildungssystems. Die Entwicklung des höheren und die des niederen Schulwesens folgte dabei unterschiedlichen Zielen: Nach Tenorth diente erstere vor allem der »Beamtenrekrutierung« und der Erzeugung neuer »Eliten«, letztere dagegen der Sicherung eines »Bildungsminimums, der Indoktrination der Bevölkerung und der basalen Gewerbeförderung«.[5] Der Ertrag der geschichtlichen Entwicklung weist jedoch weit über den Horizont einer Staatspädagogik und Untertanenerziehung hinaus: Er liegt in der Durchsetzung einer allgemeinen Schulpflicht, die in Deutschland – wenn auch mit großen regionalen und zeitlichen Differenzen – rascher als in anderen europäischen Ländern zur Alphabetisierung beitrug, sowie in der Etablierung der Volksschule und einer auf den Volksschullehrerberuf vorbereitenden Lehrerbildung.

Wenn auch die im 19. Jahrhundert früh ansteigenden Schulbesuchsquoten noch nichts über die Qualität des Schulunterrichts aussagen[6] und die genaue Rekonstruktion des Alphabetisierungsprozesses schwierig ist, weil die Daten meist indirekt aus schulfernen Quellen erschlossen werden müssen, so kann doch kein Zweifel darüber bestehen, dass die Durchsetzung der Schulpflicht im Verlauf des 19. Jahrhunderts nicht nur in den Städten, sondern auch auf dem Lande zur Abgrenzung der staatlich organisierten öffentlichen von der privat organisierten Familienerziehung führte. Infolge der damit einhergehenden Veränderungen entstanden im letzten Drittel des 19. Jahrhunderts neue pädagogische Handlungsfelder wie beispielsweise die Sozialpädagogik und die Weiterbildung/Erwachsenenbildung.[7]

Als Institution für die Erziehung und Bildung der breiten Masse entwickelte sich im 19. Jahrhundert die Volksschule als eine vom Staat auf die Vermittlung einer minimalen Bildung verpflichtete Institution zur Begrenzung der Bildung. Die nach Ferdinand Stiehl benannten »Regulative« von 1854 zielen darauf ab, die Kinder so zu erziehen, dass aus ihnen »1. evangelische Christen«, »2. Unterthanen Sr. Majestät« und »3. [...] künftige Bürger, Bauern und Soldaten« werden, welche fähig sind, »sich ihr bürgerliches Fortkommen zu sichern und ihrem Stande Ehre zu machen.[8] Erst im letzten Drittel des 19. Jahrhunderts wurden aus den Volksschulen Einrichtungen, die nicht nur eine minimale, sondern eine zwar immer noch begrenzte, gleichwohl grundlegende Bildung vermitteln und den Heranwachsenden, insbesondere in den neu entstehenden Mittelschulen, verstärkt zu Kenntnissen und Fertigkeiten in den Bereichen neuere Fremdsprachen, kaufmännisches Rechnen und Realien von der Raumlehre über die Naturbeschreibung bis hin zu Physik und Chemie verhelfen sollten.[9]

Die Modernisierung der um Mittelschulen erweiterten Volksbildung erfolgte Ende des 19. Jahrhunderts nicht, um ein allgemeines Bürgerrecht auf Bildung durchzusetzen, sondern um die Loyalität der Bevölkerung zu sichern, den

Einfluss der Sozialdemokratie zu begrenzen und den sich im Kontext der Industrialisierung ändernden Anforderungen an berufliche Qualifikationen Rechnung zu tragen. Begleitet wird die Modernisierung der Volksschulen von neuen Formen einer Lehrerbildung und einer beträchtlichen Vermehrung der Lehrerseminare, in denen erfahrene Schulmänner den Nachwuchs für den eigenen Beruf heranziehen. Eine theoretisch argumentierende Pädagogik, wie sie aus dem ersten Drittel des 18. Jahrhunderts beispielsweise in den Konzepten von Herbart und Schleiermacher ausgearbeitet war, existiert im späteren 19. Jahrhundert nicht mehr. Als Weiterentwicklung der an den Lehrerseminaren u. a. von Diesterweg entwickelten Schulmännerpädagogik setzt sich in der zweiten Hälfte des 19. Jahrhunderts der sogenannte Herbartianismus durch, der aus Herbarts *Allgemeiner Pädagogik* (1806) und dessen *Umriss pädagogischer Vorlesungen* (1835/41) eine das pädagogische Handeln an Volksschulen orientierende und anleitende Theorie zur Gestaltung von Unterricht und Schulleben ableitet.

Erst in der Weimarer Republik gelingt es, in der Verfassung von 1919 die vierjährige Grundschule als Stufe der gemeinsamen Elementarbildung für alle Heranwachsenden zu institutionalisieren und damit jenen Anspruch einzulösen, den Wilhelm von Humboldt bereits in seinen Schulplänen für den Elementarunterricht reklamierte. Weitergehende Reformziele der ersten deutschen Demokratie wie das, die Trennung zwischen niederer und höherer Bildung auch jenseits der Grundschule im Bereich der weiterführenden Bildung zu überwinden, scheitern in der Weimarer Republik. Sie werden nach 1945 in beiden deutschen Nachkriegsstaaten auf unterschiedlichen Wegen erneut auf die Tagesordnung gesetzt.

Die Ausdifferenzierung des höheren Schulwesens

Das höhere Schulwesen besaß im 19. Jahrhundert allenfalls in den unteren und in geringerem Maße auch in den mittleren, nicht aber in den zum Abitur führenden Klassen einen gesamtschulartigen Charakter. Anstelle der von Wilhelm von Humboldt geforderten einheitlichen Form und Organisation des weiterführenden Schulunterrichts setzten sich unterschiedliche Schultypen durch, die bei der Erteilung von Berechtigungen zunehmend miteinander konkurrierten.[10] Neben das humanistische oder altsprachliche Gymnasium mit den obligatorischen Fächern Latein und Griechisch traten im Verlauf des 19. Jahrhunderts im Bereich des mittleren und höheren Schulwesens Realschulen und Realgymnasien, an denen auch Latein unterrichtet wurde, sowie die lateinlose Oberrealschule. Von diesen Schulen führte bis 1900 nur das humanistische Gymnasium zur allgemeinen Hochschulreife, während die Realgymnasien und Oberrealschulen aufgrund ihrer stärkeren Betonung neusprachlicher und naturwissenschaftlich-technischer Bildungsinhalte fachspezifische Studienberechtigungen verliehen. Herwig Blankertz führt zum »Kampf um das Monopol: Gymnasien und Realschulen« aus, dass die Realgymnasien sowie die lateinlose Oberrealschule des 19. Jahrhunderts im 20. Jahrhundert nicht nur zu Schulformen aufsteigen, die die allgemeine Hochschulreife vergeben, sondern von der Mitte des 20. Jahrhunderts an auch quantitativ dominieren, während das humanistische Gymnasium ab 1900 sein traditionelles »Monopol« verlor und in »die immer seltener werdende Sonderform des ›altsprachlichen Zweiges‹ abgedrängt« wurde.[11]

Dass es dann Anfang des 20. Jahrhunderts mit dem altsprachlichen, neusprachlichen und naturwissenschaftlichen Gymnasium drei weitgehend gleichberechtigte Schulen gab, wird in der historischen Bildungsforschung nicht nur auf die steigende Nachfrage nach höheren Abschlüssen, die Modernisierung des Curriculums im Bereich von Technik und Naturwissenschaften und sich ändernde Anforderungen der modernen wissenschaftlichen Zivilisation, sondern auch auf Veränderungen in der Bildungsaspiration der erwachsenen Generation zurückgeführt. Wer in seinem eigenen Bildungsgang aus den unteren sozialen Schichten in die Schicht der Gebildeten aufgestiegen war und einen höheren Bildungsabschluss erreicht hatte, unternahm besondere Anstrengungen, den Aufstieg durch Bildung auch für die eigenen Kinder zu sichern. Wie Peter Lundgreen in zahlreichen Studien gezeigt hat, vollzog sich die Hinwendung immer größerer Teile der Bevölkerung zur sogenannten höheren Bildung Ende des 19. und verstärkt dann im 20. Jahrhundert im Kontext der Akademisierung, Professionalisierung und Verwissenschaftlichung der Berufe. Die institutionelle Ausdifferenzierung der Berufsbilder und die Zunahme des Bedarfs an einer weiterführenden Grundbildung führte dazu, dass die expandierende Bildungsbeteiligung an Akzeptanz gewann. Rückblickend kann gesagt werden, dass im Zuge dieser Entwicklung die Abgrenzung einer niederen von einer höheren Bildung zunehmend überflüssig wurde. An ihre Stelle trat schrittweise die horizontale Unterscheidung zwischen einer gemeinsamen elementaren und einer auf dieser aufbauenden ausdifferenzierten weiterführenden Bildung, deren Konturen erstmals zur Zeit der preußischen Reformen entworfen worden waren.

In der Ausbildung der Lehrer blieb jedoch die Unterscheidung zwischen niederem und höherem Schulwesen bis weit in das 20. Jahrhundert hinein wirksam. Volksschullehrer wurden an Lehrerseminaren ausgebildet, die Studierende ohne Abitur aufnahmen. An ihre Stelle traten in der Weimarer Republik pädagogische Hochschulen, an denen Grund- und Volksschullehrer ausgebildet wurden. Die universitäre Ausbildung der Lehrer für Gymnasien erfolgte dagegen bis weit ins 20. Jahrhundert hinein nach

fachwissenschaftlichen und nicht nach berufswissenschaft-
lichen Grundsätzen.

Bildungsbürgerliche Affirmation der Kultur

Im Jahr 1903 erschien in der zweiten Auflage des *Enzyklopädischen Handbuchs der Pädagogik* ein im Vergleich zur
ersten Auflage im Ton erheblich deutlicherer Artikel des
Bildungshistorikers Friedrich Paulsen. Im Rückblick auf
den Neuhumanismus und dessen Verwandlungen und
Modifikationen im Zuge der Bildungs- und Schulgeschichte des zu Ende gegangenen 19. Jahrhunderts schreibt
er:

> »Der schöne Enthusiasmus der Jugendliebe des Helle-
> nentums schwand allmählich. Es blieb als herber Boden-
> satz die Forderung, dass zum Studium auf einer deut-
> schen Universität nur der zugelassen wurde, wer in der
> Reifeprüfung den Besitz der Kenntnis der griechischen
> Sprache nachgewiesen hatte. Es ist das alte Verhängnis:
> die Ideale eines Zeitalters werden im nächstfolgenden zu
> harten Verordnungsparagraphen und rufen nun den Wi-
> derspruch des in seiner Freiheit verkürzten Geistes her-
> vor.«

Paulsen kritisiert diese Verkürzung am Ende seines Arti-
kels, der bezeichnenderweise die Überschrift »Halbbildung« trägt, in ungewöhnlich scharfen Worten. Zur Halbbildung trage vor allem das höhere Schulwesen maßgeblich
bei, weil das zum Bildungsgut degenerierte Bildungswissen dazu führe, dass die »Stoffe bloß äußerlich aufgenommen werden. Ins Gedächtnis gepackt, liegen sie wie fremde
Körper in der Seele, hemmen die natürliche Entwicklung
und verzerren und verunstalten die geistige Bildung«. Die
daraus resultierende Halbbildung, so Paulsen, macht »eitel

und gefallsüchtig, »hochmütig und herrisch«, »unduldsam und brutal«.[12]

Was war geschehen, dass eine solche »Verwässerung«, so der Historiker Hans-Ulrich Wehler, des klassischen Bildungsbegriffs, dessen Verkehrung Paulsen beschreibt und kritisiert, um sich greifen konnte? Zunächst einmal muss man bedenken, dass sich die neuhumanistische Bildungsvorstellung im Verlauf des 19. Jahrhunderts nicht in Luft aufgelöst hatte, auch wenn ihr Anspruch, die Selbstbildung und Selbstgestaltung der Einzelnen mit der zunehmenden Fähigkeit, sowohl am öffentlich-staatlichen als auch am gesellschaftlichen Leben bewahrend und verbessernd teilnehmen und mitwirken zu können, für den durchschnittlichen Gymnasiasten und den Inhaber von ›Bildungspatenten‹ ein utopisches Ziel blieb. Vor allem in kulturprotestantischen Milieus bewahrte der Neuhumanismus seine handlungs- und lebensorientierende Kraft und konkurrierte durchaus mit staatsaffirmativen und nationalistischen Deutungsmustern, für die große Teile des Bürgertums insbesondere nach der Reichsgründung immer anfälliger wurden.

Schon aus diesem Blickwinkel wird deutlich, dass es das eine Bildungsbürgertum gar nicht gab. Seine Repräsentanten setzten sich vielmehr aus einer Vielzahl akademischer Berufe zusammen, insbesondere Berufen des höheren Beamtentums (z. B. Richter, höhere Verwaltungsbeamte, Gymnasiallehrer) und Vertretern der freien Berufe (z. B. Ärzte, Rechtsanwälte, Apotheker). Bei aller Heterogenität der Tätigkeiten und auch des Einkommens zeichnete sich das Bildungsbürgertum, äußerlich betrachtet, durch die Gemeinsamkeit aus, über ein »Bildungspatent« zu verfügen, das den Bildungsbürger in seinem Selbstverständnis und aus der Sicht seiner Zeitgenossen als Mitglied der gebildeten Stände oder Klassen ausweist. Seine berufliche Stellung, unabhängig davon, ob selbständig, verbeamtet oder angestellt, war demgegenüber (fast) ebenso gleichgültig wie die Höhe des Einkommens. Des weiteren muss beachtet werden, dass diese Heterogenität auch ein Zeichen für die relative Offenheit dieser Gruppierung war. Der Zugang war zwar an die entsprechenden schulischen und universitären Bildungszertifikate gebunden, aber die Nachfrage nach höheren Bildungsabschlüssen wurde insbesondere in aufstiegsorientierten Elternhäusern immer größer. Dies hatte zur Folge, dass sich quantitativ gesehen das Bildungsbürgertum im letzten Drittel des 19. Jahrhunderts im Vergleich zur Jahrhundertmitte verdoppelte.[13]

Was Paulsen an den zitierten Stellen beschreibt, stellt ein Mentalitätsmuster innerhalb des wachsenden Bildungsbürgertums dar, das vor allem im letzten Jahrhundertdrittel, also nach der Reichsgründung von 1870/71, immer weiter um sich griff und die noch vorhandenen Restbestände des klassischen Bildungsbegriffs immer stärker an den Rand drängte. Dass jene »Verwässerung« primär oder gar ausschließlich auf die Expansion des Bildungswesens und die Zunahme höherer Bildungsabschlüsse zurückzuführen ist, wird man nur dann behaupten können, wenn man das reale Anwachsen von Bildungsmöglichkeiten und die gesteigerte Nachfrage nach diesen Möglichkeiten per se mit Verfallstendenzen identifiziert – ein Scheinargument, das selbst bildungsbürgerlicher Natur ist und mit genau dem Vorurteil operiert, das es selbst erklären möchte.

Besser lässt sich jene Verwässerung als eine Folgeerscheinung der ökonomischen und sozialen Modernisierungsprozesse sowie der entgangenen politischen Teilhabemöglichkeiten nach der gescheiterten Revolution von 1848 verständlich machen. Die genannten Zusammenhänge stellen eine spezifisch deutsche Konstellation dar, die sich im Blick auf das 20. Jahrhundert als verhängnisvoll erweisen sollte. Einerseits fühlten sich große Teile des deutschen Bildungsbürgertums als entscheidender Träger eines umfassenden gesellschaftlichen Rationalisierungsprozesses, von dem sie andrerseits aber politisch ausgeschlossen waren; zugleich lehnten sie unter Berufung auf vermeint-

lich ewige Werte der Kultur und der Bildung die gesellschaftliche Moderne im Grunde ab und entwickelten, auch
unter Abwendung von der politischen Sphäre, Formen einer Innerlichkeitspflege, die sich zugleich im bildungsbür-
gerlichen Lebensstil, in Kleidung, Sitte und Geschmack
äußerte: Diesem Innerlichkeitspathos des deutschen Bildungsbürgertums korrespondierte jene zum Bildungsgut
geronnene und damit kanonisierte Bildung, deren paten-
tierter »Besitz« zu jenem Hochmut gegenüber den nicht-
gymnasial bzw. nichtakademisch gebildeten Schichten
führte, den Paulsen so vehement kritisierte.[14]

Das einst von Aufklärung und Neuhumanismus ins Leben gerufene Verständnis des ›Allgemeinen‹ verkürzte sich
im Zuge dieser Entwicklung in prekärer Weise. Während
dort in der individuellen Selbstbildung zugleich die Chance, am allgemeinen Leben erhaltend und verbessernd teilnehmen zu können, verstanden wurde, löste sich die Verbindung von Selbst- und Weltbildung jetzt auf. Hatten
Humboldt, Schleiermacher und auf seine Weise auch Hegel die selbstzweckhafte Bildung, die von aller äußeren Indienstnahme frei sein sollte, an den Zweck des freien und
verantwortlichen Handelns in Staat und Gesellschaft zurückgebunden, so wurde jetzt aus Bildung, in einer spezifisch deutschen Überhöhung, *Persönlichkeitsbildung* und
aus Kultur der Inbegriff von *Geisteskultur*. Aus Bildung
wurde die Leitideologie des Bürgertums und aus Kultur
jene affirmative Kultur, die sich von den Sphären der Politik und der Ökonomie, der Zivilisation überhaupt verabschiedet, weil sie sich diesen überlegen wähnt.[15]

Im Umkreis des Bildungsbürgertums wurde dessen
Halbbildung (Paulsen) aber immer auch aufgebrochen, so
dass dieses seine eigene Kritik mit produziert. Als eine besonders exponierte und herausragende Gestalt ist in diesem Zusammenhang Friedrich Nietzsche (1844–1900) zu
nennen, der als Kritiker des Bildungsbürgertums auftritt
und diesem selbst doch ganz und gar angehörte. Nietzsche

hatte die Leistungen des im 19. Jahrhundert entstehenden Bildungswesens und dessen Demokratisierungspotentiale schon deshalb nicht angemessen würdigen können, weil er ein Gegner der »modernen Demokratie« war, die er in einem Atemzug mit dem »Deutschen Reich« als »Verfallsform des Staats« kennzeichnete.[16] Bildung, so Nietzsches Selbstverständnis, ist von Natur aus eine exklusive Angelegenheit, sodass eine »weit geringere Anzahl von höheren Bildungsanstalten« anzustreben sei.[17] Ein »selbstbewusster Lehrerstand«, so Nietzsche, hat »ein gewaltiges Bildungsbedürfnis« erzeugt, welches die »aristokratische Natur der wahren Bildung« aushöhlt und dem »echten deutschen Geist« abträglich ist.[18] Während die (humanistischen) Gymnasien die Bildung in leeres Gelehrtentum verwandelt, orientierten sich die an den modernen Naturwissenschaften sowie an den modernen Fremdsprachen ausgerichteten Realgymnasien und Oberrealschulen an der realen Welt der »Zivilisation« und fungieren damit primär als ein Mittel des sozialen Aufstiegs. Über den »abgründigen Antagonismus von Kultur und Zivilisation« darf man sich aber nicht täuschen: »Zivilisation will etwas anderes, als Kultur will; vielleicht etwas Umgekehrtes«.[19]

Nietzsches Kritik »unserer Bildungsanstalten« betraf aber nicht nur die Schule, sondern zugleich auch die Universität und das in dieser inzwischen dominierende positivistische Selbstverständnis der Geisteswissenschaften. Aus den einst neuhumanistisch verstandenen Altertumswissenschaften seien philologische Spezialwissenschaften entstanden, die keine Gebildeten, sondern nur noch Fachleute und Fachidioten (»Bildungsphilister«) erzeugten.

Verkürzungen wie diese glaubte Nietzsche auch für andere Bereiche, so für den der Moral und jenen der Religion, nachweisen zu können. In seiner Streitschrift *Zur Genealogie der Moral* kritisierte er das Christentum und dessen Gebot der Feindesliebe als eine Moral von »Lämmern«, die sich jedem »Raubtier« zum Fraß ausliefern, und das

»Gewissen« als eine »Krankheit«, die darauf zurückgeführt werden können, dass im geschichtlichen Prozess der zurückliegenden Jahrhunderte ältere Formen einer Sittlichkeit verbürgenden »Herrenmoral« durch christliche »Priestermoral« korrumpiert und in eine »Sklavenmoral« umgebogen worden sind, die den Menschen nicht mehr als Produzenten von Sitte, sondern nurmehr als deren Untertan ausweist. Von diesen sei eine reflektierende und innovative Urteilskraft jenseits der etablierten Unterscheidungen zwischen gut und böse nicht zu erwarten. Die Chance, eine solche Entwicklung einzuleiten, bindet Nietzsche an eine experimentelle Moral zurück, welche die Knechtung des Gewissens aufhebt und den »Instinkt der Freiheit« rehabilitiert.[20]

Nietzsches Genealogie zielt auf eine Ideologiekritik der Moral, die in der Tradition der Aufklärung den »Ausgang des Menschen aus seiner selbstverschuldeten Unmündigkeit« (Kant) auf die etablierten Normensysteme zurückbezieht. Ihre Verkürzung zum Programm einer Erziehung findet sich in Teilen der Reformpädagogik, die Nietzsches Kulturkritik bis hin zu Vorstellungen von der Unschuld des Kindes mystifizierten und deren quasireligiöse Anerkennung als Weg in eine bessere Zukunft empfahlen.

11. Pädagogik und Erziehungswissenschaft zwischen 1890 und 1945

In Deutschland wurde die Entwicklung von Pädagogik und Erziehungswissenschaft in der Zeit von 1890 und 1945 durch drei verschiedene Entwicklungslinien bestimmt: Im Zentrum der einen stand eine weltweit sich ausbreitende reformpädagogische Bewegung. Diese wurde, über Europa hinausgehend, u. a. auch in den USA wirksam und brachte dort, insbesondere durch den Einfluss von John Dewey, bildungstheoretische und reformpolitische Reflexionen zum Verhältnis von Demokratie und Erziehung hervor, während sie in Deutschland in der Regel vordemokratische Richtungen ausbildete. Im Zentrum der zweiten Entwicklungslinie stand die Auseinandersetzung der neu entstehenden Erziehungswissenschaft mit der Reformpädagogik. Aus ihr gingen im ersten Drittel des 20. Jahrhunderts die Neuansätze einer empirischen, einer geisteswissenschaftlichen und einer neukantianischen Erziehungswissenschaft hervor. Die dritte Entwicklungslinie war die einer nationalsozialistischen und faschistischen Pädagogik, an die zahlreiche praktische Ansätze der Reformpädagogik Anschluss suchten und fanden. Sie führte in Deutschland für den Zeitraum von 1933 bis 1945 zu einem Ende der theoretischen und wissenschaftlichen Pädagogik.

Reformpädagogik zwischen radikaler Schulkritik und schulreformerischer Innovation

Die deutsche Reformpädagogik aus der Zeit vor der Jahrhundertwende bis zum Beginn der nationalsozialistischen Diktatur stellte keine in sich geschlossene Bewegung dar. Ihre schulpraktischen Varianten griffen auf Vermittlungsmethoden wie Spiel, Exkursion, fächerübergreifenden Un-

terricht und Projekte zurück, die bereits im letzten Drittel
des 18. Jahrhunderts in Reformschulen der pädagogischen
Aufklärung und in philanthropischen Erziehungsinstitutio-
nen entwickelt worden waren. Selbst die reformpädagogische Opposition gegen die Lernschule des 19. Jahrhunderts war in Herbarts Schulkritik und im Herbartianismus
des späten 19. Jahrhunderts bereits vorbereitet. So hatte
Wilhelm Rein,[1] der letzte Repräsentant der Herbartianer in
Jena, die der Universität angegliederte Versuchsschule der
Herbartianer bereits vor der Wiederbesetzung seines Lehr-
stuhls mit dem Hamburger Pädagogen Peter Petersen zu
einer Einrichtung umgestaltet, in der Unterricht und
Schulleben gleichberechtigte Elemente schulischer Erziehung und Unterweisung waren.[2]

Als zwar nicht von allen Akteuren geteilte, gleichwohl
aber übergreifende Merkmale der reformpädagogischen
Bewegung lassen sich eine weitgehende Mythisierung des
Kindes, die Einbettung der Bewegung in die nicht mehr
auf Intergenerationalität, sondern auf Selbständigkeit und
Selbsttätigkeit der Heranwachsenden setzende Jugendbewegung sowie radikale Formen von Schul- und Kulturkritik identifizieren. Diese artikulieren sich in einer Begriff-
lichkeit, die Volk und Gemeinschaft einen Primat vor der
Gesellschaft einräumt und infolge dessen nach dem Ende
des Kaiserreichs in der 1918 ausgerufenen Weimarer Republik das Eintreten für eine Demokratisierung von Politik
und Gesellschaft erschwert.

Von den drei Merkmalen traten in den in der Regel nach
ihren Gründern benannte Erziehungseinrichtungen und
Modellschulen einige besonders hervor. Ordnet man die in
der pädagogischen Bewegung neugegründeten pädagogischen Institutionen nach ihrer Ferne bzw. Nähe zur Institution Schule, so ergibt sich eine Spannweite, die von den
Deutschen Landerziehungsheimen um Hermann Lietz
und Gustav Wyneken über die von Paul Geheeb gegründete Odenwaldschule, die Hamburger Lebensgemeinschafts-

schulen um William Lottig, die Hauslehrerschule von Berthold Otto und die Jena-Plan-Schule Peter Petersens bis hin zu Schulen wie der Berliner Rütlischule und der Karl-Marx-Schule von Fritz Karsen reicht.[3] Neben diesen existieren Programme, die über einzelne Reformversuche hinauswiesen, so die Reformvorstellungen von Georg Kerschensteiner und der Arbeitsschulbewegung, von Maria Montessori und den nach ihr benannten Schulen, von Rudolf Steiner und den Waldorfschulen sowie später auch von Peter Petersen und den Jena-Plan-Schulen. Die von Montessori, Steiner und Petersen verfassten Pädagogiken gehen von umstrittenen Menschenbildern und Anthropologien aus und weisen problematische Affinitäten zu völkischen und faschistischen Ideologien (Montessori; Petersen) bzw. metaphysischen Weisheitslehren (Steiner) auf. Die zum Teil beachtlichen Erfolge, die die nach Montessori, Steiner und Petersen benannten Reformeinrichtungen in der Arbeit mit ihrer Klientel zuweilen bis heute erzielen, sind jedoch nicht in den von den Schulgründern verfolgten Ideologien begründet, sondern verdanken sich dem Engagement von Erzieherinnen, Lehrerinnen und Eltern sowie originellen Kombinationen reformpädagogischer und schulpädagogischer Konzepte, mit denen die Einrichtungen arbeiten. Dies gilt nicht nur für die Zusammenführung von Kreisgespräch, frontaler Belehrung, Gruppenarbeit, Pflicht- und Wahlkursen in Petersens Jena-Plan, sondern auch für die Kombination von Freiarbeit und gelenkter Arbeit in den Montessori-Einrichtungen und die Verknüpfung von Fachunterricht, Epochenunterricht und praktischem Unterricht in den Waldorfschulen. Eine nicht auf private Reformversuche, sondern auf staatliche Schulen ausgerichtete Konzeption zur Schulreform lag in Paul Oestreichs Entwurf für eine »elastische Einheitsschule« vor, der zwar als solcher nicht umgesetzt wurde, aber den wenigen sozialistischen Schulversuchen aus der Zeit der Weimarer Republik nahestand.

Eine Einarbeitung der reformpädagogischen Bewegung in die staatliche Schulgesetzgebung erwies sich aufgrund der Uneinheitlichkeit der Bewegung und der Zerstrittenheit ihrer Protagonisten und der politischen Parteien als schwierig. Die Differenzen traten sowohl in der revolutionären Übergangsphase vom Kaiserreich zur Weimarer Republik als auch auf der Reichsschulkonferenz von 1920 offen zutage. Dauerhaft wirksame Resultate der staatlichen Reform waren nach Bernd Zymek die Verankerung der »allgemeinen obligatorischen Grundschule« in der Weimarer Verfassung, eine gewisse »Stagnation in der Volksschulentwicklung«, ferner »Ansätze zur Etablierung eines neuen Mittelbaus im deutschen Schulsystem« und die schon im Kaiserreich einsetzende »Expansion und Differenzierung des höheren Schulsystems«.[4]

Die wohl stärkste Mythisierung des Kindes findet sich bei Ellen Key, einer schwedischen Lehrerin, Schriftstellerin, Frauenrechtlerin und später auch Dozentin für Literatur und Kulturgeschichte am Stockholmer Arbeiterinstitut. In ihrer Abhandlung *Das Jahrhundert des Kindes* erkennt sie dem Kind das Recht zu, »seine eigenen Eltern zu wählen«.[5] Aus diesem Recht leitet sie Regeln ab, welche die Empfängnis, Zeugung und Geburt von Kindern nach eugenischen Maßstäben ausrichten, die Tötung missgebildeter Kinder nicht nur nahelegen, sondern auch fordern und die Aussichten auf gesellschaftlichen Fortschritt daran zurückbinden, dass nur Menschen mit optimalem Erbmaterial an der Reproduktion der Bevölkerung mitwirken. Wie Darwin unterscheidet Key nicht zwischen natürlicher und kultureller Evolution. Über Darwin hinausgehend, leitet sie aus der Evolutionstheorie eine Legitimation eugenischer Praktiken von der Abtreibung über die Sterilisation bis hin zur Kindestötung ab, von denen Darwin sich in seiner Autobiographie ausdrücklich distanziert hatte.

Während Key um 1900 die gute Natur des Kindes und dessen Recht auf freie Elternwahl eugenisch normierte, propagierte der Hamburger Reformpädagoge und Schulreformer Johannes Gläser 1919 eine Erziehung »vom Kinde aus«, welche aus der »Natürlichkeit« des Kindes dessen Anspruch auf reine Selbstbildung ableitet. Gläser geht von dem rational kaum einholbaren Grundsatz aus: »Das Kind ist des Mannes Vater. Es stammt von sich selber ab.«[6] Die bei Key und Gläser zu findenden Mythisierungen des Kindes zeigen, dass es in der reformpädagogischen Bewegung eine große Spannbreite im Verständnis von natürlicher Entwicklung gab. Sie reichte vom eugenischen Gebot der Kindestötung bei Key bis zu Gläsers Ablehnung jeglicher Fremderziehung und Befürwortung einer auf den gesamten Lebenslauf bezogenen reinen Selbstbildung von Kindern. Die hieran anschließende radikale Schulkritik weiter Teile der Reformpädagogik brachte Gläser auf den folgenden Begriff:

> »Das [natürliche] Kind musste totgeschlagen werden, damit das Schulkind auferstehe. Diesen Gewalteingriff in die kindliche Entwicklung wollen wir ausschalten. Dem gegenüber erscheint es nun als ein Weg zur Erlösung […], wenn der Jugendgeist dauernd mitbestimmt und statt der Logik […] möglichst die Biologik des Lebens selber die Schularbeit bestimmt.«[7]

Ungeachtet der Differenzen über die Auslegung des Begriffes des Wachsenlassens gingen die meisten Reformpädagogen davon aus, dass sich die Natürlichkeit des Kindes angemessen nur in der Gemeinschaft und zwar insbesondere in der Gemeinschaft von Kindern bzw. Jugendlichen entfalten kann. Als Formen des natürlichen Lebens sah die Landerziehungsheimbewegung, wie schon ihr Name besagt, das Leben auf dem Lande und hier insbesondere die Arbeit im nicht-industrialisierten Handwerk und in der Landwirtschaft an. Diese Arbeit wurde von den Heranwachsenden jedoch nicht selbständig und frei gestaltet, sondern stand unter der patriarchalischen Aufsicht des Schulgründers Hermann Lietz. In der von Gustav Wyneken gegründeten »Freien Schulgemeinde Wickersdorf« erhielt die von Lietz weitgehend abgelehnte schulische Institutionalisierung von Erziehung und Unterricht wieder eine gewisse Aufwertung, und Paul Geheeb nannte die von ihm gegründete »Odenwaldschule« eine »Schule der Menschheit«, die nicht nur Kenntnisse und Wissen vermittelt, sondern kulturelle und interkulturelle Lernangebote präsentiert, die auf Erfahrungserweiterung und die Entwicklung interkultureller Kompetenzen zielt.[8]

Eine noch weitergehende Legitimation erhielt die Institution Schule in Berthold Ottos »Hauslehrerschule« in (Berlin-)Lichterfelde, einer Einrichtung, die zwar eine Schule im Hause des Lehrers war, nicht aber eine Lebensgemeinschaft von Lehrer und Schülern sein wollte. Otto konzipierte seine Schule als einen Ort, an dem Heranwachsende im Fachunterricht sowie im fächerübergreifenden Gesamtunterricht bereichsspezifische Kenntnisse erwerben und sich die Kulturtechniken des Lesens und Schreibens, Fragens und Mitteilens, Diskutierens und Beratens aneignen und diese in schulischen und außerschulischen Verwendungssituationen erfolgreich einzusetzen lernen. Anders als viele andere Schulgründer der reformpädagogischen Bewegung suchte Otto mit Hilfe seiner Schule aus Heranwachsenden keine Anhänger seiner eigenen Weltanschauung und Geschichtsvision zu machen, die anfangs monarchistisch, später sozialistisch orientiert ist. Er entwickelte vielmehr ein Programm für eine »Erziehung zur Toleranz«, die nicht auf eine Umsetzung von »politischen Parteiprogrammen« setzte, sondern die Heranwachsenden dazu zu befähigen suchte, den bestehenden Meinungsstreit in der Gesellschaft zu verstehen, in diesen einzutreten und an ihm denkend und urteilend teilzunehmen. Als eine Unterrichtsform, die diesem Ziel besonders entspricht, entwickelte er den sogenannten »Gesamtunter-

richt«, für dessen Arrangement er strenge Maßstäbe auf-
stellte. Zu diesen gehört, dass der Lehrer sich nicht nur als
Gesprächsleiter betätigt, sondern sich auch als Mitdisku-
tant versteht, dass das Frage- und Mitteilungsbedürfnis der
Schüler anerkannt wird, dass Erfahrung und Umgang der
Heranwachsenden erweitert und im Unterricht nicht bloß
Stereotype ausgetauscht werden, und nicht zuletzt, dass im
Gesamtunterricht Meinungen durch ein Abwägen von
Gründen geprüft und gebildet werden.[9]

Zu den der traditionellen Schule nahestehenden Reformversuchen gehörte nicht zuletzt die »Jena-Plan-Schule«, die der Hamburger Oberschullehrer und Erziehungswissenschaftler Peter Petersen nach seiner Berufung auf
den Traditionslehrstuhl der Herbartianer an der For-
schungsschule der Universität Jena errichtete. Angefangen
vom Gesprächskreis über den frontalen Unterricht, den
Gruppenunterricht bis hin zu Wahl- und Übungskursen
sowie freier Arbeit kamen in der Jena-Plan-Schule alle bekannten schul- und reformpädagogischen Arbeitsverfah-
ren zum Einsatz. Petersens Jena-Plan stellt ein Organisati-
onsmodell dar, mit dem unter einer veränderten schulpäda-
gogischen Grundorientierung auch noch heute in den
Jena-Plan-Schulen – vor allem in Deutschland und den Nie-
derlanden – erfolgreich in jahrgangsübergreifenden Stamm-
gruppen gearbeitet wird.[10] Petersen selbst begründete seinen Jena-Plan mit Hilfe einer Erziehungsideologie und
Volksmetaphysik, die eine weitgehende Anschlussfähigkeit
an die nationalsozialistische Ideologie aufweist. Seine Er-
ziehungs- und Führungslehre geht nämlich von einem
Vorrang der Gemeinschaft des Volkes vor der bürgerlichen
Gesellschaft, der Erziehung und Führung vor der freien
Bildung und der Persönlichkeit vor dem Individuum aus.
Sie stützt sich zudem auf eine erbgenetisch argumentierende, die Menschen in drei Typen einordnende Anthropologie: Dieser zufolge gehören die weitaus meisten Menschen
zu einer Gruppe, deren Angehörige »zum Fressen und

Saufen, Spielen und Tanzen, Huren und Buben« bestimmt und für die Subsistenzsicherung durch Arbeit zuständig sein sollen. Über diesen »Bodensatz« erhebt sich die Gruppe der »Relativ-Passiven«, die die Kultur eines Volkes präsentierten, ohne jedoch eine größere Verantwortung übernehmen zu können. Über dieser existiert, so Petersen, die »kleine Schicht« der »Tätigen« und »Schöpferischen«, welche die »Fähigkeit zur Überschau« und die »Gabe der Kombination« besitzen und daher zum »Führen« berufen sind.[11]

Während der nationalsozialistischen Diktatur hat Peter Petersen seinen Jena-Plan als ein Erziehungsmodell empfohlen, das die »Formung des deutschen Menschen, die Seelenbereitung überhaupt« nicht als eine »Sache der Lehre«, sondern als eine Angelegenheit von »Feier«, »Andacht«, »Befehlen und Gehorchen« sowie »Kultus« konzipiert und auf »Hygiene und Eugenik« sowie »Rassenlehre und Erbwissenschaft« setzt.[12] Anlässlich einer Reise nach Südafrika empfahl er dort den Jena-Plan als ein Modell, mit dessen Hilfe sich die Menschen zum einen in solche, die zum Führen, und zum anderen in solche, die zum Gehorchen bestimmt sind, verlässlich und optimal unterscheiden und auf je spezifische Weise zum Dienst an der Gemeinschaft erziehen lassen. Gegen Vorstellungen, die jeden Einzelnen zu einer größtmöglichen Vielseitigkeit zu bilden suchen und auch Behinderten und Kranken eine solche Erziehung angedeihen lassen, wendete Petersen ein:

> »[D]ieser Rote-Kreuz-Standpunkt muss überwunden werden. Das Gesunde hat nicht nur ebenso viel, sondern mehr Recht auf Pflege und Schutz und tägliche Förderung als das Kranke, das normale und all das, was auf dem Schlachtfeld des Lebens zu verbluten droht.«[13]

Ungeachtet seiner Nähe zur nationalsozialistischen Ideologie und seiner Mitgliedschaft im Nationalsozialistischen

Lehrerbund[14] kommt Petersen im Kontext der pädagogischen Bewegung deshalb eine besondere Bedeutung zu, weil er einen Ansatz zu einer pädagogischen Tatsachenforschung entwickelte, der über die unmittelbare Reformpraxis hinausführte und die pädagogische Arbeit in der Jena-Plan-Versuchsschule unter erziehungswissenschaftlichen Fragestellungen zu beobachten und zu kontrollieren suchte.[15]

Die reformpädagogischen Schulexperimente bewegen sich nicht nur im Bereich der Unterrichtsverfahren zwischen radikaler Schulkritik und pädagogischer Innovation, sie lassen sich zugleich in erfolgreiche und scheiternde Varianten einer reformerischen Umgestaltung des Erziehungs- und Bildungswesens unterscheiden. Zu den weniger erfolgreichen und schließlich scheiternden Versuchen gehören Experimente, die, wie die Hamburger Lebensgemeinschaftsschulen, Schulreform in den Dienst einer Abschaffung der Institution Schule stellten und chaotische Zustände erzeugten, in denen zunehmend hilfloser werdende Lehrer sich mit Schülern konfrontiert sahen, die nicht mehr am Unterricht teilnehmen wollten oder nicht mehr unterrichtbar waren.[16] Erfolgreicher arbeiteten dagegen Experimente, die, wie die Hauslehrerschule von Otto oder die Jena-Plan-Schule von Petersen sowie die Odenwaldschule von Geheeb und die von Karsen geleitete Karl-Marx-Schule in Berlin Neukölln, an der künstlichen Struktur schulischer Erziehung und Unterweisung festhielten und den Auftrag der Schule darin sahen, den Heranwachsenden grundlegende Kenntnisse und Fähigkeiten zu vermitteln, die Erfahrung und Umgang erweitern. Eine besondere Wirksamkeit im sozialpädagogischen Bereich ist aber auch den Landerziehungsheimen zuzuerkennen, die insbesondere Kindern aus bürgerlicher Herkunft und problematischen Familienverhältnissen zu für ihren Bildungsgang hilfreichen sozialen Erfahrungen verhalfen. Allerdings muss in diesem Zusammenhang zugleich festgehalten werden, dass Wyneken die Leitung des von ihm gegründeten Landerziehungsheims wegen des Verdachts auf Kindesmissbrauch entzogen wurde.

Die erziehungs- und bildungstheoretischen Defizite der pädagogischen Reformbewegung lagen vor allem in ihrer Mythisierung des Kindes und in ihrer Gemeinschaftsideologie. Auf beides ist zurückzuführen, dass die reformpädagogische Bewegung in weiten Teilen die Grenzen der Gemeinschaft verkannt und die Unterschiede zwischen Gemeinschaft und Gesellschaft falsch eingeschätzt hat. Eine Folge hiervon war, dass die Bewegung nur in Ausnahmefällen einen Zugang zu demokratischen und republikanischen Reformkonzepten fand. Die in der Pädagogik der deutschen Klassik bereits vorbereitete und in John Deweys Abhandlung über *Demokratie und Erziehung*[17] gewürdigten Freiräume der modernen Gesellschaft wurden in der pädagogischen Bewegung in Deutschland weithin verkannt. Sie liegen darin, dass die moderne Gesellschaft ihren Mitgliedern die Möglichkeit eröffnet, in keiner bestimmten Gemeinschaft aufzugehen, an verschiedenen Gemeinschaften zu partizipieren, sich auf individuelle Weise zu binden und im Medium der Öffentlichkeit mit anderen zu kommunizieren. Vorstellungen wie diese finden sich nur bei Otto, Geheeb und Karsen, nicht aber bei den anderen Protagonisten der pädagogischen Bewegung.

Die meisten Einrichtungen der Reformpädagogik ließen sich nach 1933 relativ leicht nach nationalsozialistischen Erziehungsvorstellungen ausrichten[18] Die durch Geheeb persönlich eingeleitete Selbstauflösung der Odenwaldschule stellt den seltenen Fall dar, dass sich ein Schulgründer der nationalsozialistischen Umdeutung seiner Institution entschieden widersetzte.[19]

Empirische, geisteswissenschaftliche und neukantianische Erziehungswissenschaft als Transformationen der Reformpädagogik

Die wissenschaftliche Auseinandersetzung mit der Reformpädagogik setzte nicht erst an deren Ende ein, sondern fand gleichzeitig mit und parallel zur pädagogischen Bewegung statt. Betrachtet man die Hauptlinien der Entwicklung der Erziehungswissenschaft im ersten Drittel des 20. Jahrhunderts, so lassen sich für Deutschland drei große Richtungen unterscheiden, nämlich (1) die empirische Pädagogik, welche die experimentelle Forschungsmethode auf die Erziehungswissenschaft zu übertragen suchte und von Wilhelm August Lay und Ernst Meumann grundgelegt wurde,[20] (2) die von den Dilthey-Schülern Herman Nohl, dem Dilthey- und Paulsen-Schüler Eduard Spranger gemeinsam mit Theodor Litt, Wilhelm Flitner und Erich Weniger begründete geisteswissenschaftliche Pädagogik, die Diltheys Theorie der Geisteswissenschaft auf die Pädagogik übertrug und wieder Anschluss an die pädagogische Theoriebildung im 18. und frühen 19. Jahrhundert gewann,[21] und (3) die neukantianische Pädagogik von Paul Natorp, Jonas Cohn, Richard Hönigswald und Alfred Petzelt, welche die Pädagogik als eine philosophische Disziplin in den über Kant vermittelten Traditionen des philosophischen Denkens begreift.[22]

Ende des 19. Jahrhunderts entstanden in Russland, den USA, Belgien und Deutschland pädagogische Laboratorien, an denen experimentelle pädagogische Forschung betrieben wurde. Diese hob sich von stärker in die pädagogische Praxis eingebetteten Formen der Erfahrung ab und wollte die in den Naturwissenschaften seit langem bewährte Methode des Experiments auch für die Erziehungswissenschaft fruchtbar machen. Die experimentelle Pädagogik suchte nach kausalen Beziehungen zwischen Intentionen, Technologien und Wirkungen der Erziehung, welche Erziehung und Unterricht künftig beachten sollen, um größeren Erfolg zu haben.

Unter den deutschen Vertretern der experimentellen Pädagogik strebte der am Karlsruher Lehrerseminar tätige W. A. Lay eine »Weltpädagogik« auf biologischer Grundlage an, die in Anlehnung an eine empirische Rassenlehre zu zeigen versprach, wie und was Menschen lernen oder auch nicht lernen können.[23] Lay ging von einer auf Anlagen gegründeten Ungleichheit der Menschen aus und suchte Lernprozesse, lange vor Jean Piaget und dessen Forschungen zur Entwicklung von Kindern, aus einer Wechselwirkung von Akkomodation und Assimilation zu erklären. Stärker noch als Lay trug der Leipziger Pädagoge und Psychologe E. Meumann zur Entwicklung objektivierender Beziehungen zwischen Reformpädagogik und empirischer Erziehungswissenschaft bei. Den Slogan einer »Pädagogik vom Kinde aus« suchte er zu differenzieren, indem er Zusammenhänge zwischen Rezeptivität und Spontaneität nach Lerntypen (sogenannten Hörern, Sehern, Bewegern u. a. m.) unterscheidet und für diese je spezifische Interdependenzen zwischen Lehrmethoden, Lehr-Lern-Prozessen, -Inhalten und -Resultaten ermittelt.[24]

Piaget unterschied zwischen Stadien der kognitiven Entwicklung des Menschen, die vom sensomotorischen Stadium des Kleinkindes bis zum Stadium des methodenkritischen Denkens reichen, und legte diese auf verschiedene Entwicklungsbereiche (u. a. die Erfassung von Formen, Gewichten und Mengen) aus. Wichtiger als diese in der Forschung, aber auch hinsichtlich ihrer pädagogischen Relevanz umstrittenen Ergebnisse sind Piagets Einsichten, dass Lernprozesse nicht nur über Wechselwirkungen von Assimilation als Gebrauch und Anwendung kognitiver Schemata und Akkomodation als deren Veränderung im Horizont neuer Erfahrungen verlaufen, sondern über negative Erfahrungen vermittelt ist, die Lernende an und mit erworbenen kognitiven Schemata machen.[25]

Auch der zweite Neuansatz der Erziehungswissenschaft, die geisteswissenschaftliche Pädagogik, entsteht in Auseinandersetzung mit der Reformpädagogik. Ihre Ursprünge reichen jedoch weit über diese bis in die Geschichte des pädagogischen Denkens zurück. Sie entwickelt ihr wissenschaftliches Selbstverständnis in Anlehnung an Diltheys Theorie der Geisteswissenschaften. In z. T. kritischer Auseinandersetzung mit der reformpädagogischen Bewegung arbeitet sie Zusammenhänge zu älteren Traditionen pädagogischen Denkens heraus, insbesondere zu solchen, die auf Rousseau und Pestalozzi, aber auch auf Herbart, Humboldt und Schleiermacher zurückgehen. Von Dilthey übernimmt die geisteswissenschaftliche Pädagogik dessen Funktionsbeschreibung eines besonderen Wissenschaftstypus, der für die Übernahme von Funktionen in der Gesellschaft und die Ausübung gesellschaftlicher Ämter qualifiziert, nicht aber dessen psychologischen Begriff einer »Teleologie des Seelenlebens«, den die geisteswissenschaftliche Pädagogik als eine Reminiszenz an vormoderne bzw. empirische Theorieformationen zurückweist. Die Programmatik von Diltheys *Kritik der historischen Vernunft*, welche »das historische Bewusstsein von der Endlichkeit jeder geschichtlichen Erscheinung, von der Relativität jeder Art von Glauben« als »letzte[n] Schritt zur Befreiung des Menschen« von allen Formen eines »dogmatischen Denkens« feiert,[26] legt die geisteswissenschaftliche Pädagogik auf die Erziehungswirklichkeit aus. Für diese arbeitet sie eine eigenlogische Struktur heraus, die sie in einem dreifachen Sinne interpretiert, nämlich (1) als eine historisch gewordene, (2) als eine das gegenwärtige Handeln leitende und (3) als eine die weitere Geschichte orientierende Struktur. Für die erziehungstheoretische Frage nach der Eigenart pädagogischen Wirkens lässt sich dies an Theodor Litts Abhandlung *»Führen« oder »Wachsenlassen«*, für die bildungstheoretische Frage nach den Aufgaben der Erziehung an Herman Nohls *Theorie der Bildung* und für das Pro-

blem der Bestimmung des Erziehungs- und Bildungsauf-
trags der Schule an Erich Wenigers *Theorie der Bildungsinhalte* aufzeigen.[27]

Der Streit darüber, ob das Führen durch den Lehrer
oder das Wachsenlassen des Kindes und Schülers die geeig-
netere Methode pädagogischen Wirkens auf Erziehungs-
und Bildungsprozesse ist, wird nicht erst von der geisteswissenschaftlichen Pädagogik in die reformpädagogische
Bewegung hineingetragen, sondern findet in dieser selbst
statt. Während Schulreformer wie William Lottig in anti-
pädagogischer Einstellung auf ein reines Wachsenlassen
setzten und an den Folgen einer solchen Strategie verzwei-
felten, erkannte Berthold Otto, der sich selbst als ein libe-
raler Pädagoge bezeichnet, dem Wachsenlassen zwar einen
Primat vor dem Führen zu, arbeitete jedoch zugleich präzise jene Situationen heraus, in denen der Lehrer den Verlauf des Unterrichts nicht einem *Laissez-faire* anheimstel-
len darf, sondern eingreifen bzw. intervenieren muss, um
den zuweilen in Schülermeinungen auftretenden Dogmatismus in Toleranz und Fundamentalismus in Reflexion zu
überführen.[28] Auch Petersen erkannte mit Verweis auf das
Chaos in den Hamburger Lebensgemeinschaftsschulen
schon früh der Führung des Unterrichts und der Führung
im Unterricht eine zentrale Bedeutung zu,[29] wenn er davor
warnt, die Verantwortung für den Unterricht vom Lehrer
auf die Schüler zu übertragen.[30]

Litt ging dagegen bei seiner Behandlung der Alternative
von Führen oder Wachsenlassen so vor, dass er zunächst
von der Hybris spricht, mit der Lehrer unter der Maxime
einer führenden Erziehung die Zukunft der Heranwachsenden durch Erziehung vorwegzunehmen suchen. Nachdem er gezeigt hat, dass das Wachsenlassen durchaus als
eine kritische Kategorie verstanden werden kann, die den
Führungsanspruch einer vom Lehrer ausgehenden Erziehung in Zweifel zieht, wendet er gegen dieses ein, es rede
einer dem Führen durchaus ähnlichen Vorwegnahme der

Zukunft das Wort. Während nämlich die Maxime der Führung durch den Lehrer der Jugend ein Mitspracherecht
über ihre Zukunft vorenthält, so Litt, schließt die Maxime
des Wachsenlassens den Lehrer und die Erwachsenen von
der Mitgestaltung der Zukunft aus. Diesen an Schleiermachers Kritik von Allmachts- und Ohnmachtsvorstellun-
gen in der Erziehung erinnernden Gedankengang bringt er
dann zu einem Ende, indem er unter dem Vorzeichen einer
Verknüpfung von individuellem und objektivem Geist eine
Synthetisierung beider Verfahren vornimmt und sich dafür ausspricht: »Wir ›führen‹ zu eben dem, was ›wachsen‹
will.«[31] Unreflektiert bleibt in dieser Antwort, wieso die
Lösung des Technologieproblems der Erziehung in der
Kombination zweier Verfahren liegen soll, von denen jedes
auf seine Weise falsch ist, weil es Macht einseitig beim Lehrer oder beim Schüler lokalisiert.

Litts Versöhnung von Führen und Wachsenlassen ist
ansatzweise schon in der geisteswissenschaftlichen Pädagogik problematisiert worden. Gegen die Ideologie des
Wachsenlassens und einer dieses fördernden Erziehung ar-
gumentierend, sprach Herman Nohl von der »Grundanti-
nomie des pädagogischen Lebens«, in der dem Ich des Heranwachsenden, »das sich aus sich und seinen Kräften entwickelt und sein Ziel zunächst in sich hat«, die »objektiven
Inhalte, der Zusammenhang der Kultur und die sozialen
Gemeinschaften« gegenüberstehen, »die dieses Individuum
für sich in Anspruch nehmen und ihre eigenen Gesetze haben«. Um beiden Rechnung zu tragen, muss »Verhältnis
des Erziehers zum Kind« daher »immer doppelt bestimmt«
sein, nämlich »von der Liebe« zum Kind »in seiner Wirklichkeit und von der Liebe zu seinem Ziel […], beides aber
nicht als Getrenntes, sondern als ein Einheitliches; aus diesem Kinde machen, was aus ihm zu machen ist«.[32]

Bildsamkeit und Bestimmung werden bei Nohl also einerseits als einander widerstreitende Pole gegenübergestellt und andererseits als harmonisch miteinander versöhn-

bar interpretiert. Bildungs- und gesellschaftstheoretische oder gar demokratietheoretische Überlegungen darüber, wie mit dem Widerstreit von Bildsamkeit und Bestimmung kritisch umzugehen sei, werden aber innerhalb der geisteswissenschaftlichen Pädagogik weder vor noch nach 1933 ausgearbeitet. Ihre führenden Vertreter unterzeichneten 1933 – anders als die meisten Neukantianer – geschlossen das *Bekenntnis der Professoren an den deutschen Universitäten und Hochschulen zu Adolf Hitler und dem nationalsozialistischen Staat* (1933). Von der auf parlamentarischem Wege zustande kommenden Machtergreifung versprachen sie sich, dass die reformpädagogische Bewegung nach ihrem Beginn mit einer Vielzahl von Initiativen und ihrer Ausbreitung nun in eine dritte, entscheidende Phase eintreten werde. Von dieser dritten Phase sagte Nohl in seinem Rückblick *Die pädagogische Bewegung und ihre Theorie*, die Reform verlange nun »wieder nach Gehalt, Richtung und Bildung der Kräfte« und bringe das »überlegene Ganze [...] mit seiner objektiven Gewalt, das die individuellen Kräfte verpflichtet«, zur Geltung. »Das Schlagwort dieser dritten Phase ist nicht mehr Persönlichkeit und Gemeinschaft, sondern ›Dienst‹, d.h. die tätige Hingabe an ein Objektives.«[33] Im Nachwort zur ersten Neuauflage nach 1945 gestand Nohl dann ein, es werde »jetzt nicht mehr möglich sein, einfach dort wieder anzuschließen, wo wir 1935 aufhörten«. Mit Dilthey »aus der Erkenntnis dessen, was ist, die Regel über das, was sein soll«, ableiten zu wollen, sei, wenn »man es richtig überlegt«, eine Strategie, bei der man nicht wissen könne, ob eine ihr folgende »Pädagogik [...] vollkommene Verbrecher oder vollkommene gute Menschen bildet«.[34]

Aber auch diese Vorstellung blieb letztlich noch den extremen Positionen einer Allmacht bzw. Ohnmacht der Erziehung verpflichtet. Diese wurden innerhalb der geisteswissenschaftlichen Pädagogik von Theodor Litt kritisiert. Litt wies schon früh darauf hin, dass eine die Zukunft of-

fenhaltende Erziehung auf bildungsidealistische Versöh-
nungen jeder Art verzichten muss. An ihrer Stelle suchte er
die Einführung der Jugend in Formen eines Denkens zu
setzen, das weder individualistisch und jugendbewegt noch
kollektivistisch, sondern nur in Diskursen innerhalb und
zwischen den Generationen sowie im Medium der Öffentlichkeit kultiviert werden kann.

Mit seiner Kritik des »Bildungsideals«[35] distanzierte sich
Litt der Sache nach von Erich Wenigers *Theorie der Bildungsinhalte* und des Lehrplans. Diese weist dem Staat die
Funktion zu, alle Lehr-Lern-Prozesse in Schulen an einem
überwölbenden Bildungsideal auszurichten. Aufgabe des
Bildungsideals soll es nach Weniger sein, die Zukunft vorwegzunehmen, den Streit der Parteien zum Schweigen zu
bringen und für die im Unterricht und Schulleben zu ver-
mittelnden Kenntnisse und Fertigkeiten einen über bloß
formale Bildung oder Utilität hinausweisenden Sinn zu sichern.

Litts Forderung, in pädagogischen Debatten und staatlichen Bildungsreformen künftig auf die Propagierung eines
»Bildungsideals« zu verzichten, weist, ohne demokratie-
theoretisch begründet zu sein, Affinitäten zu Überlegungen von John Dewey auf. In seiner erziehungsphilosophischen Studie *Demokratie und Erziehung* bemerkt Dewey,
»dass der Vorgang der Erziehung kein Ziel außerhalb seiner selbst hat«. Er besitzt vielmehr »sein eigenes Ziel« in
sich selbst. Er muss sich daher in den Formen einer »be-
ständigen Neugestaltung«, eines »dauernden Neuaufbaus«
und einer »unaufhörlichen Reorganisation« der Erfahrung,
des Lernens, des Wissens und Könnens vollziehen.[36]

Eine ebenfalls Dewey nahestehende, über Litt noch hinausweisende kritische Position findet sich in der *Systematischen Pädagogik* des Neukantianers Alfred Petzelt.[37] Petzelt war wie Litt vor der nationalsozialistischen Machtergreifung Professor für Pädagogik an der Universität
Leipzig. In seinen Untersuchungen zum Lernen und Leh-

ren geht er nicht von der Entgegensetzung von Führen oder Wachsenlassen, sondern von Beziehungen zwischen spontanen und rezeptiven Momenten in Lehr-Lern-Prozessen aus. Die eigenlogische Struktur der Erziehung erblickt er nicht darin, dass der Lehrer den Zögling dahin führt, wohin dieser wachsen will, sondern in einer über Akte des Fragens und Antwortens vermittelten, interaktiven und sachbezogenen Logik. In dieser obliegt es dem Lehrer, die Fragen zu stellen, auf die der Schüler antworten soll. Aufgabe des Fragens ist es, dafür zu sorgen, dass die im Unterricht zu bearbeitende Sache für die Lernenden fraglich und fragwürdig wird. Durch die Lehrerfrage sollen nach Petzelt Prozesse eines Nachdenkens und Reflektierens ausgelöst werden, in denen sich die Lernenden den Lerngegenstand aneignen und sich zu ihrem neu erworbenen Wissen und Können in Beziehung setzen.

Ähnlich wie die reformpädagogische Bewegung hat auch die geisteswissenschaftliche Pädagogik bis zu ihrer Neukonstitution nach 1945 am Vorrang der Gemeinschaft vor der Gesellschaft festgehalten. Aufgrund ihrer Gemeinschaftsideologie konnte sie das, was in der Tradition von Wilhelm von Humboldt unter Bildung als freier Wechselwirkung verstanden wurde, weder bewahren noch weiterdenken. Statt Bildung als freien und wechselseitigen Austausch zwischen Individuen und Gruppen zu denken und Erziehung darauf zu verpflichten, die nachwachsende Generation auf einen solchen Austausch vorzubereiten, sah beispielsweise Eduard Spranger die Aufgabe der Erziehung auch nach Gründung der ersten deutschen Republik zunächst weiterhin darin, die zum Aufstieg Befähigten ihren Weg selbst finden zu lassen, im Normalfall im Kontext ihrer Herkunftsverhältnisse, »unter Umständen sogar aus [ihrer] Klasse heraus«.[38]

In Sprangers Position treten die Grenzen der geisteswissenschaftlichen Pädagogik vielleicht am deutlichsten hervor. Spranger war unter den geisteswissenschaftlichen Pädagogen zweifellos der bedeutendste Humboldtkenner. Er hat sich nicht nur mit dessen Bildungstheorie, sondern auch mit der preußischen Schulreform auseinandergesetzt und in der Akademieausgabe der Schriften Wilhelm von Humboldts dessen bis dahin unbekannten *Litauischen und Königsberger Schulplan* publiziert. Die liberale und republikanische Seite im Denken Wilhelm von Humboldts ist Spranger aber nicht nur im ausgehenden Kaiserreich, sondern auch in der Weimarer Republik und während der Zeit der nationalsozialistischen Diktatur verborgen geblieben. Bildungsprozesse werden von ihm als eine Trias von »grundlegender Bildung«, »Berufsbildung« und »Allgemeinbildung« gedacht. Im Beruf glaubt er die zentrale identitätsstiftende Lebensform des modernen Menschen zu erblicken. Emphatisch führt er aus: »Der Weg zu der höheren Allgemeinbildung führt über den Beruf und nur über den Beruf«.[39] In Sprangers Trias von grundlegender, beruflicher und allgemeiner Bildung wird die von Humboldt entwickelte Stufenfolge elementarer, schulischer und wissenschaftlicher Bildung aufgegeben und die für bildende Lernprozesse unverzichtbare freie und mannigfaltige Wechselwirkung zwischen Mensch und Welt sowie unter den Menschen auf ein anlagentheoretisch und berufsständisch ausgerichtetes Bildungsverständnis reduziert. Auf diese Weise glaubt Spranger bis 1945 Bildungsbegrenzungen, die durch Anlagen oder Herkunft bedingt erscheinen, legitimieren zu können. Dieselbe Auffassung liegt Kerschensteiners »Bildungsaxiom« und den an dieses anschließenden Konzepten der Arbeitsschule und der staatsbürgerlicher Erziehung zugrunde, die die Aufgabe öffentlicher Erziehung darauf verkürzen, eine optimale Passung von Anlagen, Begabungen und Berufen vorzunehmen.[40] Hieraus erklärt sich, wieso die geisteswissenschaftliche Pädagogik das sich während der nationalsozialistischen Diktatur herausbildende dreigliedrige Schulsystem auch nach 1945 legitimieren konnte.

Das Ende der wissenschaftlichen Pädagogik: Erziehung,
Bildung und Schule im Nationalsozialismus

Wer in einer Geschichte der Pädagogik etwas über Erziehung, Bildung und Schule im Nationalsozialismus erfahren möchte, wird möglicherweise schon bei der Lektüre
der Überschrift ins Stocken geraten. Ist das, was bisher im
Gang durch die Geschichte der Pädagogik unter Erziehung, Bildung und Schule verstanden wurde, mit dem, was
der Nationalsozialismus aus diesem gemacht hat, überhaupt in einem Atemzug zu nennen? Gibt es hier irgendetwas, was miteinander vergleichbar ist? Aus der Sicht der
historischen Bildungsforschung kann und darf es an dieser
Stelle kein Zögern geben. Ganz ohne Zweifel gibt es so etwas wie eine nationalsozialistische Pädagogik, also eine nationalsozialistische Erziehung in Theorie und Praxis, die
sich in deskriptiv-empirischer Einstellung beschreiben und
rekonstruieren lässt, so etwa Programmatiken (z. B. Erziehungstheorien), Institutionen (überlieferte Schulformen,
aber auch spezifische Einrichtungen wie die Nationalpolitischen Erziehungsanstalten [Napolas] oder die Adolf-
Hitler-Schulen), administrative Vorgaben (z. B. Gesetze
und Erlasse) und natürlich auch schulische und außerschulische Formen der Erziehung, die nationalsozialistisch bestimmt waren. Fragt man jedoch nach der normativen
Substanz und dem Rationalitätsgrad der diesen zugrunde
liegenden Orientierungs- und Deutungsmustern und vergleicht man diese mit dem bisher in der Geschichte erar-
beiteten Stand dessen, was unter pädagogischer Rationalität zu verstehen ist, so ergeben sich unvermeidlich, ja
zwingend Kennzeichnungen wie »Un-Pädagogik« (Blankertz), »Perversion« (Assel), »Zerstörung der Person«
(Stippel) oder »Pseudo-Pädagogik« (Steinhaus).[41] Beide
Betrachtungsweisen, also die historische der Bildungsforschung und die kategoriale der allgemeinen und systematischen Pädagogik, widersprechen sich nicht, sondern sind

gleichermaßen notwendige, wenn auch nicht gleichzeitig vollziehbare Formen einer wissenschaftlichen Betrachtungsweise, die nicht miteinander verwechselt werden dürfen, aber auch nicht in eine einzige Betrachtungsweise überführt werden können.

Die Entstehung der nationalsozialistischen Pädagogik, ihrer Praxis wie ihrer Theorie, ist in den allgemeinen politischen und gesellschaftsgeschichtlichen Kontext der Epoche zwischen 1933 und 1945 zu stellen. Ebenso wenig, wie die mentalen Voraussetzungen, die Bewusstseinslagen und die weltanschaulichen Deutungsmuster, die diese Epoche mit getragen haben, erst 1933 beginnen und 1945 enden, entsteht das Erziehungsdenken, das eine nationalsozialistische Pädagogik ermöglicht, erst mit der Übernahme der Regierung durch die Nationalsozialisten. Gleichwohl kann, wie die bildungshistorische Forschung der letzen Jahrzehnte gezeigt hat, nicht von einer Kontinuität der Entwicklung gesprochen werden, die im späten 19. Jahrhundert beginnt, in der »Kathederpädagogik« (Gamm) der 1920er Jahre ihre Fortsetzung findet und schließlich in der nationalsozialistischen Pädagogik ab 1933 ihren Höhepunkt erreicht.[42] Auf der anderen Seite ist die Entwicklung aber auch ganz zweifellos kein schicksalhaftes Ereignis, das wie ein Blitz in die bisherige Pädagogik einschlägt. Für die Entstehung der Pädagogik des Nationalsozialismus sind vielmehr vielfältige Grauzonen von Bedeutung, die, ohne dass einfache Kausalitätsannahmen hilfreich wären, den zivilisatorischen Bruch, der sich vollzog, zumindest ein Stück weit erhellen.

Zu diesen Grauzonen zählt die schlichte Tatsache, dass die Pädagogik zumindest des späten 19. sowie des ersten Drittels des 20. Jahrhunderts keine demokratische Substanz ausgebildet hat, die es ihr erlaubt hätte, die klassische bürgerliche Pädagogik zwischen 1770 und 1830 weiterzuentwickeln. Das trifft auch auf die geisteswissenschaftliche Pädagogik zu, die diese Tradition wieder zu reaktivieren versucht hat. Die antiparlamentarischen, antiliberalen und antimodernistischen Vorbehalte und Affekte des größten Teils der deutschen Universitätspädagogik haben die demokratie- und gesellschaftstheoretischen Implikationen der klassischen Pädagogik nicht nur nicht genutzt, sondern sogar direkt verworfen. Sie haben zusammen mit der ja nicht nur auf die Universitätspädagogik beschränkten deutschen Ideologie von Gemeinschaft und Nation, von Staat und Volk und von Heimat und Deutschtum geschwärmt – alles dies sind Begriffe und Konzepte, an die die Nationalsozialisten angeknüpft haben und die sie in ihrem Sinne semantisch ›nur noch‹ umbesetzen mussten. Die Vorliebe für eine »Konservative Revolution« (Moeller van den Bruck), die zu Beginn der 1920er Jahre von vielen national gestimmten Intellektuellen zum Ausdruck gebracht wurde, wird der Sache nach auch von einem Teil der deutschen Universitätspädagogik geteilt.

Bei einer solchen Charakterisierung muss aber beachtet werden: Ein konservatives Weltbild ist noch kein nationalsozialistisches. Die antimodernistischen Ressentiments eines Teils der »deutsche Mandarine«,[43] ihr kulturphilosophisch aufgeblasener Idealismus und ihre Abneigung gegenüber Demokratie und Masse haben »die Sprangers nicht zu Kriecks und Baeumlers […], aber es hat sie gegenüber den Nazis wehrlos gemacht«.[44] Auf welche Weise traditionelle pädagogische Begriffe und die erwähnten Begrifflichkeiten der ›deutschen Ideologie‹ in das Konzept einer »Un-Pädagogik« transformiert worden sind, soll im folgenden anhand der genannten »Kriecks und Baeumlers« aufgezeigt werden, die zu den bekanntesten nationalsozialistischen Pädagogen gehörten.

Alfred Baeumler wurde 1933 auf den neugegründeten Lehrstuhl für Politische Pädagogik an der Berliner Universität berufen. Zuvor hatte er Philosophie in Dresden gelehrt und Arbeiten zum deutschen Idealismus, zur Romantik, zu Nietzsche sowie zu Kants *Kritik der Urteils-*

kraft veröffentlicht. In seiner Berliner Antrittsvorlesung gab er vor einer mit Hakenkreuzbannern aufmarschierten studentischen Fahnenabordnung einen klaren Einblick in die Programmatik seiner zukünftigen Tätigkeit. Er wandte sich entschieden gegen den »bildlosen Idealismus« der klassischen deutschen Philosophie und Pädagogik, die den Geist und die Idee über die konkrete Wirklichkeit gestellt habe. Wie er diesen Einwand versteht, macht er unmissverständlich klar: Eine »Hochschule, die selbst im Jahre der Revolution nur von der Führung durch Geist und Idee, nicht von der Führung durch Adolf Hitler und Horst Wessel redet, ist unpolitisch [...]. Hitler ist nicht weniger als die Idee – er ist mehr als die Idee, denn er ist wirklich.«[45] Das Ende wissenschaftlicher Pädagogik ist damit besiegelt. Nach dem Ende des Zweiten Weltkriegs gehörte Baeumler zu den wenigen deutschen Professoren, die nie wieder an einer Hochschule gelehrt haben.

Für die Ausarbeitung seiner politischen Pädagogik sind die Schriften *Männerbund und Wissenschaft* (1934), *Politik und Erziehung* (1939) sowie *Bildung und Gemeinschaft* (1943) besonders wichtig. Die Gemeinsamkeit dieser und weiterer nach 1933 erschienenen Werke liegt zum einen in ihrer rassentheoretischen Ausrichtung sowie in der strikten Unterordnung der Pädagogik als Wissenschaft unter den Primat des Politischen. Baeumlers Schüler Albert Holfelder hat den Grund für die Unvereinbarkeit der klassischen Pädagogik mit der von Baeumler vertretenen politischen Pädagogik darin gesehen, dass

»der Nationalsozialismus existentiell mit dem Vorrang der Politik vor der Pädagogik Ernst gemacht hat. Politisches Handeln ist immer die Stiftung einer neuen Ordnung, ein Wurf in die Zukunft. Alle planende Erziehung jedoch ist ausgerichtet auf eine gegebene Ordnung, zu der erzogen wird.«[46]

Baeumlers ganz im nationalsozialistischen Sinne vorgetragene Leitbilder sind die des »politischen Soldaten« als Gegenbild zum »Gebildeten« seiner Zeit, der »rassisch« reine »nordische Mensch« sowie der »Volksgenosse« und die »völkische Gemeinschaft«.

Diese Leitbilder dürfen aber nicht darüber hinwegtäuschen, dass der gelernte Philosoph Baeumler die Konturierung seiner »Politischen Pädagogik« zugleich mit den begrifflichen Mitteln des deutschen Idealismus und dessen Pädagogik vorzunehmen sucht. Anders als Ernst Krieck, neben Baeumler eine weitere zentrale Figur der nationalsozialistischen Pädagogik, knüpft Baeumler viel deutlicher an die grundbegrifflichen Konzeptionen der klassischen Pädagogik an, die er einerseits aufnimmt und andrerseits aber in ihr völliges Gegenteil verkehrt. Das wird besonders deutlich am Begriff der »Bildsamkeit«, den er wie Herbart, den er genau studiert hatte, als konstitutive Voraussetzung von Erziehung und Bildung ansieht und vor einer allzu platten rassistischen Negation zu retten versucht. Das richtig verstandene »rassenkundliche Denken setzt nicht einem Prinzip der unbeschränkten Bildsamkeit das Prinzip der beschränkten Bildsamkeit entgegen, sondern es entdeckt erst das wahre Prinzip der Bildsamkeit.

»Die Einheit des Charakters ist nicht statisch-ruhend, sondern dynamisch-bewegt. Sie ist eine Einheit der Richtung. Bildung vermag sich an diese vorgegebene Einheit immer nur anzuschließen, niemals vermag sie diese Einheit auf dem Wege über Intellekt und Umwelt hervorzubringen. Da es sich aber hier nicht um eine starre, unbewegliche Einheit der Richtung handelt, sondern um eine relativ unbestimmte Einheit der Richtung, so entspringt hier die große Aufgabe der Erziehung: das, was fließend drängt, zu seiner eigenen höchsten Form zu bringen. Nicht von selbst gelangt in der menschlichen Sphäre das Lebendige zur vollkommenen Gestalt.

Es bedarf der Erziehung in der Gemeinschaft. [...] Am Anfang steht die angeborene, aber noch unbestimmte Richtung des Charakters, am Ende die klare bestimmte Form, in der sich der Charakter erfüllt. Ich nenne diese Form den Typus, zu dem der Einzelne durch die Gemeinschaft erzogen wird.«[47]

Natürlich ist damit nicht eine offene Gemeinschaft gemeint, in die im Sinne Schleiermachers die nachwachsende Generation erhaltend und verbessernd eingeführt werden soll. Es ist umgekehrt so, dass die »Grenzen der formalen Bildung« gerade darin liegen, »nicht geschlossen und konkret«, sondern »allgemein und offen« zu sein! Weder Herbart und Pestalozzi noch Humboldt und Schleiermacher sind, so Baeumler, zu einer substantiellen Konkretion imstande gewesen, sondern haben stets nur »ein Dasein schlechthin«, den »›Menschen‹« und dessen »sittliches Verhalten« im Auge gehabt. Umgekehrt kommt es jetzt darauf an, das »Dasein innerhalb der konkreten geschichtlichen Gemeinschaft«, wie sie durch die nationalsozialistische Revolution geschaffen worden ist, als unverrückbares Ziel der pädagogischen Aufgabe anzuerkennen.[48] Es greift aber zu kurz, wenn man diese Indienstnahme der Pädagogik für politische Zwecke nur als simple Unterordnung des Pädagogischen kritisierte. Denn der Lehrer und Erzieher, wie er Baeumler vorschwebt, ist nicht

»ein bloßer Exekutor politischer Organe, sondern er ist derjenige, der den politischen Auftrag, den die Schule vom Führer erhalten hat, in eigener Verantwortung durchführt. Hat er den politischen Auftrag verstanden und übernommen, so ist er frei.«[49]

Für die in diesem Sinne ›erzieherisch‹ zu befördernde ›Freiheit‹ der nachwachsenden Generation soll die »Formationserziehung« in HJ, SA, SS und Arbeitsdienst sorgen.[50] Die formelle Bildung, wie sie die Schule vermittelt und Baeumler zufolge auch weiterhin vermitteln muss, wird durch die Formationserziehung, in der der Lehrer als »Formationsführer« auftritt, ergänzt und überlagert. An die Stelle der »indirekten Erziehung durch Unterricht« treten in der Formationserziehung die unmittelbare und die »direkte Erfassung« des Kindes bzw. des Jugendlichen. Als erzieherisches Element und Medium dienen hier Spiel und Feier, Symbol und Ritual, »Beispiel und Vorbild«, »gemeinsames Lied und gemeinsamer Rhythmus« sowie die »gefühlsmäßige Einigung«. »Unmittelbare Erziehung kann nur emotionale Erziehung sein«.[51]

Ernst Krieck war zunächst Volksschullehrer, betätigte sich zwischen 1920 und 1928 als Schriftsteller und Publizist, wurde 1923 zum Ehrendoktor der Universität Heidelberg ernannt und 1928 an die Pädagogische Akademie in Frankfurt a. M. berufen. Nachdem er 1931 bei einer Sonnenwendfeier eine nationalsozialistische Rede gehalten hatte, wurde er vom preußischen Kultusminister an die Pädagogische Akademie Dortmund versetzt. 1932 wurde er Mitglied der NSDAP und 1934, ohne jemals ein Studium absolviert zu haben, zum Professor für Philosophie und Pädagogik an der Universität Frankfurt a. M. ernannt. Ein Jahr später wechselte er mit der gleichen Lehrbefugnis an die Universität Heidelberg, an der er bis zum Kriegsende blieb. Zu seinen zentralen pädagogischen Schriften vor und nach 1933 zählt die 1922 erschienene *Philosophie der Erziehung*, die *Menschenformung* (1923), die *Nationalpolitische Erziehung* (1932) sowie die dreibändige *Politisch-völkische Anthropologie* (1936–38).

Krieck wird – noch heute – durchaus anerkennend als derjenige zitiert, der die Konzentration der Pädagogik auf das intentionale erzieherische Handeln durchbricht, indem er Erziehung als »Urfunktion« jeder Kultur und jedwedes menschlichen Zusammenlebens herausstellt.[52] In den 1920er Jahren entwickelte er eine »reine« Erziehungswissenschaft, die, zunächst ohne normative Absichten, »die großen Schichten unbewusster und unbeabsichtigter Erziehungswirkungen« deskriptiv erfassen und beschreiben will, so dass unter Erziehung »das ganze Leben der Gemeinschaft«, ihrer einzelnen »Glieder« ebenso wie ihrer »Wechselbeziehungen«, verstanden wird.[53] Kriecks erziehungsphilosophisches Erkenntnisinteresse ist offenkundig zwar auch pädagogisch, aber eben nicht nur pädagogisch ausgewiesen. Die »Beschränkung des Erzogenwerdens und der Erziehungsfähigkeit auf die Jugend ist eine durch gar nichts gerechtfertigte Einengung und Verarmung der Erziehungsidee«.[54] Das Zentrum der Erziehung bildet für ihn wie für Baeumler die »Gemeinschaft«, die als Subjekt und Objekt zugleich Ausgangs- und Endpunkt seiner Erziehungsphilosophie ist.

In der Forschungsliteratur zu Krieck wird gelegentlich darauf hingewiesen, dass zwischen seiner erziehungsphilosophischen, weltanschaulich ungebundenen »reinen Wahrheitssuche und der »völkisch-realistischen Erziehungswissenschaft«, die er spätestens ab 1932 verfolgte, eine Diskrepanz, ja ein Widerspruch besteht.[55] Krieck hatte freilich schon in seiner »Philosophie der Erziehung« darauf hingewiesen, dass man auf dem Standpunkt reiner Wissenschaft, dem Standpunkt einer »sich selbst genügenden Erkenntnis«, nicht verharren kann.[56] Dasjenige, so Krieck, was die »reine Wissenschaft« anstrebt, ist das »Vernünftige«, die »Idee«. Diese aber löst die Trennung von Sein und Sollen wieder auf, bewirkt »reines Menschentum und damit Gemeinschaft«.[57] Welche Implikationen Kriecks funktionalistischer Holismus als geschlossenes System enthält, zeigt sich wenige Seiten später: Ist Erziehung eine »Urfunktion« jeder Gemeinschaft und »jede Lebensform [...] leibgewordene Idee«, dann wird dasjenige, »was in den Kreis ihrer Wirkungen, in das Feld ihrer Kraftlinien tritt, [...] angepasst, einbezogen, assimiliert«. Und umgekehrt gilt: Hat eine Lebensform nicht mehr die Kraft, in ihrem Sinne die

Menschen zu formen und umzuformen, dann unterliegt sie selbst der Krise, »Hammer oder Amboß: herrschend oder beherrscht: das ist der Sinn allen Lebens, aller Dynamik«.[58]

Krieck hat die nationalsozialistische Machtergreifung so verstanden, dass dieser den untergehenden Lebensformen des Liberalismus, des Individualismus, des Kollektivismus und des Pazifismus den Todesstoß versetzt und an deren Stelle eine neue, wie Krieck glaubt, höhere Form der Gemeinschaft setzt. Nicht zufällig bezeichnet er den nationalsozialistischen Staat als den »Zuchtmeister«, der ganz im Sinne seines Erziehungsverständnisses eine ständisch-gegliederte »Volksordnung« hervorbringen werde. Krieck versteht sich selbst offenkundig nicht nur als geistigen Führer der Jugend, sondern auch als denjenigen, der den Nationalsozialismus über seine eigentlichen und weltanschaulich richtigen Aufgaben ins Bild setzt. Der »totale Staat« wird, so Krieck, für eine »neue Erziehung« sorgen, mit deren Hilfe eine Gemeinschaft geschaffen wird, die sich durch eine »Geschlossenheit der Lebensordnung« auszeichnet,[59] die alle Volksgenossen festigt und bestimmt. Dem jungen Menschen bleibt nur die Möglichkeit, sich in diese Ordnung zu fügen oder »vor seinem Ziel und Schicksal zu versagen«: Eine »andere Art von Wahlfreiheit und freier Sinnsetzung gibt es nicht«.[60] Die Logik, die diesem Gedanken zugrunde liegt, ist »eine Logik, die auf die Rampe führt« und im KZ endet, wie Prange ausführt.[61]

Für die nationalsozialistische Praxis der Erziehung hat neben Krieck vor allem Alfred Baeumler die passende Theorie geliefert. Es wäre ein Missverständnis, wollte man diese Praxis auf bloße Indoktrination durch die NS-Ideologie reduzieren. Es ist gerade umgekehrt so, dass vor aller Belehrung und Unterweisung mit und durch diese Ideologie die jugendliche »Seele eingehüllt« werden sollte in eine »Atmosphäre gemeinsamen Erlebens«.[62] Die Pädagogik des Nationalsozialismus wollte direkt und unmittelbar, also ohne den Umweg über eine Sache oder einen Gegenstand, auf die nachwachsende Generation einwirken. Deshalb, so Baeumler, muss der »vom Bewusstsein zu erfassende Gehalt«[63] zusammenschrumpfen: »Die unmittelbare Einwirkung durch Beispiel und Vorbild, durch gemeinsames Lied und gemeinsamen Rhythmus, die gefühlsmäßige Einigung, wie sie ein echter Führer bewirkt, ist hier alles.«[64]

Vor allem die Hitlerjugend (HJ) war der zentrale Ort, an dem diese unmittelbare, das Gefühlsleben der Jugendlichen ansprechende Erziehung institutionalisiert wurde. Die Hitler-Jugend, 1926 auf dem Parteitag der NSDAP in Weimar gegründet, avancierte sehr rasch zur größten Jugendorganisation in Deutschland. Dazu haben ganz ohne Zweifel die Auflösung und das Verbot traditioneller Jugendbünde und Jugendverbände, die der 1933 zum Reichsjugendführer ernannte Baldur von Schirach vorangetrieben hatte, beigetragen. Zählte die Hitlerjugend 1932 noch 100000 Mitglieder, so wuchs ihre Zahl bis Ende 1934 auf 3,5 Mio. und bis 1939 auf etwa 8 Mio. Mitglieder an. Bis 1936 war die Mitgliedschaft in der HJ noch freiwillig. Am 21. Dezember 1936 wurde sie per Gesetz zur »Staatsjugend« erklärt, und im Jahr 1939 wurden alle Jugendlichen zwischen dem 10. und dem 18. Lebensjahr zur Mitgliedschaft auch gegen den Willen der Eltern verpflichtet. Die 10–14jährigen Jungen (Pimpfe) wurden im Deutschen Jungvolk, 10–14jährige Mädchen im Jungmädelbund organisiert. Die eigentliche Hitlerjugend umfasste dann die 14–18jährigen Jungen, während die 14–18jährigen Mädchen im Bund Deutscher Mädel (BDM) zusammengefasst wurden.

Der enorme Zustrom der Jugendlichen zur Hitlerjugend, vor allem bis 1936, erklärt sich aber nicht allein durch die nationalsozialistischen Gesetze und Verordnungen, sondern insbesondere dadurch, dass die Nationalsozialisten ein Angebot unterbreiteten, welches wegen der

Übernahme jugendbewegter Aktivitäten und Lebensformen, wie sie in den 1920er Jahren bereits in der sogenannten »bündischen Jugend« entwickelt worden waren, für die meisten Jugendlichen der damaligen Zeit in hohem Maße attraktiv war. Das Führerprinzip, die ritualisierten Feiern und Feste, die Kleidung, die wertbezogenen Motive Volk und Kampf, Ehre und Opfer, Tod und Treue haben ihren Ursprung nicht bei den Nationalsozialisten, sondern in den verschiedenen Stilrichtungen der Jugendbewegung der 1920er Jahre, sodass sie alles andere als neu waren. Den Nationalsozialisten gelang es nur, diese Motive mit einer Fülle von Aktivitäten – Appelle, Aufmärsche, Sport- und Berufswettkämpfe, Sammlung, Heimatabende, Ernteeinsätze, Schulungen, Schießübungen, Zeltlager, Jugendtage usw. – zu bündeln und darüber hinaus in den Formen der Berufs- und Jugendberatung den Jugendlichen ein Angebot zu machen, das diese in der Weimarer Republik sonst nirgends finden konnten. Nur unter Berücksichtigung dieses enormen Attraktivitätspotentials ist der rasche Erfolg und das Wachstum der Hitlerjugend zu erklären. Auch die erklärte Absicht, das alte Klassenbewusstsein und den »Standesdünkel« (Hitler) zu überwinden und durch eine schein-egalitäre Volksgemeinschaft zu ersetzen, entsprach in hohem Maße den Wünschen vieler Jugendlicher.[65]

Die für den Nationalsozialismus insgesamt typische Absicht, überkommene soziale Differenzierungen volksgemeinschaftlich nivellieren zu wollen, fand in breiten Teilen der Jugend ebenso Zustimmung wie die Auflösung überlieferter geschlechtsspezifischer Differenzen, die in der jugendverbandlichen Tätigkeit, die ja auch Mädchen erfasste (BDM), einerseits zum Verschwinden gebracht werden sollten, andererseits aber im Hinblick auf damals noch gegenwärtige wie zukünftige Rollenzuweisungen bestätigt, ja sogar verstärkt wurden. Auch wenn der Zulauf großer jugendlicher Bevölkerungsanteile zu den nationalsozialistischen Jugendorganisationen groß war, ist die beabsichtigte totale Erfassung aller Jugendlichen, wie sie beispielsweise in Hitlers berüchtigter Rede von 1938 formuliert worden war, zum Ausdruck kommt, nicht gelungen. Dort heißt es:

»Diese Jugend, die lernt ja nichts anderes, als deutsch denken, deutsch handeln und wenn diese Knaben mit 10 Jahren in unsere Organisation hineinkommen und dort zum ersten Male überhaupt eine frische Luft bekommen und fühlen, dann kommen sie vier Jahre später vom Jungvolk in die Hitlerjugend, dort behalten wir sie wieder vier Jahre, und dann geben wir sie erst recht nicht zurück in die Hände unserer alten Klassen- und Standeserzeuger, sondern dann nehmen wir sie sofort in die Partei, in die Arbeitsfront, in die SA oder die SS, in das NSKK usw. [...] und sie werden nicht mehr frei ihr ganzes Leben.«[66]

Gleichwohl wurde die Hitlerjugend auch als Zwang erfahren. Hinzu kam, dass jedenfalls ein Teil der Jugendlichen in den von den nationalsozialistischen Jugendverbänden übernommenen Formen jugendbewegter Lebensstile auch Chancen zu systemoppositionellem Verhalten erblickten.[67]

Die schulpolitischen Maßnahmen des NS-Staates setzten mit der Machtergreifung im Jahr 1933 ein. Das in diesem Jahr erlassene *Gesetz gegen die Überfüllung der deutschen Schulen und Hochschulen* sollte durch Quotierung jüdischer (und weiblicher) Studierender den Hochschulzugang begrenzen; das ebenfalls 1933 beschlossene *Gesetz zur Wiederherstellung des Berufsbeamtentums* hatte vor allem die Funktion, den Zugang zu den akademischen Berufen zu kontrollieren und Juden, Sozialdemokraten und Kommunisten aus ihren Ämtern zu entfernen. Ab 1933 wurde der Hitlerjugend ein Mitspracherecht an den Schulen eingeräumt, was zu dauernden Konflikten mit den Schulen führte. 1933 wurden die ersten »Nationalpolitischen Erziehungsanstalten«, 1937 die so genannten »Adolf-Hitler-Schulen« eingeführt. Die diese Neugründung tragende Absicht, das Monopol der traditionellen höheren Schulen zu brechen, war in nur sehr geringem Maße erfolgreich. Die Neu- und Umgestaltung von Lehrplänen im Sinne der NS-Ideologie setzte erst ab 1937 ein.

Die Folgen dieser (und anderer) schul- und bildungspolitischer Maßnahmen dürfen, auch wenn sie ohne Zweifel Wirkung gezeigt haben, nicht überschätzt werden. Der NS-Staat war zwar mit dem Ziel einer grundlegenden Neugestaltung des gesamten Bildungswesens angetreten, aber eine solche Neugestaltung hat, weil die Nationalsozialisten ein umfassendes schulpolitisches Konzept gar nicht vorweisen konnten, nur sehr partiell stattgefunden.[68] Stattdessen setzte die NS-Kultusbürokratie die bis ins 19. Jahrhundert zurückreichenden Pläne zur Systematisierung und Vereinheitlichung des deutschen Bildungswesens in bildungspolitische Praxis um, nämlich die Etablierung des dreigliedrigen Schulsystems mit Volksschule, Mittelschule sowie Oberschule. Die Oberschule galt als »Hauptform« der höheren Schule, während das traditionelle (altsprachliche) Gymnasium als »Sonderform« eine randständige Bedeutung erhalten sollte.

Die Schul- und Bildungspolitik stellte nur ein kleines, wenngleich auch nicht unbedeutendes Element im umfassenden Kontext der Funktionalisierung der Jugend für die Herrschaftszwecke des Nationalsozialismus dar. Entscheidender waren die außerschulischen Aktivitäten der nationalsozialistischen Jugendorganisationen, welche in mannigfaltiger und keineswegs immer konfliktfreier Weise an die in den Sozialisationsmilieus der Jugendlichen entstandenen Mentalitäten und Erfahrungen anknüpften. Dass diese Anschlüsse nicht (immer) bruchlos geschahen, zeigt das Verhältnis des Nationalsozialismus zur bündischen Jugend und zur Jugendbewegung der 1920er und der frühen 1930er Jahre. Im Unterschied zur älteren Jugendbewegung (etwa dem »Wandervogel«), die gänzlich unpolitisch war, trat die bündische Jugendbewegung mit einem deutlich artikulierten gesellschaftlichen und politischen Veränderungswillen auf, der ihre ausschließlich männlichen Mitglieder im Hinblick auf eine gemeinsame Sache verpflichtete. Während die Stilformen der bündischen Jugend (etwa Führerprinzip, einheitliche Kleidung, Vorliebe für kultisch-symbolische Handlungen und Riten) vom Nationalsozialismus übernommen bzw. transformiert werden konnten, passte ihr elitäres, den Gegensatz zur »Masse« bewusst kultivierendes Selbstverständnis nicht zur völkisch-egalitären NS-Ideologie.[69]

Gemeinsam war beiden freilich die Verachtung der ersten Demokratie in Deutschland, der Weimarer Republik. Diese antidemokratische, antiparlamentarische und antirepublikanische Mentalität war es, die die bündische Jugend mit dem Nationalsozialismus sowie mit dem weitaus größten Teil der deutschen Bevölkerung verband. Dass es zwischen Erziehung und Bildung einerseits und einer demokratischen Lebensform andererseits einen systematischen Zusammenhang geben muss, war ein Gedanke, der weder in der zweiten Hälfte des 19. noch in der ersten Hälfte des 20. Jahrhunderts in Deutschland Konjunktur hatte. Wie tief verankert ein pädagogisches Denken war, dem dieser Zusammenhang fremd ist, zeigt ein im Jahr 1941 entstandenes Dokument, dessen Verfasser die Widerstandskämpfer Ludwig Beck und Carl Friedrich Goerdeler waren. Sie skizzieren dort, wie die Erziehung außerhalb der Familie nach dem Sturz Hitlers und nach der Auflösung der Hitlerjugend staatlicherseits organisiert werden sollte.

»Aus der Hitlerjugend wird die Staatsjugend. [...] In der Großstadt muss das Zusammenfinden [der Jugend] organisiert werden. Es ist notwendig, um auch schon im jungen Menschen das klassengelöste Gefühl der Volks-

gemeinschaft stark werden zu lassen. Nichtsdestoweni-
ger bleibt die natürliche Grundlage der Jugendorganisation die Klasse und die Schule. In der Klasse ist der
Turn- und Sportlehrer der gegebene Jugendführer. Für
die Schule ist ein dazu besonders geeigneter Lehrer, der
Soldat gewesen ist, mit dieser Aufgabe zu betrauen. Die
Gleichaltrigen sind auch bezirklich zusammenzufassen.
Zur Führung sind Offiziere berufen, die besondere pädagogische Begabung haben und für diesen Zweck besonders geschult werden.«[70]

12. Pädagogik und Erziehungswissenschaft in der SBZ und der DDR

Nach dem Ende des Zweiten Weltkriegs wurde Deutschland in vier Besatzungszonen aufgeteilt, in drei westliche Zonen, die von den Amerikanern, Briten und Franzosen kontrolliert werden, und in die von der Sowjetunion kontrollierte östliche Besatzungszone (SBZ). Aus den westlichen Zonen ging 1949 die Bundesrepublik Deutschland (BRD), aus der östlichen Zone die Deutsche Demokratische Republik (DDR) hervor. Während sich die BRD zu einer Mehrparteiendemokratie mit Gewaltenteilung (in Legislative, Judikative und Exekutive) entwickelte und dem Verteidigungsbündnis NATO beitrat, wurde die DDR als ein sozialistischer Einparteienstaat nach dem Vorbild der Sowjetunion gegründet und in das Bündnissystem des Warschauer Paktes integriert. Im Jahre 1961 errichtete die DDR an der Grenze zur BRD sowie zwischen dem Ostsektor und den Westsektoren von Berlin eine Grenzanlage, die im internen Sprachgebrauch »antifaschistischer Schutzwall« genannt wurde. Sie hatte den Zweck, Bürger der DDR am Verlassen des sozialistischen Staates durch sogenannte »Republikflucht« zu hindern. Als sich in den späten 1980er Jahren immer mehr Bürger von der sozialistischen Gesellschaftsordnung und der Alleinherrschaft der SED distanzierten, öffnete die DDR im November 1989 ihre Grenzen und trat bereits ein Jahr später mit Zustimmung der vier Siegermächte durch Volkskammerbeschluss gemäß Artikel 23 des Grundgesetzes zur Bundesrepublik Deutschland bei.

Die Vereinigung der beiden Nachkriegsstaaten war nicht nur das Resultat einer friedlich verlaufenen Bürgerbewegung im ostdeutschen Staat. Die ostdeutsche Bürgerbewegung entfaltete ihre Wirksamkeit auch im Kontext der Entstehung von Mehrparteiendemokratien in der Sowjetunion und in anderen sozialistischen Republiken sowie der Auflösung des Warschauer Paktes. Die internen Grundlagen für die deutsche Vereinigung wurden zwischen der BRD und der DDR 1990 in einem völkerrechtlichen Einigungsvertrag festgelegt, der u. a. eine weitgehende Angleichung des Bildungssystems der DDR an dasjenige der BRD vorsah. Da der Vereinigungsvertrag die im Westen seit 1949 geltende Länderhoheit in Fragen des allgemeinen Schulsystems auf ganz Deutschland ausdehnte, konnten die aus der DDR hervorgehenden neuen Länder einige Traditionen aus dem sozialistischen Einheitsschulsystem weiterentwickeln und in den Schulstrukturen eine gewisse Eigenständigkeit gegenüber den Schulformen der westdeutschen Länder behaupten. Die westdeutschen Länder haben inzwischen weitgehend die auf 12 Jahre begrenzte Schulzeit von den ostdeutschen Ländern übernommen und die Hauptschule als selbständige Schulform vielerorts abgeschafft.[1]

Die SBZ kannte noch miteinander konkurrierende pädagogische Theorien sowie die ganze Vielfalt der im ersten Drittel des 20. Jahrhunderts in Deutschland ausgearbeiteten erziehungswissenschaftlichen Ansätze und Forschungsrichtungen. Sie richtete die Erziehungs- und Bildungsziele ihres Schulsystems sehr bald jedoch schon an den Leitvorstellungen einer sogenannten Diktatur des Proletariats und später an Vorstellungen einer sozialistischen Gesellschaft und deren Überführung in eine kommunistische Gesellschaftsformation aus. Die Entwicklung von Erziehungstechnologien und Interventionsstrategien, die der Erreichung dieser Ziele dienen sollen, weist sie einer auf marxistisch-leninistischer Grundlage zu entwickelnden Erziehungswissenschaft als Aufgabe zu. Diese konnte jedoch die von ihr geforderten Antworten und Strategien zur Lösung gesamtgesellschaftlicher Probleme nicht vorlegen. In den 1980er Jahren sah sich die Erziehungswissenschaft in der DDR zunehmend mit der Aufgabe konfrontiert, Krisenphänomene im Leben und Erziehungssystem der DDR erforschen zu sollen, für die es in der sozialistischen Gesellschaftsordnung keine Lösung gab und deren innergesellschaftlichen Ursachen nicht aufgedeckt werden durften.[2]

In der Beurteilung des Erziehungssystems, der Pädagogik und der Erziehungswissenschaft der SBZ und DDR konkurrieren unterschiedliche Deutungen miteinander. Kritiker der kapitalistischen Gesellschaftsordnung der BRD sehen in den späten 1960er Jahren im Erziehungssystem der DDR zumindest zeitweise das fortschrittlichste Schulsystem, das je auf deutschem Boden errichtet worden sei.[3] Kritiker des ostdeutschen Erziehungsstaates widersprechen dagegen solchen Deutungen: Sie erkennen im sozialistischen Schulsystem eine Institution, in der Rituale und Erziehungstechnologien aus der Zeit der nationalsozialistischen Diktatur fortwirkten, die Eigenlogik pädagogischer Prozesse missachtet und die Erziehung der nachwachsenden Generationen in den Dienst eines totalitären Staates gestellt wurde. In der vergleichenden Erziehungssystemforschung werden sowohl Auffassungen von einer kontinuierlichen Annäherung (Konvergenzhypothese) als auch Hypothesen von einem zunehmenden Auseinanderdriften der Gesellschaftsordnungen der beiden deutschen Nachkriegsstaaten (Divergenzhypothese) entwickelt. Beide Deutungen sind durch den Verlauf der Geschichte und den deutschen Einigungsprozess relativiert, wenn nicht sogar falsifiziert worden.[4] Heute dominieren Interpretationen, die die DDR rückblickend als eine zweite deutsche Diktatur beschreiben, die ihren Fortbestand durch Kontrolle und Bevormundung ihrer Bürger zu sichern suchte und in der »Freien Deutschen Jugend« (FDJ) sowie im Schulsystem indoktrinierende und agitatorische Praktiken aus der Zeit der nationalsozialistischen Diktatur einsetzte.[5]

Die folgenden Ausführungen folgen keiner dieser Ein-

schätzungen. Sie arbeiten Entwicklungslinien in den erzie-
hungs- und bildungstheoretischen Diskursen sowie beim
Aufbau des Bildungssystems der DDR heraus, an denen
eine Breite und Vielfalt des pädagogischen Denkens, erziehungswissenschaftlichen Forschens und bildungspolitischen Planens sichtbar wird, die von den derzeit vorherrschenden Deutungsansätzen nicht erfasst wird.[6]

Erziehungs- und bildungstheoretische Diskurse

Nach 1945 gibt es in der sowjetisch besetzten Zone zunächst eine später in der DDR nie wieder erreichte Vielfalt
pädagogischer Traditionen und Schulrichtungen. Lehrer,
Pädagogen und Erziehungswissenschaftler, die sich zur nationalsozialistischen Diktatur bekannt und NS-Parteiorga-
nisationen angehört hatten, werden entlassen, Lehrer und
Professoren, die während der Zeit der nationalsozialistischen Diktatur mit Berufsverbot belegt worden waren,
wieder in ihre Ämter eingesetzt. In den Schulen führt dies,
verstärkt durch die Vertreibung von Deutschen aus den sogenannten Ostgebieten, vorübergehend zu einer Unterver-
sorgung mit pädagogischem Personal, das nur teilweise
durch in Schnellkursen ausgebildete »Neulehrer« aufge-
stockt werden kann.[7]

   Die Entnazifizierung im Bereich öffentlicher Ämter
wurde in der SBZ und in der DDR weitaus konsequenter
als in den westlichen Besatzungszonen durchgeführt. In
Leipzig konnte der geisteswissenschaftliche Erziehungswissenschaftler Theodor Litt seine Professur für Philosophie und Pädagogik wieder antreten, in Berlin wurden der
aus der Emigration zurückkehrende Neukantianer Arthur
Liebert, der aus dem KZ befreite Robert Alt und später
auch der während der nationalsozialistischen Herrschaft
wie Litt mit Berufsverbot belegte Heinrich Deiters auf
pädagogische Professuren berufen. In der SBZ und DDR

wirkten – um nur einige Namen zu nennen – nicht nur bedeutende sozialistische Erziehungswissenschaftler wie Robert Alt, Karl-Heinz Günther und Gerhart Neuner, die sich zur neuen Staats- und Gesellschaftsordnung bekannten und eine sozialistische Erziehungswissenschaft zu etablieren suchten, sondern neben dem bereits genannten Deiters auch der Erziehungs- und Schulhistoriker Hans Ahrbeck, der Comenius-Forscher Franz Hofmann, der empirische Erziehungswissenschaftler Friedrich Winnefeld und bis zu seiner Flucht in den Westen auch der Schultheoretiker Hans-Herbert Becker sowie der Unterrichtstheoretiker Lothar Klingberg am Aufbau der Erziehungswissenschaft mit. Von diesen hielten insbesondere Ahrbeck, Becker, Deiters, Klingberg und Winnefeld an der Grundstruktur pädagogischen Denkens und Handelns und an eigenlogischen Funktionen des Erziehungssystems fest und entwickelten von daher eine weitgehende Widerständigkeit gegen staatliche Vereinnahmungen aller Art.

Die Vielfalt der in der SBZ vertretenen erfahrungswissenschaftlichen, geisteswissenschaftlichen, neukantianischen und sozialistischen Positionen bestimmte in der Zeit der SBZ sowohl die erziehungs- als auch die bildungs- und schultheoretischen Diskurse. In der DDR trug diese Vielfalt zumindest anfänglich mit dazu bei, dass im ostdeutschen Staat in den 1950er Jahren keine der Schulrichtungen eine dominante Stellung erlangte. Die Vielfalt ging später in dem Maße verloren, in dem nicht nur die Ziele des Erziehungssystems, sondern auch die in diesem stattfindenden Selektionsprozesse politisch normiert und Pädagogik und Erziehungswissenschaft in Lehre und Forschung auf staatsaffirmative Einstellungen verpflichtet wurden.

Erziehungstheoretische Diskurse

Erziehungstheoretische Diskurse setzten in der SBZ sofort
nach 1945 ein. Sie begannen mit dem »Gesetz zur Demokratisierung der deutschen Schule« von 1946, fanden eine
erste reformpraktische Konkretion in der Einführung eines Unterrichtsfaches »Gegenwartskunde« und erlangten
selbstreflexive Formen in den kontrovers geführten Beratungen über die Ausarbeitung eines neuen »Erziehungsprogramms«. In der DDR verflachten sie dann immer
mehr zu ideologischen Normierungen einer marxistisch-
leninistischen Weltanschauungspädagogik, die von ihren
offiziellen Aufgaben her den Übergang von Sozialismus in
den Kommunismus mit herbeiführen und zugleich Spannungen und Widersprüche im sozialistischen Gesellschaftssystem erkennen und diagnostizieren sollte.

Das *Gesetz* zur *Demokratisierung der deutschen Schule*
versuchte einen pädagogischen und bildungspolitischen
Neuanfang. Es hielt am Primat des Dienstes gegenüber der
Gemeinschaft des Volkes fest, setzte jedoch zugleich eine
deutliche Zäsur gegenüber der nationalsozialistischen Instrumentalisierung der Erziehung für die Ideologie der NS-
Diktatur. So heißt es in § 1, die neue Schule werde »die Jugend zu selbständig denkenden und verantwortungsbe-
wusst handelnden Menschen erziehen, die fähig und bereit
sind, sich voll in den Dienst der Gemeinschaft des Volkes
zu stellen«. Im selben Paragraphen wird der demokratischen Schule die Aufgabe zugewiesen, als eine »Mittlerin
der Kultur« zu wirken, welche »die Jugend frei von nazis-
tischen und militaristischen Auffassungen im Geiste echter
Demokratie zu wahrer Humanität« erzieht.[8] Das neue Un-
terrichtsfach Gegenwartskunde sollte bei der nachwachsenden Generation ein deutliches Bewusstsein von den
Kriegsverbrechen während der nationalsozialistischen
Diktatur und den Greueln in den Vernichtungsstätten der
KZ erzeugen und hierüber z. B. durch Lektüre von Zei-

tungsberichten über den Nürnberger Prozess Diskurse
zwischen den Generationen in Gang bringen.

Bei der Umsetzung dieser in den westlichen Besatzungszonen weitgehend vernachlässigten Aufgabe zeigten sich
Schwierigkeiten sowohl im Unterricht des neuen Faches
als auch bei der Ausbildung von Neulehrern. Bei Lehrern
wie Schülern bestand zunächst nur wenig Interesse, sich
mit dem »Nürnberger Prozess und seinen Enthüllungen«
zu beschäftigen. In einem Bericht aus dem Jahre 1946 hielt
Deiters aus einer Hospitation in einem Ausbildungsgang
für Neulehrer die folgende Beobachtung fest:

> »Auch die Frage der Schuld am Kriege wurde von den
> Hörern gern zurückgeschoben, und die Verbrechen in
> den Konzentrationslagern werden vielfach nicht für
> möglich gehalten und die Nachrichten über sie nicht ge-
> glaubt. In ihrem Nachdenken über die politischen Fra-
> gen der Gegenwart und Zukunft beschäftigen sich die
> Teilnehmer am meisten mit dem künftigen Schicksal
> Deutschlands im allgemeinen und besonders in den Ost-
> gebieten, aus denen so viele Schüler stammen, und mit
> dem Verhältnis zu den Besatzungsmächten.«[9]

Das Schulgesetz des Jahres 1946 ließ noch unbestimmt,
was unter »echter Demokratie«, »selbständigem Denken«,
»verantwortungsbewusstem Handeln« und der Bereitschaft zum »Dienst der Gemeinschaft des Volkes« zu verstehen ist. Zu einer öffentlich ausgetragenen Kontroverse
über die im Gesetz nur angesprochenen Sachverhalte kam
es, als 1946 zwei Expertenanhörungen stattfanden, auf
denen Entwurfsfassungen für ein *Pädagogisches Manifest*
diskutiert wurden, das 1947 auf dem 2. Pädagogischen
Kongress dann als *Erziehungsprogramm* der SBZ verabschiedet werden sollte. Dieses stellt *Grundsätze für die Erziehung in der deutschen demokratischen Schule* auf, welche zwischen älteren Formen der Untertanenerziehung

und der Erziehung freier Menschen unterscheiden und die »Bildung eines neuen demokratischen Nationalcharakters der Deutschen« propagieren. Die Grundsätze legen die Aufgaben der »sittlichen Erziehung«, der »geistigen Förderung« und der »Wissensvermittlung« als eine »organische Einheit« aus und unterstellen, dass Abstimmungsprobleme »zwischen den Erblichkeitsfaktoren und dem Einfluß der Umgebung und der Erziehung« in demokratischen Kontexten als grundsätzlich gelöst angesehen werden können, ferner, dass die Erziehung insgesamt an »einer objektiv begründeten Weltanschauung« ausgerichtet werden könne.[10]

Der Streit über das Manifest und die Grundsätze des Erziehungsprogramms wurde zwischen Vertretern des neuen Staates, insbesondere Paul Wandel, dem ersten Präsidenten der deutschen Zentralverwaltung für Volksbildung, und den geladenen Experten ausgetragen, zu denen u. a. der Niedersächsische Kultusminister Adolf Grimme, der von der SPD in den zentralen Bildungsausschuss der Partei gewählte Max Kreuziger sowie die Erziehungswissenschaftler Alt, Liebert und Litt gehörten. Liebert gab aus erziehungsphilosophischer Sicht zu bedenken, dass berechtigte Zweifel bestehen, ob der Staat die Ziele der Erziehung einfach setzen kann. Grimme warnte vor der Gefahr einer neuerlichen Ideologisierung und Dogmatisierung der Erziehung, Litt vor einer ungerechtfertigten Übertragung der in der Soziologie durchaus legitimen funktionalistischen Betrachtungsweise auf pädagogische und bildungstheoretische Sachverhalte. Alt wies darauf hin, dass es in der gegenwärtigen Lage keinen Konsens über die staatlichen Erziehungsziele gibt und dass Einmütigkeit in dieser Frage daher auch durch ein Erziehungsprogramm nicht gestiftet werden kann. Kreuziger forderte: Der »Erzieher darf sich nicht in einen Politiker verwandeln, die Klasse ist keine Volksversammlung«. Die »Demokratie bejahen« verlange vom Lehrer den Verzicht, unter »Missbrauch seiner Auto-

rität« den Schülern »eine parteipolitische Meinung aufzu-
zwingen«. Nur Erich Weniger, der bereits in der Weimarer
Republik und während der nationalsozialistischen Diktatur
erziehungsstaatliche und staatspädagogische Auffassungen vertreten hatte, würdigte den Entwurf zu einem
Erziehungsprogramm für die SBZ als eine »Art Katechismus der modernen Pädagogik«, dem man vorbehaltlos zustimmen kann.[11]

Der Streit über die Grundsätze endete im Dissens. Dass
die Warnungen vor erziehungsstaatlichen und staatspädagogischen Übergriffen nicht grundlos waren, lässt sich an
den Grundsätzen des verabschiedeten Erziehungsprogramms und an späteren Zielformulierungen nachweisen.
In diesen wird die Orientierung schulischen Lehrens und
Lernens an Aufklärung und Wissenschaft und die Ausrichtung der Erziehung an sozialistischen Normen und Werten
als eine wissenschaftlich und politisch begründete Einheit
gefasst. In seinem Grundsatzreferat zum 1. Pädagogischen
Kongress führte Heise hierzu bereits 1946 aus:

>»Wir wollen dem Forschen kein Ziel setzen; wir aner-
kennen seinen autonomen Charakter. Wir wissen aber,
dass aus der Erkenntnis der Gesetzmäßigkeit im Leben
der Natur wie der Gesellschaft sich mit Gewissheit die
Richtigkeit unserer Auffassung vom Gang der Geschichte und die Notwendigkeit der Bejahung der von
uns geforderten Form der Gesellschaft der Zukunft ergibt.«[12]

Das Persönlichkeitsideal der DDR schloss später an solche
Vorstellungen bruchlos an. In einem Diskussionspapier
aus dem Jahre 1958 heißt es, der »sozialistische Mensch«
sei ein auf wissenschaftlicher Grundlage gebildeter »Agita-
tor und Propagandist des Marxismus-Leninismus«, der
von »glühendem Hass gegen alle Feinde des Sozialismus
und des Friedens« erfüllt sei.[13] Formulierungen wie diese

stehen in der Kontinuität des 1952 formulierten Erziehungsziels der DDR, demzufolge die

> »deutsche demokratische Schule […] die Aufgabe [hat],
> Patrioten zu erziehen, die ihrer Heimat, ihrem Volke,
> der Arbeiterklasse und der Regierung treu ergeben sind,
> […] die schöpferische Arbeit als eine Sache der Ehre und
> des Ruhms betrachten, das sozialistische Eigentum mehren und schützen, zur Festigung der volksdemokratischen Grundlagen der Staatsmacht mit allen Kräften beitragen und erfüllt sind von Liebe und Vertrauen zu unserer Volksarmee«.[14]

Erziehungsziele wie die zitierten waren in der DDR zwar nie verwirklicht worden, blieben gleichwohl bis zum Fall der Mauer im Jahre 1989 grundlegend. Sie wurden überdeckt durch Redewendungen wie der von der »allseitigen harmonischen sozialistischen Persönlichkeit«, zu welcher jeder Heranwachsende erzogen werden soll. Sie verlangten von jedem Einzelnen eine bruchlose Einfügung in das Kollektiv. Zu den Merkwürdigkeiten der Erziehungszieldiskussion in der DDR gehört, dass das staatlich gesetzte Erziehungsziel zwar nicht unumstritten war, von der Erziehungswissenschaft aber erst nach 1989 kritisiert wurde. In seinem *Rückblick nach Tagebuchnotizen aus den Jahren 1938 bis 1990* stellte K.-H. Günther, einer der führenden Erziehungshistoriker der DDR, 1998 fest: »Die Erziehungsphilosophie, von der wir uns leiten ließen, ist ebenso klar wie erkennbar falsch.« Sie lautete schlicht: »So soll Gesellschaft sein, folglich möchte der Mensch so und, bitte sehr, nicht anders sein. Wie er sein solle, wurde definiert.« Das Ideal war »allseitig entwickelt, d. h. ein bewusster Erbauer des Sozialismus, von sozialistischem Nationalbewusstsein, wissend, den technischen Fortschritt gestaltend, kulturvoll, gesund und körperlich leistungsfähig«. Dieses Menschenbild aber »war starr und steif technokratisch, auf gesellschaftliche Effizienz durch effektiv arbeitende Persönlichkeiten sozialistischer Prägung gerichtet«. Günthers Rückblick schließt mit einer nicht weniger problematischen Entschuldigung, wenn er vom Menschenbild der DDR behauptet, es sei ein »Idealtypus« gewesen, »wie er in Religionen, Diktaturen oder Demokratien immer wieder gemalt wird. Schaffe Menschen nach meinem Bilde.«[15]

In der Tat unterscheiden die offiziellen Formulierungen der Erziehungsziele in der DDR nicht zwischen geschichtsteleologischer Prophetie, Diktatur und Demokratie. Ihren Befürwortern sind, wie Günthers Verweis auf religiöse Normierungen der Erziehung deutlich macht, das jüdische Bilderverbot und seine christlichen Auslegungen unbekannt, welche Normierungen wie jene, die die DDR in ihrem sozialistischen Menschenbild vornahm, für den Bereich des Religiösen und der Bildung insgesamt verbieten. Wissenschaftler wie Theodor Litt oder Hans-Herbert Becker, die die Setzung normativer Bildungsideale problematisieren, wurden in der DDR dadurch geächtet, dass ihre Arbeiten nicht zitiert werden durften.[16] Gleichwohl ist Günther darin zuzustimmen, dass Bildungsideale und durch Erziehung einzulösende Menschenbilder nicht nur in sozialistischen, sondern auch in westlichen Demokratien stets von neuem staatlich gesetzt werden. Hierzu bemerkt Litt 1959 in seiner Studie über *Wissenschaft und Menschenbildung im Lichte des West-Ost-Gegensatzes*: Wenn die freie Welt des Westens

»sich der Welt des Kommunismus darin unterlegen glaubt, dass sie nicht dahin gelangt sei, ihr innerstes Wesen in einem allseits anerkannten Menschenbild zur Ausprägung zu bringen, so kann sie nicht hoffen, dieses Komplexes Herr zu werden, es sei denn, dass sie erkenne, wie sehr schon das Verlangen nach einem solchen Einheitsmuster, erst recht aber der Versuch, sich seiner auf dem Wege einer wissenschaftlichen Ableitung zu versichern, in die Irre geht.«[17]

Demokratie, so lässt sich in Anlehnung an Dewey sagen, ist unter allen Staatsformen die einzige, in der demokratische Lebensformen nicht durch den Staat definiert werden, sondern der freien Wechselwirkung der Meinungen der Bürger und einer diskutierenden Öffentlichkeit anheimgestellt werden.

Bildungstheoretische Diskurse

Während Erziehungsfragen in der SBZ und DDR vor allem ideologisch entschieden wurden,[18] wurden über bildungstheoretische Fragen und Sachverhalte auch anspruchsvolle Diskurse geführt. Der offizielle Sprachgebrauch unterschied zwischen Erziehung und Bildung, indem er Erziehung als sozialistische Formung des Menschen fasste, Bildung dagegen an unterrichtliche Wissensvermittlung und Einführung in wissenschaftliches Denken zurückband. Im Zentrum der bildungstheoretischen Diskurse standen Fragen der im allgemeinen Bildungssystem zu erschließenden Allgemeinbildung sowie Abstimmungsprobleme zwischen dieser und anderen Bereichen der Bildung, insbesondere dem Bereich der beruflichen Bildung.

Zentrale Weichen für die Bearbeitung bildungstheoretischer Probleme und Fragestellungen wurden bereits mit dem *Gesetz zur Demokratisierung der deutschen Schule* von 1946 gestellt. Es unterschied nicht mehr zwischen niederer volkstümlicher und höherer gymnasialer Schulbildung, von denen erstere alltagsorientiert und letztere wissenschaftlich auszurichten war, sondern erhob die Wissenschafts- und Anwendungsorientierung des Unterrichts zum Prinzip für die gesamte schulische Bildung. Die in der Weimarer Republik auf vier Jahre begrenzte gemeinsame

Schulzeit wurde über den Elementarbereich hinaus – unter Einbau von Differenzierungen nach Fächern und Leistungen, die nach der 4. Klasse einsetzten – auf acht, später auf zehn Jahre ausgedehnt. Das Prinzip der Wissenschaftsorientierung wurde inhaltlich im Bereich der Natur- und Formalwissenschaften am Paradigma neuzeitlicher Wissenschaft und in den Geschichts- und Sozialwissenschaften an der materialistischen Erkenntnis- und Wissenschaftslehre des Marxismus-Leninismus ausgerichtet. Erstere wurden theoretisch, empirisch und experimentell vermittelt, letztere dogmatisch in Anlehnung an Theorien über den gesetzmäßigen Verlauf der Geschichte und den Sieg des Sozialismus über den Kapitalismus gelehrt. Eine kritische Gesellschaftstheorie, die Spannungen und Widersprüche in der sozialistischen Gesellschaft analysiert, wurde weder im allgemeinen Bildungssystem noch an Hochschulen und Universitäten zugelassen und Kritik nicht als Kritik an der eigenen Gesellschaft, sondern nur an jener des kapitalistischen Auslands toleriert. Als am 17. Juni 1953 unter Einsatz der sowjetischen Besatzungstruppen ein Volksaufstand niedergeschlagen wurde, der von Arbeitern ausging, die in der Stalin-Allee sozialistische Prachtbauten errichteten, soll Bertolt Brecht dies mit dem im Nachlass später aufgefundenen »Lösungsvorschlag« kommentiert haben, »das Volk [habe] das Vertrauen der Regierung verscherzt […] und [könne] es nur durch verdoppelte Arbeit zurückerobern […]. Wäre es da nicht doch einfacher, die Regierung löste das Volk auf und wählte ein anderes?«[19]

Fragt man nach innovativen Leistungen des Bildungssystems der DDR, so wird man auf die in der zweiten Hälfte der 1950er Jahre und in den 1960er Jahren entwickelten und erprobten Konzepte polytechnischer Bildung sowie auf die hohen Leistungen verwiesen, die Schülerinnen und Schüler in der Beherrschung der Schriftsprache, in Mathematik, Naturwissenschaften und Technik sowie im Fach Sport erbrachten.

Unter polytechnischer Bildung wurden in der DDR weder Maßnahmen zur Verbesserung der Bildungschancen des Proletariats in bürgerlichen Gesellschaften noch Programme zur Einlösung sozialistischer Ideale, sondern Formen schulischen Lehrens und Lernens verstanden, die allgemeinbildenden Unterricht mit Anwendungsbereichen für das Gelernte, insbesondere solchen in der Produktion, verbanden. Polytechnische Allgemeinbildung umfasste neben speziellen Stunden über sozialistische Produktion und einem sowohl grundlagentheoretisch als auch anwendungsorientiert ausgerichteten Fachunterricht im Idealfall von der 7. Klasse an einen wöchentlichen »Unterrichtstag in der Produktion«. In der Kombination von polytechnischem Unterricht, Fachunterricht und Exkursionen in die Arbeitswelt zeigte sich hier ein Lernbereich, in dem im Bildungssystem der DDR reformpädagogische Traditionen der Arbeitslehre fortgeführt wurden.

In der Theorie der polytechnischen Erziehung und Bildung konkurrierten Vorstellungen einer enger mit Vorstellungen einer weiter gefassten Polytechnik. Diese Unterscheidung fand sich der Sache nach bereits in einer Studie von Werner Dorst zur polytechnischen Bildung.[20] In dieser führt er aus, dass polytechnische Bildung weder von einer erstrebenswerten Einheit von Lernen und Arbeiten ausgeht noch eine Wegbereiterin für eine kommunistische Erziehung ist, die den Übergang vom Sozialismus in den Kommunismus vorbereitet oder auf diesen folgt, sondern dass polytechnische Bildung eine Methode darstellt, die den allgemeinbildenden Schulunterricht so konzipiert, dass er die Schüler auf den Übergang von der Schule in das gesellschaftliche Leben vorbereitet. Diesem weitgefassten Begriff polytechnischer Erziehung und Bildung stellt Heinz Frankiewicz in den 1960er Jahren eine engere Konzeption gegenüber, die unter Polytechnik eine systematische Verbindung von Schulunterricht und Produktion versteht und an der Konstruktion von Lernmitteln arbeitet, die den Transfer vom Unterricht in die Produktion sichern.[21]

Der Ansatz von Frankiewicz konnte deshalb in der DDR praktisch umgesetzt werden, weil er die im polytechnischen Unterricht zu fördernden menschlichen Tätigkeiten weitgehend auf Arbeit konzentrierte. Dorsts Konzeption kam hingegen über das Stadium eines theoretischen Entwurfs nicht hinaus und wurde später ihres angeblichen Revisionismus wegen kritisiert. Ein Praktischwerden blieb ihr nicht zuletzt deshalb versagt, weil ihre nicht auf Aspekte der sozialistischen Produktion reduzierte Fragestellung zu öffentlichen Diskussionen hätte führen können, die mit dem Politikmonopol der SED nicht vereinbar waren. Aber auch der von Frankiewicz entwickelten Konzeption waren enge Grenzen gesetzt. Während des wöchentlichen Tages in der Produktion sammelten die Schüler weder ausschließlich noch vorrangig Erfahrungen, die ihnen die Fortschrittlichkeit des sozialistischen Produktionssystems anschaulich vor Augen führten, sondern gewannen vor dem Hintergrund des Niedergangs des Wirtschaftssystems der DDR immer öfter auch Einsichten in dessen Mängel und Ineffizienz.

Seine größten Erfolge hatte das Bildungssystem der DDR nicht in der gelingenden Abstimmung von schulischen Lehr-Lern-Prozessen und Übergängen in gesellschaftliche Handlungsfelder, sondern in den innerschulischen Leistungen, zu denen es seine Schüler in Kernbereichen wie Schreib- und Lesekompetenz, Mathematik und Naturwissenschaften sowie Technik führte. Hätte es Ende der 1980er Jahre bereits auch in Deutschland eine internationale Schulleistungsvergleichsforschung gegeben, so hätte in den genannten Fächern Finnland womöglich den Spitzenplatz mit der DDR teilen müssen. Die Leistungsfähigkeit des Schulsystems der DDR im Bereich der genannten Lernbereiche ist bis heute weitgehend unbestritten. Unter den Schülern gab es in der DDR deutlich weniger

Legastheniker als in der BRD. Pragmatische Orientierungen in den Bereichen Schrifterwerb, Mathematik und Technik, wie sie später von einer stärker kompetenzorientierten Didaktik und Lernforschung entwickelt wurden, bestimmten den Unterricht schon in den 1960er Jahren. Die besondere Leistungsfähigkeit wurde in den genannten Bereichen jedoch nicht von Anfang an erreicht, sondern war Resultat praktischer Schulforschung und -reformarbeit.

Entwicklungsprobleme beim Aufbau
des sozialistischen Bildungssystems

Entwicklungsprobleme beim Aufbau eines sozialistischen Bildungssystems zeigten sich nicht erst in der Endphase der DDR, sondern bereits bei der Umsetzung des *Gesetzes zur Demokratisierung der deutschen Schule* von 1946, das eine aus acht Klassen bestehende Einheitsschule für alle Heranwachsenden mit zwei unterschiedlichen, an diese anschließenden Oberstufen, einer vierjährigen Oberschule und einer dreijährigen Berufsschule einführte. Die einheitliche Schulstruktur mit geringen Differenzierungen in den Klassen 7 und 8, die Umstellung des volkstümlichen auf einen wissenschaftsorientierten Unterricht und die großen Flüchtlingsströme aus den früheren Ostgebieten führten dazu, dass das Ziel, jedem Heranwachsenden eine seinen Fähigkeiten angemessene Bildung zu vermitteln, bei einer großen Zahl von Schülern nicht erreicht wurde. In einem vertraulichen Schreiben aus dem Jahr 1950 wies der Minister für Volksbildung gegenüber dem ZK der SED eine Sitzenbleiberquote von 40 % aus und wenige Jahre später stellt Albert Tebbe in einer kritischen Bestandsaufnahme fest, dass im Schulsystem der DDR nur die besseren Schüler angemessen gefördert werden, 32 % eines Jahrgangs dagegen die Schule ohne erfolgreichen Schulabschluss vor

Abschluss der 8. Klasse verlassen.²² Das *Gesetz über die sozialistische Entwicklung des Schulwesens* von 1959 ergänzte die im Schulgesetz von 1946 vorgenommene Wissenschaftsorientierung des Unterrichts um eine stärker an beruflichen Verwendungssituationen des Gelernten orientierte Programmatik. Es führt eine 10–12klassige *allgemeinbildende polytechnische Oberschule* mit einer in naturwissenschaftliche, neusprachliche und altsprachliche Zweige differenzierten Oberstufe sowie einer nach Klasse 10 einsetzenden Berufsschule ein.

Seine endgültige Gestalt erhielt das Schulsystem der DDR 1965 mit dem *Gesetz über das einheitliche Bildungssystem.* Dieses gliederte das gesamte Bildungssystem in horizontal angeordnete Stufen, nämlich die Kinderkrippe, den Kindergarten, die Unterstufe (Klassen 1–3), die Mittelstufe (Klassen 4–6), die Oberstufe (Klassen 7–10) sowie die an diese anschließende zweijährige erweiterte Oberstufe (EOS) und parallele Einrichtungen der Berufsbildung. Neben diese Schule traten Spezialschulen, die bis zu zwölf Jahrgänge umfassten und für Schüler mit besonderen Begabungen in den Bereichen Technik, Mathematik, Naturwissenschaft, Sprache, Kunst und Sport bestimmt waren.

Mit Hilfe der Schulgesetze von 1959 und 1965, einer verbesserten Lehrerausbildung und der nach dem Bau der Berliner Mauer deutlich reduzierten Abwanderung von Lehrern nach Berlin und Westdeutschland gelang es, die Leistungsfähigkeit des Bildungssystems zu steigern und die Sitzenbleiberquote deutlich zu senken. Die Jahrgangsstatistiken wiesen für die 1960er Jahre eine beträchtliche Steigerung der Anzahl der Sekundarstufen I Abschlüsse auf. Allerdings begrenzte die DDR den Zugang zur Oberstufe (EOS) kontinuierlich auf etwa 9–10 % eines Jahrgangs, während in der BRD die Quote der Oberstufenschüler zwischen 1960 und den späten 1980er Jahren von 10 % auf 25 % anstieg.²³

Politisches Ziel der Schulreformen in der DDR war es, das Bildungsmonopol des Bürgertums zu brechen und den Aufstieg bildungsferner Schichten zu fördern. In der Nachkriegszeit wurde dies u. a. durch die Einrichtung von Arbeiter-und-Bauernfakultäten unterstützt, die als Vorstudienanstalten ihre Klientel auf Abitur und Studium vorbereiteten. Durch diese und andere Maßnahmen gelang es in der DDR, in den 1950er Jahren den Anteil von Kindern aus bildungsfernen Schichten, die die Oberstufe des Bildungssystems besuchten und ein wissenschaftliches Hochschulstudium absolvierten, auf bis zu 50 % zu steigern. Diese Quote konnte nicht gehalten werden, weil die Kinder von so geförderten Arbeiter- und Bauernkindern anschließend selbst der Schicht der sogenannten Intelligenz zugerechnet wurden.

Im Bereich der schulischen Selektion konkurrierten im Bildungssystem der DDR unterschiedliche Prinzipien miteinander: Neben das Leistungsprinzip traten mit unterschiedlicher Gewichtung Herkunft, politische Loyalität und Bedarf. Für den Übergang zur EOS bedeutete dies, dass Kindern von Systemkritikern oder Schülern, die selbst systemkritische Auffassungen vertraten oder eine starke religiöse Orientierung aufwiesen, der Zugang zur EOS und damit zu einem Studium ohne Umweg über eine Berufsausbildung verwehrt wurde. Die begrenzten Plätze in der EOS wurden bevorzugt an Schüler vergeben, die sich für eine militärische Laufbahn entschieden hatten oder eine besondere Begabung in speziellen Lernbereichen aufwiesen. Auch wenn in der DDR nicht allein das Abitur über die Zulassung zum Studium entschied und 50 % der Studierenden ein Studium erst nach einer erfolgreich absolvierten Berufsausbildung aufnahmen, wurden die Zulassungsregelungen zur EOS von vielen als undemokratisch und ungerecht kritisiert. Auch die politische Erziehung, die eigentlich die Loyalität der Bürger sichern sollten, verlor in den 1980er Jahren zunehmend ihre Glaubwürdigkeit.

Das Ende der sozialistischen Erziehung und die
Vereinigung der beiden deutschen Nachkriegsstaaten

Die sozialistische Erziehung gelangte nicht erst mit der
Vereinigung der beiden deutschen Nachkriegsstaaten an
ihr Ende, sondern erreichte dieses für eine wachsende Zahl
von Heranwachsenden, Eltern und Lehrer bereits innerhalb des Bildungssystems der DDR. Unter dem Einfluss
eigener lebensweltlicher sowie über das Fernsehen vermit-
telter Erfahrungen verloren Propaganda und Zensur allmählich ihre Loyalität sichernde Macht. Es setzten sich
ansatzweise ausdifferenzierte Logiken und Abstimmungsprobleme zwischen einem ökonomischen, pädagogischen,
moralischen, politischen und religiösen Handeln und einem lebensweltlichen, szientifischen und ideologischen
Argumentieren durch. Diese Probleme ließen sich nicht
mehr bruchlos in formelhafte sozialistische Einheitsvor-
stellungen einfügen. Unter ihnen verlor das, was in der
DDR von der Produktion über die Moral bis hin zu Arbeit
Kunst und Politik *sozialistisch* genannt wurde, seine
Selbstverständlichkeit und wurde strittig. Widerstand gegen die Ideologie des ostdeutschen Staates und seine Gesellschaftsordnung artikulierte sich deshalb u. a. in Bürger-
bewegungen, im Schutzraum der evangelischen Kirche und
gelegentlich auch im Bildungssystem selbst. Er ging dort
nicht von Lehrern oder Schulleitern, sondern von Schülern
aus, die die sozialistische Einheitsideologie ablehnten und
mit Lebensformen zu experimentieren begannen, die sich
außerhalb des sozialistischen Gemeinschaftslebens beweg-
ten. Das unangepasste Verhalten, mit dem sie das Grup-
penleben in der FDJ mieden und sich der Führung durch
den Staat und seine Erzieher und Lehrer vermehrt entzogen, wurde auch im Unterricht zunehmend als Untergra-
bung der Autorität der Lehrer interpretiert.
   An der Humboldt-Universität zu Berlin wurden in den
1980er Jahren Erziehungs- und Sozialwissenschaftler da-

mit beauftragt, herauszufinden, wie sich unter den Bedingungen des real existierenden Sozialismus »sozialistische Persönlichkeiten« entwickeln lassen, die das Erziehungsideal der DDR verinnerlichen und der Parteiführung und dem Staat treu ergeben sind. Das für den Zeitraum von 1981 bis 1985 bemessene Projekt trug den Titel »Die wachsende Rolle von Bildung und Erziehung bei der Herausbildung einer sozialistischen Lebensweise«. Die Forscher fanden nichts, was die vom Staat gewünschte effektivere Erziehung auf eine wissenschaftliche Grundlage stellen konnte. Sie konstatierten bei der Jugend in den neuerbauten Hochhaussiedlungen am Rande Berlins ein zunehmendes »Streben nach Selbständigkeit«, den vermehrten Willen und die Fähigkeit, die Freizeit mit selbstgewählten Freunden zu verbringen, eine verstärkte Orientierung an ergebnisoffen geführten politischen Diskussionen sowie ein starkes Interesse an Reisen ins Ausland. Da die Forscher die vom Staat in Auftrag gegebenen Technologien einer erneuerten sozialistischen Erziehung nicht liefern konnten, wurde das Forschungsvorhaben schon 1983 ergebnislos abgeschlossen.[24] Staatsnäher, wenn auch nicht erfolgreicher, verlief hingegen die Arbeit einer zweiten von Sozialwissenschaftlern an der Humboldt-Universität ohne Mitwirkung der Erziehungswissenschaft gebildeten Forschergruppe. Sie erforschte die Lebensbedingungen und das Verhalten von Aussteigern und gab ihr Wissen über alternative Lebensformen von Jugendlichen, die ohne Widerstand gegen den Staat nur nach einer Nische suchten, in der sie ein selbst gewähltes Leben führen konnten, an die Stasi weiter.[25]

Rückblickend hat Gerhart Neuner, der letzte Präsident der Akademie der pädagogischen Wissenschaften, mit Blick auf die 1989 einsetzende Wendezeit und die in ihr eingeleiteten grundlegenden Reformen gleichzeitig von einem Scheitern und von einem Sieg der sozialistischen Erziehung gesprochen und die Feststellung der Ohnmacht der sozialistischen Erziehung sogleich in einen Beweis ihrer Allmacht umgedeutet. Das Volk, das durch seinen friedlichen Widerstand das Ende der DDR herbeiführte, hatte nach Neuner die Erziehungsziele der DDR nicht verinnerlicht, der Mut aber, solchen Widerstand zu leisten, sei ihm durch die vorausgegangene sozialistische Erziehung zugewachsen.[26]

13. Pädagogik und Erziehungswissenschaft in der BRD von 1945 bis zur Gegenwart

Zeitgleich mit der DDR entstand aus den drei westlichen Besatzungszonen 1949 die Bundesrepublik Deutschland. Souveränität erlangte der westdeutsche Staat 1955 im Anschluss an die Pariser Verträge mit der Aufnahme in die Westeuropäische Union sowie durch den Beitritt zur NATO. Volle Souveränität wurde der BRD erst im Zusammenhang mit dem Beitritt der DDR auf der Grundlage der »Zwei-plus-Vier«-Verhandlungen zuerkannt. Die nachfolgenden drei Abschnitte rekonstruieren die erziehungs-, bildungs- sowie schultheoretischen und -reformerischen Diskurse und die Entwicklung des Selbstverständnisses der Erziehungswissenschaft.

Erziehungs- und bildungstheoretische Diskurse

In den drei westlichen Besatzungszonen und in der BRD wurden die erziehungs- und bildungstheoretischen Diskurse nach 1945 zunächst von der geisteswissenschaftlichen Pädagogik bestimmt. Von den 1960er Jahren an erfuhren sie dann Differenzierungen, die nicht nur einen Wandel in den Erziehungsverhältnissen, sondern auch Veränderungen im pädagogischen Problembewusstsein anzeigen. Dies wird im folgenden zunächst für die Entwicklung des Erziehungsverständnisses gezeigt, in der autoritative, antiautoritäre, emanzipatorische und antipädagogische Diskurse aufeinanderfolgten und Fragen der Neudefinition sowie einer Wiedergewinnung des Erzieherischen zunehmend an Bedeutung gewannen. Letztere reichten bis in die Ordnung des pädagogischen Generationenverhältnisses und die Sicherung der gesellschaftlichen Voraussetzungen für eine gelingende Erziehung hinein.

Erziehungstheoretische Diskurse

Die öffentlichen erziehungstheoretischen Diskurse von 1945 bis zur Gegenwart lassen sich auf keinen gemeinsamen Nenner bringen: Sie verliefen ohne klare Entwicklungslinien und zeigen Fortschritte wie Rückschritte. Zugleich spiegeln sie den sozialen Wandel der 1949 gegründeten Bundesrepublik Deutschland und registrieren, was häufig übersehen wird, eine schon vergleichsweise früh einsetzende Liberalisierung erzieherischer Einstellungen und Lebensverhältnisse.

Am Anfang dieser Diskurse stand kein primär pädagogisches, sondern in erster Linie ein politisches Problem: Das »Reeducation«-Programm der westlichen Siegermächte nach dem Ende des Zweiten Weltkrieges war von der Absicht getragen, in der erwachsenen Generation die mentalen Voraussetzungen zu schaffen, die ein demokratisches Staatswesen verlangt und eine legitime, von Vernunftansprüchen getragene Erziehung erfordert. Dass es gute Gründe für dieses insbesondere von den USA verfolgte Unternehmen gab, zeigt eine Umfrage des Meinungsforschungsinstituts EMNID aus den frühen 1950er Jahren. Das nachfolgende Diagramm[1] (s. S. 302) stellt für das Jahr 1951, in dem diese Befragung begann, fest, dass etwa 66 % der Befragten in der gerade gegründeten Bundesrepublik Deutschland der Auffassung waren, in der Erziehung bildeten »in erster Linie« Ordnung und Fleiß (um 41 %) sowie Gehorsam und Unterordnung (etwa 25 %) die entscheidenden Orientierungsmaßstäbe.

Lediglich 28 % hielten demgegenüber Selbständigkeit und einen freien Willen für die wichtigste erzieherische Maxime. Aus dem Diagramm kann man außerdem ersehen, wie sich dieses Einstellungsmuster langsam, aber eben doch kontinuierlich veränderte. Die Zahl derer, die Selbständigkeit und einen freien Willen für pädagogisch vorrangig erklärten, wuchs in den 1950er Jahren zunächst

Erziehungsziele 1951–2001

Worauf sich die Erziehung von Kindern in erster Linie hin ausrichten sollte (nur alte Bundesländer)

- - - Selbständigkeit / Freier Wille
- - - - Ordnungsliebe/Fleiß
——— Gehorsam/Unterordnung

Quelle: EMNID, Mehrfachnennungen möglich

langsam und stieg ab 1964 stark und sprunghaft an. Die EMNID-Zahlen belegen eindrucksvoll den Rückgang einer insgesamt autoritären (Gehorsam und Unterordnung) zugunsten einer liberalen Erziehungseinstellung (Selbständigkeit und freier Wille). Bemerkenswert ist zugleich, dass der Beginn dieser Liberalisierung noch deutlich vor dem in diesem Zusammenhang häufig erwähnten Stichdatum 1968 lag. Die dort im Kontext der westdeutschen Studentenbewegung einsetzende Kritik an autoritären Erziehungsmustern hatte die viel früher beginnende Liberalisierung zwar begleitet und auch beschleunigt, aber nicht ursächlich hervorgerufen. Die Gründe für diesen bereits in der ersten Hälfte der 1960er Jahre einsetzenden Wandel sind vielfältig: Sie reichen vermutlich von den sich ändernden Arbeits- und Berufserfahrungen der erziehenden Generation, bis hin zum Wandel der Lebens- und Interaktionsverhältnisse insgesamt.

Die weit bis in die 1960er Jahre hinein dominierende geisteswissenschaftliche Pädagogik hat diesen Wandel zwar ansatzweise registriert, aber sie hat nicht die begrifflichen und konzeptionellen Mittel gefunden, um die etwa in der Mitte der 1960er Jahre einsetzende neue erziehungstheoretische Debatte noch beeinflussen zu können. Wie defensiv sie diesen Wandel zur Kenntnis nahm, lässt sich exemplarisch an einem Aufsatz Wilhelm Flitners über *Erziehungsziele und Lebensformen* zeigen, der zuerst 1954 erschien und 1965 vom Autor ohne eine Neukommentierung wieder zum Druck gegeben wurde.[2] Flitner weist dort zunächst, ganz im Einklang mit den Prämissen der geisteswissenschaftlichen Pädagogik, die vor allem in der damaligen Theorie kultivierte »Rede von einem gültigen Menschenbild« als einem normativen Ausgangspunkt für eine Debatte über Erziehungsziele zurück. Eine abstrakt-normative Zielbestimmung ist, so Flitner, stets aus dem Grunde wirkungslos, weil Erziehungsziele erst pädagogisch wirksam werden können, wenn sie nicht nur propagiert, sondern integraler Bestandteil von »gesellschaftlichen Lebensformen« sind, in welchen »geistige Traditionen zusammenlaufen und sich verlebendigen«.[3] Ein solcher Zusammenhang ist aber in der Gegenwart nicht erkennbar. Erziehung kann aber nur da gelingen, »wo Maßstäbe der Lebensführung bestehen und Forderungen an Sitte, Ehre, Leistung, Selbstzucht, Anstand als selbstverständlich gelten«.[4]

Die Zirkularität, dass Erziehungsziele auf Lebensformen

verweisen und sich aus pädagogisch intakten Lebensformen Erziehungsziele ergeben, konnte in den 1960er Jahren ebenso wenig überzeugen wie jene vom konservativen Geist geprägten »Forderungen« an Sitte und Anstand, von denen Flitner spricht. Auf größere Resonanz stießen demgegenüber sozialwissenschaftliche Forschungen wie die empirische Erziehungsstilforschung, die in den 1960er Jahren in der Bundesrepublik insbesondere von Reinhard und Anne-Marie Tausch vertreten wurde.[5] Die in diesen Untersuchungen herausgestellte Unterscheidung zwischen einem autokratischen, einem an *Laisser-faire* orientierten und einem sozialintegrativen Erziehungs- und Unterrichtsstil haben die Lehrerbildung und die Lehrerfortbildung der 1960er Jahre stark beeinflusst.

Ende der 1960er Jahre begann die Summerhill-Pädagogik, in Deutschland bekannt geworden als antiautoritäre Erziehung, den erziehungstheoretischen Diskurs zu dominieren. Der Begründer dieser Pädagogik, der Engländer Alexander S. Neill, hatte das Internat Summerhill im Jahr 1921 gegründet und in den 1920er Jahren sein Erziehungs- und Schulkonzept intensiv mit Vertretern der deutschen Reformpädagogik diskutiert. Als 1965 sein Buch *Summerhill – A Radical Approach to Child Rearing* in der deutschen Übersetzung unter dem Titel *Erziehung in Summerhill – Das revolutionäre Beispiel einer freien Schule* erschien, blieb es zunächst ohne jede öffentliche Resonanz. Erst die Rezeption Neills in der Studentenbewegung hatte die Summerhill-Pädagogik gewissermaßen über Nacht bekannt gemacht, so dass die 1969 erschienene Neuausgabe mit dem Titel *Theorie und Praxis der antiautoritären Erziehung* ein großer publizistischer Erfolg wurde.[6]

Die offensichtliche Differenz zwischen dem politisch nicht ambitionierten Neill und der politisierenden Rezeption durch die Studentenbewegung ist kaum zu überschätzen. Neill hatte primär das individuelle Glück seiner Schülerinnen und Schüler im Auge und setzte sich für eine nichtautoritäre Erziehung ein, die ohne Zwang und Gewalt auskommt, dabei aber, wie Neill ausdrücklich hervorhebt, zwischen »Freiheit und Zügellosigkeit« unterscheidet.[7] Die sogenannte antiautoritäre Erziehungsbewegung, die aus der 68er Studentenbewegung hervorging, sah Erziehung als Teil ihres antikapitalistischen Kampfes an und gab daher der Konzeption einen gesellschaftspolitischen Rahmen, der Neill fremd war. Die Berliner Kommune I experimentierte dann im Zeichen dieser Uminterpretation mit durchaus fragwürdigen Erziehungspraktiken und Lebensformen, indem sie jedwede Autorität – außer die der antiautoritären Erwachsenen selbst – ablehnte. Ziel dieses Konzeptes war es, Kinder von Anfang an dazu anzuhalten, solche antiautoritären Verhaltensweisen zu entwickeln, die der bürgerlich-kapitalistischen Ordnung in Staat und Gesellschaft entgegenstehen.

Die 68er Studenten- und die antiautoritäre Erziehungsbewegung bildeten im 20. Jahrhundert die letzte bedeutende Form einer Gegenbewegung gegen das überlieferte bürgerliche Welt- und Gesellschaftsbild. Schon seit vielen Jahren wird diese Bewegung in verkürzender Weise ursächlich verantwortlich gemacht für eine Reihe von Negativerscheinungen, die vom RAF-Terrorismus bis zur (angeblichen) Übersexualisierung der Gesellschaft reichen. Die empirische Basis für Behauptungen dieser Art ist, darauf ist des öfteren bereits hingewiesen worden, sehr schwach.[8]

Sinnvoller ist die Erweiterung der Perspektive und eine Historisierung der 68er Studentenbewegung: Sie kann dann als Element eines umfassenden Modernisierungsprozesses angesehen werden, an dem viele westliche Demokratien teilhatten. Die Emanzipation aus überkommenen bürgerlichen Normen und das Infragestellen von Autoritäten, die Forderung nach mehr Freiheit und Selbstbestimmung, die Verbesserung der Bildungschancen von Mädchen, die Liberalisierung von Erziehungsverhältnissen ebenso wie die des Familienrechts sowie des Sexualstrafrechts stehen gewiss im Zusammenhang mit der 1968er Bewegung. Sie sind aber kein unmittelbares Resultat eines antikapitalistischen Kampfes, nach dessen Ende der älteren Generation der Mut zur Erziehung ausgegangen sein soll, so dass aus Deutschland eine »Nation von Nicht-Erziehern« wurde.[9]

Die führenden Vertreter der theoretischen Erziehungswissenschaft (Klaus Mollenhauer, Herwig Blankertz und Wolfgang Klafki) haben in den 1960er Jahren in Frontstellung zur geisteswissenschaftlichen Pädagogik deren gesellschaftstheoretische Abstinenz beklagt, die Reduktion von Erziehung auf den »pädagogischen Bezug« kritisiert und Anschlüsse an emanzipatorische Bewegungen in ihre Konzepte integriert. So hat beispielsweise Mollenhauer schon 1964 die Vorliebe der geisteswissenschaftlichen Pädagogik für »geschlossene Sozialsysteme« und die damit verbundene Vorstellung kritisiert, die Familie sei der Ursprungsort des Erzieherischen.[10] Die kulturtheoretischen Vorlieben der geisteswissenschaftlichen Pädagogik zeigen nach Mollenhauer den irrationalen Charakter eines pädagogischen Wissenschaftsverständnisses an, das nicht in der Lage ist, die gesellschaftlichen Formen, in denen Erziehung auftritt, als Formen politischer und gesellschaftlicher Herrschaft zu erkennen und einer pädagogischen Kritik zu unterziehen. Eine im umfassenden Sinne mit Rationalitätsansprüchen auftretende Erziehungstheorie muss, so Mollenhauer, die gesellschaftliche Vermittlung von Erziehung (und Bildung) erkennen und das Wirkliche mit dem Möglichen konfrontieren.[11]

Aus Überlegungen dieser Art entstand die emanzipatorische Pädagogik, die ihr Zentrum in der Negation konstatierter Unfreiheit hat. Eine an der Idee der Emanzipation orientierte Pädagogik müsse daher das Ziel verfolgen, die Heranwachsenden aus nicht durchschauten Abhängigkeiten in Familie, Gesellschaft und Staat zu befreien. Die Schwachstellen dieser Position wurden schnell aufgedeckt.[12] So richtig der Anspruch ist, Heranwachsende zur Einsicht in nicht durchschaute Abhängigkeiten zu befähigen, so wenig eignet sich der Emanzipationsbegriff als Grundbegriff einer ihre erziehungstheoretischen Grundlagen reflektierenden Pädagogik. Denn die erzieherische Aufforderung zur Einsicht in nicht durchschaute Abhängigkeiten beschreibt einen Handlungsmodus, von dem sich der Heranwachsende nicht zugleich emanzipieren kann und dies auch gar nicht soll. Mollenhauer hat die erziehungstheoretischen Sackgassen des Emanzipationsbegriffs in seinen 1972 erschienenen *Theorien zum Erziehungsprozess* klar beschrieben: Die Skepsis gegenüber der in den 1960er Jahren kritisierten bürgerlichen Pädagogik und das berechtigte Misstrauen gegenüber einer affirmativen Pädagogik hat zur »Entwertung einer Theorie [geführt], die sich die intersubjektiven Prozesse, die pädagogisches Handeln im Detail ausmachen, zu ihrem Gegenstand macht«.[13]

Was Mollenhauer hier durchaus selbstkritisch moniert, nämlich das Problem, die Differenz zwischen pädagogischem und politischem Handeln zu verwischen, haben andere expressis verbis als Programm einer emanzipatorischen Pädagogik entworfen. In den 1970 erschienenen (an Marx' Feuerbachthesen erinnernden) *Thesen zu emanzipatorischer Erziehung* etwa wurde verlangt, den Emanzipationsbegriff als subversiven Bildungsbegriff aufzugeben und durch eine »allgemeine politische Praxis« zu ersetzen, die dann »als Aufhebung der Ausbeutung des Menschen durch den Menschen […] Erziehung zum Sozialismus« sei. Die Pädagogen, so enden diese Thesen, haben die (bürgerliche) »Pädagogik nur verschieden interpretiert, es kommt darauf an sie abzuschaffen«.[14]

Die Abschaffung der Pädagogik ganz generell, also nicht nur die Kritik ihrer bürgerlichen Form, ist wenige Jahre später von der sogenannten Antipädagogik propagiert worden. Anders als die antiautoritäre Erziehung, die sich für ein verändertes Erziehungsverständnis einsetzte, plädierte die Antipädagogik für die Abschaffung jeglicher Erziehung. Damit ist nicht gemeint, dass der Umgang von Erwachsenen mit heranwachsenden für überflüssig erklärt wird. Dass »Unterstützung statt Erziehung« (Schoenebeck) gefordert wird, gehört noch zu den schlichteren Missverständnissen dieser Position,[15] weil ihr offenkundig nicht bekannt ist, dass »Unterstützen« seit Schleiermacher ein erziehungstheoretischer Grundbegriff ist. Schwerer wiegt da schon der Umstand, dass hier allen Ernstes erklärt wird, Kinder wüssten quasi von Natur aus, was für sie gut sei, so dass jedwede pädagogische Verantwortung sich erübrige.[16]

Es ist im Grunde kaum verwunderlich, dass angesichts der realitätsfremden Exotik mancher Stimmen des erziehungstheoretischen Diskurses etwa seit den späten 1960er Jahren sich auch Konservative zu Wort melden. Im Jahr 1978 fand im Bonner Wissenschaftszentrum eine Versammlung statt, die unter dem Aufruf »Mut zur Erziehung« eine schul- und bildungspolitische Korrektur und Tendenzwende herbeiführen und für diese die erforderlichen Argumente liefern wollte. Zum ungenannten Gegner hatte die Versammlung diejenigen linken Gruppierungen in Wissenschaft, Politik und Bildungsverwaltung erklärt, die mit bildungs- und schulpolitischen Maßnahmen umfassende gesellschaftliche Veränderungen herbeiführen wollten. Die richtige Einsicht, dass grundlegende gesellschaftliche Veränderungen nur politisch, nicht aber ausschließlich bzw. allein auf pädagogischem Weg herbeigeführt werden können, wurde aber konterkariert durch eine Reihe fragwürdiger Argumentationen, die deutlich machen, dass die Aufgaben und Schwierigkeiten von Erziehung (und Bildung) in komplexen Gesellschaften nicht wirklich durchdacht worden waren.[17]

Dass erziehungstheoretisches Nachdenken eines der Dauerthemen einer reflexiv gewordenen Moderne darstellt, zeigt sich auch in erziehungstheoretisch relevanten Beiträgen von Autoren, die anderen Wissenschaften angehören.

So hat beispielsweise der Kinderarzt und Jugendtherapeut Wilhelm Rotthaus Ende der 1990er Jahre ein Buch mit dem Titel *Wozu erziehen? Entwurf einer systemischen Erziehung*, das therapeutische Erfahrungen mit den Mitteln der modernen System- und Kommunikationstheorie reflektiert und mit bereits bekannten pädagogischen Einsichten verbunden.[18] Zentral ist für Rotthaus die auf den ersten Blick paradoxe Gleichzeitigkeit von Autonomie und Abhängigkeit des Kindes. Keine Erziehung kann, so Rotthaus, in verlässlicher und wirkungssicherer Weise Kinder beeinflussen oder steuern; darin zeigt sich die faktische Autonomie des Kindes. Gleichzeitig ist aber das Kind auf erzieherische Unterstützung und Förderung angewiesen. Eine Erziehung, die das beachtet und anerkennt, verlangt die Selbstbeobachtung und Selbsterziehung des Erziehers und die Verabschiedung der verhängnisvollen Überzeugung, es gebe nur eine ›richtige‹ und eine ›falsche‹ Erziehung.

Michael Winterhoff, Facharzt für Kinder- und Jugendpsychiatrie, hat in den Jahren 2008 und 2009 Arbeiten zur Erziehungstheorie publiziert, die großes öffentliches Interesse gefunden haben.[19] Winterhoff untersuchte drei Fehlformen der Erziehung, welche, wie es in dem verkaufsfördernden Titel eines der beiden Bücher heißt, aus Kindern Tyrannen werden lässt. Eine dieser Fehlformen ist Winterhoff zufolge eine partnerschaftlich ausgelegte Erziehung, in der das Kind als Gleichberechtigter behandelt wird – mit der Folge, dass die Selbsttätigkeit, die es eigentlich zu befördern und zu leiten gilt, als Faktum einfach vorausgesetzt wird. Die zweite Fehlform nennt er »Projektion‹. In ihr macht sich der Erzieher, der die positiven Bezüge zu seiner eigenen Umwelt verloren hat, vom Kind abhängig, weil er um fast jeden Preis die Anerkennung durch das Kind sucht. Die Folge dieser Instrumentalisierung des Kindes zum Zweck der eigenen Selbststabilisierung ist, so Winterhoff, dass der Erzieher dem Kind keine Strukturen des Lebens und des Lernens mehr vorgeben kann. In der

»Symbiose‹, der dritten Fehlform, verschmilzt die Psyche des Erziehers mit der des Kindes. Das Glück des Kindes wird zum Glück des Erziehers erhoben. Das Fatale dieser Fehlform besteht darin, dass Formen fehlgehender Selbsttätigkeit des Kindes vom Erzieher nicht mehr wahrgenommen werden, weil in dieser Perspektive das Kind schon immer im Recht ist. Auf diese Weise wird dem Kind die Verantwortlichkeit für seine eigenen Handlungen abgenommen. Wird diese Verantwortlichkeit vom Kind dagegen wahrgenommen, besteht Winterhoff zufolge die Gefahr, dass der enttäuschte Erzieher mit Strafe und nicht selten mit Gewalt reagiert.

Versuche zu einer Wiedergewinnung des Pädagogischen gibt es jedoch nicht nur in Psychologie und Medizin, sondern auch in der Philosophie und in erziehungsphilosophischen Diskursen der Erziehungswissenschaft selbst. So hat beispielsweise Hannah Arendt schon früh auf Probleme einer Wiedergewinnung und Sicherung des Pädagogischen und die Notwendigkeit einer Abgrenzung der pädagogischen Handlungslogik von anderen Handlungslogiken hingewiesen.[20] In ihrer 1958 veröffentlichten Studie zur *Krise in der Erziehung* distanziert sie sich mit Blick auf Entwicklungen in den USA von bildungsreformerischen und -politischen Versuchen, die Welt mit den Mitteln der von Dewey propagierten *progressive education* zu reformieren und politische Reformen mit der Erziehung von Kindern und Jugendlichen als den »von Geburt und Natur Neuen beginnen zu lassen«.[21] Entsprechende Programme nehmen nach Arendt eine unzulässige Vermischung der Ordnungen von Politik und Erziehung vor, in der politische Fragen hinsichtlich der Gestaltung der Zukunft, anstatt den Streit hierüber unter den Erwachsenen auszutragen, dem Raum des Politischen entzogen werden; stattdessen versucht man fragwürdigerweise eine bestimmte Zukunft durch eine indoktrinierende Erziehung herbeizuführen. Als Beispiel für solche nach Arendt zum Scheitern verurteilten Versuche führt sie den Konflikt zwischen Weißen und Schwarzen an, der seine Ursache im politischen »Versagen des Gemeinsinns« hat und auf dem Wege einer sozialen Koedukation Schwarzer und Weißer in Schulen weder angegangen noch gelöst werden kann.[22]

Nach Arendt sind Politik und Erziehung zwei elementare, kategorial jedoch unterschiedlich verfasste menschliche Tätigkeiten, von denen die erstere die Umgestaltung und Veränderung der Welt, die zweite aber die Einführung der nachwachsenden Generation in eine vorgegebene, schon bestehende Welt zum Gegenstand hat. Das Erzieherische bindet Arendt an die doppelte Verantwortung der Erziehenden für das »Leben und Werden des Kindes« und für den »Fortbestand der Welt« zurück. Beide Verantwortungen bilden nach Arendt keine harmonische Einheit, sondern können »in einen gewissen Widerspruch miteinander geraten«.[23] Dieser Widerspruch zeigt sich daran, dass in bestimmten Kontexten das Kind vor der Welt, in anderen die Welt vor dem Kind geschützt werden muss. Die hieraus sich ergebende zweifache Verantwortung kann, so Arendt, von den Erwachsenen nur dann wahrgenommen werden, wenn Kinder nicht in einer separierten eigenen Welt aufwachsen, sondern in eine gemeinsame Welt eingeführt werden, an der sie schrittweise teilhaben. Die Krise der Erziehung entsteht dann dadurch, dass immer mehr Erwachsene es versäumen, die Verantwortung für die Welt zu übernehmen, und den Kindern gegenüber eine Erziehung und Politik gleichermaßen beschädigende Haltung einnehmen. Diese äußert sich darin, dass die Erwachsenen den Heranwachsenden gegenüber zu erkennen geben, in der vorgegebenen Welt »nicht sehr verlässlich zu Hause« zu sein und weder für sich noch für andere zu wissen, »wie man sich in ihr bewegen soll« und »was man dazu wissen und können muß«.[24]

Die so beschriebene Krise der Erziehung führt Arendt nicht allein auf die Feigheit und Unentschiedenheit der Erwachsenen, sondern zugleich darauf zurück, dass moderne Gesellschaften nicht mehr auf »Autorität und Tradition, sondern auf permanenten Wandel gegründet sind. Diese Sicht führt sie zu der folgenden These: »Das Problem der Erziehung in der modernen Welt liegt darin, dass sie der Natur der Sache nach weder auf Autorität noch auf Tradition verzichten kann, obwohl sie in einer Welt vonstatten geht, die weder durch Autorität strukturiert noch durch Tradition gehalten ist.«[25]

Arendts Kritik an einer politisch indoktrinierenden Erziehung, welche die Zukunft dem politischen Diskurs der Mündigen zu entziehen und durch Erziehung der Unmündigen zu bestimmen sucht, verdient vor dem Hintergrund der Erfahrungen während der nationalsozialistischen Diktatur, aber auch mit Blick auf die Erziehungspraktiken der DDR heute noch Beachtung. Die konservative Rückbindung der Erziehung an intakte Traditionszusammenhänge weist hingegen Unstimmigkeiten auf, da diese das Gelingen der Erziehung an Bedingungen zurückbindet, die heute nicht mehr gegeben und wohl auch nicht wiederherstellbar sind. Die Logik der Erziehung lässt sich nicht darauf gründen, dass im Raum des Privaten dem Scheine nach von den Erwachsenen eine Autorität in der Repräsentation der Welt in Anspruch genommen wird, die sie im eigenen Leben und im öffentlichen Raum nicht zur Geltung bringen können. Auch kann Erziehung heute noch weniger als vielleicht in früheren Zeiten auf den Raum eines familiären autoritativen Umgangs gegründet werden. Vielmehr muss sie so weit gefasst werden, dass sie Fragen des Zusammenlebens der Generationen im Medium ausdifferenzierter Gesellschaftssysteme einschließt. Vor allem aber können private Formen des zwischenmenschlichen Umgangs nicht stellvertretend gesellschaftliche und öffentliche Probleme des Umgangs der Menschen miteinander und mit der ihnen vorgegebenen Welt lösen.

Über Arendt hinausweisende Überlegungen zur Sicherung der Möglichkeiten der Erziehung finden sich in Theodor Litts Ausweitung und Rehabilitierung der Sphäre des Umgangs und in Eugen Finks Hinweisen zur Unverzichtbarkeit einer Sicherung der lebensweltlichen Grundlagen gelingenden Heranwachsens. Litt unterscheidet nicht nur bezogen auf die Erziehung, sondern auch mit Blick auf Natur, Sitte und Religion zwischen umgänglichen und szientifischen Weltverhältnissen. Der überall fortschreitenden Verwissenschaftlichung der Lebensverhältnisse stellt er Selbst- und Weltverhältnisse gegenüber, die nicht an der Beherrschung der Welt, sondern am »Umgang« ausgerichtet sind, d. h., er stellt der Beherrschung der Natur durch die Naturwissenschaften die Erfahrung der Natur im Naturschönen sowie die Selbsterfahrung des Menschen als Teil der Natur, der evolutionstheoretischen Deutung der Welt die Formen eines religiösen Umgangs des Menschen mit seiner Endlichkeit sowie der geistes- und sozialwissenschaftlichen Erfahrung die ästhetischen, sprachlichen und sittlichen Formen eines auf Achtung und gegenseitiger Anerkennung basierenden menschlichen Umgangs gegenüber. Zwischen den szientifischen und den umgänglichen Weltverhältnissen erkennt Litt einen Widerstreit, der grundsätzlich nicht überwunden und harmonisiert, sondern nur theoretisch erkannt, pragmatisch ausgehalten und im Denken und Handeln reflektiert werden kann.[26]

Vom »Segen« einer Reflexion, die den Widerstreit zwischen verwissenschaftlichten und umgänglichen Selbst- und Weltverhältnissen thematisiert, führt Litt aus, diese könne dazu beitragen, dass der Mensch sich selbst als Konstrukteur der verwissenschaftlichten Welt begreift, sich auf die Möglichkeiten und Grenzen szientifischer Welterklärung besinnt und aus solcher Besinnung »Spielräume« für neue umgängliche Selbst-, Du- und Weltverhältnisse entwickelt. Vom pädagogischen Umgang sagt er in diesem Zusammenhang:

»Wer einmal erkannt hat, wie sehr unsere Zukunft davon abhängt, dass der den Menschen mit dem Menschen verbindende Umgang davor geschützt wird, durch [szientifisch-technische] Sachanforderungen erdrückt zu werden, der wird der Meinung Valet [Lebewohl] sagen, die Welt des Umgangs sei […] keiner erzieherischen Pflege bedürftig, weil sie sich schon ohne unser Zutun gestalte und erhalte.«[27]

An die Stelle der Trennung von verwissenschaftlichter und umgänglicher Welt setzt Litt damit die erziehungstheoretisch ausgewiesene Aufgabe, die nachwachsende Generation in die Differenz zwischen szientifischen und umgänglichen Weltverhältnissen einzuführen und dadurch Foren für ein Denken und Handeln zu eröffnen, das den Widerstreit beider reflektiert und Spielräume jenseits der Trennung kultiviert.

Über die Trennung von Umgangserziehung und Einführung in wissenschaftliche Denkformen und verwissenschaftlichte Lebensformen führen auch Eugen Finks Überlegungen zu einer modernen Erziehung im Kontext von verwissenschaftlichter Zivilisation und Demokratie hinaus.[28] Die Erziehung wird von Fink als ein grundlegendes koexistentiales Weltverhältnis gedeutet, das zusammen mit denjenigen von Arbeit und Ökonomie, Liebe und Moral, Herrschaft und Politik, Spiel und Kunst sowie Tod und Religion das In-der-Welt-Sein des Menschen konstituiert. Eine Erziehung, die um die grundlegende Bedeutung der Erziehungstatsache weiß, muss sich Fink zufolge mit den »ungeheuerlichen Zumutungen« auseinandersetzen, welche »die Erwachsenenwelt an das Kind« richtet. Diese Zumutungen liegen für Fink heute nicht mehr vorrangig darin, dass den Kindern ein Bildungsgang auferlegt wird, in dem sie »aus dem Paradiesglück« heraustreten und den »dunklen Schatten von Tod, Schicksal und frühem Leid« ausgesetzt werden, sondern hängen zunehmend mit Gefährdungen des »Wegs des Kindes« zusammen, die von der verwissenschaftlichten Zivilisation ausgehen. Sollen die Spannungen zwischen der Lebenswelt von Kindern und der Welt der verwissenschaftlichten Zivilisation reflektiert werden, muss eine neue »Elementardidaktik« entwickelt werden, die die Unterschiede und Abstimmungsprobleme zwischen den verschiedenen Formen der Welt- und Selbsterfahrung nicht unterschlägt, sondern im Unterricht thematisiert und im pädagogischen Umgang bearbeitet. Urteilskraft und über Denken und Selberhandeln vermittelte Partizipation stellen sich unter modernen Bedingungen durch das Zusammenleben der Menschen und einen diese ergänzenden wissenschaftsorientierten und anwendungsbezogenen Unterricht nicht von selber ein. Die Bildung von Urteilskraft und Partizipationsfähigkeit verlange vielmehr, dass die nachwachsende Generation in die verschiedenen Wissensformen didaktisch eingeführt und gesellschaftspädagogisch auf den Eintritt in die ausdifferenzierten Bereiche der Praxis vorbereitet.

Die exemplarisch an Litt und Fink vorgestellten erziehungstheoretischen Diskurse machen deutlich, dass neben das von Hannah Arendt beschriebene, auf Autorität und Tradition basierende Generationenverhältnis längst neue und andere Generationenverhältnisse getreten sind. Die bildungssoziologische und -historische Forschung thematisiert einen Teil dieser Veränderungen, indem sie den Wandel im Selbstverständnis der jeweils jüngeren Generation untersucht. Der Jugend aus der Zeit der Jugendbewegung im ersten Drittel des 20. Jahrhunderts stellt sie die Hitlerjugend der 1930er und 1940er Jahre und dieser wiederum die skeptische Generation der 1950er Jahre gegenüber. Diese wird von einer auf Selbstemanzipation setzenden politischen Generation der späten 1960er und beginnenden 1970er Jahre abgelöst, auf die Ende der 1970er Jahre eine narzisstisch orientierte Generation und in den 1980er Jahren eine Null-Bock-Generation sowie später

immer rascher variierte Generationentypen gefolgt sein
sollen. Hierbei handelt es sich um idealtypische Konstruk-
te mit einem begrenzten Realitätsgehalt, in denen zwar das
jeweilige Selbstverständnis von Jugend thematisiert wird,
die erziehungstheoretische Seite des Generationenverhältnisses jedoch weitgehend ausgeklammert bleibt.

Die Vernachlässigung erziehungstheoretischer Problemstellungen lässt sich auch an den Diagnosen vom Ende
oder Verschwinden der Kindheit beobachten, die auf den
amerikanischen Medienwissenschaftler Neil Postman zurückgehen und in Deutschland von dem Erziehungswissenschaftler Dieter Lenzen variiert worden sind.[29] Postman
bindet die gesellschaftliche Realität der neuzeitlichen
Kindheit an den mit der Erfindung des Buchdrucks allgemein einsetzenden Schriftspracherwerb zurück und leitet
das Verschwinden der Kindheit aus der Ablösung des Me-
diums Buch (dessen Schriftsprache erst angeeignet werden
muss) durch das Medium Fernsehen ab (dessen Bildspra-
che unmittelbar ›verstanden‹ werden kann). Postmans
These ist längst durch eine an Internet und E-Mail zurückgebundene neue Schreibkultur falsifiziert worden. Lenzens
Diagnose variiert Postmans These dahingehend, dass nicht
die Kindheit, sondern der Erwachsene verschwindet. Fragt
man, welche Kindheit verschwindet und welcher Erwach-
senenstatus abhandenkommt, so kann allenfalls von einem
Verschwinden des von Hannah Arendt noch reklamierten
Generationenverhältnisses die Rede sein, nicht aber vom
Verschwinden einer mit einer ungewissen Zukunft kon-
frontierten Kindheit und eines Status' des Erwachsenen,
der zwar sein eigenes Leben in Grenzen planen, nicht aber
das der nachwachsenden Generation wirkungsmächtig an-
tizipieren kann.[30]

Zur erziehungstheoretischen Seite des modernen Generationenverhältnisses gehört seit Schleiermacher (Arendt
versuchte dies auszuschließen), dass die ältere Generation
die Frage nach dem pädagogischen Generationenverhältnis

mit Blick auf die Offenheit von Lern- und Bildungsprozessen und die ungewisse Zukunft der Einzelnen wie der
Gesellschaften zunehmend nicht mehr stellvertretend, sondern intergenerationell diskutiert. Eine Transformation des
älteren in das moderne Generationenverhältnis verlangt,
dass pädagogische Verantwortung nicht mehr nach dem
Vorbild einer stellvertretenden Antizipation von Zukunft,
sondern als ein Hervorlocken von Selbsttätigkeit, Urteilskraft und Partizipation definiert wird. Die entscheidende
Veränderung im pädagogischen Generationenverhältnis
kann man daher mit Litt und Fink darin erkennen, dass die
erziehungstheoretischen Diskurse und Praktiken in der
zweiten Hälfte des 20. Jahrhunderts Formen hervorgebracht haben, in denen es, wie Litt schon 1947 formulierte,
ein »gemeinsames Suchen von nachwachsender und er-
wachsener Generation« gibt, in dem nicht Mündige Unmündigen gegenüberstehen, sondern an ihrer Mündigkeit
arbeitende Menschen nichtreziprok interagieren.[31]

Die von Litt angesprochene Seite der Erziehung hat Eugen Fink in seiner Studie *Erziehungswissenschaft und Lebenslehre* auf den Begriff einer zugleich reziproken und
nichtreziproken »Beratungsgemeinschaft« gebracht: »Beratung als Fundamentalkategorie der […] Erziehung«
müsse »entschieden abgegrenzt werden gegen die wissens-
autoritative Beratung, wo Wissende Unwissende belehren
und mögliche Wege aufzeigen – und es dabei […] der Freiheit der Belehrten überlassen, ob und wie sie von solcher
Beratung Gebrauch machen wollen«. Als Beratungsgemeinschaft in Fragen der Lebensführung ist Erziehung als
»Ausgesetztsein aller in eine gemeinsame Not und Gefahr«
zu verstehen, die nicht schon durch Belehrung behoben, in
den koexistenziale Formen einer experimentellen Praxis
interpretiert und ausgehalten werden müssen.[32]

Während Fink die Erziehung in ihren Bezügen zu für
die Koexistenz von Menschen grundlegenden Praxisfel-
dern von Arbeit, Herrschaft, Liebe, Tod und Spiel (›Ko-

existentialien‹) analysiert, arbeitet Klaus Schaller in seinen Studien zu einer *Pädagogik der Kommunikation* wieder stärker die Gemeinsamkeiten pädagogischen, ethischen, politischen und religiösen Denkens und Handelns heraus.[33] In Anlehnung an Comenius und in Auseinandersetzung mit Ballauff und Heidegger entwirft er sowohl eine *kommunikative Didaktik* als auch eine auf die *Sozialität miteinander lebender Menschen* ausgerichtete und an demokratischen Lebensformen orientierte pädagogische Kommunikationstheorie.[34] Ohne die Unterschiede zwischen einer sich im Unterricht vollziehenden und einer als Beratungspraxis konzipierten Erziehung zu leugnen oder zu nivellieren, sieht Schallers kommunikative Pädagogik die gemeinsame Struktur der Erziehung darin, dass diese eine an »Maßgaben der Demokratisierung und der rationalen Lebensführung« zurückgebundene Interaktion ist. Ihre besondere kommunikative Struktur erkennt er in einer »Inter-Subjektivität«, die nicht einfach zwischen verschiedenen Subjekten, sondern, wie Schaller immer wieder mit Verweis auf Comenius und Buber ausführt, in der gemeinsamen Sorge um eine menschliche Welt stattfindet.[35]

Erziehungstheoretische Diskurse greifen daher dann zu kurz, wenn sie nur die individuellen Aspekte der Erziehungsverhältnisse in den Blick nehmen und die gesellschaftlichen Voraussetzungen und Rahmenbedingungen einer gelingenden Erziehung außer Acht lassen. Die Beziehungen zwischen den individuellen und den gesellschaftlichen Aspekten gewinnen um so mehr an Relevanz, je brüchiger Traditionen werden. Alsdann müssen nämlich überkommene Formen von Autorität in eine meinungsbildende Autorität überführt werden, in der der Erziehende nicht mehr vorwegnehmend, sondern unterstützend tätig wird.[36]

Zur Eigenlogik der Erziehung gehört, dass sie unter modernen Bedingungen auf zum Selbstdenken, Urteilen und Handeln auffordernde Akte nicht verzichten kann, die Selbsttätigkeit hervorlocken, negative Erfahrungen reflektieren und Anforderungen sowie Wirkungen, die von anderen Systemen der Gesellschaft ausgehen, in pädagogisch legitime Akte zu transformieren suchen. Eine die Selbsttätigkeit der Heranwachsenden hervorlockende und unterstützende Erziehung ist ohne solche transformatorische Akte nicht möglich. Diese beziehen sich in unterrichtlichen Erziehungsprozessen auf didaktische Transformationen, die Sachverhalte wie Schriftsprache, Geschichte, Naturwissenschaft und Technik, die der unmittelbaren Erfahrung nicht zugänglich sind, lehrbar machen. Gesellschaftspädagogischen Transformationen obliegt es dagegen, Partizipationsmöglichkeiten für Kinder am gesellschaftlichen Leben zu sichern und auf diese Weise dazu beizutragen, dass Erziehung nicht erst im späten Jugendalter, sondern bereits von der frühesten Lebensphase an stets von neuem einsetzen, aber zugleich auch verschwinden kann. Erziehung ist moralisch und pädagogisch nur erlaubt, wenn sie im selbstverantworteten Denken und Handeln der Heranwachsenden ihr Ende findet und dieses Ende nicht auf eine späte Lebensphase hinausschiebt, sondern in der Präsenz des Zusammenlebens verankert. Ein Kind, das greifen kann, ist in Grenzen greifmündig, ein Kind, das laufen kann, ist in Grenzen laufmündig, ein Kind, das sprechen kann, ist in Grenzen sprechmündig.

Hiermit stimmt überein, dass die Phasen institutionalisierter Erziehung, von denen später noch die Rede sein wird, sich in den letzten Jahrzehnten nicht grundlegend verändert haben, sondern in gewissem Sinne konstant geblieben sind. Kindheit beginnt mit Familienkindheit und differenziert sich in eine Kindergarten- und Grundschulkindheit aus, auf die Jugendphasen mit weiterführenden Schulen, Übergängen in Berufsbildungsprozesse und eine zunehmende selbständige Teilhabe am gesellschaftlichen Leben sowie einer diskutierenden Öffentlichkeit folgen.[37] Welche Anstrengungen in den letzten Jahrzehnten notwendig waren, um moderne Erziehungsverhältnisse gesellschaftlich abzusichern, zeigen nicht zuletzt Veränderungen in der Strafpraxis, die mit der Abschaffung der Prügelstrafe in Schulen und ihrer gesetzlichen Untersagung neuerdings auch in Familien einhergingen, sowie Vorkehrungen, die sicherstellen, dass für das Aufwachsen von Kindern Üblichkeiten gelten, die von denen, die Erwachsene für sich selbst gutheißen, abweichen. So haben jüngst Gerichte in Berlin und Münster klargestellt, dass der von Spielplätzen, Horten und Kindergärten ausgehende »Lärm« von Anwohnern zwar als Belästigung interpretiert werden kann, gleichwohl aber hingenommen werden muss und damit zu einer Transformation der für Erwachsene geltenden Üblichkeiten zwingt, ohne die ein intergenerationelles und partizipatorisches Aufwachsen von Heranwachsenden nicht möglich ist.

Bildungstheoretische Diskurse

Die bildungstheoretischen Diskurse wurden, soweit Pädagogen und Erziehungswissenschaftler an ihnen beteiligt sind, in den 1950er und den frühen 1960er Jahren durch Vertreter der geisteswissenschaftlichen Pädagogik dominiert. Auch in bildungstheoretischer Hinsicht hielten diese an ihrer bereits im ersten Drittel des 20. Jahrhunderts formulierten Grundauffassung fest, dass Bildung ebenso wie Erziehung keine Technik ist und dass ihre konkrete Gestalt nicht deduktiv aus normativen, z. B. weltanschaulichen Prämissen abgeleitet werden kann, sondern in der Aufklärung der historisch entstandenen Gegenwart und in der Berührung mit dieser hermeneutisch ausgelegt und identifiziert werden muss. Die bildungstheoretischen Arbeiten der geisteswissenschaftlichen Pädagogen haben nahtlos an ihre eigene Tradition angeknüpft – trotz der gelegentlich ausgesprochenen Warnung, die Pädagogik könne nach dem Zweiten Weltkrieg nicht dort anknüpfen, wo sie in den

1930er Jahren aufgehört habe. Hierfür gab es insoweit gute Gründe, als sich das pädagogische Problembewusstsein dieser Schule in Teilfragen als so grundlegend erwies, dass dieser Anschluss auch tatsächlich Sinn hatte. Zeigen lässt sich dies an Flitners Studie *Grundlegende Geistesbildung* aus dem Jahre 1939, die 1954 und 1965 erneut in Sammelbänden publiziert wurde.[38] Flitner fordert, die Schule müsse »eine Stätte des geselligen geistigen Verkehrs sein, in der sich eine Atmosphäre der ›Menschlichkeit‹ bildet, und wo jedem einzelnen Lebenshilfe angeboten wird«. Ein Kernstück dieser Hilfe liege »in dem Aufbau einer allgemeinen Geistesbildung, welche auf mögliche Lebensbahnen des heutigen Menschen bezogen ist«.[39] Diese allgemeine bzw. grundlegende Geistesbildung geht von der Differenz zwischen »Schulstudien und Forschungsdisziplinen« aus. Die die grundlegende Geistesbildung untersuchenden Schulstudien enthalten »noch nicht die Wissenschaft über diesen Gegenstand«, sondern müssen »den von der Forschung zunächst unabhängigen Gegenstand selber im Geiste erst aufbauen«.[40] Flitner wendet sich hier gegen ein »scientistisches« Missverständnis des schulischen Unterrichts, das insbesondere der höheren Schule durch die gesellschaftlich bedeutender werdenden szientifischen Wissenschaften aufgenötigt wird, die sich am empirisch-analytischen Wissenschaftsverständnis nach dem Vorbild der Naturwissenschaften orientieren. Richtet man, so Flitner, den schulischen Unterricht »zu früh« an diesem Wissenschaftsverständnis aus, so geht die bildende Bedeutung dieser Studien verloren, und zwar mit der Folge, dass sie »hohl« werden, »weil ihnen die Vorbereitung fehlt: eine grundlegende universelle Geistesbildung, aus der wissenschaftspropädeutische Schulung erst herauswachsen kann«.[41]

Flitner spricht hier ein Problem an, das nicht nur die Möglichkeiten und Aufgaben schulischer Bildung betrifft, sondern eine zentrale Fragestellung der Bildungstheorie des 20. Jahrhunderts überhaupt darstellt. Die eigentliche

Virulenz dieses Themas und seine bis heute ungelöst ge-
bliebene Problematik haben andere noch klarer und schär-
fer herausgearbeitet. So hat der Münsteraner Soziologe
Helmut Schelsky den von Flitner bereits kritisch herausge-
stellten »Scientismus« nicht als eine schulpädagogisch und
didaktisch zu lösende Aufgabe betrachtet, sondern zur Si-
gnatur des Menschen »in der wissenschaftlichen Zivilisation« überhaupt erklärt.[42] Die modernen Wissenschaften,
die Natur- und Ingenieurwissenschaft ebenso wie die
Wirtschafts- und Rechtswissenschaft, aber auch die sogenannten Humanwissenschaften wie Psychologie und Pädagogik, sind, so Schelsky, »Produktionswissenschaften«
geworden, die an der konstruierenden und manipulieren-
den Herstellung derjenigen Menschen arbeiten, den die
verwissenschaftlichte Zivilisation zur Sicherung ihres eigenen Bestandes braucht. Schelsky reflektiert die gesellschaftlichen Implikationen jenes von dem Soziologen Max
Weber bereits aufmerksam analysierten Rationalisierungs-
und Intellektualisierungsprozesses, an dessen Ende die
durch die moderne Wissenschaft vorgenommene »Entzau-
berung der Welt« steht. Wissenschaft, so hatte Max Weber
bereits 1919 in seinem berühmten Münchener Vortrag fest-
gestellt, kann Antworten auf die Frage geben, wie wir die
Welt, wenn wir es wollen, technisch beherrschen können.
Diese Wissenschaft eignet sich aber, so Weber, nicht zur
Beantwortung von Sinn- und Bildungsfragen, sondern ist
selbst »sinnlos«.[43] Schelsky zufolge ist dieser Prozess der
technischen Rationalisierung so weit fortgeschritten, dass
die einst vom Neuhumanismus aufgeworfene Bildungsfra-
ge neu und anders gestellt werden muss. Er hält einerseits
entschieden am traditionellen Bildungsbegriff fest, dem es
um die »geistige Souveränität gegenüber den Zwängen der
Welt« gegangen ist, konstatiert aber zugleich, dass diese
Bildung in der Gegenwart »primär und unmittelbar nicht
mehr über die Wissenschaft«, sondern nur durch deren
»geistige Überwindung« zu gewinnen ist. Er meint damit

nicht eine Abschaffung der Wissenschaft, sondern die Einsicht, dass die humane Gestaltung der wissenschaftlichen Zivilisation Fragen aufwirft, die auf dem Wege einer wissenschaftlich-technischen Bearbeitung nicht beantwortet werden können. Das Leben in der verwissenschaftlichten Zivilisation selbst ist dasjenige, für das Bildung nach wie vor notwendig sei.[44]

Schelskys Diagnose zur Situation des Menschen in der wissenschaftlichen Zivilisation hat der Philosoph und Soziologe Jürgen Habermas 1964 in einer stärker wissenschaftstheoretischen Studie zum *Wandel akademischer Bildung* bestätigt. In dieser Studie greift er auf die an die aristotelische Ethik erinnernde Unterscheidung von Herstellen bzw. Verfügen und Handeln (Praxis) zurück, um deutlich zu machen, dass die einst vom Neuhumanismus vertretene Überzeugung, dass Wissenschaft bildet, unter der veränderten Wissenschaftslage nicht mehr aufrechterhalten werden kann.

> »Die philosophische Überzeugung des Deutschen Idealismus, dass Wissenschaft bilde, trifft auf die empirisch-analytischen Verfahrensweisen nicht mehr zu [...]. Gewiss vermitteln die Wissenschaften [...] ein spezifisches Können: aber das Verfügenkönnen, das sie lehren, ist nicht dasselbe Leben- und Handelnkönnen, das man vom wissenschaftlich Gebildeten damals erwartete.«[45]

Aus diesem Grund ist es sinnlos, so Habermas, von den empirisch-analytischen Wissenschaften zu erwarten, dass sie beispielsweise in Fragen von Erziehung und Bildung das Handeln des Erziehers anleiten und orientieren können. Erst dann, wenn wir über Orientierungen und Normen für gemeinsames Handeln verfügen, die »weder durch naturwüchsige Traditionen noch durch äußerlich verhängte Sanktionen« gewonnen werden können, wie sie die empirisch analytische Wissenschaft untersuchen, »wäre der

Maxime einer Bildung durch Wissenschaft Genüge getan«.[46] Antworten auf den in modernen Gesellschaften steigenden Orientierungsbedarf gehören daher für Habermas zwar nicht allein, aber doch auch in den Kreis der wissenschaftlichen Reflexion selbst.

Habermas' Versuch, die »Maxime einer Bildung durch Wissenschaft« zu erneuern, ähnelt Versuchen, die in den 1950er Jahren innerhalb der Erziehungswissenschaft von Bildungstheoretikern vorgetragen wurden. So hat der Bonner Pädagogikprofessor und Philosoph Theodor Litt die Diagnosen Schelskys und Habermas' in gewisser Weise vorweggenommen, wenngleich er sie mit einem Akzent versah, der eine deutliche Abrechnung mit der neuhumanistischen Tradition einschließt. Der Neuhumanismus hat, so Litt, den wissenschaftlich-technischen Charakter der modernen Welt, insbesondere der »modernen Arbeitswelt«, nicht nur nicht erfassen und begreifen können, sondern diesem feindlich und abwehrend gegenübergestanden. Daher muss der neuhumanistische Begriff von Bildung verabschiedet werden.[47] Litt zufolge ist es gleichsam die Schuld des Neuhumanismus selbst, dass er sich auf das Innere und die Innerlichkeit des Menschen konzentriert und dadurch versäumt hat, den Zustand der Welt, wie sie ist und geworden ist, zu begreifen. Die »Sehnsucht nach dem ganzen Menschen«, den er im antiken Griechenland glaubte finden zu können, hat den Neuhumanismus blind gemacht für ein angemessenes Verständnis der Veränderungen der modernen Welt. Ein solches Verständnis muss umgekehrt die Verwissenschaftlichung und Technisierung insbesondere der modernen Arbeitswelt freisprechen »von der Anklage, in einem fluchwürdigen Fehltritt ihren Ursprung zu haben«.[48] Hierbei ist zu beachten, und genau darin liegt die Parallele zu Habermas, dass der zwischenmenschliche ebenso wie der weltbezogene »Umgang« nicht identisch mit der Herrschaft über Naturprozesse ist, wie wir sie vor allem in der technisierten und verwissen-

schaftlichten Arbeitswelt antreffen. Die »Pflegebedürftigkeit« des Umgangs und des Umgangswissens zählt Litt zu
den zentralen Aufgaben, denen sich Philosophie und Pädagogik stellen müssen.

Zu den Bildungstheoretikern der 1950er und der 1960er
Jahre, die wie Litt die in der geisteswissenschaftlichen Tradition vertretene Auffassung kritisieren, seit Humboldt
habe sich nur wenig verändert, sodass an ihn unmittelbar
angeschlossen werden könne, gehört auch der Freiburger
Philosoph und Pädagoge Eugen Fink. Seine Forderung,
Technische Bildung als Selbsterkenntnis zu begreifen, wendet sich gleichermaßen gegen die Auffassung, die Bildung
sei primär in den Geisteswissenschaften zu Hause, wie gegen einen flachen Fortschrittsglauben, der die Technisierung und Verwissenschaftlichung der Welt mit humanem
Fortschritt identifiziert.[49] Wie für Litt und Habermas besteht auch für Fink eine der Moderne angemessene Bildung darin, die Leistungen der konstruierenden Wissenschaften anzuerkennen, ihre lebensweltlichen Folgen zu
reflektieren und ihre Grenzen zu begreifen.

Die »Pflegebedürftigkeit« des Umgangs ist in gewisser
Weise auch das Thema Joachim Ritters und seines Versuchs einer Funktionsbestimmung der modernen Geisteswissenschaften als eines wesentlichen »Elements der Bildung« in der modernen Welt, das für die Bewahrung der
Humanität menschlichen Zusammenlebens unverzichtbar
ist, so Ritter. Er geht im Anschluss an Hegel von der »Entzweiung« aus, die mit der Entstehung der modernen bürgerlichen Gesellschaft unvermeidlich gesetzt ist. Mit der
»Entzweiung« ist, so führt er aus, zum einen die Ge-
schichtslosigkeit und die Abstraktheit gemeint, in welche
die frei und gleich gewordenen Subjekte der modernen
bürgerlichen Gesellschaft nach der Auflösung aller ständischen Herkunftswelten und Traditionen eintreten. Zum
anderen ist die menschliche Arbeit und die mit ihr verbundene »nutzende und verfügende Herrschaft [...] über die

Natur« vor allem in der Gestalt der modernen Naturwissenschaft dasjenige Band, durch das sich die Gesellschaft im Wandel erhält. Die Aufgabe der Geisteswissenschaft besteht nun darin, dass sie die dehumanisierenden Folgen einer ihre eigene Geschichte vergessenden Gesellschaft kompensieren und die entmenschlichenden Begleiterscheinungen einer allein über Arbeit und Geld sich definierenden Gesellschaft ausgleichen. Die Geisteswissenschaften holen in den Zusammenhang der Gesellschaft zurück, halten »offen und gegenwärtig«, bringen also zur Gegenwart und zum gegenwärtigen Bewusstsein, was die moderne Gesellschaft notwendig außer sich setzen muss. In den Gestalten von Literatur und Literaturwissenschaft, Moral und Ethik, Kunst und Kunstwissenschaft sowie Geschichtswissenschaft, Pädagogik und Philosophie stellten sie ein »Element der Bildung« dar, welches »allen erreichbar und in einer Universalität zugänglich geworden ist, die kein Zeitalter vorher gekannt hat«.[50]

Theodor W. Adorno hat dieser seit Dilthey vertretenen und von Ritter anspruchsvoll untermauerten These, dass die Geisteswissenschaften sich zugutehalten dürfen, in erster Linie Medium von Bildung zu sein, energisch widersprochen.[51] In seiner *Theorie der Halbbildung* beschreibt er 1959 Formen und Gestalten eines »Kulturfetischismus«, in dem Bildung zum Tauschwert verkommt und damit zur Pseudo- oder Halbbildung degeneriert.[52] Zur Halbbildung gehört, dass in ihr nur das verwertbare Ergebnis zählt, nicht aber der Aneignungsprozess selbst. Dieser kommt ohne »Hingabe an die Sache« (Horkheimer) aus und nimmt in ihr die Form einer instrumentellen Zurichtung für beliebige Zwecke an.[53] Man muss Adornos These, dass Bildung unter den Bedingungen einer kapitalistischen Warengesellschaft »notwendig« zur Halbbildung wird, nicht zustimmen. Doch seine Theorie der Halbbildung, und hierin liegt ihre bleibende Bedeutung, kennt, durchaus im Einklang mit Humboldt,[54] kein primäres oder vorrangiges

Medium – auch die Wissenschaft nicht –, an dem Bildung sich entwickeln oder vollziehen könnte und sollte. Adornos Text erreicht seinen Höhepunkt in einer aporetisch argumentierenden ›Bestimmung‹ von Bildung:

> »Sie ist antinomischen Wesens. Sie hat als ihre Bedingung Autonomie und Freiheit, verweist jedoch zugleich, bis heute, auf Strukturen einer dem Einzelnen gegenüber vorgegebenen, in gewissem Sinn heteronomen und darum hinfälligen Ordnung, an der allein er sich zu bilden vermag. Daher gibt es in dem Augenblick, in dem es Bildung gibt, sie eigentlich schon nicht mehr. In ihrem Ursprung ist ihr Zerfall teleologisch bereits gesetzt.«[55]

Die bildungstheoretischen Diskurse in der Erziehungswissenschaft wurden von der zweiten Hälfte der 1960er Jahre bis zur Mitte der 1970er Jahre zu einem nicht unwesentlichen Teil durch die Verabschiedung der eigenen geisteswissenschaftlichen Tradition sowie durch die Rezeption der kritischen Theorie der Frankfurter Schule (Adorno, Horkheimer, Habermas) bestimmt.[56] Vor allem die Wissenschaftstheorie und Sozialphilosophie von Jürgen Habermas prägte das neue Selbstverständnis der Erziehungswissenschaft, das von wichtigen Vertretern der sogenannten kritischen Erziehungswissenschaft (W. Klafki, H. Blankertz, K. Mollenhauer) entwickelt wurde. Merkwürdig ist in diesem Zusammenhang, dass das Bemühen der kritischen Erziehungswissenschaft, den Bildungsbegriff von der affirmativen Vereinnahmung durch die geisteswissenschaftliche Pädagogik zu befreien und seine gesellschaftliche, politische und pädagogische Relevanz zu sichern, nicht an die einst von Flitner zaghaft eröffnete, von Schelsky und Habermas gesellschaftstheoretisch erweiterte Diskussion um das prekär gewordene Verhältnis von Bildung und Wissenschaft anknüpfte. Die kritische Erziehungswissenschaft begnügte sich vielmehr mit den von Habermas getroffenen Unterscheidungen zwischen einem den empirisch-analytischen Wissenschaften zugrundeliegenden technischen Interesse, einem den hermeneutischen Geisteswissenschaften eigenen praktischen Interesse und einem den kritischen Handlungswissenschaften zugrundeliegenden emanzipatorischen Interesse, welches ideologiekritisch nicht durchschaute Abhängigkeits- und Herrschaftsverhältnisse aufdecke.[57] Im emanzipatorischen Interesse glaubten die Vertreter einer kritischen Erziehungswissenschaft das Interesse der Pädagogik an der Mündigkeit der Heranwachsenden zeitgemäß reformulieren zu können. Der theoriestrategische Gewinn ihrer Selbsteinreihung in den bei Habermas auf Politikwissenschaft, Ökonomie und Soziologie konzentrierten Kreis kritischer Handlungswissenschaften lag, jedenfalls zunächst, auf der Hand. Man hoffte, auf diese Weise die empirischen Sozialwissenschaften integrieren und zugleich begrenzen, die Hermeneutik kritisieren und zugleich retten und ›Emanzipation‹ als neues Grundkonzept ausweisen zu können, das den Fortschritt der Gesellschaft mit dem von Erziehung und Bildung zu verbinden erlaubt. Wie am erziehungstheoretischen Diskurs gezeigt wurde, war Mollenhauer unter den Erziehungswissenschaftlern der erste, der unter Bezugnahme auf Habermas dem auf Emanzipation zielenden theoretischen und praktischen Programm erste Konturen gegeben hat.[58]

Dem Marburger Erziehungswissenschaftler Wolfgang Klafki kommt das Verdienst zu, die Substanz der klassischen Bildungstheorien mit den empirisch-analytischen Sozialwissenschaften, der historischen Hermeneutik und den ideologiekritischen Verfahrensweisen einer Analyse von nicht durchschauten Herrschaftsverhältnissen verbunden zu haben.[59] Bildung ist nach Klafki ein Inbegriff für den Zusammenhang von drei elementaren Grundfähigkeiten, nämlich (1) der Fähigkeit zur vernunftorientierten individuellen Selbstbestimmung, (2) der Fähigkeit zur verantwortlichen Mitbestimmung in der gemeinsamen Welt sowie (3) der Fähigkeit zur Solidarität mit anderen. Diese Fähigkeiten können für Klafki nicht einfach in Anspruch genommen werden, sondern sind das Ergebnis selbsttätiger Lern- und Bildungsprozesse, die nicht zuletzt Schule und der Unterricht ermöglichen müssen.

Das Herzstück dieser Konzeption bildet eine an die klassische Bildungstheorie erinnernde Denkfigur, die Klafki schon Ende der 1950er Jahre, als er noch dem Kreis der geisteswissenschaftlichen Pädagogik angehörte, entwickelte und die er in Arbeiten, die nach der Rezeption der kritischen Theorie entstanden, zu bewahren und weiterzuführen suchte. »Kategoriale Bildung« nennt er jenen prozessualen Vorgang, in dem ein Subjekt sich Sachverhalte in ihren elementaren grundbegrifflichen Bestimmungen so aneignet, dass ihm die Welt in ihren kognitiven, moralischen, ästhetischen und praktischen Dimensionen erschlossen wird. Die vielseitig bildende Aneignung von Welt bzw. Weltausschnitten soll das Subjekt auf diese Weise zugleich zur verantwortlichen Teilname am gemeinsamen Handeln befähigen.

Der späte Klafki hat diesen Vorgang als »Bildung im Medium des Allgemeinen« bezeichnet. Schulischer Unterricht trägt, so Klafki, in besonderer Weise zu solcher Bildung bei, wenn er Sachverhalte thematisiere, die »epochaltypische Schlüsselprobleme« betreffen. Zu diesen zählt Klafki u.a. die Friedensfrage, das Umweltproblem, die Auswirkungen der Informationstechnologie sowie Probleme, die mit sozialen Ungleichheiten und Ungerechtigkeiten zusammenhängen.

Wie Klafki steht auch Herwig Blankertz in den Traditionen des Idealismus und des Neuhumanismus, der geisteswissenschaftlichen Pädagogik und der kritischen Theorie. Die Erziehungswissenschaft hat ihm zufolge als Theorie die Aufgabe, den Prozess von Erziehung und Bildung als einen Prozess der »Emanzipation« zu rekonstruieren,

»d. h. als Prozess der Befreiung des Menschen zu sich selbst«.[60] Die kritische Theorie, insbesondere diejenige Adornos, veranlasste Blankertz, die auch von ihm im Kern festgehaltene neuhumanistische Bildungskonzeption stärker mit der gesellschaftlichen und politischen Wirklichkeit zu vermitteln, als dies der Neuhumanismus und die Neuhumanismus-Rezeption vermocht hatten. Bildung, verstanden »als Freiheit zu Urteil und Kritik«, ist Blankertz zufolge nur noch dann möglich, wenn ideologiekritisch ins Bewusstsein gehoben wird, »dass dieses Bildungsverständnis bisher immer wieder entgegen seinen Versprechungen dazu missbraucht wurde, politische Verhältnisse zu rechtfertigen, die in Wirklichkeit die Bedingung für Bildung im behaupteten Sinne nicht zuließen«.[61] Für Blankertz wie auch für den Bildungstheoretiker Heinz-Joachim Heydorn[62] stellt damit die Auflösung des »Widerspruchs von Bildung und Herrschaft« eine Aufgabe dar, die durch Bildung allein nicht gelöst werden kann.

Die herrschaftliche Indienstnahme von Bildung im 19. und 20. Jahrhundert hat Blankertz dazu veranlasst, den einst mit guten Gründen vom Neuhumanismus formulierten Gegensatz von Bildung »als Freiheit zu Urteil und Kritik« und beruflicher Ausbildung »als Anpassung an vorgegebene Verhältnisse« zugunsten einer Integration von allgemeiner und beruflicher Bildung aufzugeben.[63] Den Maßstab für die Befreiung des Menschen zu sich selbst, der sich auch in der Integration allgemeiner und beruflicher Bildung bewähren muss, erblickt er in der von der europäischen Pädagogik entwickelten »Eigenstruktur« von Bildung und Erziehung. »Das Ganze der Pädagogik«, so Blankertz,

> »enthält einen szientistisch nicht einholbaren Sinn. Dieser Sinn ist eine in der europäischen Tradition aufgehobene Realität. Darum darf die Pädagogik trotz des durch die Geschichte herausgearbeiteten und nicht mehr zu-

rücknehmbaren szientistischen Votums für die Wissenschaft der technischen Zivilisation nicht im Szientismus aufgehen, ist vielmehr um ihrer kritischen Intention willen an die Überlieferung von Philosophie und Umgangsweisheit rückgebunden.«[64]

Dass die von der kritischen Erziehungswissenschaft unternommene Grenzbestimmung der Hermeneutik bzw. deren ideologiekritische Erweiterung oder gar Überwindung im bildungstheoretischen Diskurs nicht das letzte Wort gewesen ist, dokumentieren eindrucksvoll die um das Thema *Hermeneutik und Bildung* kreisenden Arbeiten von Günther Buck.[65] Buck spricht sich in aller Deutlichkeit gegen den »Entlarvungscharakter« der Ideologiekritik der kritischen Theorie aus und sucht stattdessen unter ausdrücklicher Berufung auf Dilthey, Nohl und Flitner die Hermeneutik zu rehabilitieren. Sein Versuch, Hermeneutik als »Handlungshermeneutik« zu begründen und ihre bildungstheoretische Relevanz nachzuweisen, greift dann freilich nicht auf die hermeneutischen und bildungstheoretischen Arbeiten dieser Autoren zurück, sondern hat die philosophische Hermeneutik Hans-Georg Gadamers zur Grundlage.[66]

Für Gadamer ist das Verstehen im Sinne der Hermeneutik nicht eine methodische Verfahrensweise der Geisteswissenschaften, sondern, wie es unter Rekurs auf Martin Heidegger heißt, eine »Seinsweise des Daseins selber«.[67] Er behauptet damit, dass ein Interpret, der einen Text zu interpretieren sucht, den Auslegungshorizont, in dem er sich dem Text nähert, gar nicht frei wählen kann, sondern dass der Auslegungshorizont ihm vielmehr wirkungsgeschichtlich zugewachsen ist. Der Interpret kann sich der Macht der Wirkungsgeschichte, der er selbst angehört, nicht entziehen. Auch das ideologiekritische Verfahren, so Buck mit Gadamer, kann der Wirkungsgeschichte nicht entgehen und muss selbst da, wo es die Geltungskraft von Ideologien durchschaut und überwindet, neuerlich mit Voraussetzungen und Prämissen operieren, die es nie ganz ausschalten kann. Gleichwohl, so Gadamer, ist der Horizont, in dem wir als Interpreten stehen, kein »geschlossener Horizont«, sondern etwas, »in das wir hineinwandern und das mit uns wandert. Dem Beweglichen verschieben sich die Horizonte.«[68]

Diesen Gedanken Gadamers hat Buck identitäts- und bildungstheoretisch interpretiert.[69] Identität, so Buck, ist zunächst und unaufhebbar individuelle Identität. Wer wir sind und was wir sind, ist – zunächst – gar kein Resultat persönlicher Anstrengung oder eines entschiedenen Willens, sondern uns zufälligerweise bzw. kontingent zugewachsen – durch unsere Kultur, deren Sprache, die Zufälligkeiten, Schicksale und Widerfahrnisse unserer Biographie und in gewisser Weise auch durch unsere individuelle Natur. Identität, so Buck, »fällt einem zu«. Gleichwohl ist die immer schon bestimmte Identität nicht nur ein kontingentes Faktum, sondern »etwas lebensgeschichtlich Weiterzubestimmendes und zu Bearbeitendes«.[70] Als ein wie auch immer bereits bestimmtes und determiniertes Subjekt verhält sich der Mensch stets auch zu sich selbst. Im Bildungsprozess wird diese bestimmte Identität zum Gegenstand der eigenen »Bearbeitung«, sodass Identität immer auch ein »Produkt projektiven Verhaltens« ist[71]. Dabei ist entscheidend, dass die Kontingenz unserer Identität nie ganz zum Verschwinden gebracht werden kann. Das Individuelle kann erweitert und modifiziert, aber nie ganz aufgelöst werden.[72] In der projektiven Bearbeitung der eigenen Identität, ihrer Bildung, macht sich das Individuum »allgemein«, ohne im Allgemeinen zu verschwinden. Die Aufgabe der Bildung ist daher die Herstellung einer gemeinsamen Welt, die das Streben nach einer Identität einschließt, die sich aus der Gemeinsamkeit der Praxis begreift.

Vorstellungen von einer durch Erziehungs- und Bildungsprozesse mit zu erzeugenden und zu sichernden

Identität sind auch von Mollenhauer diskutiert, aber im Unterschied zu Buck stärker problematisiert worden. Im Schlusskapitel seiner Studie über *Vergessene Zusammenhänge* beschreibt er »Schwierigkeiten mit Identität«, die dreifach gelagert sind: Vorstellungen von einer Identität des Menschen mit sich selbst oder mit externen normativen Anforderungen und Erwartungen verfehlen das, was im modernen Sinne unter Bildsamkeit und Bildung zu verstehen ist. In individuellen Bildungsverläufen zeigt sich dies daran, dass der an seiner Bildung arbeitende Mensch weder mit sich selbst noch mit der ihn umgebenden Welt identisch sein oder werden könne. Werden Bildung in der Tradition Humboldts als freie, rege und mannigfaltige Wechselwirkung von Mensch und Welt konzipiert, kann Identität weder als eine Chiffre für den Bildungsprozess noch eine Perspektive für dessen Ziele und Aufgaben sein. Dies gilt, so Mollenhauer, nicht nur für individuelle Bildungsverläufe, die über Selbstentwürfe und Welterfahrungen vermittelt sind, sondern auch für gesellschaftliche Bildungsprozesse und öffentliche Bildungsreformen. Eine Identität zwischen antizipierten und erreichbaren Bildungszielen, wie sie in erziehungsstaatlichen und staatspädagogischen Konzepten angestrebt wird, ist auch hier weder legitim noch erreichbar. Nach Mollenhauer kann es »Identität« als feststehendes Substrat oder normatives Ziel – ähnlich wie bei Buck und Adorno – nur als »Fiktion, nicht aber als empirisch zu sichernden Sachverhalt« geben. »Diese Fiktion ist eine notwendige Bedingung des Bildungsprozesses, denn nur durch sie bleibt er in Gang.« Identität ist deshalb »eine Fiktion, weil mein Verhältnis zu meinem Selbstbild in die Zukunft hinein offen, weil das Selbstbild ein riskanter Entwurf meiner selbst ist«. Für Bildungsprozesse ist nun niemals nur eine antizipierte Übereinstimmung des Menschen mit sich und der Welt, sondern stets auch der Zweifel an der Stabilität solcher Antizipationen konstitutiv. In diesem Sinne fährt Mollenhauer fort:

»Sofern nun dieserart Zweifel immer angebracht sind und mein Verhältnis zu meinem Selbstbild zum Gegenstand haben, gibt es Identität in Fragen der Bildung des Menschen nur als Problem, nicht als Tatsache. [...] Insofern gibt es, jedenfalls für die pädagogische Theorie, keine Identitäten, sondern nur Identitätsprobleme.«[73]

Identitätsprobleme der Einzelnen wie der modernen Gesellschaft insgesamt hat Hartmut von Hentig in seinen Begründungsschriften zur Bildungsreform der 1960er und 1970er Jahre unter der problematischen Überschrift »Allgemeine Lernziele der neuen Schule« beschrieben. Von Hentigs Ziele beziehen sich auf alle Lebensbereiche und wollen Perspektiven für einen bildenden Umgang der Heranwachsenden mit sich selbst und der Welt eröffnen. Statt Bildung als Dauerreflexion in einem Jenseits der vorgegebenen Sach- und Systemzwänge einer verwissenschaftlichten Welt zu verorten, bindet von Hentig gelingende Bildungsprozesse an erfolgreiche Versuche, unter den Sachzwängen des modernen Lebens Spielräume für neue Erfahrungen, Denk- und Handlungsformen zu entdecken und zu erzeugen. Seine Lernziele beziehen sich dabei auf das »Leben in der sich beschleunigt verändernden Welt«, auf Folgeprobleme der fortschreitenden Arbeitsteilung innerhalb und außerhalb der beruflichen Bildung, auf Fragen der ästhetischen und politischen Bildung sowie auf das Zusammenleben der Generationen in der »einen Welt«.[74]

Die »Spielräume« sollen nach von Hentig im Schonraum pädagogischer Institutionen, insbesondere der Schule, dadurch erzeugt werden, dass Sach- und Systemzwänge auf dreifache Weise aufgebrochen werden: Sie sollen (1) die sich in der Gegenwart vollziehenden Veränderungen in den ausdifferenzierten Lebensbereichen für Heranwachsende erfahrbar machen. Sie sollen (2) die Heranwachsenden in die Techniken der Veränderung einführen und über deren Wirkungsmechanismen aufklären. Und sie sollen

(3) in diesen die Ausbildung von Reflexions- und Lebensformen unterstützen, welche es den Heranwachsenden erlaubt, jenseits starrer Identitätsvorstellungen in ein reflektiertes Verhältnis zu den Prozessen der Veränderung zu treten.

Von Hentig hat 1987 die Orientierung des Bildungsprozesses an Lernzielen als eine unzulässige Problemreduktion kritisiert und sich von der von ihm teilweise mitvollzogenen Substitution pädagogischer Begriffe wie »Erziehung« und »Bildung« durch sozialwissenschaftliche Begriffe wie »Lernen«, »Sozialisation« und »Qualifikation« distanziert.[75] Eine ähnliche Rückbesinnung vollzog auch Mollenhauer, wenn er in seinem *Selbstkritischen Rückblick in einem Gespräch zwischen den Generationen* 1992 feststellte, die »sozialwissenschaftliche Stilisierung der Sprache« in den 1960er und 1970er Jahren sei ein schlimmer Fehler gewesen, denn »mit dem Auswechseln des Begriffs Bildung durch Lernen oder Sozialisation« seien zentrale pädagogische Probleme »zum Verschwinden gebracht worden«.[76]

Mollenhauer äußerte diese Kritik im Gespräch mit dem Bielefelder Erziehungswissenschaftler Theodor Schulze, der seinerseits in seinen Schriften zwar nicht für eine Destruktion pädagogischer Fragestellungen, wohl aber für einen Ersatz des Erziehungs- und Bildungsbegriffs durch den Begriff des »Lernens« eintritt.[77] Dass Begriffe wie »Lernen« und »Sozialisation« für die Erfassung und Beschreibung pädagogischer Sachverhalte hilfreich, für sich genommen aber nicht ausreichend sind, haben Klaus Prange und Wolfgang Sünkel zuletzt noch einmal in grundlegenden Studien gezeigt.[78] Lernen findet, so Prange, sowohl vor als auch neben und nach der Erziehung statt und kann daher nicht zum alleinigen Grundbegriff der Pädagogik stilisiert werden. Der erziehende und bildende Umgang der erwachsenen mit der nachwachsenden Generation ist, so Sünkel, kein bloß sozialisatorisches Geschehen, sondern eine in nichtpädagogische Interaktionen eingebettete und aus diesen herausgehobene Form pädagogischen Handelns, das in umgänglichen Kontexten als »Protopädie« und in intentional-geplanten Kontexten als »Pädeutik« beschrieben werden könne.

Während Prange das pädagogische Zeigen zur Grundform pädagogischen Handelns erhebt und für unterrichtliche Interaktionsformen eine zentrale Stellung in pädagogischen Prozessen reklamiert, betont Sünkel die an nachahmend-mimetische Aneignungsprozesse zurückgebundene Grundstruktur von Erziehungs- und Bildungsprozessen, die den unterrichtlichen und beratenden Interaktionsformen vorgelagert sei. Auf ihre Vernachlässigung sei zurückzuführen, so Sünkel, dass Pädagogik und Erziehungswissenschaft den Themenkreis der Sozialisation weitgehend an Soziologie und Psychologie abgetreten haben. Zur Wiederentdeckung des Pädagogischen gehört daher unverzichtbar eine Rehabilitation elementarer Formen pädagogischen Handelns und eine Weiterentwicklung der pädagogischen Fachsprache. In dieser noch zu entwickelnden neuen Fachsprache sollen Lernen, Erziehung, Bildung und Sozialisation nicht als voneinander unabhängige, separate Sachverhalte, sondern als kategorial zu unterscheidende und unterschiedlichen wissenschaftlichen Betrachtungsarten und Wissensformen zugeordnete Sachverhalte ausgewiesen werden.

Dass die Wiedergewinnung des Pädagogischen weder mit der Separierung pädagogischer Sachverhalte (etwa der Konzentration auf das traditionelle Erzieher-Zögling-Verhältnis) noch durch einen rein wissenschaftlichen Zugriff (etwa durch empirisch-analytische oder historisch-hermeneutische Verfahrensweisen) ermöglicht werden kann, zeigen die im letzten Drittel des 20. Jahrhunderts verstärkt diskutierten phänomenologischen Bildungstheorien. Phänomenologische Ansätze zeichnen sich dadurch aus, dass sie Erscheinungsweisen (Phänomene) der Welt wie des Menschlichen ohne letztbegründenden Anspruch zu erfassen suchen. Bildung und Erziehung des Menschen werden zu anderen Existenzformen des Menschen in Beziehung gesetzt, beispielsweise zu Arbeit und Herrschaft (Fink), und weisen als gemeinsame Struktur aller Koexistentialien die menschliche Leiblichkeit (Käte Meyer-Drawe), Freiheit (Egon Schütz), Zeitlichkeit und Geschichtlichkeit (Wilfried Lippitz) sowie Sozialität und Sprachlichkeit (Klaus Schaller; Käte Meyer-Drawe) auf. Die phänomenologische Betrachtung der Bildung des Menschen hat ihre Kooperations- und Integrationsfähigkeit hinsichtlich einer Vielzahl humanwissenschaftlicher Themen und Disziplinen erwiesen. Das gilt insbesondere für die Erfassung vorwissenschaftlicher Phänomene des kindlichen Welt- und Selbstverhältnisses sowie die Betrachtung von Formen nichtsubjektzentrierten Lehrens und Lernens. Dass das Subjekt, das lehrende wie das lernende, meinen kann, in seinem Handeln selbstmächtig (sei es über sich selbst, sei es über andere) verfügen zu können, hat die Bildungsphänomenologie als Ausdruck gewisser »Illusionen von Autonomie« näher bestimmt.[79]

Mit Illusionen und deren Auflösung befasst sich auch die von Wolfgang Fischer begründete und von Jörg Ruhloff fortgesetzte und weitergeführte skeptisch-kritische Bildungstheorie. Die Illusionen, die sie aufspürt, sind eingebettet in als selbstverständlich angesehene Überzeugungen, die als nicht durchschaute Voraussetzungen sowohl im alltagspraktischen Handlungswissen als auch in wissenschaftlicher Forschung und Theoriebildung wirksam sind und durch skeptische Voraussetzungsanalyse bewusst gemacht werden können. Nach ihrem eigenen Selbstverständnis formuliert die skeptisch-kritische Pädagogik keine systemerzeugende Bildungstheorie, die mit anderen konkurrieren will. Die Offenlegung nicht durchschauter (metaphysischer) Voraussetzungen geht nicht davon aus, dass Illusionen dieser Art generell vermieden werden können. Sie erfolgt vielmehr in der Absicht, die mit nicht durchschauten Voraussetzungen möglicherweise verbundenen Gewissheitsansprüche zurückzuweisen und die in ihnen versteckten Probleme wieder dem Denken zuzuführen. Dieser »problematisierende Vernunftgebrauch« ist daher mit dem, was diesem Ansatz zufolge Bildung heißt, identisch.[80] Dieses Anliegen kann die kritisch-skeptische Bildungstheorie allerdings nur dann verfolgen, wenn sie für sich selbst keinen systembildenden und insofern ›positiven‹ Begriff von Bildung formuliert, sondern die Bedeutung von Skepsis und Kritik darin erblickt, Denkspielräume offenzuhalten, die ohne sie möglicherweise nicht bestünden.[81]

Weitere Versuche zur Wiedergewinnung des Pädagogischen im Bereich bildungstheoretischer Diskurse lassen sich gegenwärtig auch in Auseinandersetzung mit Anstrengungen der empirischen Bildungsforschung beobachten, welche die bildungstheoretischen Diskurse um kompetenztheoretische Ansätze zu erweitern sucht. Die unter dem Namen PISA (Programme for International Student Assessment) bekannt gewordenen Forschungen haben für einzelne Lernbereiche wie Lesen und Mathematik sowie Naturwissenschaft und Technik Kompetenzmodelle entwickelt, welche lernbereichsspezifische Niveaustufen im Wissen und Können unterscheiden. Mit ihrer Hilfe lassen sich innerhalb und außerhalb des Bildungssystems erworbene Fähigkeiten messen und Leistungen unterschiedlicher Bildungssysteme vergleichen.[82]

Von ihren Kritikern wird gegen die neueste Bildungsforschung eingewendet, Bildung sei aufgrund ihrer Prozessstruktur grundsätzlich nicht messbar. Messungen, die von standardisierten Normen ausgehen, verfehlten darum die Eigenlogik und bildende Struktur pädagogischer Prozesse. Diese Kritik, die aus erziehungs- und bildungstheoretischer Hinsicht durchaus berechtigt ist, nutzt für sich genommen nicht jene Chancen, die aus einer Kooperation von Bildungstheorie und Bildungsforschung entstehen

können. Statt Bildungsforschung generell unter einen pädagogischen Ideologieverdacht zu stellen, kommt es viel
eher darauf an, bildungstheoretisch ausgewiesene Kompetenzmodelle zu entwickeln, die zwischen fachspezifischem
Grundwissen, einer in verschiedene Wissensformen sich
differenzierenden Urteilskompetenz und einer auf die ausdifferenzierten Gesellschaftssysteme und Handlungsfelder
auszulegenden Partizipationskompetenz unterscheiden.

Hierfür geeignete Kompetenzmodelle sind, wie die Debatte nach PISA zeigt, nur auf dem Boden einer ausgewiesenen bildungstheoretischen Reflexion sowie unter Einsatz
der von der empirischen Bildungsforschung entwickelten
Instrumente zu gewinnen. Entsprechende bildungstheoretische Überlegungen, die Fragestellungen unterschiedlicher
Traditionen kritischer Theorie aufnehmen und weiterführen, erlauben es, zwischen lebensweltlichen, kritisch-ratio-
nalistischen, hermeneutischen, ideologiekritischen, skep-
tisch-kritischen und pragmatischen Formen der Erfahrung
und des Wissens zu unterscheiden.[83] Eine hieran anschließende empirische Bildungsforschung könnte zeigen, wie
diese Wissensformen in konkreten Lernbereichen kommunizieren. Nur gemeinsam sind Bildungstheorie und empirische Bildungsforschung in der Lage, gehaltvolle Aufgaben
zu konstruieren, mit deren Hilfe sich Anspruchsniveaus
fachspezifischer Kompetenzen differenzieren lassen.[84]

Worauf es hierbei ankommt, lässt sich an einem Beispiel
aus der neueren Diskussion verdeutlichen, das sich auf das
Bankwesen und die Zinseszinsrechnung bezieht. Berichtet
wird über einen Ausspruch eines Sechsjährigen, der seinen
Vater zum Bankautomaten begleitet und anschließend mit
der Einsicht überrascht, nun wisse er endlich, woher das
Geld komme, um im gleichem Atemzug die Frage aufzu-
werfen, wann denn auch er so eine Karte bekomme und
sich aus dem Automaten mit Geld versorgen könne. Die
lebensweltliche Erfahrung, die hier zu Worte kommt, ist
zweifellos basal und leibzentriert vermittelt, aber sie führt

nicht unmittelbar zu einem tiefergehenden Verständnis der Zusammenhänge, die an ihr aufscheinen. Sie bedarf daher einer unterrichtlichen Erweiterung, die auf andere Wissensformen Bezug nimmt. Ein hierfür geeigneter Unterricht muss Differenzen zwischen lebensweltlichen und szientifisch-technischen Erfahrungen im Umgang mit Geld thematisieren und zeigen, dass der Besitz von Geld an bestimmte Voraussetzungen wie z.B. Arbeit oder eine Erbschaft zurückgebunden ist, und in die Zinseszinsrechnung so einführen, dass die Lernenden erkennen, dass sich Geld nicht einfach auf der Bank vermehrt. Bei der Klärung entsprechender Zusammenhänge sind auch die historisch-gesellschaftlichen Kontexte darzustellen und die Zusammenhänge zu reflektieren, die zwischen den mathematischen Operationen der Zinzeszinsrechnung und den lebenspraktischen Erfahrungen im Umgang mit der genannten Rechenart existieren. Und schließlich gilt es, mit Hilfe anwendungsbezogener Aufgaben in die unterschiedlichen Logiken einer ökonomischen, ethischen, politischen, ästhetischen und religiösen Deutung der mit den Sachverhalten Geld und Zinsenszins verbundenen Fragen einführen.

Letztere weisen Bezüge zu einem Begriff menschlicher Praxis auf, wie ihn Dietrich Benner in seiner *Allgemeinen Pädagogik* entwickelt hat. Die menschliche Praxis ist, wie Benner unter Berufung auf Arbeiten von Eugen Fink ausführt, durch »sechs Grundphänomene« bestimmt, die in allen uns bekannten vergangenen wie gegenwärtigen Gesellschaften nachweisbar sind:

»Der Mensch muss durch Arbeit, durch Ausbeutung und Pflege der Natur, seine Lebensgrundlage schaffen und erhalten (Ökonomie), er muss Normen und Regeln menschlicher Verständigung problematisieren, weiterentwickeln und anerkennen (Ethik), er muss seine gesellschaftliche Zukunft entwerfen und gestalten (Politik), er transzendiert seine Gegenwart in ästhetischen

Darstellungen (Kunst) und ist konfrontiert mit dem Problem der Endlichkeit seiner Mitmenschen und seines eigenen Todes (Religion). Zu Arbeit, Ethik, Politik, Kunst und Religion gehört als sechstes Grundphänomen das der Erziehung. Der Mensch steht in einem Generationenverhältnis, wird von Angehörigen der ihm vorausgehenden Generation erzogen und erzieht Angehörige der ihm nachfolgenden Generationen.«[85]

Bildungstheoretisch zentral ist an dieser praxisphänomenologischen Überlegung der Gedanke, dass die Grundphänomene menschlichen Daseins und menschlichen Handelns einen Zusammenhang darstellen, der nicht im Sinne einer höheren Wertigkeit der einen Praxis im Vergleich mit einer anderen in eine hierarchische Stufung gebracht werden darf. So ist es beispielsweise nicht zulässig, die pädagogische Praxis unmittelbar der Ökonomie oder der Politik unterzuordnen und von diesen aus zu bestimmen. Die Geschichte hat selbstverständlich solche Stufungen gekannt. Erst die Neuzeit hat, vor allem in den großen ethischen, politischen und pädagogischen Entwürfen der Aufklärung und des deutschen Idealismus, den Gedanken eines »nicht-hierarchischen« Zusammenhangs der grundlegenden menschlichen Handlungsfelder hervorgebracht. Der praxisphänomenologische Rekurs auf die sechs Grundformen menschlichen Handelns erweist sich damit zugleich als ein problemgeschichtlicher Rückgriff.

Dem nichthierarchischen Zusammenhang der menschlichen Praxis korrespondiert diesem Ansatz zufolge die Vorstellung vom Menschen als einem bildsamen Wesen. »Bildsamkeit« als bildungstheoretisches Prinzip bedeutet Bestimmtheit und Unbestimmtheit des (heranwachsenden) Menschen zugleich: Als leibliches, freies, sprachliches und geschichtliches Wesen ist der Mensch dazu bestimmt, im Medium einer vorgefundenen gesellschaftlichen Wirklichkeit seine Identität zu finden. Gleichzeitig ist diese Wirklichkeit für den Menschen keine unveränderbare Tatsache und Norm, sondern ist eine durch menschliche Praxis entstandene und daher für Weiterentwicklung und Transformation offene Wirklichkeit.

In Lern- und Transformationsprozessen spielen negative Erfahrungen, die Heranwachsende bei der Aneignung einer ihnen widerständig gegenüberstehenden Welt machen, eine zentrale Rolle.[86] Negative Erfahrungen enttäuschen nicht nur Antizipationen und Erwartungen, von denen Lernende in Bildungsprozessen ausgehen, sondern fügen in schon erworbene Wissens- und Könnenszusammenhänge zugleich Spalte ein,[87] an die sich Neues anlagern kann. Entsprechende Lücken verdienen, wie Horst Rumpf gezeigt hat, eine besondere »pädagogische Aufmerksamkeit«, die weniger auf Lernresultate als vielmehr auf Bildungsprozesse ausgerichtet ist.[88] Wer nicht aus Irrtümern und Fehlern lernen kann, wird auch nicht durch Schaden klug. Negative Erfahrungen müssen daher nicht schädlich sein. Sie gehören vielmehr zu jenem Grundbestand von Erfahrungen, auf dem Menschen – skeptisch und neugierig zugleich – weiterlernen können.

Diskurse über die Ordnung des Bildungssystems

Die in Deutschland nach 1945 geführten Diskurse über die Ordnung des Bildungssystems weisen zwar Bezüge zu den erziehungs- und bildungstheoretischen Diskursen auf, verfolgen jedoch gleichzeitig eigene Problemstellungen. Auch sie wurden anfänglich von der geisteswissenschaftlichen Pädagogik dominiert und später um empirische, sozialwissenschaftliche und skeptische Diskursformationen erweitert. An der Geschichte der großen Schulreformpläne lässt sich diese Entwicklung nachzeichnen.

Geisteswissenschaftliche Ansätze versuchten nach 1945 die Vielfalt der überkommenen Schulformen, insbesondere die Volksschule, die Realschule und die höheren Schulen, zu legitimieren. Sie gingen von der Annahme aus, das gegliederte Schulsystem habe sich bewährt und lasse sich mit klugen Anpassungen an den gesellschaftlichen Wandel weiterführen. Weitergehende Reformpläne, wie sie insbesondere von den USA propagiert wurden, die in den westlichen Besatzungszonen ein Einheitsschulsystem einzuführen beabsichtigten, scheiterten an einer restaurativen Bildungspolitik, die mit Unterstützung deutscher Emigranten in den USA in den ersten Nachkriegsjahren zur Stabilisierung des dreigliedrigen Schulsystems von Volksschulen, Realschulen und höheren Schulen führte.[89]

Mit dem *Rahmenplan des Deutschen Ausschusses für das Erziehungs- und Bildungswesen* von 1959 und dem *Bremer Plan zur Neugestaltung des Deutschen Schulwesens* von 1960 wurden jedoch konkurrierende Schulstrukturmodelle vorgelegt. Der Bremer Plan sah eine auf die vierjährige Grundschule folgende gemeinsame Mittelschule sowie eine weitgehende Vereinheitlichung der Dauer des Schulbesuchs in den verschiedenen Typen von Oberschulen und Gymnasien vor, der Rahmenplan zielte auf eine Umbenennung der Volksschulen in Hauptschulen sowie die Einrichtung von »Förderstufen«, welche entweder an die drei weiterführenden Schulen (Hauptschule, Realschule, Gymnasium) angegliedert oder der Grundschule zugeordnet werden und dann zu einer Verlängerung der Grundschulzeit von vier auf sechs Jahre führen sollten. Kinder, deren entsprechende Begabung schon mit zehn Jahren erkennbar ist, sollten zudem ohne Umweg über die Förderstufe eine »Studienschule« besuchen können, welche Traditionen des altsprachlichen Gymnasiums fortführt. Keiner der beiden Pläne wurde umgesetzt.

Als 1957 die Sowjetunion einen ersten Satelliten ins Weltall schoss und kurze Zeit darauf von der OECD schon seit längerem in Auftrag gegebene Ländervergleiche sowie unabhängige sozialwissenschaftliche Studien einen Modernitätsrückstand des deutschen Bildungssystems nachwiesen, der sich an der Benachteiligung von Kindern bildungsferner Schichten sowie einer vergleichsweise geringen Anzahl an Abiturienten festmachen ließ,[90] rief der Religionsphilosoph und Altphilologe Georg Picht 1964 die sogenannte deutsche *Bildungskatastrophe* aus. Ein Jahr später erschien Ralf Dahrendorfs Studie *Bildung ist Bürgerrecht*, in der als Pflicht des Staates angesehen wird, durch Bildungsreformen einen Beitrag zur Herstellung von Chancengleichheit zu leisten. Die Wahrnehmung des Rechts auf Bildung kann nach Dahrendorf letztlich nur individuell erfolgen; sie setzt mannigfaltige Formen von Bildungsprozessen und Wahlmöglichkeiten von Bildungsinhalten voraus.

Im gleichen Jahr setzten die Bundesregierung und die Konferenz der Ministerpräsidenten der deutschen Länder den »Deutschen Bildungsrat« ein, der 1970 einen *Strukturplan* zur Neuordnung des gesamten Bildungssystems vorlegte. Dieser Plan sah eine Überführung der vertikalen Gliederung des Bildungssystems nach Hauptschulen, Realschulen und Gymnasien sowie Berufsschulen in eine horizontale Stufengliederung vom Elementarbereich (Kindergarten) über den Primarbereich (Grundschule) bis zur Sekundarstufe I (mit Orientierungsstufe) und Sekundarstufe II vor und empfahl Schulversuche zur Einrichtung von Gesamtschulen.

Zur Umsetzung des Strukturplans, der nicht nur Vorstellungen des Bremer Plans, sondern auch Reformimpulse der Alliierten wieder aufgriff, werden Gutachten eingeholt, die sich für soziale Koedukation und den Abbau gesellschaftlich verursachter Ungleichheit sowie eine Dynamisierung des Begabungsbegriffs und eine planmäßige Ausschöpfung von Begabungsreserven aussprachen. Die Gutachten empfahlen als Instrumente der Reform insbesondere Maßnahmen zur Weckung von Lernmotivation,[91] schlugen aber auch curriculare Reformen vor, darunter solche, die aus einer Antizipation künftiger Lebenssituationen Qualifikationen und aus diesen die Inhalte für ein Vollzeitcurriculum vom Kindergarten bis zum Studium ableiten zu können versprachen.[92]

Erziehungswissenschaftler wie Klaus Mollenhauer wiesen schon früh auf bildungstheoretische, didaktische und schultheoretische Defizite der Reformkonzepte hin, die weniger auf pädagogische Innovationen und stärker auf psychologische und bildungsökonomische Modellierungen und Problemlösungen setzten.[93] Versuche mit Gesamtschulen und Vergleiche zwischen Schülerleistungen in unterschiedlichen weiterführenden Schulen bestätigten wenige Jahre später nicht nur die von Seiten der Erziehungswissenschaft früh geäußerten Bedenken. Sie erbrachten darüber hinaus zugleich den Nachweis, dass die Ziele der Reform in den Gesamtschulversuchen letztlich nicht erreicht wurden. Gesamtschulen können die sozialen Determinanten des Lernens nicht auf den von der Reform eingeschlagenen Wegen außer Kraft setzen. Sie organisieren, wie andere Schulen auch, ihrerseits Selektionsprozesse, die soziale Ungleichheit nicht nur reproduzieren, sondern zum Teil sogar neu erzeugen.[94]

Teile der Schulpädagogik reagieren auf die Reformkrise der späten 1960er und beginnenden 1970er Jahre mit einem zweifachen Programmwechsel: Zum einen wurden neuartige reformpädagogische Schulversuche ins Leben gerufen, welche die konkrete pädagogische Arbeit in den Schulen veränderten, zum anderen wurde eine radikale Schulkritik formuliert, die in Anlehnung an lateinamerikanische Programme zur »Entschulung der Gesellschaft« auch für Deutschland eine Abschaffung der Schule forderte. Die reformpädagogischen Schulversuche fanden auf allen Stufen des Bildungssystems statt, angefangen von der Grundschule über die Sekundarstufe I bis zur Sekundarstufe II und den Übergängen in Berufsbildung und Studium. In ihrem Zentrum standen weder die Durchsetzung staatlicher Reformziele noch die Einlösung idealistischer Bildungsprogramme, sondern Experimente mit neuen Formen des Lehrens und Lernens. Diese bearbeiten Übergangsprobleme zwischen Familie, Schule und Leben sowie zwischen verschiedenen Schulstufen und suchen für innerschulische Lehr-Lern-Prozesse eine stärkere außerschulische Relevanz zu sichern und wollen außerschulische Determinanten von Erziehung und Sozialisation durch Elternarbeit und umfeldbezogene Politik verändern. In dem in der Stadt Münster konzipierten »Grundschulprojekt Gievebeck« geschieht dies durch eine methodische, thematische und institutionelle Öffnung des Elementarunterrichts für die Bearbeitung außerschulischer Erfahrungswelten der Kinder, im »Schulversuch Glocksee« durch Konzepte einer innerschulischen Reflexion außerschulischer sozialisatorischer Erfahrungen. Die »Laborschule Bielefeld« führte die Primarstufe des Bildungssystems mit der Sekundarstufe I zusammen und gliederte Angebotsunterricht und Projekte nach lebensweltlichen Erfahrungsbereichen, die »Georg-Christoph-Lichtenberg-Gesamtschule Göttingen« richtete Integrationsklassen ein und suchte der Auflösung der Jahrgangsklasse in Kurse durch Stammgruppenunterricht entgegenzuwirken. Die »Kollegstufe Nordrhein-Westfalen« verband allgemeine Grundbildung und berufliche Bildung in doppeltqualifizierenden Bildungsgängen, das Bielefelder »Oberstufenkolleg« die Sekundarstufe II mit der Eingangsstufe des Studiums.[95]

Von Schulversuchen wie den genannten unterscheiden sich Programme und Konzepte zu einer »Entschulung der Gesellschaft« dadurch, dass sie neuerlich die Schulreform zur zentralen Instanz von Gesellschaftsreform erhoben und in der Abschaffung von Schulen den Schlüssel zu einer Humanisierung des Lernens erblickten. Sie erlagen dem Paradox, in der Schule an der Abschaffung schulischer Institutionen arbeiten zu wollen, und verkannten die gesellschaftliche Funktion, der zufolge pädagogische Institutionen unterrichtliche Lehr-Lern-Prozesse unterstützen, die ohne pädagogische Institutionen in modernen Gesellschaften nicht möglich seien.[96]

Besonnenere Stellungnahmen zu der um 1970 vorherrschenden Reformeuphorie entwickelte eine nicht direkt antipädagogisch, sondern skeptisch argumentierende Kritik. Diese warnte davor, alle Reformoptionen, die in einer Gesellschaft gehegt werden, auf die Schule übertragen und die erziehungs- und bildungstheoretischen Orientierungen vorrangig schulpädagogisch einlösen zu wollen.[97]

Neue Einsichten in den Reformverlauf liefert heute die historische Bildungsforschung: Sie ordnet den Verlauf der Bildungsreformen in Deutschland nach 1945 in den Kontext eines seit der Reformation und der Aufklärung stattfindenden Modernisierungsprozesses ein und beschreibt diesen weder vorrangig als Prozess der Benachteiligung unterdrückter Klassen und Schichten noch als eine Bewegung, die zum Aufstieg für alle führt, sondern als Prozess der Bildungsexpansion. So hat Peter Lundgreen in verschiedenen Studien gezeigt, dass es für das 20. Jahrhundert sowohl im nationalen als auch im internationalen Bereich einander sich annähernde Entwicklungstendenzen in der Verschulung von Bildungsgängen und der Steigerung der höheren Schulabschlüsse gibt und dass Zusammenhänge zwischen der Akademisierung, Professionalisierung und Verwissenschaftlichung der Berufe bestehen. Entsprechende Entwicklungen können durch monokausale Erklärungsansätze nicht angemessen beschrieben werden. Nach Lundgreen hat sich die im 19. Jahrhundert nur von einer Minderheit vertretene Auffassung, dass der Erwerb von »Bildungspatenten« der Königsweg für beruflichen und sozialen Aufstieg sei, im 20. Jahrhundert universalisiert. Die Folge ist, dass moderne Bildungssysteme nicht nur Ungleichheit in den Bildungschancen abbauen, sondern vermittelt über ihren Einfluss auf Karrieren zugleich neue Ungleichheit erzeugen.[98]

Vergleicht man die Diagnosen und Prognosen um 1965

mit denen von heute, so kann man sagen, dass zu Beginn des 21. Jahrhunderts nicht mehr von einer Bildungsbenachteiligung von Mädchen im deutschen Bildungssystem gesprochen werden kann. An die Stelle der Benachteiligung des paradigmatischen katholischen Arbeitermädchens aus einer Vielkinderfamilie vom Lande, das alle Indikatoren der Bildungsbenachteiligung der 1950er und 1960er Jahre auf sich vereint, ist längst die Benachteiligung männlicher Heranwachsender aus in Großstädten wohnenden arbeitslosen Migrantenfamilien mit patriarchalischen Leitbildern getreten. Es ist ebenso irrig, die besseren Bildungschancen von Mädchen heute einseitig auf die Bildungsreformen der letzten Jahrzehnte zurückzuführen, wie die Emanzipation männlicher Migrantenkinder in Großstädten von künftigen Reformen zu erwarten. Die Bildungsexpansion hat, wie Lundgreen u. a. zeigen, lange vor 1968 begonnen. Sie ist mehr als nur ein schulisches Phänomen und sie wird voraussichtlich auch künftig fortdauern und auch neue bildungsferne Schichten erfassen.

Auf Religion, Milieu, Lebensformen und die Stellung der Eltern im Beschäftigungsverhältnis zurückzuführende geringere Bildungschancen lassen sich nicht einseitig mit schulischen Mitteln korrigieren: Der Abbau ungleicher Bildungschancen muss vielmehr auch durch Stadtteil- und Kulturpolitik, Arbeitsmarktpolitik und Erwachsenenbildung unterstützt werden. Chancengleichheit ist ebenso wenig ein erreichbares Ideal, wie Chancenungleichheit ein bloß hinzunehmendes Faktum ist.[99]

An die Stelle der reformpädagogischen und -politischen Utopien der 1960er und 1970er Jahre des 20. Jahrhunderts, die von einer Annäherung ökonomischer, demokratischer und bürgerrechtlicher Entwicklungstendenzen ausgingen und Chancengleichheit durch Reformen im Bildungssystem herzustellen versprachen,[100] sind in den letzten Jahrzehnten des 20. Jahrhunderts zunehmend funktionalistische Betrachtungsweisen getreten, die die Leistungen und

Grenzen moderner Bildungssysteme in Anlehnung an die Systemtheorie des Soziologen Niklas Luhmann beschreiben. Im Zuge dieser Entwicklung lässt sich eine erneute Legitimation der Selektionsfunktion moderner Bildungssysteme konstatieren. Dass Schulerfolg über Karrieren im weiteren Bildungsgang mit entscheidet, kann modernen Bildungssystemen nicht einfach als Mangel angelastet werden. Ihre historische Leistung liegt gerade in dem Beitrag, den sie zur Überwindung von Standesschranken und zur Überführung der in vorbürgerlichen Gesellschaftsformationen üblichen Formen von Ungleichheit in Formen einer bürgerlichen Gleichheit erbracht haben. Einheitlichkeit und Differenzierung als Merkmale von Bildungskarrieren in modernen Bildungssystemen stellen so gesehen zwei Seiten von ein und demselben Sachverhalt dar. Die an den horizontalen Stufen des Bildungssystems ablesbare Einheitlichkeit weist Bezüge zu verschiedenen Formen von Differenzierung auf, in denen sich individuelle Bildungskarrieren danach unterscheiden, was die Einzelnen im Bildungssystem leisten bzw. nicht leisten.[101]

In seinen Studien zur Struktur moderner Bildungssysteme hat Luhmann diesen Zusammenhang dadurch zu fassen gesucht, dass er auch für das Erziehungssystem zwischen Code und Programm unterschied und die Eigenlogik schulischer Lehr-Lern-Prozesse an der Abgrenzung besserer von schlechteren Schülerleistungen ausrichtete.[102] Die Unterscheidung zwischen Code und Programm zielt auf eine stärkere Abgrenzung der in Richtlinien und Lehrplänen gesetzten und neuerdings durch Bildungsstandards definierten Bildungsziele von jenen Leistungen, die Schülerinnen und Schülern im Bildungssystem tatsächlich erbringen. Die gesellschaftliche Funktion des Bildungssystems ist es nach Luhmann gerade nicht, die auf der programmatischen Ebene formulierten Ziele wie Chancengleichheit und Bildungsgerechtigkeit zu erreichen, sondern mit Hilfe der jeweiligen Programme code-spezifische Funktionen des Bil-

dungssystems zu erfüllen. Wer vom Bildungssystem verlangt, Chancengleichheit und Bildungsgerechtigkeit herzustellen, so Luhmann, produziert zwangsläufig eine größere Zahl unglücklicher Schüler und unzufriedener Pädagogen. Nur derjenige, der zwischen Code und Programm
unterscheidet, ist in der Lage, in der Beurteilung einer
schlechten Schülerleistung einen ebenso wertvollen pädagogischen Akt zu erkennen wie in der Konstatierung einer
besseren Schülerleistung.

In einer nach seinem Tode veröffentlichten Studie hat
Luhmann seine beiden Thesen, dass im Erziehungssystem
streng zwischen Code und Programm zu unterscheiden sei
und dass als legitimer Code für systemadäquate Leistungen
allein die Unterscheidung »besser/schlechter« tauge, als irrig verworfen.[103] Individuelle Lernprozesse und Leistungen von Bildungssystemen lassen sich nicht durch eine
strikte Trennung von Code und Programm, sondern nur
durch eine Verbindung beider Aspekte angemessen erfassen und beschreiben. Die Unterscheidung zwischen besseren und schlechteren Schülerleistungen ist daher nicht als
systemspezifischer Code, sondern nur als ein Hilfscode des
Erziehungssystems anzusehen, auf den zwar nicht gänzlich
verzichtet werden kann, der aber für sich genommen un-
tauglich ist, um Prozesse im Erziehungssystem angemessen
zu beschreiben, geschweige denn zu legitimieren.

Die über Luhmann hinausführende Diskussion über die
Aufgaben öffentlicher Erziehung und Bildung in schulisch
institutionalisierten Lehr-Lern-Prozessen hat in den letzten Jahrzehnten wieder Anschluss an ältere Einsichten in
die Struktur und Funktionsweise öffentlicher Erziehung
gefunden. In Bildungstheorie, Schultheorie und Bildungsforschung haben sich Positionen und Sichtweisen durchgesetzt, die im Anschluss an die unter dem Namen PISA bekannt gewordenen internationalen Schulleistungsverglei-
che für das deutsche Bildungssystem eine fortbestehende
Bildungsbenachteiligung bildungsferner Schichten feststel-

len, die zu Beginn des 21. Jahrhunderts nicht mehr vorrangig heranwachsende Mädchen in ländlichen Gebieten, sondern Migrantenkinder aus Großstädten aus Familien ohne oder nur mit geringer Erwerbstätigkeit betreffen.[104] Die Befunde legen nahe, schulisch zu vermittelnde Bildung künftig weniger an reformpolitischen Utopien und wieder stärker an einer Vermittlung von Grundbildung und Basiskompetenzen auszurichten. Diese gilt es fachspezifisch zu beschreiben und auf die gesellschaftliche Funktion des Bildungssystems zurückzubeziehen sowie so zu definieren, dass sich Heranwachsende im öffentlichen Bildungssystem Grundkenntnisse sowie Urteils- und Partizipationskompetenzen aneignen können, die in modernen Gesellschaften nicht von selbst gelernt werden.[105]

Es fehlt jedoch gegenwärtig nicht an Warnungen, die der neuen Ausrichtung vorhalten, Grundbildung aus der Sicht der Primarstufe des Bildungssystems zu definieren und dabei auszublenden, dass das deutsche Bildungssystem seine volle Leistungsstärke erst in der Abiturstufe erreicht. Kritisiert wird auch, dass die Betonung sogenannter harter Fächer wie Lesen, Schreiben, Rechnen, Mathematik und Naturwissenschaften für diese einen Vorrang gegenüber vermeintlich weichen Reflexionsfächern wie Literatur, Philosophie, Religion, Sport, Musik und Kunst beansprucht und durch einseitige Standardisierungen den Reichtum von Bildungsinhalten und die Spielräume pädagogischer Interaktion beschädigt. Auf diese Weise trage die neue Orientierung schulischer Lehr-Lern-Prozesse an einem zu erzielenden Output direkt und indirekt an einer Verkümmerung der prozessbezogenen Lern- und Unterrichtskultur bei.[106]

Den zweifellos feststellbaren Gefahren stehen jedoch auch Chancen und Möglichkeiten für eine innovative Kooperation von Bildungstheorie und Bildungsforschung bei der Entwicklung fach- und domänenspezifischer Kompetenzmodelle gegenüber. Diese könnten in einer stärkeren

Berücksichtigung der zwischen lebensweltlichen, wissenschaftlichen, historischen, ideologiekritischen und anwendungsbezogenen Wissensformen bestehenden Beziehungen liegen. Durch sie ließe sich die Leistungsfähigkeit nationaler Bildungssysteme an anspruchsvoll definierten Aufgaben zur Überprüfung von Urteils- und Partizipationskompetenz ausrichten.

Negative Einschätzungen der Entwicklung des deutschen Bildungssystems, die behaupten, im deutschen Einigungsprozess sei das westdeutsche Bildungssystem kritiklos auf die neuen Länder bloß übertragen worden, werden inzwischen durch die Realgeschichte widerlegt. So wurde die in der DDR umstrittene, 1965 vorgenommene Reduktion der Schulzeit von 13 auf 12 Jahre nicht nur in den im Einigungsprozess hinzugekommenen neuen Ländern beibehalten, sondern inzwischen auch auf die alten Länder der BRD übertragen.

Eine vergleichbare Entwicklung zeichnet sich im Bereich der Sekundarstufe I ab. Die neuen Länder führten nach 1991 in der Regel nicht die Hauptschule als neue Schulform neben Realschule und Gymnasium ein, sondern bauten ein Sekundarschulwesen ohne Hauptschule auf, das zunehmend auch in den alten Ländern an Attraktivität gewinnt.[107]

Diskurse zur Theorie der Erziehungswissenschaft

Blickt man aus der Perspektive des beginnenden 21. Jahrhunderts auf die in der zweiten Hälfte des 20. Jahrhunderts geführten Debatten über den Wissenschaftscharakter der Pädagogik bzw. der Erziehungswissenschaft zurück, so lassen sich einige Kernprobleme der Theorie- und Paradigmendiskussion identifizieren. Zu diesen gehören Fragen wie die folgenden: Wie können pädagogische Handlungstheorie, erziehungswissenschaftliche Forschung und päda-

gogische Praxis so in Beziehung zueinander treten, dass
theoretische Reflexionen eine handlungsorientierende Bedeutung gewinnen, praktische Erfahrungen für die Theorieentwicklung lehrreich werden und wissenschaftliche
Forschung sowohl eine theoretische als auch eine praktische Relevanz erhält? Die angesprochenen Fragen werden
zwar schon in der ersten Hälfte des 20. Jahrhunderts diskutiert, gewinnen aber erst nach 1945 ihre bis heute andauernde Aktualität. Die in den 1960er Jahren einsetzende
Kontroverse über den Weg »Von der Pädagogik zur Erziehungswissenschaft« führte vorübergehend dazu, dass wis-
senschaftstheoretische Fragen – und nicht immer zum
Nutzen für die Disziplin – zu Hauptfragen der Erziehungswissenschaft avancierten. Man kann rückblickend
verschiedene Pfade des Wegs von der Pädagogik zur Erziehungswissenschaft unterscheiden, auch wenn sich diese
nicht immer trennscharf voneinander abgrenzen lassen.
Der erste führt von der geisteswissenschaftlichen Pädagogik zur kritischen oder emanzipatorischen Erziehungswissenschaft, der zweite vom induktiven oder deduktiven
Empirismus zum sogenannten kritischen Rationalismus,
der dritte zu einer sich sozialwissenschaftlich verstehenden
Erziehungswissenschaft, die auf sehr unterschiedliche Art
und Weise empirische mit hermeneutischen und kritischen
Verfahren verbindet.

Wie in den erziehungs- und bildungstheoretischen Abschnitten dieses Kapitels bereits gezeigt wurde, stand die
geisteswissenschaftliche Pädagogik in den 1960er Jahren
»am Ausgang ihrer Epoche«. Ihr wissenschaftstheoreti-
sches Selbstverständnis, auf dem Weg einer hermeneutischen Auslegung der vorgefundenen Erziehungswirklichkeit die relative Autonomie der pädagogischen Praxis sta-
bilisieren und im Blick auf mögliche Verbesserungen
anleiten und orientieren zu können, wurde sowohl von der
empirischen als auch von der emanzipatorischen Erziehungswissenschaft zunehmend in Zweifel gezogen. Wäh-

rend die empirische Erziehungswissenschaft das pädagogische Wissen der geisteswissenschaftlichen Pädagogik allenfalls als einen Lieferanten von Hypothesen gelten lässt,
deren erfahrungswissenschaftliche Überprüfung allerdings
noch aussteht,[108] suchen insbesondere Schüler des geisteswissenschaftlichen Pädagogen Erich Weniger das hand-
lungstheoretische Wissen des auf Dilthey zurückgehenden
Ansatzes in eine kritische oder emanzipatorische Erziehungswissenschaft zu transformieren. Die Widersprüche
und die ungelösten Probleme der geisteswissenschaftlichen
Pädagogik sind zwar schon in den 1950er Jahren, beispielsweise von Theodor Litt, aufgedeckt worden, aber erst die
Kritik der geisteswissenschaftlichen Pädagogik und deren
Weiterentwicklung durch die Weniger-Schüler Herwig
Blankertz, Wolfgang Klafki und Klaus Mollenhauer beenden die bis dahin herrschende Dominanz dieser Denkrich-
tung.

Die emanzipatorische Pädagogik stellt ebenso wie die
geisteswissenschaftliche Pädagogik keine in sich geschlossene Schulrichtung dar.[109] In ihr vertreten Klafki, Blankertz
und Mollenhauer eigenständige Positionen, die ihren gemeinsamen Bezugspunkt in der Berufung auf die Frankfurter Schule, insbesondere auf die Sozialphilosophie und
Wissenschaftstheorie von Jürgen Habermas, haben. So hat
Klafki das von Habermas entwickelte Modell zur Integration empirischer, hermeneutischer und ideologiekritischer
Verfahren für eine kritisch-konstruktive Didaktik und erziehungswissenschaftliche Forschung fruchtbar gemacht,
Blankertz wies auf die Unverzichtbarkeit und Gefährdung
der Eigenstruktur und -logik pädagogischer Prozesse hin
und suchte nach neuen Wegen einer Verbindung von allgemeiner und beruflicher Bildung, die Mündigkeit in einem
umfassenden Sinn möglich machen sollten. Mollenhauer
suchte in den 1960er Jahren als erster die geisteswissenschaftliche Pädagogik in kritische Theorie zu überführen
und wandte das neue Paradigma sowohl wissenschaftsthe-

oretisch als auch in sozialpädagogischen Theoriekontexten an. Zugleich beschränkte er die Reichweite des Emanzipationsbegriffs auf die einer negativen Kritik. In den 1980er Jahren wies er dann auf die in der emanzipatorischen Pädagogik vergessene erziehungs- und bildungstheoretische Tradition hin. Nach deren Wiederentdeckung arbeitete er an Theorien und Forschungsvorhaben zur Neukonzeptualisierung von Prozessen ästhetischer Bildung und Erfahrung.[110]

In den 1980er Jahren gelangte auch die emanzipatorische Pädagogik an ein Ende, als die synthetisierende Kraft dieses Ansatzes nachließ und andere Ansätze an Bedeutung gewannen. Diese legen den Emanzipationsbegriff stärker erziehungstheoretisch aus und skizzieren für den Bereich der Bildungstheorie neue Strategien einer nichtaffirmativen Bildung. Das bleibende Verdienst der emanzipatorischen Pädagogik aber kann in ihrer Kritik der geisteswissenschaftlichen Pädagogik und in der Exponierung eines Begriffs von Emanzipation gesehen werden, der nach Mollenhauers Einsicht nicht als positives Leitbild taugt, aber für eine Kritik solcher Leitbilder unverzichtbar ist.

Einen ähnlichen Wandlungsprozess haben auch andere Richtungen der Erziehungswissenschaft im 20. Jahrhundert durchlaufen, so die um 1900 entstandene empirische Erziehungswissenschaft, die sich von einem Paradigma, das überhistorische Gesetze der Erziehung zu ermitteln versprach, zu einer Wissenschaftsdisziplin entwickelt hat, die in ihren kritischen Varianten Poppers Falsifikationskriterium anerkennt.[111] Die Rehabilitierung der empirischen Erziehungswissenschaft gegenüber der geisteswissenschaftlichen Pädagogik wurde Ende der 1950er Jahre durch den Göttinger Erziehungswissenschaftler Heinrich Roth eingeleitet. Sein Plädoyer für eine »realistische Wende« ging davon aus, dass alles, was mit philosophischen, historischen und hermeneutischen Verfahren erforscht werden könne, bereits zu Genüge bearbeitet worden sei und dass neue Er-

kenntnisse nur von den empirisch forschenden Wissen-
schaftsdisziplinen Biologie, Psychologie und Soziologie
erwartet werden können.[112] Deren Wissen hoffte Roth in
einer *Pädagogischen Anthropologie* zusammenführen zu
können, die nicht auf spezielle pädagogische Forschungen
zurückgreift, sondern sich als eine integrationswissen-
schaftliche Disziplin versteht, die empirische Erkenntnisse
unter pädagogischen Problemstellungen ordnet und auslegt.[113]

Die Grenzen der Leistungsfähigkeit dieses Ansatzes
zeigten sich an den Gutachten des Bandes *Begabung und
Lernen*, den Roth im Auftrag des Deutschen Bildungsrates
herausgab. Mit ihrer Hilfe sollte die Ende der 1960er Jahre
beginnende Bildungsreform auf eine wissenschaftliche
Grundlage gestellt werden. Die Gutachten bestätigten
nicht den Anspruch der selber nicht forschenden pädagogischen Anthropologie. Sie problematisierten vielmehr
durch ihre disparaten, sich gegenseitig nicht stützenden
und in der Praxis weitgehend wirkungslosen Reformoptionen die integrative Kraft der von Roth vorgelegten Anthropologie.[114]

Die von Roth eingeleitete empirische Wende erreichte
ihren Höhepunkt, als die VW-Stiftung das von Saul B. Robinsohn am neugegründeten Max-Planck-Institut für Bildungsforschung initiierte Projekt *Bildungsreform als Revision des Curriculum* in ihre Förderung aufnahm.[115] Der
Erfolg dieses Projektes war aber eher bescheiden. Aus Ro-
binsohns Curriculumprojekt ging weder ein Vorschlag zur
Gesamtrevision des Curriculums noch ein Beitrag zur
Überarbeitung eines einzigen Lehrplans hervor. Trotz dieses Misserfolgs kann von einem Scheitern der Bildungsreform aber nicht die Rede sein. Zwar zeigte sich nach einer
Studie von Peter Zelder bereits 1971, dass die Reform in
ihrer ursprünglichen Konzeption nicht finanzierbar war.
Dennoch kam es in der Folgezeit zu einer gewissen »Ausschöpfung« von »Begabungsreserven«. Die Förderung von

Bildungsprozessen bis dahin benachteiligter Gruppen fand allerdings weniger in Gesamtschulen und stärker in den Sekundarstufen I und II der Gymnasien statt.[116]

Eine Sonderstellung in der Konzeptualisierung einer empirisch forschenden Erziehungswissenschaft nimmt Wolfgang Brezinkas *Metatheorie der Erziehung* ein. Sie konzipiert einen Weg *Von der Pädagogik zur Erziehungswissenschaft*, der zwischen normativen und szientifischen Wissensformen unterscheidet und letztere in empirische, historische und erziehungsphilosophische Wissensformen ausdifferenziert. Brenzinkas Konzept ist nicht nur gegen normative Pädagogiken gerichtet, die durch dies Konzept aus dem Reich der Wissenschaft ausgewiesen werden sollen, sondern es setzt solche Pädagogiken in gewissem Sinne zugleich als jene Instanz voraus, die letztlich über die Verwendung der Ergebnisse erziehungswissenschaftlicher Forschung entscheiden soll. Zugleich wendet sich Brezinkas Metatheorie der Erziehung gegen Roths Programm einer integrativen pädagogischen Anthropologie. Brezinkas Wissensformen trennen das, was Roth zusammenführen möchte, und machen – so gesehen – auf Vermittlungsprobleme zwischen einer weltanschaulich argumentierenden normativen Pädagogik und einer empirisch ausgewiesenen Forschung aufmerksam, die integrativ nicht lösbar sind. Brezinkas Programm ist gleichwohl weitgehend Metatheorie geblieben: Es wurde zwar konzipiert, um Forschungsvorhaben zur Entwicklung neuer pädagogischer Technologien zu fundieren, wurde aber nie in diesem Sinne umgesetzt und blieb daher weitgehend Programm.

Von überzogenen eigenen und fremden Erwartungen befreit, die gesamte Bildungsreform empirisch abzusichern, trat in den späten 1970er Jahren auch in der empirischen Erziehungswissenschaft eine gewisse Normalisierung ein.[117] Untersucht wurden nun etwa die Verlässlichkeit von Leistungsmessungen, der Wandel von Einstellungen oder der Verlauf von Lehr-Lern- und Sozialisationsprozessen in unterschiedlichen pädagogischen Handlungsbereichen. Zur Normalität empirischer Forschung in der Erziehungswissenschaft gehören inzwischen auch internationale, Schulsysteme vergleichende Forschungen zur Effektivität schulischen Lehrens und Lernens, wie sie in TIMMS und PISA durchgeführt werden. Aber auch kleinere Projekte wie die in Hamburg durchgeführte Längsschnittstudie LAU sind hier zu nennen.[118] Zur Normalisierung empirischer Erziehungswissenschaft gehört inzwischen auch das Wissen darum, dass ihre Befunde und Resultate erziehungs- und bildungstheoretisch, didaktisch und schultheoretisch und nicht zuletzt auch bildungspolitisch interpretationsbedürftig sind und daher keine direkte Ableitung pädagogischer und schulstruktureller Entscheidungen erlauben.[119]

Vergleicht man die Anfänge empirischer Erziehungswissenschaft in Deutschland mit der in der Gegenwart erreichten Normalisierung empirischer Forschung, so kann man sagen, dass sich nicht die im Kapitel 11 beschriebene Auffassung von Lay, sondern die Position von Meumann als praktikabel erwiesen hat, die schon früh für eine Begrenzung der Zuständigkeit empirischer Forschung plädierte und auf die in der Sache selbst problematische Unterscheidung zwischen normativen und szientifischen Problemstellungen hinwies. An die Stelle des von Lay bevorzugten induktiven und deduktiven Empirismus ist inzwischen eine Auffassung getreten, welche die Dignität empirisch-wissenschaftlicher Aussagen im Sinne von Karl Poppers kritischem Rationalismus daran knüpft, dass ihre Hypothesen an der Erfahrung scheitern können müssen. Die von Popper vertretene weitergehende Auffassung, dass sich mit den Mitteln empirischer Forschung umfassende Theorien aufstellen und überprüfen lassen, hat sich jedoch bisher in der Erziehungswissenschaft nicht bewahrheitet.[120]

Gleichwohl hat sich die seit den 1960er Jahren einsetzende und in den 1970er Jahren vollzogene sozialwissenschaftliche Wende in der Erziehungswissenschaft aus zwei

Gründen als sinnvoll und notwendig erwiesen: Durch sie wurde zum einen der begrenzte Erfahrungshorizont der vornehmlich texthermeneutisch forschenden geisteswissenschaftlichen Pädagogik und Kulturtheorie erweitert und für die sozialwissenschaftliche Forschung geöffnet. Zum anderen leistete die sozialwissenschaftlich ausgelegte empirische Wende einen Beitrag zur Überwindung des Theoriedefizits einer rein empirisch forschenden Erziehungswissenschaft. Durch den nun verstärkt einsetzenden Theorieimport aus Nachbardisziplinen, insbesondere aus der Psychologie und Soziologie, aber auch aus der Sozialgeschichte und Ökonomie, konnte zudem der lange kontrovers geführte Streit über die Entgegensetzung von geisteswissenschaftlicher Pädagogik und empirischer Erziehungswissenschaft überwunden werden.

Als Leitbegriffe und Forschungsthemen, unter denen sich die sozialwissenschaftliche Wende nachhaltig vollzogen hat, sind zunächst drei zu nennen, nämlich »Interaktion und Sozialisation«, »Lehren und Lernen« sowie »Institution und Organisation«. Die individuellen und gesellschaftlichen Aspekte pädagogischen Handelns werden seit den ausgehenden 1960er Jahren nicht mehr wie in der überlieferten Lehre vom pädagogischen Bezug vorrangig kulturphilosophisch betrachtet und deshalb als ohne weiteres miteinander versöhnbar ausgegeben. Die Erziehungswissenschaft beschreibt, analysiert, interpretiert und erklärt nun pädagogisch relevante Interaktions- und Sozialisationsprozesse verstärkt auf der Grundlage der Paradigmen des Behaviorismus, der Psychoanalyse, des Strukturfunktionalismus, des symbolischen Interaktionismus, der soziologischen Habitusforschung und der pädagogischen Biographieforschung.

Ein analoger Perspektivenwechsel fand im letzten Drittel des 20. Jahrhunderts auch in der vornehmlich psychologisch orientierten Lehr-Lern-Forschung statt. Sie analysiert u. a. Verhaltensänderungen, kognitive Prozesse und die

Konstruktion von Selbstbildern bei professionellen Pädagogen und deren Klientel und untersucht Wechselwirkungen zwischen pädagogischen Einwirkungen und der Veränderung der Erfahrung und des Verhaltens von Lernenden in
unterschiedlichen Lernkontexten.[121] An die Stelle traditioneller sinn- und kulturtheoretischer Legitimations- und
Kritikmuster pädagogischer Einrichtungen treten nun
Analysen der organisatorischen und systemischen Verfasstheit pädagogischer Institutionen. Sie konfrontieren die aus
der Tradition der Pädagogik stammende, in der Sache berechtigte Rede von einer Eigenlogik pädagogischer Prozesse mit sozialwissenschaftlichen Hypothesen und Einsichten in die Funktionsweisen und Interdependenzen institutionalisierter Praxen und gesellschaftlicher Systeme.[122]

Quer hierzu verändert sich auch der Horizont der pädagogischen Historiographie. Ideen- und theoriegeschichtli-
che Zugriffsweisen werden nun um solche der Sozialgeschichte und Wissenschaftsforschung ergänzt, von denen
erstere eine zwei Jahrtausende umfassende Tradition theo-
retischer Pädagogik bis in die griechische Antike zurückverfolgt, während die Wissenschaftsforschung die Erziehungswissenschaft als eine junge, erst zwei Jahrhunderte
alte Disziplin rekonstruiert.[123]

Die sozialwissenschaftliche Wende der Pädagogik hat
die Erziehungswissenschaft aus dem müßigen Grundsatz-
streit über ein exklusiv geisteswissenschaftlich oder ausschließlich empirisch-analytisch zu definierendes Wissenschaftsverständnis herausgeführt und an Entwicklungen in
anderen sozialwissenschaftlichen Disziplinen anschlussfähig gemacht. Die weitergehende Hoffnung, die Formie-
rung als Forschungsdisziplin werde der Erziehungswissenschaft zu einer neuen disziplinären Identität als einer zugleich forschenden und praxisorientierenden Wissenschaft
verhelfen, hat sich allerdings aus mindestens drei Gründen
als irrig erwiesen. So sehen (1) die theorieproduzierenden
Disziplinen, insbesondere Psychologie, Soziologie, Öko-

nomie und Systemtheorie, in der Erziehungswissenschaft
in zunehmendem Maße nicht eine Einzelwissenschaft mit
einer eigenen gegenstandskonstitutiven Fragestellung, sondern eine Subdisziplin derjenigen Wissenschaften, aus denen die Erziehungswissenschaft ihre Theorieimporte jeweils bezieht. Hieraus entsteht für die Erziehungswissenschaft die doppelt identitätsbedrohende Gefahr, dass ihre
aus der klassischen Pädagogik um 1800 stammende Orien-
tierungsfunktion entweder (2) mit den kategorialen Rah-
mungen der forschenden Disziplinen einfach identifiziert
oder (3) an eine nichtwissenschaftliche Pädagogik abgetreten wird, in der dann ideologische, weltanschauliche oder
tagespolitische Überzeugungen dominieren.[124]

Ein solcher Identitätsverlust kann, wie die gegenwärtig
erneut diskutierte Unterscheidung relevanter Wissensformen deutlich macht, nicht durch Optionen für eine neue
Einheit von theoretischem Wissen, Forschungswissen und
Orientierungswissen verhindert werden. Er ist freilich
auch nicht durch eine bloße Abgrenzung erziehungswissenschaftlicher und nichtwissenschaftsfähiger, pädago-
gisch-praktischer Wissensformen vermeidbar, wie sie im
Alltagshandeln und im professionellen Handeln von Erziehern, Lehrern usw. beobachtbar sind. Sinnvoller erscheint es demgegenüber, zwei unterschiedliche und kategorial getrennte wissenschaftliche Wissensformen voneinander zu differenzieren: Die eine geht begrifflich und
systematisch vor und präsentiert allgemeines Orientie-
rungs- und Strukturwissen, das sich in Erziehungs- und
Bildungstheorien und in allgemeinen Pädagogiken niederschlägt. Die andere artikuliert sich erfahrungswissenschaft-
lich und tritt entweder als historische oder als empirisch-
analytische Bildungsforschung auf. Beide sind wissenschaftliche Wissensformen und als solche unverzichtbar.
Beide sind, auch dann, wenn Vermittlungen zwischen ihnen in Forschungsprojekten gesucht und gefunden werden
können, gleichwohl deutlich voneinander zu unterschei-

den. An die Stelle einer strikten Gleichsetzung oder antagonistischen Gegenüberstellung von Pädagogik und Erziehungswissenschaft treten damit Konzepte, die zwischen handlungstheoretischen und sozialwissenschaftlichen Problemstellungen unterscheiden, beide aneinander anschlussfähig machen, Abstimmungs- und Vermittlungsprobleme zwischen ihnen diskutieren und sie auf die Konstitutionsproblematik eines erziehungswissenschaftlichen Forschungsfeldes zurückbeziehen.

Welches sind vor diesem Hintergrund die bleibenden Fragen und die Zukunftsaussichten, die die Entwicklung der Erziehungswissenschaft auch im 21. Jahrhundert begleiten werden? Die in dieser *Geschichte der Pädagogik* beschriebenen Probleme einer Vergewisserung über die Eigenlogik pädagogischen Denkens und Handelns, einer bildungstheoretisch ausgewiesenen Konzeptualisierung einer gemeinsamen Grundbildung für alle, einer Sicherung der gesellschaftlichen Voraussetzungen für gelingende Bildungsprozesse sowie einer Weiterentwicklung des Erziehungssystems werden wohl auch in Zukunft die Diskurse in der Erziehungswissenschaft bestimmen und an eine demokratische Öffentlichkeit zurückbinden. Zu den Dauerproblemen wird auch die Diskussion über den Abbau gesellschaftlich produzierter und nachwachsender Ungleichheit gehören. Ihr Abbau gehört zu den unverzichtbaren Aufgaben freiheitlicher Gesellschaften, auch wenn es hier keine endgültigen Lösungen geben kann.

Für die Zukunftsaussichten der Erziehungswissenschaft bedeutet dies, dass ihre disziplinären Aufgaben weder durch eine beliebige Ausweitung ihrer Zuständigkeiten für die Analyse und Betreuung kontingenter Lebensläufe noch in einem Rückzug auf Fragen der Erziehung und des Unterrichts angemessen definiert werden können. Zentral dürfte vielmehr die Thematisierung und Reflexion der Generationendifferenz von alt und jung bleiben, die ein zugleich anthropologisches und historisches, also variantes

Faktum darstellt.[125] In diesem Faktum haben pädagogische Praxis und Erziehungswissenschaft ihren gemeinsamen Mittelpunkt. Aufgabe der Erziehungswissenschaft wird es auch künftig sein, den Wandel der im Generationenverhältnis sich stellenden Fragen und Probleme wissenschaftlich zu analysieren, zu interpretieren und sowohl intern (in den Diskursen des Erziehungssystems) als auch extern (im Medium öffentlichen Streits und öffentlicher Verständigung) diskutabel zu halten.[126]

Zu den am Ende des 20. Jahrhunderts wieder stärker ins Bewusstsein getretenen und künftig zu bewahrenden Einsichten gehört auch diejenige, dass das pädagogische Handeln seinen zentralen Referenzpunkt weder in Gemeinschaft oder Individualität noch in Staat oder Gesellschaft und auch nicht in Kultur oder Natur hat. An die Stelle dieser aus vergangenen Jahrhunderten stammenden Referenzpunkte sind Erfahrungen und Einsichten in die weltoffene und unbestimmte Lernfähigkeit des Menschen, in eine in der Geschichte zuvor nicht gekannte Pluralität der Lebensformen sowie in die für Demokratien unverzichtbare Öffentlichkeit der Diskurse getreten, die auch in Zukunft das Selbstverständnis der Erziehungswissenschaft bestimmen werden.[127] Die Erziehungswissenschaft strebt nach einem öffentlich und wissenschaftlich zu diskutierenden Wissen und Verstehen, durch das sich eine moderne, wissenschaftliche oder wissenschaftsgestützte Zivilisation über die zu ihrer eigenen Weiterentwicklung möglichen oder notwendigen pädagogischen Prozesse aufklärt. Das hierfür erforderliche Orientierungswissen lässt sich von empirischem, historischem und systematischem Wissen weder trennen, noch ist es mit diesem identisch. Dass Erziehungswissenschaft zusammen mit den Geistes- und Sozialwissenschaften ein Artikulationsorgan für dieses Orientierungswissen ist, nicht aber sein Produzent, gehört darum vielleicht zu den vorläufig letzten Einsichten, die eine Geschichte der Pädagogik in die Diskussion einbringen kann.

Anmerkungen

1. Vorneuzeitliche Kontexte neuzeitlicher Pädagogik

1 Zur antiken *paideia* vgl. Jaeger 1934 ff.; Christes/Klein/Lüth (Hrsg.) 2006.

2 Vgl. Platons Ausführungen zur menschlichen »Natur in bezug auf Bildung und Unbildung« und die Verortung des Bildungsprozesses im Spannungsfeld zwischen dem Ausgang, Verlassen und der Rückkehr in die Höhle vorgängiger Erfahrungen in seinem sog. Höhlengleichnis (Politeia 514a–521b) sowie die Hinweise zur kategorialen Verfasstheit von Bildungsprozessen (›das Nicht-Gebildete wird gebildet‹ oder der ›nicht-gebildete Mensch wird ein gebildeter Mensch‹) in der Aristotelischen Physik 189b–192b.

3 Die Grundstruktur des kulturellen Gedächtnisses ist daher weiter zu fassen, als J. Assmann (1999) dies tut, wenn er dieses mit Verweis auf das alte Ägypten primär in der Religion verortet und die Ausdifferenzierung der Bereiche des Ökonomischen, Pädagogischen, Moralischen, Politischen, Ästhetischen und Religiösen vernachlässigt.

4 Platon, Protagoras 320c–322g; vgl. hierzu Benner/Brüggen 2004, S. 174.

5 Aristoteles, Politik 1537a27.

6 Vgl. ebd., 1261a16–23; 1261b6–15.

7 Vgl. Christes/Klein/Lüth (Hrsg.) 2006, S. 89–123.

8 Aristoteles, Metaphysik 981a–b.

9 Vgl. hierzu Spaemann/Löw 1981.

10 Die späteren freien Künste des Quadrivium mit den in Algebra, Geometrie, Astronomie und Musik geordneten Wissenschaften von der natürlichen Ordnung und des Trivium mit den in die Disziplinen Grammatik, Rhetorik und Logik geordneten Wissenschaften vom Menschen haben hierin ihren Ursprung.

2. Die Pädagogik im Humanismus

1 Ein Ternar bezeichnet eine Dreiheit oder eine Dreieinigkeit.
  Auch die Pädagogik des 18. und des 19. Jahrhunderts kennt solche Ternare, z. B. Rousseau, wenn er als Erzieher die Natur, die
  Dinge und die Menschen benennt oder auch Herbart, der die
  Erziehung in Regierung, Unterricht und Zucht unterteilt. Als
  »pädagogischer Ternar« taucht der Begriff vermutlich das erste
  Mal in der Schrift *Aristoteles als Pädagoge und Didaktiker* von
  Otto Willmann auf (Leipzig 1909). In der Gegenwart wird dieser Begriff u. a. noch von Prange (2005) und Böhm (2010) verwendet.
2 Vgl. Aristoteles, Politik, 1332a 28 ff.
3 Erasmus 1529, S. 122.
4 Vergerio zit. nach Garin 1966, S. 195 ff.; zum nicht ständisch
  orientierten Charakter dieser Schrift vgl. Rüegg 1973, S. 107 ff.;
  vgl auch Musolff/Hellekamps 2006, S. 7.
5 Petrarca, S. 105.
6 Vgl. Buck 1987, S. 156 ff. sowie Müller 1984, S. 35 ff.
7 Zit. nach Harth 1970, S. 93. Dieser Leitspruch besagt, dass die
  Lektüre humanistischer Schriften Auswirkungen hat in Sitte,
  Umgang und Handeln. Frei übersetzt könnte man sagen: Lesen
  bildet.
8 Erasmus, Ciceronianus, zit. nach Garin 1966, S. 22; die Polizia-
  no-Stelle stammt vermutlich aus einem Brief an Paolo Cortesio;
  hier nach Garin 1966, S. 13.
9 Rüegg 1946, S. 25.
10 Rüegg 1973, S. 107.
11 Ebd.
12 Vgl. Erasmus 1519 und 1526.
13 Erasmus 1529, S. 137.
14 Vgl. zu Vittorino und Guarino Garin 1966, S. 33 ff., Böhme
   1984, S. 171 ff. und Müller 1984, bes. S. 315 ff.
15 Zu Matteo Palmieri vgl. Baron 1992.
16 Zit. nach Buck 1987, S. 284.
17 Zit. nach Buck 1987, S. 28.
18 Manetti zitiert nach Buck 1987, S. 256.
19 Pico della Mirandola 1496, S. 9.
20 Erasmus 1529, S. 115 und S. 111 ff.
21 Vgl. Elias 1980, S. 65 ff. (Bd. 1).
22 Erasmus 1518, S. 25 f.

23 Zitiert nach Kühlmann 2004, S. 282.
24 Erasmus 1516, S. 372 (eigene Übersetzung).
25 Erasmus 1530, S. 89.
26 Ursprünglich hat Erasmus diese Schrift an den 11jährigen Heinrich von Burgund (1519–1532) adressiert. Die Schrift erscheint 1530 zum ersten Mal und wird bereits im selben Jahr zehnmal neu aufgelegt. Sie ist in fast alle europäischen Sprachen übersetzt worden und hat bis zum frühen 18. Jahrhundert mehr als 130 Auflagen erlebt.
27 Vgl. Elias 1977, Bd. 1, S. 65–76, sowie die Anm. S. 312–316.
28 Vgl. Kühlmann 2004.
29 Erasmus knüpft an das italienische *civilitá* an, das bereits von Pietro Paolo Vergerio und Leon Battista Alberti zur Bezeichnung von zivilem und zivilisiertem Betragen verwendet wurde.
30 Luther 1523, S. 48.
31 Luther 1524, S. 62; vgl. zum Folgenden Fuhrmann 2001, S. 48.
32 Melanchthon 1518a, S. 149.
33 Melanchthon 1518b, S. 42.
34 Kühlmann 1996, S. 166.
35 Vgl. hierzu Kap. 3.
36 Ignatius von Loyola 1548.
37 Vgl. Funiok/Schöndorf 2000.
38 Ebd., S. 151 f.
39 Montaigne 1580, S. 122 f.
40 Ebd., S. 123.
41 Ebd., S. 124.
42 Milton 1644, S. 8.
43 Ebd.
44 Ebd., S. 12.
45 Vgl. zum Folgenden Kühlmann 1996, S. 172 ff.
46 Zit. nach Ballauff/Schaller 1970, S. 136 f.
47 Zit. nach Ballauff/Schaller 1970, S. 275.
48 Ebd.
49 Ebd., S. 276.
50 Ebd., S. 278.
51 Zit. nach Ballauff/Schaller 1970, S. 279.
52 Vgl. Blankertz 1983, S. 39 ff.
53 Zit. nach Ballauff/Schaller 1970, S. 221.

3. Rationalitäts- und Bildungskonzepte der frühen Neuzeit:
Bacon und Comenius

1 Bacon 1620, S. 96.
2 Ebd., S. 22 und S. 30.
3 Vgl. hierzu Spaemann/Löw 1981, S. 51 ff.
4 Vgl. hierzu Aristoteles, Politik, 1256a–1259b.
5 Bacon 1620, S. 96. Die deutsche Kurzfassung lautet: Wissen und Macht fallen in demselben zusammen (bzw. sind identisch): »Scientia et potentia in idem coincidunt« (ebd.).
6 Ebd., S. 26.
7 Ebd., S. 93 f.
8 Vgl. ebd., S. 39.
9 Vgl. ebd., S. 56 ff.
10 Vgl. hierzu Buck 1984, S. 29 ff.; vgl. auch Schaller 1962.
11 *Homo est Omnia et Nihil. Nihil ex se, dum nascitur. Omnia ex intentione Dei, ad cuius imaginem formatus, et institutione bona, qua eo formandus est.* (»Der Mensch ist alles und nichts. Nichts aus sich heraus, wenn er geboren wird. Alles nach der Absicht Gottes, nach dessen Bild er geformt wurde, und durch eine gute Unterweisung, durch welche er gebildet werden kann.«); Comenius, Pansophie, zit. nach Buck 1984, S. 72.
12 Comenius 1657, S. 55 f.
13 Ebd., S. 53 f.
14 Ebd., S. 54–57.
15 Ebd., S. 58.
16 Vgl. hierzu Schaller 2003.
17 Comenius 1657, S. 59.
18 Ebd., S. 62.
19 Ebd., S. 67 f.
20 Ebd., S. 68.
21 J. A. Comenius, Orbis sensualium pictus, Noribergae 1658, Faks.-Druck Osnabrück 1964, Tab. CXX.
22 Ebd., S. 244 f.
23 Siehe hierzu Buck 1984, S. 55.
24 Vgl. hierzu Koch 2003.
25 Bacon 1620, S. 25 und 29.
26 Ebd., S. 89.
27 Bacon starb 1626, kannte also Galileis überwiegend induktiv verfahrende Fallexperimente und Kepplers Planetengesetze,

nicht aber Newtons hypothetisches System einer nach mathematischen Prinzipien konstruierbaren Ordnung der Natur.

28 Dury 1651; zu Dury vgl. auch Webster 2002, S. 214 ff.; Adamson 1921, S. 138 ff., Turnbull 1968 sowie Lenhart 1998, S. 34 ff.

29 Vgl. hierzu auch Adamson 1921, S. 155 f.

30 Nach Dury 1651, S. 18. (»Die Hauptaufgabe der Erziehung insgesamt, der Jungen wie der Mädchen, sollte keine andere sein
als diejenige, sie zu befähigen, Gott in Christus zu erkennen, so
dass sie ein dem Evangelium würdiges Leben führen können,
und nützliche Mitglieder in der Gemeinschaft der Generationen
zu werden. Gemäß diesen Zielen müssen sie unterwiesen werden zum einen darin, ein gottesfürchtiges Leben zu führen, und
zum anderen darin, dienstbare Mitglieder der Gesellschaft zu
werden, in der sie leben.«)

31 Vgl. Webster 2002, S. 214.

32 Die Schüler sollen befähigt werden für »profitable employ-
ments which they fit them to be good Commonwealth men, by
the knowledge of all things are fundamentall for the State in
Husbandry, in Civill Offices for the Administrations of Justice;
in the Peace and War; and in Oeconomicall Duties by which
they may be servicabele to their own families, and to their
neighbours.« (Dury 1651, S. 21; »Die Schüler sollen befähigt
werden, nützliche Diener der menschlichen Gemeinschaft zu
werden durch die Kenntnis all der grundlegenden Dinge, die
für den Hausstand, für die bürgerlichen Aufgaben in Justiz und
Verwaltung sowie für die Erledigung ihrer ökonomischen
Pflichten erforderlich sind, wodurch sie sich gegenüber ihrer
eigenen Familie wie gegenüber ihren Nachbarn als nützlich und
dienstbar erweisen.«)

4. Naturrecht und Erziehung: Locke und Rousseau

1 Vgl. hierzu vor allem die ersten sechs Kapitel in Lockes 1690
erschienener *Zweiter Abhandlung über die Regierung*.

2 Gemeint ist Sir Robert Filmers 1680 erschiene Schrift *Patri-
archa, or the Natural Power of Kings* (›Das Patriarchat oder die
natürliche Herrschaft der Könige‹). Sie ist der Hauptgegen-
stand der Kritik in Lockes erster Abhandlung über die Regierung.

3 Vgl. Locke 1690, § 71. Zu Lockes politischer Philosophie vgl.

Kersting 1994, S. 109–139 sowie den ausführlichen Kommentar
von Ludwig Siep (2007) zur zweiten Abhandlung.

4 Ebd., § 55.
5 Ebd.
6 Ebd., § 66.
7 Ebd., § 68.
8 Locke 1693. Die heutigen Ausgaben folgen in der Regel der
Textfassung, die in der 1714 erschienenen ersten Gesamtausga-
be der Werke John Lockes enthalten ist. Sie geht auf die erheblich erweiterte fünfte Auflage der Schrift aus dem Jahr 1705 zurück.
9 Locke 1693, S. 5. Zu Lockes Erziehungsschrift vgl. J. W. and J. S.
Yolton 1989 sowie Winkler 1981.
10 Vgl. Vogel 1974, S. 177.
11 Ebd., S. 7.
12 Locke 1693, S. 7.
13 Ebd., S. 268.
14 Ebd., S. 51.
15 Locke 1690, § 55; vgl. auch Locke 1693, S. 44.
16 Locke 1693, S. 43 und S. 41.
17 Ebd., S. 43.
18 Ebd., S. 50 f.
19 Ebd., S. 107.
20 Ebd., S. 167.
21 Ebd., S. 109.
22 Ebd., S. 108.
23 Vgl. Rousseau 1762b, S. 380 ff.
24 Vgl. Rousseau 1750, S. 14.
25 Vgl. Aristoteles, Politik 1254 a; Rousseau 1755, S. 37.
26 Rousseau 1755, S. 53.
27 Rousseau 1762a, S. 46.
28 Rousseau 1755, S. 71.
29 Ebd.
30 Vgl. Rousseau 1762a, S. 385.
31 Vgl. hierzu die vergleichenden Überlegungen zur Erziehung
der Ägypter, zur Erziehung im *Ancien Régime* und zur künftigen Erziehung in: Rousseau 1762a, S. 15 f.
32 Rousseau 1762b, S. 281.
33 Rousseau 1762a, S. 6.
34 Ebd., S. 47.
35 Als *bonté naturelle* bezeichnet Rousseau die natürliche oder ur-

sprüngliche Güte des einsam lebenden Menschen, des Wilden (*sauvage*) vor dessen Eintritt in die Gesellschaft. Damit ist gerade nicht gemeint, dass dieser Mensch bereits über moralische Fähigkeiten im Sinne von Tugenden verfügt. Die natürliche Güte bezeichnet vielmehr einen Zustand moralischer Indifferenz: Der Mensch ist nicht von Natur aus böse, aber er ist in der Lage, einmal moralische oder tugendhafte Qualitäten zu entwickeln. Im Naturzustand sind diese Qualitäten, da der Mensch einsam und ungebunden lebt, noch nicht erforderlich und daher noch nicht vorhanden.

36 Ebd., S. 9.
37 Rousseau 1780, S. 677.
38 Vgl. ebd., S. 249 ff.
39 Ebd., S. 335 ff.
40 Ebd., S. 466.
41 Ebd., S. 476.
42 Vgl. die Feststellung, dass »alle kleinen Mädchen [...] mit Widerwillen lesen und schreiben« lernen, aber »stets gern, die Nadel [...] führen« (Rousseau 1762a, S. 481).
43 Vgl. ebd., S. 535 ff.
44 Ebd., S. 598.
45 Ebd., 1762a, S. 261; Übersetzung geändert.
46 Der Verlegenheit, die neue Erziehung selber praktizieren zu müssen, entzog sich Rousseau, indem er in seinen *Bekenntnissen* eingestand, seine insgesamt fünf Kinder gleich nach der Geburt in Findelhäuser gegeben zu haben – Kinder, von denen bis heute niemand weiß, ob es sie überhaupt gegeben hat und die von Rousseaus Frau Thérèse Levasseur geboren worden sein sollen, von der nach allem, was über sie berichtet wird, vermutet werden darf, dass sie sich einer solchen ›Entsorgung‹ vermutlich entschieden widersetzt hätte. Vgl. die fiktive Darstellung von Rousseaus Frau in Feuchtwanger 1995.
47 Vgl. Jaspers 1935.
48 Vgl. Rousseau 1962a, S. 13.
49 Siehe hierzu Fetscher 1975.

5. Das pädagogische Jahrhundert in Deutschland

1 Zu den Vorläufern des Pietismus zählen u.a. Johann Arndts
  Vier Bücher vom Wahren Christentum (1605–10), während Philipp Jakob Speners *Pia desideria oder Hertzliches Verlangen
  nach gottgefälliger Besserung der wahren Evangelischen Kirche*
  (1675) mit ihrem theologischen Reformprogramm zu den
  Gründungsdokumenten des Pietismus gerechnet wird. Das von
  Spener eingerichtete *collegium pietatis*, in dem Erbauungstexte
  gelesen und besprochen wurden, stellt mit seiner rasch anwachsenden Teilnehmerzahl eine der Keimzellen der pietistischen
  Bewegung dar. Vgl. zum Pietismus insgesamt: Brecht [u.a.]
  2004.
2 Francke 1690/91, S. 28.
3 Ebd.
4 Das datierbare Bekehrungserlebnis wird in der Francke-For-
  schung auf die reformierte Tradition (Calvinismus) zurückgeführt (vgl. Wallmann 1986, S. 161 f.).
5 Francke 1698, S. 8. François de Salignac de La Mothe-Fénelon,
  der Erzbischof von Cambrai und Erzieher der Enkel Lud-
  wigs XIV., hat neben der von Francke sehr geschätzten Schrift
  über die Erziehung der Mädchen den Bildungsroman *Les
  Aventures de Télémaque, fils d'Ulysse* (›Die Abenteuer des Te-
  lemach‹) verfasst. Fénelon gilt als Begründer einer »Pädagogik
  der reinen Liebe« (Ballauff), die nicht, wie die herkömmliche
  Erziehung, die Tugendliebe, sondern die absolute, von aller Reflexion befreite Hingabe an die Liebe Gottes propagiert. Diese
  noch durch keine Reflexion gestörte Hingabe sieht er im »Geist
  der Kindheit« (*esprit d'enfance*), der zu wahrer sittlicher Spontaneität fähig sei, verwirklicht.
6 Ebd.
7 Ebd.
8 Ebd., S. 9.
9 Francke 1748, S. 15.
10 Ebd., S. 15.
11 Ebd., S. 17.
12 Ebd., S. 50.
13 Ebd., S. 59.
14 Vgl. Wagner 2008, S. 464 ff.
15 Die massiven Lebenskonflikte, die aus diesem die pietistische
   Pädagogik kennzeichnenden Zwiespalt herrühren, sind für das

19. Jahrhundert gut dokumentiert worden (vgl. hierzu Herr-
mann/Priem 2001).

16 Vgl. Sträter 1982.

17 Vgl. Obst 2002.

18 Francke 1748, ebd., S. 89.

19 Menck 1969, S. 57.

20 Campe 1796, S. 11; vgl. auch Campe 1785, sowie Blankertz
1963, S. 36 ff.

21 Vgl. hierzu Schmitt/Tosch (Hrsg.) 2001.

22 Vgl. Benner/Kemper 2009, S. 85–136; eine Auswahl von Schriften, zum Dessauischen Philanthropin findet sich in Benner/
Kemper (Hrsg.) 2000, S. 51–226.

23 Über dieses Philanthropin informiert insbesondere der Band:
Philanthropinischer Erziehungsplan oder vollständige Nachricht von dem ersten wirklichen Philanthropin zu Marschlins
1776.

24 Siehe hierzu Benner/Kemper 2009, S. 137–187; eine Auswahl
von Schriften zum Erziehungsinstitut in Schnepfenthal findet
sich in Benner/Kemper (Hrsg.) 2000, S. 227–342.

25 Zur Pädagogik Sextros vgl. Göstemeyer 1989.

26 Vgl. hierzu Benner/Kemper 2009. S. 188–242; eine Auswahl
von Quellen zum Jenkauer Institut finden sich in Benner/Kem-
per (Hrsg.) 2000, S. 343–400.

27 Vgl. hierzu Sextro 1785, S. 97. Unter Industriosität versteht
Sextro nicht die Kompetenz, in industrialisierten Arbeitsprozessen tätig zu werden, sondern einen selbsttätigen, auf Muße
weitgehend verzichtenden Fleiß, den die Arbeitenden als Bürger verantwortlich für das Gemeinwohl und für sich selbst aufbringen.

28 Vgl. Villaume 1788, S. 36 f.

29 Campe 1785, S. 350.

30 Vgl. Abel 1981.

31 Campe 1796, S. 4 f.

32 Ebd., S. 7.

33 Ebd., S. 34 ff.

34 Vgl. ebd., S. 91 ff.

35 Vgl. ebd., S. 141 ff.

36 Von einem Catharineum, 1776, S. 123.

37 Von Mädchen-Schulen, 1792, S. 225 f.

38 Vgl. hierzu Schummel 1776; eine Sammlung der Spiele findet
sich in: Philanthropinischer Erziehungsplan 1776, S. 315–372.

39 Vgl. Campe 1777; Basedow 1777/78; zur externen Kritik der philanthropischen Erziehungsmittel vgl. auch Anonymus 1780.
40 Anonymus 1792, S. 424.
41 Schleiermacher 1805.
42 Stephani 1797, S. 25–30.
43 Ebd., S. 29.
44 Stephani 1815, S. 53 ff.
45 Ebd., S. 57 ff.
46 Zachariae 1804, S. 51 ff. und S. 226 ff.
47 Zit. nach Ulbricht 1961, S. 20; zur weiteren Diskussion über Fragen eines öffentlichen, staatlichen und nationalen Bildungssystems siehe die Ausführungen in Kapitel 8, hier S. 182 ff.

6. Die Bedeutung der Pädagogik Kants und des deutschen Idealismus

1 Kant's handschriftlicher Nachlass 1942, S. 44.
2 Kant 1803, S. 711.
3 Vgl. hierzu Ruhloff 1975; zu Kant insgesamt vgl. auch Koch/ Schönherr 2005.
4 Kant 1803, S. 707.
5 Kant 1798, S. 676 und S. 699.
6 Kant 1803, S. 709.
7 Ebd., S. 706.
8 Kant 1798, S. 674 ff.
9 Ebd., S. 670.
10 Kant 1803, S. 707.
11 Kant 1798, S. 676.
12 Kant 1803, S. 731.
13 Ebd.
14 Ebd., S. 729.
15 Ebd., S. 729.
16 Ebd., S. 707.
17 Ebd., S. 707.
18 Kant 1784, S. 9.
19 Kant 1803, S. 704.
20 Ebd., S. 710.
21 Ebd., S. 700.
22 Ebd.
23 Kant 1784, S. 16 f.

24 Fichte 1808, S. 404.
25 Herbart 1832, S. 167 f.
26 Fichte 1800.
27 Vgl. Kap. 3, hier S. 57 ff.
28 Fichte 1925, S. 449.
29 Fichte 1808, S. 395 f.
30 Fichte 1794.
31 Vgl. ebd., S. 19 ff.
32 Ebd.
33 Ebd., S. 48.
34 Ebd., S. 53 ff.
35 Ebd., S. 41.
36 Ebd., S. 89–98.
37 Ebd., S. 40.
38 Fichte 1813, S. 624.
39 Fichte 1796, S. 37.
40 Ebd., S. 43.
41 Ebd., S. 37.
42 Ebd., S. 40.
43 Ebd., S. 69.
44 Fichte 1808, S. 399 f.
45 Jachmann 1811, S. 343 ff.
46 Ebd., S. 346.
47 Löwith 1969, S. 315.
48 Hegel 1809, S. 314.
49 Ebd., S. 314.
50 Ebd., S. 321.
51 Ebd., S. 317.
52 Ebd., S. 332.
53 Ebd.
54 Ebd.
55 Ebd., S. 333.
56 Hegel 1830, S. 81.
57 Hegel 1809, S. 320 f.
58 Ebd., S. 321.
59 Ebd., S. 348.
60 Ebd.
61 Ebd.
62 Ebd.
63 Ebd., S. 349.
64 Ebd.

65 Ebd., S. 325.
66 Ebd., S. 365.
67 Ebd.
68 Vgl. Ritter 1963, S. 129 ff.
69 Hegel 1811, S. 350.
70 Ebd., S. 351.
71 Ebd., S. 351.
72 Ebd., S. 353.
73 Ebd., S. 354.
74 Hegel 1807, S. 14.
75 Ebd., S. 35.
76 Ebd., S. 359.
77 Ebd., S. 376 ff.
78 Ebd., S. 398 ff.
79 Ebd., S. 413.
80 Ebd., S. 431 ff.
81 Hegel/Schelling 1796/97, S. 112.
82 Hegel 1807, S. 591.
83 Hegel 1970, S. 35.

7. Die pädagogische Romantik

1 Herder 1769, S. 15; vgl. zu dieser Stelle auch Safranski 2009, S. 20.
2 Novalis 1977, S. 89 f.
3 Ebd., S. 89.
4 Novalis 1968, S. 575; vgl. hierzu und zum Folgenden Brüggen 2003, S. 58 f.
5 Novalis 1965, S. 457.
6 Jean Paul 1807, S. 14.
7 Ebd.
8 Ebd., S. 14 und S. 31.
9 Ebd., S. 15 f.
10 Fröbel 1826, S. 10.
11 Vgl. Bollnow 1952, S. 131.
12 Jean Pauls Rousseau-Verständnis ist nicht ganz eindeutig. Zum einen fügt er hinzu, dass die negative Erziehung in der kritisierten Weise so »nur zu sein scheint« (ebd.). Und wenige Zeilen später heißt es, dass Rousseaus Émile »ganz an Reizen« emporwachse, »nur dass Rousseau das Kind erstlich lieber mit Sachen

als mit Menschen, lieber mit Eindrücken als mit Einreden weckt
und potenziert, und zweitens eine gesündere, gedeihlichere Stufenfolge verordnet. […] Gebt nur rechte Freilassung der Kinder-Seelen […]: so entwickelt (dies scheint er zu denken) die
Natur schon sich selbst. Dies tut sie auch, überall, immerdar,
aber nur in Naturen, d. h. in der Individualität der Zeiten, Länder und Seelen.« (Ebd., S. 35.) In dem letzten Satz steckt der
Schlüssel zur *Erziehlehre* Jean Pauls.

13 Ebd., S. 35.
14 Ebd., S. 40.
15 Ebd., S. 35.
16 Ebd., S. 37.
17 Ebd., S. 36.
18 Ebd., S. 40.
19 Schleiermacher 1800, S. 15 und S. 26.
20 Ebd., S. 42.
21 Ebd., S. 59.
22 Ebd., S. 61.
23 Ebd., S. 59.
24 Ebd., S. 30.
25 Schleiermacher 1799.

8. Die Bildungskonzeption des Neuhumanismus

1 Die Grenzen zwischen diesen drei Gruppen sind teils fließend
  und unscharf, teils markant und präzise: So zählt beispielsweise
  Jachmann, anders als Fichte, sowohl zu den Neuhumanisten als
  auch zu den Idealisten, während Schleiermacher und Herbart
  weder dem Neuhumanismus noch dem deutschen Idealismus
  umstandslos zugeordnet werden können. Humboldt schließlich, der Neuhumanist par excellence mit affinen Bezügen zum
  Idealismus, ist sicherlich kein pädagogischer Systematiker.
2 Humboldt 1792, S. 64.
3 »[…] denn die Seele schwängert sich selbst, und man kann also
  nichts weiter tun, als dass man ihr bei der Geburt zu Hülfe
  komme. Ihre Befruchtung ist ein Werk ihrer Natur.« (Anthony
  Earl of Shaftesbury 1709, S. 188)
4 Vgl. Ballauff/Schaller 1970, S. 490 ff.
5 Zit. nach ebd., S. 491.
6 Zit. nach Fuhrmann 2001, S. 119.

7 Vgl. Arnoldt 1861, S. 75 f.

8 Zit. nach Ballauff/Schaller 1970, S. 494.

9 Zit. nach Fuhrmann 2001, S. 132.

10 Ebd.

11 Sehr klar hat der Philologe Georg Anton Friedrich Ast diesen Gedanken in seiner Rede *Über den Geist des Altertums und dessen Bedeutung für unser Zeitalter* aus dem Jahr 1805 zum Ausdruck gebracht. Das Wesen echter Bildung besteht darin, so Ast, aus dem Kreis der beschränkten Selbstheit herauszutreten und in der Anschauung einer fremden Welt leben zu lernen; echte Humanität besteht aber gerade darin, das Fremde in das Eigene zu verwandeln. Die »fremden Muster«, an denen wir unsere Empfänglichkeit üben sollen, sind für Ast nicht beliebig, sondern »müssen […] zugleich classisch sein, das heißt, selbst den Kanon wahrer Menschenbildung darstellen. Und darum gebührt dem classischen Altertum vor allen anderen Bildungen der früheren Zeiten der Vorzug. Denn kein Volk hatte die freie Vielseitigkeit, und zugleich die hohe Einfachheit und Natürlichkeit in seiner Bildung, wie das Griechische« (Ast 1805, S. 20).

12 Vgl. Blankertz 1982, S. 94.

13 Vgl. Wolf 1835.

14 Ebd., S. 7

15 Ebd.

16 Ebd., S. 189.

17 Niethammer 1808.

18 Ebd., S. 187.

19 Wolf 1835, S. 91.

20 Herder 1774, S. 90.

21 Ebd., S. 35.

22 Schiller 1795, S. 455.

23 Ebd., S. 449.

24 Humboldt 1793, S. 237; siehe hierzu Buck 1984.

25 Ebd., 1807a, S. 71; Humboldt nimmt hier Bezug auf die Ende des 17. Jahrhunderts in der Académie française ausgetragene *Querelle des Anciens et des Modernes* Bezug, ohne jedoch für eine der Positionen Partei zu ergreifen.

26 Ebd., S. 71 f.

27 Ebd., S. 72.

28 Humboldt 1807b, S. 96.

29 Zu Campe siehe die Ausführungen im Kapitel 4.

30 Zit. nach Menze 1988, S. 302 und 313.
31 Humboldt 1791, S. 36.
32 Vgl. Benner 2003.
33 Vgl. hierzu von Hentig 2003.
34 Humboldt 1792, S. 200.
35 Vgl. Michael/Schepp 1973, S. 78 ff.
36 Humboldt 1792, S. 105 ff.
37 Vgl. Michael/Schepp 1973, S. 78 ff.
38 Humboldt 1809–10, S. 257 ff.
39 Humboldt 1792, S. 64 ff.
40 Vgl. hierzu Korte 1995.
41 Humboldt 1792, S. 80 ff. und S. 78 ff.
42 Humboldt 1809b.
43 Ebd., S. 168 ff., insbesondere S. 170.
44 Ebd., S. 257 f.
45 Ebd., S. 191 und S. 169.
46 Ebd., S. 169 f.
47 Ebd., S. 78.
48 Humboldt 1809a, S. 204.
49 Beckedorff 1819, S. 222 und 229.
50 Vgl. hierzu Jeismann 1987.

9. Systematische Entwürfe der Pädagogik: Pestalozzi, Herbart, Schleiermacher

 1 Vgl. hierzu Osterwalder 1996.
 2 Vgl. hierzu Blättner 1973, S. 130 ff.
 3 Vgl. hierzu die Ausführungen im Kapitel 6.
 4 Vgl. hierzu und zum Folgenden Schütz 1979.
 5 Pestalozzi 1797, S. 123.
 6 Zu Herbarts Biographie siehe Asmus 1968 und 1970.
 7 Vgl. hierzu Schwenk 1963; Ossenbach-Sauter 1992.
 8 Vgl. Prange 2003.
 9 Herbart 1804, S. 107.
10 Ebd., S. 107, 111, 119.
11 Herbart 1806, S. 25.
12 Vgl. zum Folgenden Benner 1997.
13 Herbart 1806, S. 32 ff.
14 Ebd., S. 32.
15 Ebd., S. 73.

16 Ebd., S. 75.
17 Ebd.
18 Vgl. ebd., S. 124 f.
19 Ebd., S. 124 f.
20 Ebd., S. 130.
21 Vgl. ebd., S. 133.
22 Vgl. Herbart 1808.
23 Vgl. hierzu G. Niemöller 2000.
24 Vgl. Herbart 1809, S. 13 ff.
25 Herbart 1810, S. 149 ff.
26 Herbart 1831, S. 161 ff.
27 Zit. nach Lange 1985, S. 91.
28 Schleiermacher 1808.
29 Vgl. Schleiermacher 2000, S. 166–201.
30 Schleiermacher 1826. Die Vorlesung aus dem Jahr 1820/21 ist
   vor kurzem auf der Basis neu aufgefundener Quellen neu herausgegeben worden (Schleiermacher 1820/21).
31 Ebd., S. 31.
32 Schleiermacher 1813/14, S. 216.
33 Schleiermacher 1826, S. 16.
34 Ebd., S. 13.
35 Schleiermacher 1812/13, S. 366.
36 Schleiermacher 1826, S. 37.
37 Ebd., S. 38.
38 Schleiermacher 1800, S. 30; siehe oben S. 158.
39 Schleiermacher 1826, S. 37 ff.
40 Ebd., S. 16.
41 Ebd., S. 21.
42 Schleiermacher 1884, S. 446.
43 Ebd., S. 17.
44 Ebd., S. 34.
45 Ebd.
46 Ebd., S. 42.
47 Ebd., S. 150.
48 Ebd., S. 306.
49 Ebd., S. 72–165.
50 Ebd., S. 74.
51 Ebd., S. 76.
52 Ebd., S. 86.
53 Ebd., S. 73.
54 Der Begriff der »Zucht« taucht nur in der 1820/21er-Vorlesung

auf, merkwürdigerweise nicht in der Vorlesung aus dem Jahr 1826.

55 Schleiermacher 1826, S. 103 ff.

56 Schleiermacher 1820/21, S. 246 ff.

57 Schleiermacher 1826, S. 118.

58 Ebd., S. 167.

59 Ebd., S. 270 f.

60 Ebd., S. 329 und S. 330 f.

10. Zur Entwicklung des Schulwesens im 19. Jahrhundert

1 Vgl. Herrlitz/Hopf/Titze/Cloer 2005, Kap. 4–6; Tenorth 2008, S. 138 ff.; Zymek 2008; vgl. auch den anderen architektonischen Aufbau im *Handbuch der deutschen Bildungsgeschichte*, Bd. 4, Kap. IV.

2 Die Auffassung, in Deutschland habe die Schulentwicklung im 19. Jahrhundert zur Herausbildung eines dreigliedrigen Schulsystems geführt, ist irrig; eine solche Differenzierung war das Resultat der Entwicklung des Bildungssystems im 20. Jahrhundert; vgl. hierzu Zymek 2008.

3 Herrlitz u. a. 2005, S. 30–44.

4 Vgl. Tenorth 2008, S. 150, mit Verweis auf Müller 1977.

5 Tenorth 2008, S. 151.

6 Vgl. Herrlitz [u. a.] 2005, S. 50 ff.

7 Vgl. hierzu die Ausführungen von Berg, Herrmann, Kuhlemann, Albisetti/Lundgreen, Kraul sowie Sachße/Tennstedt und Röhrig im *Handbuch der deutschen Bildungsgeschichte*, Bd. 4, Kap. II–IV, VI, VII.

8 Zit. nach Herrlitz [u. a.] 2005, S. 61.

9 Ebd., S. 108 f.

10 Vgl. zum Folgenden Lundgreen 1980, Blankertz: 1982, S. 166 ff., sowie die von Albisetti, Lundgreen und Kraul bearbeiteten Teile des Kapitels IV im *Handbuch der deutschen Bildungsgeschichte*, Bd. 4.

11 Blankertz 1982, S. 171.

12 Paulsen 1903, S. 661 und S. 669. Den diese Form der Bildung charakterisierenden »inhumanen Hochmut« hatte er bereits zehn Jahre zuvor in seiner *Geschichte des gelehrten Unterrichts* beklagt und entschieden kritisiert. Der dünkelhafte Hochmut suche »durch Prunksucht und Schneidigkeit den Minderen die

eigene Vornehmheit zu Gemüt zu führen« und manifestiere sich
daher als »ein enger und engherziger, in Klassenvorurteilen ge-
fangener Kastengeist, der sich ›guter Gesinnung‹ rühme, der
sich für Patriotismus« ausgebe. Diese »widerwärtigen Erscheinungen« der Zeit finde man nicht bei den kleinen Leuten, sondern bei den »Gebildeten«, also bei denen, die der neuhumanistischen »Theorie nach Jünger des Plato und Sophokles seien«
(Paulsen 1921, S. 655).

13 Vgl. Wehler 1995, S. 732; vgl. auch Engelhart 1986; Lepsius
   1992; Koselleck 1990.
14 Vgl. zum Bildungsbürgertum Bollenbeck 1994; Ringer 1987;
   Kraul 1988; Herrmann 1990.
15 Vgl. Marcuse 1937; Adorno 1959; Adorno 1966.
16 Nietzsche 1889, S. 1016.
17 Nietzsche 1872, S. 216.
18 Ebd., S. 228.
19 Nietzsche Nachlass 1966, S. 837.
20 Vgl. hierzu Nietzsche 1887, Zweite Abhandlung, Abschnitte
   16–25.

11. Pädagogik und Erziehungswissenschaft
zwischen 1890 und 1945

1 Vgl. Wittenbruch 1972.
2 Zur Dogmengeschichte der Reformpädagogik vgl. Oelkers
  1996; zur Theoriegeschichte der Reformpädagogik vgl. Benner/
  Kemper 2009 sowie Benner/Kemper (Hrsg.) 2001.
3 Zu den genannten Richtungen der Reformpädagogik vgl. Ben-
  ner/Kemper 2009.
4 Zymek 1989, S. 166, S. 168 und S. 171.
5 Key 1902, S. 9.
6 Gläser 1919, S. 15.
7 Ebd.
8 Wyneken 1911; Geheeb 1934.
9 Vgl. Otto 1919; vgl. auch Benner/Kemper 2009, 165 ff.
10 Vgl. Petersen 1927.
11 Petersen 1924, S. 261 ff.
12 Petersen 1935.
13 Petersen 1925, S. 273.
14 Vgl. hierzu Schwan 2010.

15 Vgl. die Würdigung von P. Petersen in Benner 2001, S. 155 ff.
16 Vgl. Benner/Kemper 2009, S. 136–164.
17 Dewey 1916, S. 113 ff.
18 Dass dies nicht nur für die im engeren Sinne deutschen reform-
     pädagogischen Schulgründungen, sondern auch für Waldorf-
     schulen gilt, hat Leschinsky 1983 gezeigt.
19 Vgl. hierzu Benner/Kemper 2009, S. 135.
20 Vgl. hierzu Hopf 2004.
21 Zu Dilthey vgl. Hufnagel 1982.
22 Zu Natorp vgl. Ruhloff 1966, zu Cohn vgl. Löwisch 1989, zu
     Hönigwald vgl. Schmied-Kowarzik 1995, zu Petzelt vgl. Ruh-
     loff 1982.
23 Vgl. Lay 1903.
24 Meumann 1914.
25 Vgl. Mitgutsch 2009
26 Dilthey 1907–1910, S. 291.
27 Litt 1927; Nohl 1933; Weniger 1930.
28 Vgl. Otto 1919; vgl. auch Benner/Kemper 2009, S. 188 ff.
29 Vgl. Petersen 1937.
30 Vgl. Petersen 1929.
31 Litt 1927, S. 22.
32 Nohl 1933, S. 18 und S. 23.
33 Ebd., S. 79.
34 Nohl 1948, S. 112.
35 Litt 1927, S. 52 ff.
36 Dewey 1916, S. 75.
37 Petzelt 1964.
38 Spranger 1918, S. 132.
39 Spranger 1923, S. 10.
40 Vgl. Kerschensteiner 1917; 1910/1923/1929; vgl. auch Benner/
     Kemper 2009, S. 290 ff.
41 Blankertz 1982; Assel 1969; Stippel 1957; Steinhaus 1981.
42 Vgl. hierzu Tenorth 1986; Herrmann/Oelkers 1988.
43 Ringer 1987.
44 Habermas, 1971, S. 248.
45 Baeumler 1943, S. 126 f.
46 Lingelbach 1987, S. 189.
47 Baeumler 1943, S. 85.
48 Baeumler 1939, S. 69.
49 Baeumler 1943, S. 96 f.
50 Vgl. Baeumler 1939, S. 85.

51 Ebd., S. 81.
52 Krieck 1922, S. 8, S. 12 u. ö.
53 Ebd., S. 46.
54 Ebd., S. 17.
55 Vgl. Lingelbach 1987, S. 164.
56 Krieck 1922, S. 170 f.
57 Ebd., S. 173, S. 172.
58 Ebd., S. 182.
59 Zit. bei Lingelbach, 1987, S. 170.
60 Krieck 1936, Bd. 1, S. 53.
61 Prange 1985, S. 161.
62 Baeumler 1939, S. 81.
63 Ebd., S. 80 f.
64 Ebd., S. 81. Baeumler notiert hierzu zu Recht, dass für »Klassiker« des erziehenden Unterrichts dieses eine »unmögliche Vorstellung« sei (ebd., S. 81).
65 Vgl. Giesecke 1981; Reulecke 1989.
66 Zit. nach Giesecke 1981, S. 203.
67 Vgl. zu diesen »wilden Jugendgruppen« (»Edelweißpiraten«, »Swing-Jugend«) u. a. Klönne 1984, bes. S. 228 ff.
68 Vgl. hierzu und zum Folgenden Zymek 1989, bes. S. 190 ff.
69 Die Idee des Bundes ist nicht unwesentlich von dem Dichter Stefan George beeinflusst worden. Dessen Buch *Stern des Bundes* war 1914 erschienen. Zwischen der elitären Bildungswelt George und seines Kreises, der die banalen Ideen von Gleichheit und Fortschritt ebenfalls verachtete, und der bündischen Jugend gab es gleichwohl zahlreiche Unterschiede. Vgl. Laqueur 1983, S. 151 ff. sowie Groppe 1997.
70 Zit. nach Scheurig 1969, S. 99 f.

12. Pädagogik und Erziehungswissenschaft
in der SBZ und DDR

1 Vgl. hierzu Köhler 2009.
2 Vgl. Benner/Kemper 2009, S. 196–243.
3 Vgl. Günther [u. a.] 1988, S. 703 ff.
4 Vgl. Herrlitz/Hof/Titze/Cloer 2005, S. 1907 ff.
5 Vgl. hierzu Kocka 1994.
6 Differenziertere Beschreibungen finden sich bei Cloer 1998, Benner/Kemper 2009.

7 Vgl. hierzu de Bruyn 1996, S. 334 f.
8 Gesetz zur Demokratisierung der deutschen Schule 1946.
9 Deiters 1946, S. 94.
10 Vgl. hierzu und zum Folgenden Benner/Sladek 1998, S. 63 ff.
11 Vgl. Benner/Kemper 2009, S. 64 ff.
12 Heise 1946, S. 58.
13 N. N. 1958, S. 199.
14 Beschluss des Politbüros des ZK der SED 1952.
15 Günther 1998, S. 451 f.
16 Vgl. die Ausführungen von Stierand 1975; vgl. auch Benner/
   Kemper 2009, S. 232 f.
17 Litt 1959, S. 62 ff.
18 Vgl. hierzu die *Verordnung über die Unterrichtsstunde als
   Grundform der Schularbeit* von 1950, die erst nach 1989 außer
   Kraft gesetzt wird.
19 Brecht 1953.
20 Vgl. Dorst 1953.
21 Vgl. Franciewicz 1965.
22 Vertrauliches Schreiben des Ministers für Volksbildung P. Wandel an das Sekretariat des ZK der SED vom 2. August 1950;
   Tebbe 1957, S. 243.
23 Vgl. Herrlitz/Hopf/Titze/Cloer 2005, S. 208 ff.; vgl. auch Köhler 2007.
24 Vgl. Salzwedel 1983.
25 Vgl. Wiegmann 2003; Häder 2004.
26 Diese Auffassung vertrat Neuner in der Diskussion seines Bei-
   trags zu der von E. Cloer und R. Wernstedt 1993 veranstalteten
   Tagung zur Bilanzierung der DDR-Pädagogik; vgl. Neuner
   1994.

13. Pädagogik und Erziehungswissenschaft
in der BRD von 1945 bis zur Gegenwart

1 Nach Klages [o. J.].
2 Flitners Studie *Erziehungsziele und Lebensformen* erschien zuerst in Flitner 1954. Sie wurde wiederabgedruckt in Flitner
   1965a, S. 176 ff.; vgl. auch Flitner 1950; 1974.
3 Ebd., S. 182.
4 Ebd., S. 187.
5 Tausch/Tausch 1971; vgl. auch Lukesch 1976.

6 Neill 1969.
7 Ebd., S. 116.
8 Vgl. Brumlik 1993.
9 Bueb 2006, S. 16.
10 Mollenhauer 1964, S. 60.
11 Ebd., S. 68 ff.
12 Benner 1970; Ruhloff 1983.
13 Mollenhauer 1972, S. 11.
14 Beck [u. a.] 1971, S. 150 f.
15 Schoenebeck 1993.
16 Vgl. Flitner 1982; Oelkers/Lehmann 1983; Winkler 1983.
17 Vgl. Mut zur Erziehung 1978; Benner [u. a.] 1978; Herrmann 1978.
18 Rotthaus 2004.
19 Winterhoff 2008; Winterhoff 2009.
20 Arendt 1958.
21 Ebd., S. 257.
22 Vgl. ebd., S. 259 ff.
23 Ebd., S. 266 f.
24 Ebd., S. 272.
25 Ebd., S. 275.
26 Vgl. hierzu Litt 1959, S. 95 ff.
27 Litt 1955, S. 143.
28 Die folgenden Zitate stammen aus Eugen Finks Begründungs-schrift für den »Bremer Plan« von 1960, S. 14–20.
29 Vgl. hierzu Postman 1983 und Lenzen 1985.
30 Vgl. hierzu Berg 2004; Göstemeyer 1993.
31 Litt 1947.
32 Fink 1970, S. 183 ff.
33 Vgl. Schaller 1987, S. 17–96.
34 Ebd., S. 70 ff. und S. 93 ff.
35 Ebd., S. 44 ff. und S. 217 ff.
36 Vgl. Schütz 1971; Brüggen 2007.
37 Benner 2010, S. 103 ff.; S. 301 ff.
38 Siehe Flitner 1965b.
39 Ebd., S. 191.
40 Ebd., S. 17.
41 Ebd., S. 42.
42 Schelsky 1961.
43 Weber 1919, S. 598.
44 Schelsky 1961, S. 464 f.

45 Habermas 1963, S. 362.
46 Ebd., S. 363.
47 Litt 1958.
48 Ebd., S. 128.
49 Fink 1963.
50 Ritter 1963.
51 Adorno 1966b.
52 Vgl. Adorno 1959.
53 Vgl. Horkheimer 1952.
54 Es gibt nur wenige Hinweise Adornos auf Humboldt. Eine aufschlussreiche Notiz lautet: »Humboldts Persönlichkeitsbegriff [war] keineswegs einfach der Kultus des Individuums, das wie eine Pflanze begossen werden soll, um zu blühen. [...] das Subjekt [kommt] zu sich selbst nicht durch die narzisstisch auf es zurückbezogene Pflege seines Fürsichseins, sondern durch Entäußerung, durch Hingabe an das, was es nicht selbst ist.« (Adorno 1966a, S. 643)
55 Adorno 1959, S. 194.
56 Vgl. die Beiträge in dem Band: *Geisteswissenschaftliche Pädagogik am Ausgang ihrer Epoche* (1968).
57 Vgl. Habermas 1963; Habermas 1965; Ruhloff 1983.
58 Vgl. Mollenhauer 1964.
59 Klafki 1976 und Klafki 1985.
60 Blankertz 1982, S. 307.
61 Blankertz 1974, S. 68.
62 Heydorn 1970.
63 Blankertz 1972.
64 Blankertz 1982, S. 307.
65 Buck 1981.
66 Gadamer 1965; vgl. Buck 1981, S. 16.
67 Ebd., S. XVI.
68 Ebd., S. 288.
69 Buck 1981, S. 123–153.
70 Ebd., S. 138.
71 Ebd., S. 152.
72 Buck (1981, S. 145) beruft sich an dieser Stelle bezeichnenderweise auf W. v. Humboldt, der in einem Brief an F. Schiller vom 23. Oktober 1795 geschrieben hatte: »Jeder muss seine Eigentümlichkeit aufsuchen und diese reinigen, das Zufällige absondern. Es bleibt dennoch immer Eigentümlichkeit: denn ein Teil des Zufälligen ist an das Individuum unauflöslich gebunden,

und dies kann und darf man nicht entfernen.« (Humboldt 1795, S. 164)

73 Mollenhauer 1983, S. 158 f.
74 von Hentig 1970, S. 7 ff. und S. 75–109.
75 von Hentig 1987, S. 13.
76 Mollenhauer 1992, S. 428 f.
77 Vgl. Baacke/Schulze 1985.
78 Prange 2005 und 2000.
79 Vgl. Meyer-Drawe 1987, 1990, 1996; Lippitz 1980 und 1992; Schaller 1987.
80 Ruhloff 2000.
81 Vgl. hierzu Fischer 1989; Fischer/Ruhloff 1993.
82 Vgl. Baumert/Stanat/Demmrich 2001.
83 Vgl. hierzu die Beiträge des Bandes *Kritik in der Pädagogik* (2003).
84 Zur Funktion allgemeiner Pädagogik in diesem Kontext siehe Breinbauer 1995.
85 Benner 2010, S. 22.
86 Vgl. den Band *Erziehung – Bildung – Negativität* (2005).
87 Waldenfels 2004.
88 Rumpf 2004; vgl. auch Oser 1998 und Oser/Spychinger 2005.
89 Vgl. hierzu und zum Folgenden Benner/Kemper 2009 sowie Kemper 2009.
90 Dahrendorf 1965a; 1965b.
91 Vgl. insbesondere Heckhausen 1968.
92 Vgl. Robinsohn 1968 und 1970; zur frühen Kritik vgl. Schmied-Kowarzik 1970.
93 Vgl. Mollenhauer 1968.
94 Vgl. Fend 1976.
95 Zu den genannten Reformversuchen vgl. Benner/Kemper 2009, S. 290–369; ausgewählte Quellen hierzu finden sich in Kemper (Hrsg.) 2009.
96 Vgl. Illich 1972; Reimers 1972; vgl. kritisch hierzu Rang/Rang-Dudzik 1978.
97 Vgl. Fischer 1978a; 1978b.
98 Lundgreen 2000.
99 Zu der hinter dieser liegenden Ideologie der sogenannten Rede von Chancengleichheit oder gar Chancengerechtigkeit vgl. Heid 1988.
100 Vgl. Edelstein 1969.
101 Vgl. Diederich/Tenorth 1997.

102 Luhmann/Schorr 1979; Luhmann 1986.
103 Vgl. Luhmann 2002, S. 42 und S. 64.
104 Baumert/Stanat/Demmrich 2001.
105 Brockmeier/Zedler 1992.
106 Vgl. Gruschka 2009.
107 Zum Verlauf des deutschen Einigungsprozesses vgl. Köhler 2009.
108 Vgl. Brezinka 1972, S. 101.
109 Vgl. zum Folgenden Benner/Brüggen 2000.
110 Vgl. H. Blankertz 1971 und 1972; W. Klafki 1976; K. Mollenhauer 1964, 1991 und 1992.
111 Vgl. hierzu Beck 1982.
112 Roth 1958, S. 30.
113 Vgl. hierzu Roth 1966 und 1971.
114 Vgl. die einander widerstreitenden Gutachten von Heckhausen 1968 und Mollenhauer 1968.
115 Vgl. hierzu Robinsohn 1968 und 1970.
116 Vgl. hierzu Zedler 1985; Arbeitsgruppe Bildungsbericht 1994.
117 Vgl. Tenorth 1996.
118 Zu TIMSS vgl. Baumert/Lehmann 1997; zu PISA Deutsches PISA-Konsortium 2001; zu LAU Lehmann/Gänsfuß/Peek 1999.
119 Vgl. Baumert 2001.
120 Vgl. Alisch 1999. Zum Problem der Einheitswissenschaft vgl. auch Tenorth 1991; Benner/Herrmann/König/Oelkers/Peukert/Ruhloff/Schäfer/Vogel 1992.
121 Vgl. hierzu Weidenmann/Krapp/Hofer/Huber/Mandl 1994.
122 Vgl. Luhmann/Schorr 1979; Oelkers/Tenorth 1987.
123 Vgl. Böhm 2004 und Tenorth 2004.
124 Vgl. hierzu Brezinka 1972; Mollenhauer 1970, S. 14.
125 Liebau/Wulf 1996; Brüggen 1998; Müller 1999; Zinnecker 2000.
126 Vgl. hierzu Koller 1999.
127 Vgl. hierzu Reichenbach 1999.

Literaturhinweise

Kapitel 1

Aristoteles: Metaphysik. Zit. nach der Übers. von Hermann Bo-
nitz. In: Ders.: Philosophische Schriften in sechs Bänden. Bd. 5.
Darmstadt 1995.
– Physik. Zit. nach der Übers. von Eugen Rolfes. In: Ders.: Philo-
sophische Schriften in sechs Bänden. Bd. 4 Darmstadt 1995.
– Politik. Zit. nach der Übers. von Eugen Rolfes. In: Ders.: Philo-
sophische Schriften in sechs Bänden. Bd. 4. Darmstadt 1995.
Assmann, J. (1999): Das kulturelle Gedächtnis. Schrift, Erinnerung
und politische Identität in frühen Hochkulturen. München.
Benner, D. / Brüggen, F. (2004): Bildsamkeit / Bildung: In: Histo-
risches Wörterbuch der Pädagogik. Hrsg. von D. Benner und
J. Oelkers. Weinheim/Basel. S. 174–215.
Böhm, W. (2010): Geschichte der Pädagogik. München.
Christes, J. / Klein, R. / Lüth, Ch. (2006): Handbuch der Erziehung
und Bildung in der Antike. Darmstadt.
Jaeger, W. (1934f.): Paideia. 3 Bde. Berlin.
Platon: Politeia. Zit. nach der Übers. von Friedrich Schleiermacher.
In: Ders.: Werke in acht Bänden. Griech./Dt. Bd. 4. Darmstadt
1971.
– Protagoras. Zit. nach der Übers. von Friedrich Schleiermacher. In:
Ders.: Werke in acht Bänden. Griech./Dt. Bd. 1. Darmstadt 1971.
Prange, K. (2005): Die Zeigestruktur der Erziehung. Paderborn.
Spaemann, R. / Löw, R. (1981): Die Frage Wozu? Geschichte und
Wiederentdeckung des teleologischen Denkens. München.
Willmann, O. (1909): Aristoteles als Pädagoge und Didaktiker.
Leipzig.

Kapitel 2

Aristoteles: Politik. Zit. nach der Übers. von Eugen Rolfes. In: Ders.:
Philosophische Schriften in sechs Bänden. Bd. 4. Darmstadt 1995.
Ballauff, T. / Schaller, K. (1970): Pädagogik. Eine Geschichte der
Bildung und Erziehung. Bd. 2: Vom 16. bis zum 19. Jahrhundert.
Freiburg/München.
Baron, H. (1992): Bürgersinn und Humanismus im Florenz der Re-
naissance. Berlin.

Blankertz, H. (1982): Die Geschichte der Pädagogik. Von der Aufklärung bis zur Gegenwart. Wetzlar.

Böhme, G. (1984): Bildungsgeschichte des frühen Humanismus. Darmstadt.

Buck, A. (1987): Humanismus. Seine europäische Entwicklung in Dokumenten und Darstellungen. Freiburg i. Br. / München.

Elias, N. (1980): Über den Prozess der Zivilisation. Soziogenetische und psychogenetische Untersuchungen. 2 Bde. Frankfurt a. M.

Erasmus von Rotterdam (1509): Das Lob der Torheit. Hrsg. von A. Gail. Stuttgart 1999.

– (1516): Die Klage des Friedens. In: Ders.: Ausgewählte Schriften. Bd. 5. Hrsg. von G. Christian. Darmstadt 1968. S. 359–451.

– (1519): Familiarium colloquiorum formulae / Schülergespräche. Hrsg. von L Poelchau. Stuttgart 1996.

– (1526): Colloquia familiaria / Vertraute Gespräche. Hrsg. von H. Rädle. Stuttgart 1997.

– (1529): Über die Notwendigkeit einer frühzeitigen allgemeinen Charakter- und Geistesbildung. In: Ders.: Ausgewählte pädagogische Schriften. Hrsg. von A. Gail. Paderborn 1963. S. 107–159.

– (1530): Über die Umgangserziehung der Kinder. In: Ausgewählte pädagogische Schriften. Hrsg. von A. Gail. Paderborn 1963. S. 89–106.

Fuhrmann, M. (2001): Latein und Europa. Geschichte des gelehrten Unterrichts in Deutschland. Von Karl dem Großen bis Wilhelm II. Köln.

Funiok, R. / Schöndorf, H. (Hrsg.) (2001): Ignatius von Loyola und die Pädagogik der Jesuiten. Donauwörth.

Garin, E. (1966): Geschichte und Dokumente der abendländischen Pädagogik. Bd. 2: Humanismus. Hamburg.

Harth, D. (1970): Philologie und praktische Philosophie. München.

Ignatius von Loyola (1548): Die Exerzitien. Freiburg i. Br. 1993.

Kühlmann, W. (1996): Pädagogische Konzeptionen. In: Hammerstein, N. (Hrsg.): Handbuch der deutschen Bildungsgeschichte. Bd. 1: 15.–17. Jahrhundert. Von der Renaissance und der Reformation bis zum Ende der Glaubenskämpfe. München. S. 153–196.

– (2004): Literarisierung und Zivilisierung. Anmerkungen zur Kulturanthropologie und zu ›De Civilitate morum puerilium‹ (1530) des Erasmus von Rotterdam. In: Schnell, B. (Hrsg.): Zivilisationsprozesse. Zu den Erziehungsschriften der Vormoderne. Köln [u. a.] S. 277–294.

Luther, M. (1523): Von weltlicher Obrigkeit, wie weit man ihr Gehorsam schuldig sei. In: Ders.: Pädagogische Schriften. Hrsg. von H. Lorenzen. Paderborn (2. Aufl.). S. 33–63.

Luther, M. (1524): An die Bürgermeister und Ratsherrn aller Städte in deutschen Landen, dass sie christliche Schulen aufrichten und halten sollen. In: Ders.: Pädagogische Schriften. Hrsg. von H. Lorenzen. Paderborn (2. Aufl.). S. 64–83.

Melanchthon, Ph. (1518): De corrigendis adolescentiae studiis / Allgemeinbildende Fächer. In: Ders.: Glaube und Bildung. Texte zum christlichen Humanismus. Hrsg. von G. R. Schmidt. Stuttgart 2004.

Milton, J. (1644): Von der Erziehung. Brief an Samuel Hartlib 1644. Hamburg 1946.

Montaigne, M. de (1580): Die Essais. Hrsg. von A. Franz. Stuttgart 2005.

Moog, W. (1967): Geschichte der Pädagogik. Bd. 2: Die Pädagogik der Neuzeit von der Renaissance bis zum Ende des 17. Jahrhunderts. Neu hrsg. von F.-J. Holtkemper. Ratingen (8. Aufl.).

Müller, G. (1969): Bildung und Erziehung im Humanismus der Renaissance. Wiesbaden.

– (1984): Mensch und Bildung im italienischen Renaissance-Humanismus. Baden-Baden.

Musolff, H.-U. / Hellekamps, St. (2006): Geschichte des pädagogischen Denkens. Oldenburg.

Pertrarca, F.: Über seine und vieler anderer Unwissenheit. Hrsg. von K. Kubusch. Hamburg 1993.

Pico della Mirandola (1496): De hominis dignitate / Über die Würde des Menschen. Stuttgart 1998.

Rüegg, W. (1946): Cicero und der Humanismus. Winterthur.

– (1973): Anstöße. Frankfurt a. M.

Kapitel 3

Adamson, J. W. (1921): Pioneers of Modern Education 1600–1700. Cambridge.

Aristoteles: Politik. Zit. nach der Übers. von Eugen Rolfes. In: Ders.: Philosophische Schriften in sechs Bänden. Bd. 4. Darmstadt 1995.

Bacon, F. (1620): Neues Organ der Wissenschaften. Zit. nach der Übers. von Anton Theobald Brück. Darmstadt 1974.

– (1627): Neu-Atlantis. Zit. nach der Übers. von Günter Bugge. Stuttgart.

Buck, G. (1984): Rückwege aus der Entfremdung. Paderborn/München.

Comenius, J.A. (1657): Große Didaktik. Hrsg. von A. Flitner. Stuttgart 1985.

– (1658): Orbis sensualium pictus. Noribergae. Facsimiledruck Osnabrück 1964.

Dury, J. (1651): The Reformed School and the Reformed Library Keeper. London 1974.

Koch, L. (2003): Zur Theorie der Lernanfänge (Comenius). In: Vierteljahrsschrift für wissenschaftliche Pädagogik 79. S. 462–472.

Lenhart, V. (1998): Protestantische Pädagogik und der »Geist« des Kapitalismus. Frankfurt a. M.

Schaller, K. (1962): Die Pädagogik des Johann Amos Comenius und die Anfänge des pädagogischen Realismus im 17. Jahrhundert. Heidelberg.

Spaemann, R. / Löw, R. (1981): Die Frage Wozu? Geschichte und Wiederentdeckung des teleologischen Denkens. München.

Turnbull, G.H. (1968): Hartlib, Dury and Comenius: Glamings from Hartlib's papers. Farnborough.

Webster, Ch. (2002): The Great Instauration. Science, Medicine and Reform 1626–1660. Bern.

Kapitel 4

Aristoteles: Politik. Zit. nach der Übers. von Eugen Rolfes. In: Ders.: Philosophische Schriften in sechs Bänden. Bd. 4. Darmstadt 1995.

Fetscher, I. (1975): Rousseaus politische Philosophie. Zur Geschichte des demokratischen Freiheitsbegriffs. Frankfurt a. M.

Feuchtwanger, L. (1995): Narrenweisheit *oder* Tod und Verklärung des Jean-Jacques Rousseau. Berlin.

Jaspers, K. (1935): Das radikal Böse bei Kant. In: Ders.: Aneignung und Polemik. München 1968. S. 183–204.

Kersting, W. (1994): Die politische Philosophie des Gesellschaftsvertrages. Darmstadt.

Locke, J. (1690): Zwei Abhandlungen über die Regierung. Hrsg. von W. Euchner. Frankfurt a. M. 1977.

– (1693): Gedanken über Erziehung. Hrsg. von H. Wohlers. Stuttgart 1980.

Rousseau, J.-J. (1750): Abhandlung über die von der Akademie zu

Dijon gestellte Frage, ob die Wiederherstellung der Wissenschaften und Künste zur Läuterung der Sitten beigetragen habe. Von
einem Bürger Genfs. In: Ders.: Sozialphilosophische und Politische Schriften. München 1981. S. 9–35.

Rousseau, J.-J. (1755): Abhandlung über den Ursprung und die
Grundlagen der Ungleichheit unter den Menschen. In: Ders.: Sozialphilosophische und Politische Schriften. München 1981. S.
41–161.

– (1762a): Émile *oder* Von der Erziehung. In. Ders.: Émile *oder*
Von der Erziehung. Émile und Sophie *oder* Die Einsamen. München 1979. S. 5–641.

– (1762b): Vom Gesellschaftsvertrag *oder* Grundsätze des Staatsrechts (1762). In: Ders.: Sozialphilosophische und Politische
Schriften. München 1981. S. 269–391.

– (1780): Émile und Sophie *oder* Die Einsamen. In. Ders.: Émile
oder Von der Erziehung. Émile und Sophie *oder* Die Einsamen.
München 1979. S. 643–690.

Siep, L. (2007): Kommentar. In: John Locke: Zweite Abhandlung
über die Regierung. Frankfurt a. M. S. 197–410.

Vogel, M. R. (1974): Erziehung im Gesellschaftssystem. München
1974 (2. Aufl.).

Winkler, M. (1981): John Locke und die Theorie der pädagogischen
Situation. In: Paedagogica historica 21. S. 187–210.

Yolton, J. W. und J. S. (1989): Introduction. In: John Locke: Some
Thoughts Concerning Education. Oxford. S. 1–75.

Kapitel 5

Abel, W. (1981): Massenarmut und Hungerkrisen in Deutschland
im letzten Drittel des 18. Jahrhunderts. In: U. Herrmann (Hrsg.):
Das pädagogische Jahrhundert. Weinheim/Basel. S. 29–52.

Allgemeine Revision des gesamten Schul- und Erziehungswesens.
Von einer Gesellschaft praktischer Erzieher (1785–1792). Hrsg.
von J. H. Campe. 16 Bde. Braunschweig/Wien.

Anonymus (1780): Briefe über die neuen Erziehungsanstalten, über
die zur Verbesserung der Erziehung gemachten wichtigsten
Schriften, Räte und Pläne und über die der Natur gemäße Erziehungsmethode, angefangen im Jahre 1776 und bis jetzt fortgeführt. In: J. A. Schlettweins Archiv für den Menschen und den
Bürger in allen Verhältnisse. Bd. 1. S. 15–59. Leipzig.

Anonymus (1792): Von der Notwendigkeit öffentlicher Schulen

und von ihrem Verhältnisse zu Staat und Kirche. In: Allgemeine Revision. S. 1–43. – Auszug in: Benner/Kemper (Hrsg.) 2000. S. 421–426.

Basedow, J.B. (1777/78): Nacherinnerung, besonders über den Ehrtrieb. In: Pädagogische Unterhandlungen. Fünftes Stück. S. 467–481. Dessau.

Benner, D. / Kemper, H. (2009): Theorie und Geschichte der Reformpädagogik. Tl. 1. Die pädagogische Bewegung von der Aufklärung bis zum Neuhumanismus. Weinheim/Basel (3. Aufl.).

– (Hrsg.) (2000): Quellentexte zur Theorie und Geschichte der Reformpädagogik. Tl. 1. Die pädagogische Bewegung von der Aufklärung bis zum Neuhumanismus. Weinheim.

Blankertz, H. (1963): Berufsbildung und Utilitarismus. Problemgeschichtliche Untersuchungen. Weinheim/München 1985.

Brecht, M. [u.a.] (2004) (Hrsg.): Geschichte des Pietismus. Bd. 4: Glaubenswelt und Lebenswelten. Hrsg. von H. Lehmann. Göttingen.

Campe, J.H. (1777): Ob es ratsam sei, die Ehrbegierde zu einer moralischen Triebfeder bei der Erziehung zu machen? In: Pädagogischen Unterhandlungen. Drittes Stück. Dessau 1777. S. 271–278. – Benner/Kemper (Hrsg.): 2000. S. 214–217.

– (1785): Von der nöthigen Sorge für die Erhaltung des Gleichgewichts unter den menschlichen Kräften. Besondere Warnung vor dem Modefehler die Empfindsamkeit zu überspannen. In: Allgemeine Revision. Bd. 3. S. 291–434.

– (1796): Väterlicher Rath für meine Tochter. Braunschweig.

Francke, A.H. (1690 / 91): August Hermann Franckes Lebenslauf. In: Ders.: Werke in Auswahl. Hrsg. von E. Peschke. Witten 1969. S. 4–29.

– (1698): Von der Erziehung der Jugend. Vorrede zu Fénélons Tractätlein von der Erziehung der Töchter. In: Ders.: Pädagogische Schriften. S. 5–9.

– (1748): Kurzer und einfältiger Unterricht. In: Ders.: Pädagogische Schriften. Hrsg. von H. Lorenzen. Paderborn (2. Aufl.). S. 11–65.

Göstemeyer, K.F. (1989): Pädagogik und gesellschaftliche Synthesis. Zur Dialektik von Menschheits- und Gesellschaftsbildung bei Hobbes, Sextro und Jachmann. Frankfurt a.M. [u.a.].

Helm, J. (2000): »Kein Bürger tractieret seine Kinder so.« Das kranke Kind in den Anstalten des Halleschen Waisenhauses. In: Neumann, J.N. / Sträter, U. (Hrsg.): Das Kind in Pietismus und Aufklärung. Tübingen. S. 183–199.

Herrmann, U. / Priem, K. (Hrsg.) (2001): Konfession als Lebenskonflikt. Studien zum württembergischen Pietismus im 19. Jahrhundert und die Familientragödie des Johannes Benedikt Stanger. Weinheim/München.

Menck, P. (1969): Die Pädagogik August Herrmann Franckes. Wuppertal.

Obst, H. (2002): A. H. Francke und die Franckeschen Stiftungen in Halle. Göttingen.

Philanthropinischer Erziehungsplan oder vollständige Nachricht von dem ersten wirklichen Philanthropin zu Marschlins. Frankfurt a. M. 1776.

Schleiermacher, F. (1805): Rezension zu Zöllners »Ideen über Nationalerziehung«. In: Ders.: Ausgewählte pädagogische Schriften. Paderborn 1959. S. 13–17.

Schmitt, H. / Tosch, F. (2001) (Hrsg.): Vernunft fürs Volk. Friedrich Eberhard von Rochow 1734–1805 im Aufbruch Preußens. Berlin.

Schummel, J. G. (1776): Fritzens Reise nach Dessau. Leipzig 1776. – Zit. nach Benner/Kemper (Hrsg.) 2000. S. 187–198.

Sextro, H. P. (1785): Über die Bildung der Jugend zur Industrie. Ein Fragment. Göttingen.

Stephani, D. H. (1797): Grundriss der Staats-Erziehungswissenschaft. Weissenfels/Leipzig.

– (1815): System der öffentlichen Erziehung. Erlangen.

Sträter, U. (1982): Pietismus und Sozialtätigkeit. In: Pietismus und Neuzeit. Bd. 8. S. 201–230

Ulbricht, G. (1961): Einleitung. In: D. H. Stephani: Zur Schulpolitik und Pädagogik. Berlin. S. 9–37.

Villaume, P. (1788): Anmerkung über die Frage, ob der Staat sich in Erziehung mischen soll? In: Braunschweigisches Journal 1 (1788). Achtes Stück. S. 390–404. – Zit. nach Benner/Kemper (Hrsg.) 2000. S. 36–42.

Von einem Catharineum (1776): In: Philanthropisches Archiv. Zweites Stück. Dessau. S. 47–50. – Zit. nach Benner/Kemper (Hrsg.) 2000. S. 123–124.

Von Mädchen-Schulen (1792). In: Allgemeine Revision. Bd. 16. S. 225–227.

Wagner, F. (2008): Art: Bekehrung II. In: Theologische Realenzyklopädie. Hrsg. von G. Müller [u. a.]. Berlin [u. a.]. Bd. 5. S. 459–469.

Wallmann, J. (1986): Ph. J. Spener und die Anfänge des Pietismus. Tübingen.

Zachariae, K. S. (1804): Über die Erziehung des Menschengeschlechts durch den Staat. Leipzig.

Zöllner, J. F. (1804): Ideen über National-Erziehung besonders in Rücksicht auf die Königl. Preußischen Staaten. Berlin.

Kapitel 6

Fichte, J. G. (1794): Einige Vorlesungen über die Bestimmung des Gelehrten. Jena/Leipzig.
– (1796): Grundlage des Naturrechts nach Prinzipien der Wissenschaftslehre. In: Ders.: Ausgewählte Werke in sechs Bänden. Hrsg. von F. Medicus. Bd. 2. Darmstadt.
– (1800): Der geschlossene Handelsstaat. In: Ders.: Ausgewählte Werke in sechs Bänden. Hrsg. von Fritz Medicus. Darmstadt 1962. Bd. 3. S. 417–543.
– (1808): Reden an die deutsche Nation. In: Ders.: Ausgewählte Werke in sechs Bänden. Hrsg. von Fritz Medicus. Darmstadt 1962. Bd. 5.
– (1813): Staatslehre oder über das Verhältnis des Urstaates zum Vernunftreiche. In: Ders.: Ausgewählte Werke in sechs Bänden. Hrsg. von F. Medicus. Bd. 6. Darmstadt.
– (1925): Briefwechsel. Hrsg. von H. Schulz. 2 Bde. Leipzig.
Hegel, G. W. F. (1807): Phänomenologie des Geistes. In: G. W. F. Hegel: Werke in zwanzig Bänden. Hrsg. von E. Moldenhauer und K.-M. Michel. Bd. 3. Frankfurt a. M. 1970.
– (1809–15): Gymnasialreden. In: G. W. F. Hegel: Werke in zwanzig Bänden. Hrsg. von E. Moldenhauer und K.-M. Michel. Bd. 4: Nürnberger und Heidelberger Schriften 1808–1817. Frankfurt a. M. 1970. S. 303–376.
– (1830): Enzyklopädie der philosophischen Wissenschaften. Bd. III. In: G. W. F. Hegel: Werke in zwanzig Bänden. Hrsg. von E. Moldenhauer und K.-M. Michel. Bd. 10. Frankfurt a. M. 1970.
– (1970): Vorlesungen über die Philosophie der Geschichte. In: G. W. F. Hegel: Werke in zwanzig Bänden. Hrsg. von E. Moldenhauer und K.-M. Michel. Bd. 12. Frankfurt a. M.
– /Schelling/Hölderlin (1796/97): Das sogenannte »älteste Systemprogramm«. In: Materialien zu Schellings philosophischen Anfängen. Hrsg. von M. Frank. Frankfurt a. M. 1975. S. 110–112.
Herbart, J. F. (1832): Pädagogische Briefe oder: Briefe über die Anwendung der Psychologie auf die Pädagogik. In: Ders.: Pädagogische Schriften. Hrsg. von W. Asmus. Bd. 2. S. 159–255.
Jachmann, R. B. (1811): Erstes Programm des Conradinum bei dem

Oster-Examen 1811. Über das Verhältnis der Schule zur Welt. Berlin bei Friedrich Maurer; Auszug in: Benner/Kemper (Hrsg.) 2000. S. 343–357.

Kant, I. (1784): Beantwortung der Frage: Was ist Aufklärung? In: Ders.: Werke in sechs Bänden. Bd. 6: Schriften zur Anthropologie, Geschichtsphilosophie, Politik und Pädagogik. Hrsg. von W. Weischedel. [A. a. O.] S. 51–61.

– (1798): Anthropologie in pragmatischer Hinsicht. In: Ders.: Werke in sechs Bänden. Bd. 6: Schriften zur Anthropologie, Geschichtsphilosophie, Politik und Pädagogik. Hrsg. von W. Weischedel. Darmstadt 1975. S. 395–690.

– (1803): Über Pädagogik. In: Ders.: Werke in sechs Bänden. Bd. 6: Schriften zur Anthropologie, Geschichtsphilosophie, Politik und Pädagogik. Hrsg. von W. Weischedel. [A. a. O.] S. 691–761.

Kant's handschriftlicher Nachlass (1942). In: Kant's gesammelte Schriften. Hrsg. von der Preußischen Akademie der Wissenschaften. Bd. 20. Berlin.

Koch, L. / Schönherr, C. (2005) (Hrsg.): Kant – Pädagogik und Politik. Würzburg.

Löwith, K. (1969): Von Hegel zu Nietzsche. Der revolutionäre Bruch im Denken des neunzehnten Jahrhunderts. Hamburg.

Ritter, J. (1963): Die Aufgabe der Geisteswissenschaften in der modernen Gesellschaft. In: Ders.: Subjektivität. Sechs Aufsätze. Frankfurt a. M. 1974. S. 105–140.

Ruhloff, J. (1975): »Wie kultiviere ich die Freiheit bei dem Zwange?« In: Vierteljahresschrift für wissenschaftliche Pädagogik 51. S. 2–11.

Kapitel 7

Bollnow, O. F. (1952): Die Pädagogik der deutschen Romantik. Stuttgart [u. a.].

Brüggen, F. (2003): Entdeckungen der Kindheit. In: Wort und Antwort 2 (2003). S. 52–59.

Fröbel, F. (1826): Die Menschenerziehung. In: Ders.: Ausgewählte Schriften. Hrsg. von E. Hoffmann. Bd. 2. Düsseldorf/München 1961 (2. Aufl.).

Herder, J. G. (1769): Journal meiner Reise nach Riga 1769. In: Ders.: Humanität und Erziehung. Hrsg. von C. Menze. Paderborn 1961. S. 5–88.

Jean Paul (1807): Levana oder Erziehlehre. Hrsg. von T. Dietrich. Bad Heilbrunn 1963.

Novalis (1965): Schriften. Bd. 3: Das philosophische Werk I. Hrsg. von R. Samuel. Darmstadt.
– (1968): Schriften. Bd. 3: Das philosophische Werk 2. Hrsg. von R. Samuel. Darmstadt 1968.
– (1977): Schriften. Bd. 1: Das dichterische Werk. Hrsg. von P. Kluckhohn und R. Samuel. Darmstadt.
Safranski, R. (2009): Romantik. Eine deutsche Affäre. Frankfurt a. M.
Schleiermacher, F. (1799): Über die Religion. Reden an die Gebildeten unter ihren Verächtern. Hamburg 1958.
– (1800): Monologen. Hamburg 1978.

Kapitel 8

Anthony Earl of Shaftesbury (1709): Der gesellige Enthusiast. Philosophische Essays. Hrsg. von K.-H. Schwabe. München 1990.
Arnoldt, F. J. (1861): Fr. Aug. Wolf in seinem Verhältnisse zum Schulwesen und zur Pädagogik. Erster Band. Braunschweig.
Ast, G. A. (1805): Über den Geist des Altertums und dessen Bedeutung für unser Zeitalter. In: Dokumente des Neuhumanismus. Bd. 1. Hrsg. von R. Joerden. Weinheim 1962 (2. Aufl.).
Ballauff, Th. / Schaller, K. (1970): Pädagogik. Eine Geschichte der Bildung und Erziehung. Bd. 2: Vom 16. bis zum 19. Jahrhundert. Freiburg i. Br. / München.
Beckedorffs Gutachten zum Süvernschen Unterrichtsgesetzentwurf (1819). In: L. Schweim (Hrsg.): Schulreform in Preußen 1809–1819. Entwürfe und Gutachten. Weinheim 1966. S. 222–244.
Benner, D. (2003): Wilhelm von Humboldts Bildungstheorie. Weinheim/München (3., erw. Aufl.).
Blankertz, H. (1982): Die Geschichte der Pädagogik. Von der Aufklärung bis zur Gegenwart. Wetzlar.
Buck, G. (1984): Rückwege aus der Entfremdung. Paderborn/München.
Fuhrmann, M. (2001): Latein und Europa. Geschichte des gelehrten Unterrichts in Deutschland von Karl dem Großen bis Wilhelm II. Köln.
Hentig, H. von (2003): Jean-Jacques Rousseau. In: H.-E. Tenorth: Klassiker der Pädagogik. Bd. 1. München. S. 72–92.
Herder, J. G. (1774): Auch eine Philosophie der Geschichte zur Bildung der Menschheit. Stuttgart 2003.
Humboldt, W. von (1791): Ideen über Staatsverfassung, durch die

neue französische Constitution veranlasst. Aus einem Briefe an einen Freund vom August 1791. In: Werke in 5 Bänden. Bd. 1. S. 33–42.

Humboldt, W. von (1792): Ideen zu einem Versuch, die Gränzen der Wirksamkeit des Staats zu bestimmen. In: Werke in 5 Bänden. Bd. 1. S. 56–233.

– (1793): Theorie der Bildung des Menschen. In: Werke in 5 Bänden. Bd. 1. S. 234–240.

– (1795): Brief an Friedrich Schiller vom 23. Oktober 1795. In: Wilhelm von Humboldt. Sein Leben und Wirken, dargestellt in Briefen, Tagebüchern und Dokumenten seiner Zeit. Hrsg. von R. Freese. Darmstadt 1986. S. 164 f.

– (1807a): Über den Charakter der Griechen. In: Werke in 5 Bänden. Bd. 2. S. 65–72.

– (1807b): Geschichte des Verfalls und Unterganges der griechischen Freistaaten. In: Werke in 5 Bänden. Bd. 2. S. 73–124.

– (1809a): Ideen zu einer Instruktion für die wissenschaftliche Deputation bei der Sektion des öffentlichen Unterrichts. In: Werke in 5 Bänden. Bd. 4. S. 201–209.

– (1809b): Königsberger und Littauischer Schulplan. In: Werke in 5 Bänden. Bd. 4. S. 168–195.

– (1809–10): Über die innere Organisation der wissenschaftlichen Anstalten zu Berlin. In: Werke in 5 Bänden. Bd. 4. S. 255–266.

– Werke in 5 Bänden. Hrsg. von A. Flitner und K. Giel. Darmstadt. – Zit. mit Angabe des Bandes.

Jeismann, K.-E. (1987): Schulpolitik, Schulverwaltung, Schulgesetzgebung. In: Handbuch der deutschen Bildungsgeschichte. Bd. 3. München. S. 105–122.

Korte, P. (1995): Projekt Mensch – »Ein Fragment aus der Zukunft«. Friedrich Schlegels Bildungstheorie. Münster.

Menze, C. (1965): Wilhelm von Humboldts Lehre und Bild von Menschen. Ratingen.

– (1988): Wilhelm von Humboldt und die Französische Revolution. In: H. Kessler (Hrsg.): Die humane Zukunft. Mannheim 1988. S. 301–333.

Michael, B. / Schepp, H.-H. (1973): Politik und Schule von der Französischen Revolution bis zur Gegenwart. Bd. 1. Frankfurt a. M.

Niethammer, F.I. (1808): Der Streit des Philanthropinismus und Humanismus in der Theorie des Erziehungsunterrichts unserer Zeit. In: Ders.: Philanthropinismus – Humanismus. Weinheim [u. a.] 1968. S. 79–359.

Schiller, F. (1795): Über die ästhetische Erziehung des Menschen in einer Reihe von Briefen. In: Ders.: Werke in drei Bänden. Hrsg. von G. Göpfert. München 1981. Bd. 2. S. 445–520.

Wolf, F. A. (1807): Darstellung der Alterthumswissenschaft (Museum der Alterthums-Wissenschaft). Berlin.

– über Erziehung, Schule, Universität. (»Consilia scholastica«). Aus Wolf's literarischem Nachlass. Zusammengestellt von W. Korte. Quedlinburg/Leipzig, 1835.

Kapitel 9

Asmus, W. (1968 / 1970): Johann Friedrich Herbart. Eine pädagogische Biographie. Bd. 1: Der Denker (1968); Bd. 2: Der Lehrer (1970). Heidelberg.

Blättner, F. (1973): Geschichte der Pädagogik. Heidelberg (14. Aufl.).

Busch, W. / Raapke, H. D. (1976) Johann Friedrich Herbart. Leben und Werk in den Widersprüchen seiner Zeit. Oldenburg.

Herbart, J. F.: Pädagogische Schriften in drei Bänden. Hrsg. von W. Asmus. Düsseldorf / München 1964 / 1965. – Zit. als A 1–3.

– (1808): Allgemeine Praktische Philosophie. Auszug in: Johann Friedrich Herbart. Systematische Pädagogik. Bd. 1: Ausgewählte Texte, ausgew. und hrsg. von D. Benner. Weinheim 1997. – Zit. als APP.

– (1804): Über die Ästhetische Darstellung der Welt als das Hauptgeschäft der Erziehung. A 1. S. 105–121.

– (1806): Allgemeine Pädagogik, aus dem Zweck der Erziehung abgeleitet. A 2. S. 9–155.

– (1809): Entwurf zur Anlage eines pädagogischen Seminars. A 3. S. 13–18.

– (1810): Bericht über die Einrichtung eines didaktischen Instituts. A 3. S. 18–20.

– (1810): Über Erziehung unter öffentlicher Mitwirkung. A 1. S. 143–151.

– (1815): Vorschlag über die Erweiterung des didaktischen zu einem pädagogischen Institut. A 3. S. 20–23.

– (1832): Pädagogische Briefe oder: Briefe über die Anwendung der Psychologie auf die Pädagogik. A 2. S. 159–255.

Lange, D. (1985): Neugestaltung christlicher Glaubenslehre. In: Ders. (Hrsg.): Friedrich Schleiermacher. Theologe – Philosoph – Pädagoge. Göttingen. S. 85–105.

Niemöller, G. (2000): Herbart gegen Herbart: Oder Lucia Margareta lässt sich scheiden. Eine dokumentarische Erzählung. Oldenburg.

Ossenbach-Sauter, G. (1992): Hauptprobleme der geschichtlichen Entwicklung des Schulwesens in Spanien seit dem 18. Jahrhundert. In: W. Böttcher / E. Lechner / W. Schöler (Hrsg.): Innovationen in der Bildungsgeschichte europäischer Länder. Frankfurt a. M. S. 238–257.

Osterwalder, F. (1996): Pestalozzi – ein pädagogischer Kult. Pestalozzis Wirkungsgeschichte in der Herausbildung der modernen Pädagogik. Weinheim.

Pestalozzi, H. (1797): Meine Nachforschungen über den Gang der Natur in der Entwicklung des Menschengeschlechts. Zürich 2004.

– (1801): Wie Gertrud ihre Kinder lehrt. Bad Schwartau 2006.

Prange, K. (2003): Herbart und die Göttinger Sieben. Zum Verhältnis von Pädagogik und Politik. Eröffnungsvortrag zur ersten Tagung der Internationalen Herbart-Gesellschaft am 22. September 2003. – http://www.herbart-gesellschaft.de/VortragPrange.pdf

Schleiermacher, F. (1812/13): Ethik 1812/13 (Tugend- und Pflichtenlehre). In: Ders.: Werke. Auswahl in vier Bänden. Hrsg. von O. Braun und J. Bauer. Bd. 2. Leipzig 1913. S. 373–420.

– (1826): Grundzüge der Erziehungskunst (Vorlesungen 1826). In: Texte zur Pädagogik. Hrsg. von M. Winkler und J. Brachmann. Frankfurt a. M. 2000. Bd. 2. S. 7–404.

– (2000): Entwürfe und Gutachten. In: Ders.: Texte zur Pädagogik. Hrsg. von M. Winkler und J. Brachmann. Frankfurt a. M. 2000. Bd. 1. S. 166–201.

– (1808): Gelegentliche Gedanken über Universitäten in deutschem Sinn. In: Ders.: Texte zur Pädagogik. Hrsg. von M. Winkler und J. Brachmann. Frankfurt a. M. 2000. Bd. 1. S. 101–165.

– (1813/14): Vorlesungen 1813/14. In: Texte zur Pädagogik. Hrsg. von M. Winkler und J. Brachmann. Frankfurt a. M. 2000. Bd. 2. S. 211–271.

– (1820/21): Pädagogik. Die Theorie der Erziehung in einer Nachschrift von 1820/21. Hrsg. von Ch. Ehrhardt und W. Virmond. Berlin / New York 2008.

– (1884): Die christliche Sitte. Hrsg. von L. Jonas. Berlin.

Schütz, E. (1979): Pestalozzi und die Frage nach der Humanität. In: Vierteljahrsschrift für wissenschaftliche Pädagogik 55 (1979). S. 24–37.

Schwenk, B. (1963): Das Herbartverständnis der Herbartianer. Weinheim.

Kapitel 10

Adorno, Th. W. (1959): Theorie der Halbbildung. In: Ders.: Gesammelte Schriften. Bd. 8.1. Hrsg. von G. Tiedemann. Frankfurt a. M. 1972. S. 93–121.
– (1966a): Glosse über Persönlichkeit. In: Ders.: Gesammelte Schriften. Bd. 10.2. Hrsg. von R. Tiedemann. Frankfurt a. M. 1977. S. 639–644.
– (1966b): Notiz über Geisteswissenschaft und Bildung. In: Ders.: Gesammelte Schriften. Bd. 10.2. Hrsg. von R. Tiedemann. Frankfurt a. M. 1977. S. 495–498.
Blankertz, H. (1982): Geschichte der Pädagogik. Von der Aufklärung bis zur Gegenwart.
Bollenbeck, G. (1994): Bildung und Kultur. Glanz und Elend eines deutschen Deutungsmusters. Frankfurt a. M.
Engelhart, U. (1986): »Bildungsbürgertum«. Begriffs- und Dogmengeschichte eines Etiketts. Stuttgart.
Handbuch der deutschen Bildungsgeschichte. Bd. 4: 1870–1918. Von der Reichsgründung bis zum Ende des Ersten Weltkriegs. Hrsg. von Ch. Berg. München 1991.
Herrlitz, H.-G. / Hopf, D. / Titze, H. / Cloer, E. (2005): Deutsche Schulgeschichte von 1800 bis zur Gegenwart. Eine Einführung. Weinheim/München.
Herrmann, U. (1990): Über »Bildung« im Gymnasium des wilhelminischen Kaiserreichs. In: Bildungsbürgertum im 19. Jahrhundert. Tl. 2: Bildungsgüter und Bildungswissen. Hrsg. von R. Koselleck, Stuttgart. S. 346–368.
Koselleck, R. (1990): Bildungsbürgertum im 19. Jahrhundert. Tl. 2: Bildungsgüter und Bildungswissen. Stuttgart
Kraul, M. (1988): Bildung und Bürgerlichkeit. In: J. Kocka (Hrsg.): Bürgertum im 19. Jahrhundert. Bd. 3. München. S. 45–73.
Lepsius, R. M. (1992): Bildungsbürgertum im 19. Jahrhundert. Tl. 3: Lebensführung und ständische Vergesellschaftung. Stuttgart.
Lundgreen, P. (1980): Sozialgeschichte der deutschen Schule im Überblick. Tl. 1: 1770–1918. Göttingen.
Marcuse, H. (1937): Über den affirmativen Charakter der Kultur. In: Ders.: Kultur und Gesellschaft. Bd. 1. Frankfurt a. M. 1968. S. 56–101.
Müller, D. K. (1977): Sozialstruktur und Schulsystem. Göttingen.
Nietzsche, F. (1872): Über die Zukunft unserer Bildungsanstalten. In: Ders.: Werke in drei Bänden. Hrsg. von Karl Schlechta. München 1966. Bd. 3. S. 175–263.

Nietzsche, F. (1887): Zur Genealogie der Moral. In: Ders.: Werke in drei Bänden. Hrsg. von Karl Schlechta. München 1966. Bd. 2. S. 761–900.
– (1889): Götzen-Dämmerung. In: Ders.: Werke in drei Bänden. Hrsg. von Karl Schlechta. München 1966. Bd. 2. S. 939–1033.
– Aus dem Nachlass der Achtzigerjahre. In: Ders.: Werke in drei Bänden. Hrsg. von Karl Schlechta. München1966. Bd. 3. S. 415–925.
Paulsen, F. (1903): Bildung. In: Enzyklopädisches Handbuch der Pädagogik. Hrsg. von W. Rein. Bd. 1. Langensalza (2. Aufl.). S. 658–670.
– (1921): Geschichte des gelehrten Unterrichts. Bd. 2. Berlin/Leipzig (3. Aufl.).
Ringer, F. (1987): Die Gelehrten. Der Niedergang der deutschen Mandarine 1890–1933. Stuttgart.
Tenorth. H.-E. (2008): Geschichte der Erziehung. Einführung in die Grundzüge ihrer neuzeitlichen Entwicklung. Weinheim/München.
Wehler, H.-U. (1995): Deutsche Gesellschaftsgeschichte. Bd. 3: Von der »Deutschen Doppelrevolution« bis zum Beginn des Ersten Weltkrieges. München.
Zymek, B. (2008): Die Tektonik des deutschen Bildungssystems, ihre historischen Konfliktlinien und ihre Verschiebung durch den »Bologna-Prozess«. In: W. Helsper [u. a.] (Hrsg.): Pädagogische Professionalität in Organisationen: Neue Verhältnisbestimmungen am Beispiel der Schule. Wiesbaden. S. 39–52.

Kapitel 11

Assel, H.-G. (1969): Die Perversion der politischen Pädagogik im Nationalsozialismus. München.
Baeumler, A. (1939): Politik und Erziehung. Berlin.
– (1943): Bildung und Gemeinschaft. Berlin (2. Aufl.).
Bekenntnis der Professoren an den deutschen Universitäten und Hochschulen zu Adolf Hitler und dem nationalsozialistischen Staat (1933).
Benner, D. (2001): Hauptströmungen der Erziehungswissenschaft. Weinheim/Basel.
– / Kemper, H. (2009): Theoriegeschichte der Reformpädagogik. Tl. 2: Die Pädagogische Bewegung von der Jahrhundertwende bis zum Ende der Weimarer Republik. Weinheim/Basel.

– / Kemper, H. (Hrsg.) (2001): Quellentexte zur Theorie und Geschichte der Reformpädagogik. Tl. 2: Die Pädagogische Bewegung von der Jahrhundertwende bis zum Ende der Weimarer Republik. Weinheim.

Blankertz, H. (1982): Die Geschichte der Pädagogik. Von der Aufklärung bis zur Gegenwart. Wetzlar.

Dewey, J. (1916): Demokratie und Erziehung. Braunschweig [u. a.]. 1964.

Dilthey, W. (1907–10): Entwürfe zur Kritik der historischen Vernunft. In: Ders.: Gesammelte Schriften. Bd. 7. Leipzig/Berlin 1927. S. 191–291.

Geheeb, P. (1934): Die Schule der Menschheit. Undatiertes Manuskript. In: Benner/Kemper (Hrsg.) (2001). S. 157–159.

Giesecke, H. (1981): Vom Wandervogel zur Hitlerjugend. München.

Gläser, J. (1919): Vom Kinde aus. In: Ders.: Vom Kinde aus. Arbeiten des pädagogischen Ausschusses der Gesellschaft der Freunde des vaterländischen Schul- und Erziehungswesens Hamburg. Hamburg/Braunschweig 1920. S. 11–30.

Groppe, C. (1997): Die Macht der Bildung. Das deutsche Bürgertum und der George-Kreis. Köln [u.a.].

Habermas, J. (1971): Die deutschen Mandarine. In: Ders.: Philosophisch-politische Profile. Frankfurt a. M. S. 239–251.

Herrmann, U. / Oelkers, J. (1988): Pädagogik und Nationalsozialismus. 22. Beiheft der Zeitschrift für Pädagogik.

Hopf, C. (2004): Die experimentelle Pädagogik. Empirische Erziehungswissenschaft in Deutschland Anfang des 20. Jahrhunderts. Bad Heilbrunn.

Hufnagel, E. (1982): Wilhelm Dilthey. Hermeneutik als Grundlegung der Geisteswissenschaften. In: U. Nassen (Hrsg.): Klassiker der Hermeneutik. Paderborn. S. 173–206.

Kerschensteiner, G. (1910/23/29): Der Begriff der staatsbürgerlichen Erziehung. Leipzig (1., 5. und 9. Aufl.).

– (1917): Das Grundaxiom des Bildungsprozesses und seine Folgerungen für die Schulorganisation. Berlin.

Key, E. (1902): Das Jahrhundert des Kindes. Weinheim/Basel 2000.

Klafki, W. (1982): Die Pädagogik Theodor Litts. Eine kritische Vergegenwärtigung. Königstein i. Ts.

Klönne, A. (1984): Jugend im Dritten Reich. Die Hitler-Jugend und ihre Gegner. Köln.

Krieck, E. (1922): Philosophie der Erziehung. Jena.

– (1936–38): Politisch-völkische Anthropologie. 3 Bde. Leipzig.

Laqueur, W. (1983): Die deutsche Jugendbewegung. Köln.

Lay, W. A. (1903): Experimentelle Didaktik. Leipzig 1920 (4. Aufl.).

Leschinsky, A. (1983): Waldorfschule im Nationalsozialismus. In: Neue Sammlung 23. S. 255–284.

Lingelbach, K.-Ch. (1987): Erziehung und Erziehungstheorien im nationalsozialistischen Deutschland. Frankfurt a. M.

Litt, Th. (1927): Führen oder Wachsenlassen. Stuttgart 1967 (13. Aufl.).

Löwisch, D. (1989): Jonas Cohn. In: W. Fischer / D. Löwisch: Pädagogisches Denken von den Anfängen bis zur Gegenwart. Darmstadt. S. 256–272.

Meumann, E. (1914): Abriss der experimentellen Pädagogik. Leipzig/Berlin.

Nohl (1948): Die pädagogische Bewegung in Deutschland und ihre Theorie. Frankfurt a. M. (3. Aufl.).

Nohl, H. (1933): Die Theorie der Bildung. In: H. Nohl / L. Pallat. Handbuch der Pädagogik. Bd. 1. Langensalza. S. 3–80.

Oelkers, J. (1996): Reformpädagogik. Eine kritische Dogmengeschichte. Weinheim/München.

Otto, B. (1919): Etwas von Religionsunterricht und Toleranz. In: D. Benner / H. Kemper (Hrsg.): Quellentexte zur Theorie und Geschichte der Reformpädagogik. Tl. 2: Die pädagogische Bewegung von der Jahrhundertwende bis zum Ende der Weimarer Republik. Weinheim 2001. S. 182–186.

Petersen, P. (1924): Allgemeine Erziehungswissenschaft. Berlin/Leipzig.

– (1925): Sozialbiologische Probleme der Berufsschule. Wiederabgedruckt in: D. Benner / H. Kemper (Hrsg.): Quellentexte zur Theorie und Geschichte der Reformpädagogik. Tl. 2: Die pädagogische Bewegung von der Jahrhundertwende bis zum Ende der Weimarer Republik. Weinheim 2001. S. 273–276.

– (1927): Der Jena-Plan einer freien allgemeinen Volksschule. Langensalza.

– (1929): Zehn Jahre Lebensgemeinschaftsschule. In: Die Volksschule 25. S. 183 ff.

– (1935): Die erziehungswissenschaftlichen Grundlagen des Jena-Plans im Lichte des Nationalsozialismus. In: Die Deutsche Privatschule. S. 1–4. – Wiederabgedr. in: Benner/Kemper (Hrsg.) (2001). S. 297–302.

– (1937): Führungslehre des Unterrichts. Braunschweig 1950 (2. Aufl.).

Petzelt, A. (1964): Systematische Pädagogik. Freiburg i. Br.

Prange, K. (1985): Identität und Politik bei Ernst Krieck. Ein Beitrag zur Pathographie totalitärer Pädagogik. In: Herrmann, U. (Hrsg.): »Die Formung des Volksgenossen«. Der »Erziehungsstaat« des Dritten Reichs. Weinheim/München. S. 154–168.

Reulecke, J. (1989): Jugend und »junge Generation« in der Gesellschaft der Zwischenkriegszeit. In: Handbuch der deutschen Bildungsgeschichte. Hrsg. von D. Langewiesche und H.-E. Tenorth. Bd. 5: 1918–1945. Die Weimarer Republik und die nationalsozialistische Diktatur. München. S. 86–110.

Ringer, F. (1987): Die Gelehrten. Der Niedergang der deutschen Mandarine 1890–1933. München.

Ruhloff, J. (1966): Paul Natorps Grundlegung der Pädagogik. Freiburg i. Br.

– (1982): Alfred Petzelt – Leben, pädagogischer Grundgedanke. »Tatsache und Prinzip«. In: A. Petzelt: Tatsache und Prinzip. Philosophie und Psychologie. Hrsg. von J. Ruhloff. Frankfurt a. M. [u. a.]. S. 11–24.

Scheurig, B. (1969): Deutscher Widerstand 1938–1944. Fortschritt oder Reaktion? München.

Schmied-Kowarzik, W. (1995): Richard Hönigswalds Philosophie der Pädagogik. Würzburg.

Schwan, T. (2010): »Ich werde rücksichtslos gegen den Liberalismus, Demokratie und das Judentum schreiben und reden« – Zum Rassismus und Antisemitismus in der Jenaplan-Pädagogik nach 1933 (im Druck).

Spranger, E. (1918): Das Problem des Aufstiegs. In: Ders.: Gesammelte Schriften. Bd. 8. Tübingen 1970. S. 125–140.

– (1923): Grundlegende Bildung, Berufsbildung, Allgemeinbildung. In: Ders.: Grundlegende Bildung – Berufsbildung – Allgemeinbildung. Heidelberg 1965. S. 8–23.

Steinhaus, H. (1981): Hitlers pädagogische Maximen. Frankfurt a. M.

Stippel, F. (1957): Die Zerstörung der Person. Donauwörth.

Tenorth, H.-E. (1986): Deutsche Erziehungswissenschaft 1930–1945. Aspekte ihres Strukturwandels. In: Zeitschrift für Pädagogik. H. 3. S. 200–321.

Weniger, E. (1930): Theorie des Bildungsinhalts. In: H. Nohl / L. Pallat. Handbuch der Pädagogik. Bd. 3. Langensalza. S. 3–53.

Wittenbruch, W. (1972): Die Pädagogik Wilhelm Reins. Eine Untersuchung zum Spätherbartianismus. Ratingen.

Wyneken, G. (1911): Die Deutschen Landerziehungsheime. In: Die Freie Schulgemeinde 1. H. 4. S. 97–119.

Zymek, B. (1989): Schulen. In: Handbuch der deutschen Bildungsgeschichte. Hrsg. von D. Langewiesche und H.-E. Tenorth.

Bd. 5: 1918–1945. Die Weimarer Republik und die nationalsozialistische Diktatur. München. S. 155–208.

Kapitel 12

Benner, D. / Eichler, W. / Göstemeyer, K.-F. / Sladek, H. (Hrsg.)
(2004): Quellentexte zur Theorie und Geschichte der Reformpädagogik. Tl. 3.1: Staatliche Schulreform und Schulversuche in
SBZ und DDR. Weinheim.

Benner, D. / Kemper, H. (2009): Theorie und Geschichte der Reformpädagogik. Tl. 3.1: Staatliche Schulreform und reformpädagogische Schulversuche in SBZ und DDR. Weinheim/Basel.

Benner, D. / Sladek, H. (Hrsg.) (1998): Vergessene Theoriekontro-
versen in der Pädagogik der SBZ und DDR. 1946–1961. Weinheim.

Beschluss des Politbüros des ZK der SED (1952). In: Pädagogik 7.
S. 795.

Brecht, B. (1953): Die Lösung. In: Ders.: Gesammelte Werke.
Frankfurt a. M. Bd. 10. S. 1009–1010.

Cloer, E. (1998): Bildungspolitik, Pädagogik und Erziehungsverhältnisse in der DDR als Gegenstand der historischen Bildungsforschung in den 90er Jahren. In: A. M. Stroß / F. Thiel (Hrsg.):
Erziehungswissenschaft. Nachbardisziplin und Öffentlichkeit.
Weinheim. S. 35–74.

de Bruyn, G. (1996): Vierzig Jahre. Berlin.

Deiters, H. (1946): Notizen über meinen Besuch des Lehrgangs für
Neulehrer in Dallmin im Kreise Perleberg vom 11.4.–13.4.1946.
Auszug in: Benner/Eichler/Göstemeyer/Sladek 2004. S. 93–97.

Dorst, W. (1953): Die polytechnische Bildung in der Deutschen
Demokratischen Republik und die Wege ihrer Verwirklichung.
In: Protokoll der theoretisch-praktischen Konferenz des Deutschen Pädagogischen Zentralinstituts über Fragen der polytechnischen Bildung vom 21.–23. Mai 1953 in Berlin. Berlin 1954.

Frankiewicz, H. (1965): Die sozialistische Bildungstheorie und polytechnische Bildung. In Pädagogik 20. H. 6. S. 491–505.

Gesetz zur Demokratisierung der deutschen Schule (1946). Auszug
in: Benner/Eichler/Göstemeyer/Sladek 2004. S. 36–40.

Günther, K.-H. (1998): Rückblick nach Tagebuchnotizen aus den
Jahren 1938 bis 1990. Berlin.

– / Hofmann, F. / Hohendorf, G. / König, H. / Schuffenhauer, H.
(1988): Geschichte der Erziehung. Berlin (16. Aufl.).

Häder, S. (2004): Jugendkultureller Eigensinn: Punks in der späten DDR. In: 48. Beiheft der Zeitschrift für Pädagogik. Weinheim. S. 68–84.

Heise, W. (1946): Grundfragen der Pädagogik in der neuen demokratischen Schule. Auszug in: Benner/Eichler/Göstemeyer/Sladek 2004. S. 57–59.

Herrlitz, H.-G. / Hopf, W. / Titze, H. / Cloer, E. (2005): Deutsche Schulgeschichte von 1800 bis zur Gegenwart. Eine Einführung. Weinheim/München.

Kocka, J. (1994): Eine durchherrschte Gesellschaft. In: H. Kaeble / J. Kocka / H. Zwahr (Hrsg.): Sozialgeschichte der DDR. Stuttgart. S. 547–553.

Köhler, G. (2009): Diskurs und Systemtransformation. Der Einfluss diskursiver Verständigungsprozesse auf Schule und Bildung im Transformationsprozess der neuen Bundesländer. Habilitationsschrift an der Universität Erfurt.

Köhler, H. (2007): Datenhandbuch zur deutschen Bildungsgeschichte. Bd. 9: Schulen und Hochschulen in der Deutschen Demokratischen Republik. 1949–1989. Göttingen.

Litt, T. (1959): Wissenschaft und Menschenbild im Lichte des West-Ost-Gegensatzes. Heidelberg. (2. Aufl.).

N. N. (1958): Charakteristische Merkmale des sozialistischen Menschen. Auszug in: Benner/Eichler/Göstemeyer/Sladek 2004. S. 199–203.

Neuner, G. (1994): Konfrontiert mit den Antinomien der Moderne? Ansichten über das Scheitern der DDR-Pädagogik und der Erziehung. In: E. Cloer / R. Wernstedt (Hrsg.): Pädagogik in der DDR. Eröffnung einer notwendigen Bilanzierung. Weinheim. S. 53–67.

Salzwedel, W. (1983): Die wachsende Rolle von Bildung und Erziehung bei der Herausbildung der sozialistischen Lebensweise. Auszug in: Benner/Eichler/Göstemeyer/Sladek 2004. S. 499–514.

Stierand, G. (1975): Problemmaterial zur Wechselwirkung von Gesellschaft und Erziehung. Auszug in: Benner/Eichler/Göstemeyer/Sladek 2004. S. 371–383.

Tebbe, A. (1957): Zur Diskussion über Probleme der Allgemeinbildung. Auszug in: Benner/Eichler/Göstemeyer/Sladek 2004. S. 241–248.

Verordnung über die Unterrichtsstunde als Grundform der Schularbeit (1950). Auszug in: Benner/Eichler/Göstemeyer/Sladek 2004. S. 148–154.

Wandel, P. (1950): Vertrauliches Schreiben des Ministers für Volksbildung P. Wandel an das Sekretariat des ZK der SED vom 2. August 1950. Auszug in: Benner/Eichler/Göstemeyer/Sladek 2004. S. 233–234.

Wiegmann, U. (2003): Machtprobe. Die Staatssicherheit und der Kampf um die Schule in M…z. Berlin.

Kapitel 13

Adorno, Th. W. (1959): Theorie der Halbbildung. In: Ders.: Gesammelte Schriften. Bd. 8. Hrsg. von R. Tiedemann. Frankfurt a. M. 1977. S. 93–121.

Adorno, Th. W. (1966a): Glosse über Persönlichkeit. In: Ders.: Gesammelte Schriften. Hrsg. von R. Tiedemann. Bd. 10.2. Frankfurt a. M. 1977. S. 639–644.

– (1966b): Notiz über Geisteswissenschaft und Bildung. In: Ders.: Gesammelte Schriften. Bd. 10.2. Hrsg. von R. Tiedemann. Frankfurt a. M. 1977. S. 495–498.

Alisch, L.-M. (1999): Erziehung als dynamisches Phänomen. In: Pädagogische Rundschau 53. S. 617–624.

Arbeitsgruppe Bildungsbericht am Max-Planck-Institut für Bildungsforschung (1994): Das Bildungswesen in der Bundesrepublik Deutschland. Strukturen und Entwicklungen. Reinbek.

Arendt, H. (1958): Die Krise der Erziehung. In: Dies.: Zwischen Vergangenheit und Zukunft. Übungen im politischen Denken. Hrsg. von E. Ludz. München/Zürich 1994. S. 255–276.

Baacke, D. / Schulze, T. (1985): Aus Geschichten lernen. Zur Einübung pädagogischen Verstehens. Weinheim/München.

Baumert, J. / Lehmann, R. H. (1997): TIMMS – Mathematisch-naturwissenschaftlicher Unterricht im internationalen Vergleich. Deskriptive Befunde. Opladen.

Baumert, J. / Stanat, P. / Demmrich, A. (2001): PISA 2000: Untersuchungsgegenstand, theoretische Grundlagen und Durchführung der Studie. In: Deutsches PISA-Konsortium (Hrsg.): PISA 2000. Basiskompetenzen von Schülerinnen und Schülern im internationalen Vergleich. Opladen. S. 15–68.

Beck, J. / Clemenz, M. / Heinisch, F. / Jouhy, E. / Markert, W. / Müller, H. / Pressel, A. (1970): Erziehung in der Klassengesellschaft. Einführung in die Soziologie der Erziehung. München.

Beck, J. [u. a.] (1970): Erziehung in der Klassengesellschaft. München.

Beck, K. (1982): Die Struktur didaktischer Argumentationen und das Problem der Wissenschaftsorientierung des Unterrichts. In: Zeitschrift für Pädagogik 28. S. 139–154.

Begabung und Lernen (1968). Gutachten und Studien der Bildungskommission des deutschen Bildungsrates. Bd. 4. Stuttgart.

Benner, D. (1970): Erziehung und Emanzipation. In: Pädagogische Rundschau 24. S. 503–518.

– (2010): Allgemeine Pädagogik. Eine systematisch-problemgeschichtliche Einführung in die Grundstruktur pädagogischen Denkens und Handelns. Weinheim / München. (6. Aufl.).

– / Brüggen, F. (2000): Theorien der Erziehungswissenschaft im 20. Jahrhundert. Entwicklungsprobleme – Paradigmen – Aussichten. In: Bildungsprozesse und Erziehungsverhältnisse im 20. Jahrhundert. S. 240–263.

– / Brüggen, F. / Butterhof, H.-W. / Kemper, H. / von Hentig, H. (1978): Entgegnungen zum Bonner Forum »Mut zur Erziehung«. München.

– / Herrmann, U. / König, E. / Oelkers, J. / Peukert, H. / Ruhloff, J. / Schäfer, A. / Tenorth, H.-E. / Vogel, P. (1990): Bilanz der Paradigmendiskussion. In: Bilanz für die Zukunft 25. Beiheft der Zeitschrift für Pädagogik. Weinheim. S. 71–92.

– / Kemper, H. (2009): Theorie und Geschichte der Reformpädagogik. Teil 3.2: Staatliche Schulreform und Schulversuche in den westlichen Besatzungszonen und in der BRD. Weinheim/Basel.

Berg, Ch. (2004): Kind / Kindheit. In: Historisches Wörterbuch der Pädagogik. Hrsg. von D. Benner und J. Oelkers. Weinheim/Basel. S. 497–517.

Blankertz, H. (1971): Pädagogik unter wissenschaftstheoretischer Kritik. In: Erziehungswissenschaft 1971. Hrsg. von S. Oppolzer. Wuppertal. S. 20–33.

– (1972): Kollegschule NW. Ratingen.

– (1974): Bildung – Bildungstheorie: In: Wörterbuch der Erziehung. Hrsg. von Ch. Wulf, München. S. 65–69.

– (1982): Die Geschichte der Pädagogik. Von der Aufklärung bis zur Gegenwart. Wetzlar.

Böhm, W. (2004): Pädagogik. In: Historisches Wörterbuch der Pädagogik. S. 750–782.

Breinbauer, I. (1995): Allgemeine Pädagogik als Kritik pädagogischer Vernunft. Oder: Die Sorge um die Identität eines Faches unter Bedingungen des Pluralismus. In: Vierteljahrsschrift für wissenschaftliche Pädagogik 71. S. 298–308.

Brezinka, W. (1972): Von der Pädagogik zur Erziehungswissenschaft. Eine Einführung in die Metatheorie der Erziehung. Weinheim/Basel. (2. Aufl.)

Brockmeier, R. / Zedler, P. (1992): Grundbildung. Aufgaben und Herausforderungen des Unterrichts in der Sekundarstufe. Bd. 1. In: P. Zedler (Hrsg.): Strukturprobleme, Disparitäten, Grundbildung in der Sekundarstufe 1. Weinheim. S. 203–228.

Brüggen, F. (1998): Die Entdeckung des Generationenverhältnisses – Schleiermacher im Kontext. In: Neue Sammlung 38. S. 265–279.

– (2007): Autorität, pädagogisch. In: Zeitschrift für Pädagogik. Heft 5. S. 602–613.

Brumlik, M. (1993); Autorität, Arbeitsdienst, Vaterland. Die neuen Erziehungs-Befürworter oder: Der Zeitgeist nimmt sich der Pädagogik an. In: Frankfurter Rundschau, 12. März.

Buck, G. (1981): Hermeneutik und Bildung. München.

Bueb, B. (2006): Lob der Disziplin. Eine Streitschrift. Berlin.

Dahrendorf, R. (1965a): Arbeiterkinder an deutschen Universitäten. Tübingen.

– (1965b): Bildung ist Bürgerrecht. Plädoyer für eine aktive Bildungspolitik. Hamburg 1965.

Deutsches PISA-Konsortium (Hrsg.) (2001): PISA 2000. Basiskompetenzen von Schülerinnen und Schülern im internationalen Vergleich. Opladen. S. 15–68.

Diederich, J. / Tenorth, H.-E. (1997): Theorie der Schule. Berlin.

Edelstein, W. (1969): Gesellschaftliche Motive der Schulreform. In: Die differenzierte Gesamtschule. Hrsg. von A. Rang und W. Schulz. München. S. 23–36.

Entgegnungen zum Bonner Forum »Mut zur Erziehung« (1978). Hrsg. von D. Benner [u. a.] München.

Erziehung–Bildung–Negativität. 49. Beiheft der Zeitschrift für Pädagogik. Weinheim/Basel 2005.

Fend, H. (1976): Gesamtschule und dreigliedriges Schulsystem – eine Vergleichsstudie über Chancengleichheit und Durchlässigkeit. Deutscher Bildungsrat. Gutachten und Studien der Bildungskommission 55. Stuttgart.

Fink, E. (1960): Menschenbildung – Schulplanung: In: Material- und Nachrichtendienst der Arbeitsgemeinschaft Deutscher Lehrerverbände. Sondernummer 11. S. 5–23. Auszug in: Kemper (Hrsg.) (2008). S. 251–261.

– (1963): Technische Bildung als Selbsterkenntnis. In: Die deutsche Schule 55. S. 165–177.

– (1970): Erziehungswissenschaft und Lebenslehre. Freiburg i. Br.

Fischer, W. (1978a): Schule und kritische Pädagogik. Heidelberg.

– (1978b): Bildung trotz Schule. In: Ders. (Hrsg.): Schule als parapädagogische Institution. Kastellaun. S. 158–172.
– (1989): Unterwegs zu einer skeptisch-transzendental-kritischen Pädagogik. St. Augustin.
– / Ruhloff, J. (1993): Skepsis und Widerstreit. St. Augustin.
Flitner, A. (1982): Konrad, sprach die Frau Mama … Über Erziehung und Nicht-Erziehung. Berlin.
Flitner, W. (1965): Flitner, W. (1933): Systematische Pädagogik. Breslau. In: Ders.: Gesammelte Schriften. Bd. 2. Paderborn [u. a.]. 1983. S. 9–122.
– (1950): Allgemeine Pädagogik. Stuttgart 1974 (14 Aufl.). In: Ders.: Gesammelte Schriften. Bd. 2. Paderborn [u. a.]. 1983. S. 123–297.
– (1965a): Erziehungsziele und Lebensformen. Über den Zusammenhang von Leben und Erziehung. In: Ders.: Grundlegende Geistesbildung. Studien zur Theorie der wissenschaftlichen Grundbildung und ihrer kulturellen Basis. Heidelberg. S. 176–192.
– (1965b): Grundlegende Geistesbildung. In: Ders.: Grundlegende Geistesbildung. Studien zur Theorie der wissenschaftlichen Grundbildung und ihrer kulturellen Basis. Heidelberg. S. 11 ff.
Gadamer, H.-G. (1965). Wahrheit und Methode. Grundzüge einer philosophischen Hermeneutik. Tübingen (2. Aufl.).
Geisteswissenschaftliche Pädagogik am Ausgang ihrer Epoche. – Erich Weniger. Hrsg. von I. Dahmer, Weinheim 1968.
Göstemeyer, K.-F. (1993): Pädagogik nach der Moderne? Vom kritischen Umgang mit Pluralismus und Dogmatismus. In: Zeitschrift für Pädagogik 39. S. 857–872.
Gruschka, A (2009): Erkenntnis in und durch Unterricht. Wetzlar.
Habermas, J. (1963): Analytische Wissenschaftstheorie und Dialektik. In: Ders.: Zur Logik der Sozialwissenschaften. Frankfurt a. M. 1970. S. 9–38.
– (1963): Vom sozialen Wandel akademischer Bildung. In: Ders.: Theorie und Praxis. Frankfurt a. M. 1972. S. 359–375.
– (1965): Erkenntnis und Interesse. In: Ders.: Technik und Wissenschaft als ›Ideologie‹. Frankfurt a. M. 1970. S. 146–168.
Heckhausen, H. (1968): Förderung der Lernmotivierung und der intellektuellen Tüchtigkeiten. In: Begabung und Lernen. S. 193–228.
Heid, H. (1988): Zur Paradoxie der bildungspolitischen Forderung nach Chancengleichheit. In: Zeitschrift für Pädagogik 34. S. 1–17.
Hentig, H. von (1970): Systemzwang und Selbstbestimmung. Über

die Bedingungen der Gesamtschule in der Industriegesellschaft. Stuttgart.

Hentig, H. von (1987): »Humanisierung« – Eine verschämte Rückkehr zur Pädagogik? Andere Wege zur Veränderung der Schule. Stuttgart.

Herrmann, U. (1978): »Mut zur Erziehung«. Anmerkungen zu einer proklamierten Tendenzwende in der Erziehungs- und Bildungspolitik. In: Zeitschrift für Pädagogik 24. S. 221–234.

Heydorn, H.J. (1970): Über den Widerspruch von Bildung und Herrschaft. Frankfurt a.M.

Historisches Wörterbuch der Pädagogik (2004). Hrsg. von D. Benner / J. Oelkers. Weinheim/Basel.

Horkheimer, M. (1952): Begriff der Bildung. In: Ders.: Sozialphilosophische Studien. Frankfurt a.M. 1972. S. 163–172.

Illich, I. (1972): Entschulung der Gesellschaft. München.

Kemper, H. (Hrsg.) (2009): Quellentexte zur Theorie und Geschichte der Reformpädagogik, Teil 3.2: Staatliche Schulreform und reformpädagogische Schulversuche in den westlichen Besatzungszonen und in der BRD. Weinheim/Basel.

Klafki, W. (1976): Aspekte kritisch-konstruktiver Erziehungswissenschaft. Weinheim/Basel.

– (1985): Neue Studien zur Bildungstheorie und Didaktik. Weinheim/Basel.

Klages, H. [o.J.]: Gesellschaftliche Werte in Deutschland im internationalen Vergleich. [Internet-Publikation.]

Köhler, G. (2009): Diskurs und Systemtransformation. Der Einfluss diskursiver Verständigungsprozesse auf Schule und Bildung im Transformationsprozess der neuen Bundesländer. Habilitationsschrift an der Universität Erfurt.

Koller, H.C. (1999): Bildung und Widerstreit. Zur Struktur biographischer Bildungsprozesse in der (Post-)Moderne. München.

Kritik in der Pädagogik. Versuche über das Kritische in Erziehung und Erziehungswissenschaft 46. Beiheft der Zeitschrift für Pädagogik. Hrsg. von D. Benner. Weinheim/Basel.

Lehmann, R.H. / Gänsfuß, R. / Peek, R. (1999): Aspekte der Lernausgangslage und Lernentwicklung von Schülerinnen und Schülern an Hamburger Schulen – Klassenstufe 7. Bericht über die Untersuchung im September 1998. Hrsg. von der Behörde für Schule, Jugend und Berufsbildung, Amt für Schule. Hamburg.

Lenzen, D (1985): Mythologie der Kindheit. Reinbek.

Liebau, E. / Wulf, C. (Hrsg.) (1996): Generation. Versuche über eine pädagogisch-anthropologische Grundbedingung. Weinheim.

Lippitz, W. (1980): »Lebenswelt« und die Rehabilitierung vorwissenschaftlicher Erfahrung. Weinheim/Basel.
– (1992): Phänomenologische Forschungen in der Pädagogik. In: J. Petersen / J.B. Reinert: Pädagogische Konzeptionen. Donauwörth. S. 107–129.
– / Meyer-Drawe, K. (1982): Das Lernen und seine Horizonte. Königstein.
Litt, Th. (1947): Das Verhältnis der Generationen ehemals und heute. Wiesbaden.
– (1955): Das Bildungsideal der deutschen Klassik und die moderne Arbeitswelt. Bochum.
– (1956/57): Die öffentliche Verantwortung der Wissenschaft. In: Orden Pour le mérite für Wissenschaften und Künste. Reden und Gedenkworte. Bd. 2. Heidelberg 1956/57. S. 51–100.
– (1959): Naturwissenschaft und Menschenbildung. Heidelberg. (3. Aufl.).
Luhmann, N. (1986): Codierung und Programmierung. Bildung und Selektion im Erziehungssystem. In: H.-E. Tenorth (Hrsg.): Allgemeine Bildung. Analysen zu ihrer Wirklichkeit, Versuche über ihre Zukunft. Weinheim/München. S. 154–182.
– (2002): Das Erziehungssystem der Gesellschaft. Frankfurt a. M.
– / Schorr, K.-E. (1979): Reflexionsprobleme im Erziehungssystem. Stuttgart.
Lukesch, H. (1976): Elterliche Erziehungsstile. Stuttgart.
Lundgreen, P. (2000): Schule im 20. Jahrhundert. Institutionelle Differenzierung und expansive Bildungsbeteiligung. In: Bildungsprozesse und Erziehungsverhältnisse im 20. Jahrhundert. Hrsg. von D. Benner und H.-E. Tenorth. 42. Beiheft der Zeitschrift für Pädagogik. Weinheim/Basel.
Meyer-Drawe, K. (1987): Leiblichkeit und Sozialität. Phänomenologische Beiträge zu einer pädagogischen Theorie der Inter-Subjektivität. München [2]1987.
– (1990): Illusionen von Autonomie. Diesseits von Ohnmacht und Allmacht des Ich. München.
– (1996): Von anderen lernen. Phänomenologische Betrachtungen in der Pädagogik. In: M. Borelli / J. Ruhloff: Deutsche Gegenwartspädagogik. Bd. 2. S. 85–98. Hohengehren.
Mitgutsch, K. (2009): Lernen durch Enttäuschung. Eine pädagogische Skizze. Wien.
Mollenhauer, K. (1964): Pädagogik und Rationalität. In: Ders.: Erziehung und Emanzipation. München 1970. S. 55–74.

Mollenhauer, K. (1968): Sozialisation und Schulerfolg. In: Begabung und Lernen. S. 269–296.
– (1970): Erziehung und Emanzipation. München.
– (1972): Theorien zum Erziehungsprozess. München.
– (1983): Vergessene Zusammenhänge. Über Kultur und Erziehung. Weinheim/München.
– (1986): Umwege. Über Bildung, Kunst und Interaktion. Weinheim/München.
– im Gespräch mit Theodor Schulze. In: H.B. Kaufmann [u.a.] (Hrsg.): Kontinuität und Traditionsbrüche in der Pädagogik. Ein Gespräch zwischen den Generationen. Weinheim/Basel 1991. S. 67–82.
– (1992): Selbstkritischer Rückblick in einem Gespräch zwischen den Generationen. In: H. Scheuerl (Hrsg.): Lust an der Erkenntnis. München. S. 428–429.
– (1992): Selbstkritischer Rückblick in einem Gespräch zwischen den Generationen. In: Lust an der Erkenntnis. Hrsg. von H. Scheuerl. München. S. 428–429.
Müller, H.-R. (1999): Das Generationenverhältnis. Überlegungen zu einem Grundbegriff der Erziehungswissenschaft. In: Zeitschrift für Erziehungswissenschaft 45. S. 787–805.
Mut zur Erziehung (1978). Beiträge zu einem Forum am 9./10. Januar 1978 im Wissenschaftszentrum Bonn-Bad Godesberg. Stuttgart.
Neill, A.S. (1969): Theorie und Praxis der antiautoritären Erziehung. Das Beispiel Summerhill. Reinbek.
Oelkers, J. / Lehmann, T. (1983): Antipädagogik – Herausforderung und Kritik. Braunschweig.
Oelkers, J. / Tenorth, H.-E. (1987): Pädagogik, Erziehungswissenschaft und Systemtheorie. Weinheim/Basel.
Oser, F. (1998): Negative Moralität und Entwicklung. Ein undurchsichtiges Verhältnis. In: Ethik und Sozialwissenschaften 9. S. 597–608.
– / Spychinger, M. (2005): Lernen ist schmerzhaft. Zur Theorie des Negativen Wissens und zur Praxis der Fehlerkultur. Weinheim/Basel.
Postman, N. (1983): Das Verschwinden der Kindheit. Frankfurt a. M.
Prange, K. (2000): Plädoyer für Erziehung. Hohengehren.
– (2005): Die Zeigestruktur der Erziehung. Grundriss einer Operativen Pädagogik. Paderborn.
Rang, A. / Rang-Dudzik, B. (1978): Elemente einer historischen

Kritik der gegenwärtigen Reformpädagogik. Zur Alternativlosigkeit der westdeutschen Alternativschulkonzepte. In: Argument Sonderband. S. 6–62.

Reichenbach, R. (1999): Demokratisches Selbst und dilettantisches Subjekt. Demokratische Bildung und Erziehung in der Spätmoderne. Münster.

Reimers, E. (1972): Schafft die Schulen ab! Hamburg.

Ritter, J. (1963): Die Aufgabe der Geisteswissenschaft in der modernen Gesellschaft. In: Ders.: Subjektivität. Frankfurt a. M. 1974. S. 105–140.

Robinsohn, S. B. (1968 / 1970): Bildungsreform als Revision des Curriculum. Ein Strukturkonzept für Curriculumentwicklung. Darmstadt 1972.

Roth, H. (1958): Die Bedeutung der empirischen Forschung für die Pädagogik. In: Denkformen und Forschungsmethoden der Erziehungswissenschaft. Bd. 2. Hrsg. von S. Oppolzer. S. 15–62.

– (1966 und 1971): Pädagogische Anthropologie. Bd. 1: Bildsamkeit und Bestimmung; Bd. 2: Entwicklung und Erziehung. Hannover.

Rotthaus, W. (2004): Wozu erziehen? Entwurf einer systemischen Erziehung. Heidelberg (4. Aufl.).

Ruhloff, J. (1983): Ist Pädagogik heute ohne »kritische Theorie« möglich? In: Zeitschrift für Pädagogik 30. S. 219–233.

– (2000): Emanzipation im problematisch-pädagogischen Vernunftgebrauch. In: C. Dietrich / H.-R. Müller (Hrsg.): Bildung und Emanzipation. Klaus Mollenhauer weiterdenken. Weinheim/München. S. 27–31.

Rumpf, H. (2004): Diesseits der Belehrungswut. Pädagogische Aufmerksamkeiten. Weinheim/München.

Schaller, K. (1987): Pädagogik der Kommunikation. Sankt Augustin.

Schelsky, H. (1961): Der Mensch in der wissenschaftlichen Zivilisation. In: Ders.: Auf der Suche nach Wirklichkeit. Düsseldorf/Köln 1965. S. 439–480.

Schmied-Kowarzik, W. (1970): Kritische Anmerkungen zur deutschen Curriculumforschung. In: Pädagogische Rundschau 24. S. 519–548.

Schoenebeck, H. von (1993): Unterstützen statt Erziehen. Die neue Eltern-Kind-Beziehung. München.

Schütz, E. (1971): Autorität. Ein Traktat. Heidelberg.

Sünkel, W. (2008): Protopädie und Pädeutik. Über eine notwendige

Differenzierung im Erziehungsbegriff. In: W. Marotzki / L. Wigger (Hrsg.): Erziehungsdiskurse. Bad Heilbrunn.

Tausch, R. / Tausch, A. (1971): Erziehungspsychologie. Göttingen (6. Aufl.).

Tenorth, H.-E. (1991): Empirisch-analytisches Paradigma: Programm ohne Praxis – Praxis ohne Programm. In: Bilanz der Paradigmendiskussion in der Erziehungswissenschaft. Hrsg. von D. Hoffmann. Weinheim. S. 1–16.

Tenorth, H.-E. (1996): Normalisierung und Sonderweg. In: Deutsche Gegenwartspädagogik. Bd. 2. Hrsg. von M. Borrelli und J. Ruhloff. Hohengehren. S. 180–192.

– (2004): Erziehungswissenschaft. In: Historisches Wörterbuch der Pädagogik. S. 341–382.

Waldenfels, B. (2004): Die Macht der Ereignisse. In: Ästhetik, Erfahrung, Interventionen 13. Hrsg. von J. Huber. Zürich [u. a.].

Weber, M. (1919): Wissenschaft als Beruf. In: Ders.: Gesammelte Aufsätze zur Wissenschaftslehre. Hrsg. Von J. Winckelmann. Tübingen 1973 (4. Aufl.). S. 582–613.

Weidenmann, B. / Krapp, A. / Hofer, M. / Huber, G. / Mandl, H. (1994): Pädagogische Psychologie. Ein Lehrbuch. Weinheim. (3. Aufl.).

Winkler, M. (1982): Stichworte zur Antipädagogik. Stuttgart.

Winterhoff, M. (2008): Warum unsere Kinder Tyrannen werden oder: Die Abschaffung der Kindheit. Gütersloh.

– (2009): Tyrannen müssen nicht sein. Warum Erziehung allein nicht reicht – Auswege. Gütersloh.

Zedler, P. (1985): Stagnation und Bewertungswandel. Zu Stand, Entwicklung und Folgen ausbleibender Strukturreformen im Bildungswesen. In: Zeitschrift für Pädagogik 31 (1985). S. 501–524.

Zinnecker, J. (2000): Kindheit und Jugend als pädagogische Moratorien. In: Bildungsprozesse und Erziehungsverhältnisse im 20. Jahrhundert. Weinheim/Basel. S. 36–68.

Personenverzeichnis

Heydorn, H. 330, 387
Heyne, C. G. (1729–1812) 164, 166 f.
Hitler, A. 260, 264, 267, 273 ff., 315
Hobbes, Th. (1588–1679) 60 ff., 69 f., 196
Hölderlin, F. 151
Hönigswald, R. 255
Hofer, M. 389
Hofmann, F. 283
Holfelder, A. 267
Hopf, C. 383
Hopf, W. 381, 385
Horaz (65–8 v. Chr.) 39
Horkheimer, M. 326 f., 387
Huber, G. 389
Hufnagel, E. 383
Humboldt, A. v. (1769–1859) 175
Humboldt, W. v. (1767–1835) 117, 126, 135, 138, 151, 159, 162, 166, 168, 170, 173–190, 212, 214, 219, 231, 233, 236 f., 242, 257, 262 f., 269, 297 f., 325 f., 333, 377 ff., 387 f.

Ignatius von Loyola (1591–1556) 42, 367
Illich, I. 388
Isokrates (436–338 v. Chr.) 20 f.

Jachmann, R. B. (1767–1843) 110, 143 f., 375, 377
Jaeger, W. 365
Jaspers, K. 371
Jean Paul (1763–1825) 155 ff., 376 f.

Kant, I. (1724–1804) 97, 122, 123–133, 134, 139, 145, 158, 163, 170, 198 f., 210, 212, 244, 255, 266, 374
Karl der Große (747/748–814) 15
Karsen, F. 247, 253 f.
Katharina I. (1683/84–1727) 115
Kemper, H. 373, 382 ff., 388
Kerschensteiner, G. 247, 263, 383

Kersting, W. 370
Key, E. 248 f., 382
Klafki, W. 306, 327 ff., 354, 387, 389
Klages, H. 385
Klein, R. 365
Klingberg, L. 283
Klönne, A. 384
Koch, L. 368, 374
Kocka, J. 384
Köhler, G. 384 f.
König, E. 389
Koller, H. 389
Korte, P. 379
Koselleck, R. 382
Krapp, A. 389
Kraul, M. 381 f.
Kreuziger, M. 286
Krieck, E. 266, 268, 270 ff., 384
Kühlmann, W. 47, 367
Kuhlemann, F.-M. 381

La Chalotais, L. R. C. de (1701–1785) 99
Lange, D. 389
Laqueur, W. 384
Lay, W. 255 f., 358, 383
Lehmann, Th. 386, 389
Leibniz, G. W. (1646–1716) 163
Lenhart, V. 369
Lenzen, D. 316, 386
Leonardo da Vinci (1452–1519) 18
Lepsius, R. M. 382
Leschinsky, A. 383
Liebau, E. 389
Liebert, A. 282, 286
Lietz, H. 246, 250
Lingelbach, A. 383 f.
Lippitz, W. 337, 388
Litt, Th. 255, 257 ff., 282, 286, 289, 313 ff., 317, 324 f., 354, 383, 385 f., 387
Locke, J. (1632–1704) 75, 76–84, 85, 98 f., 107 f., 369 f.
Löw, R. 365, 368
Löwisch, D. 383